近代日本
公民教育思想と
社会教育

戦後公民館構想の思想構造

上原 直人 著

大学教育出版

近代日本公民教育思想と社会教育
― 戦後公民館構想の思想構造 ―

目　次

ii

序　章　研究の課題と方法 ……………………………………………… *1*

　第1節　研究の目的と課題　*1*

　　A　研究の背景と目的　*1*

　　B　課題の設定　*4*

　　　1　公民教育の振興と社会教育の組織化　*4*

　　　2　社会教育史観の見直し　*8*

　第2節　先行研究の検討　*11*

　　A　社会教育史観の再構築と本研究の位置　*11*

　　　1　従来の社会教育史研究の枠組み　*11*

　　　2　社会教育史観の再構築　*12*

　　　3　社会教育史研究における本研究の位置　*15*

　　B　公民教育史分析の視点　*17*

　　　1　公民教育史研究の潮流と社会教育の観点　*17*

　　　2　公民教育の内的構造への着目　*18*

　　　3　公民教育の両義性という視点　*20*

　　　4　本研究における公民教育分析の視点 ― 重層性という視点 ―　*24*

　第3節　研究の方法と対象　*27*

　　A　研究の方法　*27*

　　B　研究の対象　*29*

　　C　公民教育としての社会教育の思想分析の視点　*33*

　　　1　ペダゴギークとポリティーク　*33*

　　　2　講壇的立場と実践的立場　*37*

　第4節　時期区分と構成　*39*

　　A　時期区分　*39*

　　B　本書の構成　*42*

目　次　*iii*

第 I 部　戦前における公民教育の形成と展開
― その特徴と構造 ―

第 1 章　公民教育の形成と展開 ……………………………………………………… *49*

第 1 節　公民教育の登場と形成　*50*

A　明治期における公民教育の登場　*50*

1　二つの「公民」概念の登場　*50*

2　二つの「公民」概念の共存と結びつき　*52*

3　もう一つの「公民」概念の登場　*53*

B　1920 年代における公民教育の本格的形成とその特徴　*57*

C　公民教育の組織化 ―「公民科」の成立 ―　*61*

D　公民教育としての社会教育の組織化　*65*

第 2 節　公民教育の展開　*69*

A　政治社会情勢の変化と公民教育の展開　*69*

1　学校教育における展開　*69*

2　社会教育における展開　*71*

B　「公民」概念の変容とその構造　*74*

章括　*78*

第 2 章　公民教育論の形成 ……………………………………………………………… *81*

第 1 節　講壇的論者の公民教育論　*81*

A　関口泰の公民教育論の体系　*82*

1　公民教育論の提起に至るまで　*82*

2　公民教育の必要性　*84*

3　公民教育の展望　*85*

4　公民教育の方法　*88*

5　公民教育の内容　*90*

6　公民教育から教育改革へ　*93*

7　まとめと考察 ― 関口の公民教育論の本質 ―　*95*

B　蝋山政道の公民教育論の体系　　97

　　　　　1　公民教育論の提起に至るまで　　97

　　　　　2　政治思想と「公民」観念の変遷　　99

　　　　　3　「公民」と「市民」の分離の克服　　101

　　　　　4　公民教育と公民政治　　102

　　　　　5　まとめと考察 ― 蝋山の公民教育論の本質 ―　　104

　　　C　前田多門の公民教育論の萌芽　　107

　　　　　1　公民教育論の前提　　107

　　　　　2　労働問題への関心　　109

　　　　　3　地方自治への関心と公民教育　　110

　　　　　4　都市生活と公民教育　　113

第2節　田澤義鋪の公民教育論と教育実践　　114

　　　A　田澤の公民教育論の体系　　114

　　　　　1　公民教育論の提起に至るまで　　114

　　　　　2　公民教育と政治教育　　117

　　　　　3　実業補習学校と公民教育　　120

　　　　　4　社会教育における公民教育の重視　　122

　　　　　5　全一論に基づく国家観と道義国家の提唱　　123

　　　B　教育実践を通じた「公民」の育成　　126

　　　　　1　青年団教育の実践　　126

　　　　　2　労働者教育の実践　　128

　　　　　3　農村振興・郷土自治と公民教育　　130

　　　C　まとめと考察 ― 田澤の公民教育論の本質 ―　　132

第3節　下村湖人の公民教育論と地域青年教育の実践　　135

　　　A　下村の教育論の体系　　135

　　　　　1　教育論の提起に至るまで　　135

　　　　　2　塾風教育の広がりと下村による批判　　137

　　　　　3　生命生長の原理を基調とした教育観　　140

　　　　　4　理想とする教育の方法 ― 友愛感情の深化と組織化 ―　　141

　　　B　教育実践を通じた「公民」の育成　　144

目　次　v

　　　　1　日常生活の深化と協同生活訓練　*144*

　　　　2　青年団講習所の実践　*145*

　　　C　まとめと考察 ― 下村の公民教育論の本質 ―　*149*

第4節　公民教育論の体系化とその構造　*151*

第3章　公民教育論の展開 …………………………………………… *157*

第1節　戦時下における講壇的公民教育論　*158*

　　A　関口泰の公民教育論の展開　*158*

　　　　1　時局と公民教育論の展開　*159*

　　　　2　公民教育論の葛藤　*164*

　　　　3　青年教育と公民教育　*168*

　　B　蝋山政道の公民教育論の展開　*172*

　　　　1　戦時下における蝋山の軌跡　*172*

　　　　2　戦時体制への参加　*173*

　　　　3　政治教育の主張　*177*

　　C　前田多門の公民教育論の体系　*180*

　　　　1　立憲政治と公民教育の必要性　*181*

　　　　2　公民教育の意義　*183*

　　　　3　国家と公民　*185*

　　　　4　公民の権利と義務　*188*

　　　　5　まとめと考察 ― 前田の公民教育論の本質 ―　*190*

第2節　戦時下における実践的公民教育論 ― 田澤義鋪と下村湖人の戦時体制
　　　　への参加と抵抗 ―　*192*

　　A　田澤・下村の戦時体制への参加　*193*

　　　　1　田澤による国体擁護と総動員体制への協力　*193*

　　　　2　下村による国体擁護と煙仲間運動の展開　*196*

　　B　田澤・下村の戦時体制への抵抗　*199*

　　　　1　戦時下における田澤の抵抗 ― 軍部批判を中心に ―　*199*

　　　　2　戦時下における下村の抵抗 ― 指導者層への批判と教育理想の追求 ―　*203*

　　C　戦時下における田澤・下村による教育実践の探求　*206*

vi

第3節　戦時体制と公民教育論の構造　*211*

第Ⅱ部　公民教育としての社会教育の展開
― 戦後教育改革と公民館構想 ―

第4章　戦後教育改革と公民教育の展開 ……………………………… *219*

第1節　戦後教育改革と公民教育　*220*

　A　戦後直後における時代認識と教育改革 ― 公民教育の再生 ―　*220*

　B　公民教育の展開と公民科構想　*222*

　　1　公民科構想の展開とその特徴　*222*

　　2　公民科構想の終焉と社会科の成立　*226*

　C　旧教育基本法の成立と「公民教育」― 第八条「政治教育」成立過程をめぐって ―　*228*

第2節　戦後社会教育の再建と公民教育　*231*

　A　戦後直後における社会教育施策の展開と公民教育の振興　*231*

　　1　公民教育を核とする社会教育の再出発　*231*

　　2　公民教育刷新委員会答申と社会教育　*235*

　　3　公民啓発施策の展開と公民館の発想　*237*

　B　公民教育としての社会教育の展開　*242*

　　1　公民館構想の具体化　*242*

　　2　公民科構想と公民館構想　*247*

　　3　社会教育の枠組みの形成と公民教育　*251*

　章括　*255*

第5章　戦後教育改革と公民教育論の展開
― 戦前自由主義的知識人たちの戦後 ― ……………………… *258*

第1節　戦後教育改革と前田多門・関口泰　*259*

　A　戦後直後の公民教育の振興と前田多門　*259*

　　1　文相への就任と公民教育の振興　*259*

目　次　*vii*

　　　　2　日本的民主主義と公民教育　*261*

　　B　戦後教育改革と関口泰の公民教育論　*265*

　　　　1　時局認識と民主主義観　*266*

　　　　2　公民教育の論理と内容　*268*

　　　　3　教育勅語の廃止の主張　*270*

　　　　4　戦後改革期以降における政治教育論の展開　*273*

　　C　戦後改革期において関口泰が果たした役割　*278*

　　　　1　青年期教育の改革案の提起　*279*

　　　　2　社会教育の枠組みの形成への貢献　*282*

　第2節　終戦後の蠟山政道と下村湖人　*285*

　　A　戦後民主主義と蠟山政道の教育論　*285*

　　　　1　戦後の蠟山の軌跡と教育論の展開　*285*

　　　　2　日本的民主主義と国体論　*286*

　　　　3　政治と教育の関係性　*289*

　　　　4　政治教育論の展開　*291*

　　B　戦後民主主義と下村湖人の教育論　*293*

　　　　1　日本的民主主義と新教育の理念　*294*

　　　　2　地域社会における村民教育の構想　*298*

　　　　3　農村社会教育の構想　*300*

　章括　*302*

第6章　公民教育論と公民館構想
　　　　── 戦後初期社会教育観の形成と公民教育論 ──　……………………　*305*
　第1節　公民教育論から公民館構想へ ── 寺中作雄の公民教育論の展開を中心
　　　　に ──　*306*

　　A　寺中の軌跡と分析の視点　*306*

　　　　1　戦前から戦後における寺中の軌跡　*306*

　　　　2　寺中の評論活動の特徴と分析の視点　*307*

　　B　公民館発想の論理　*310*

　　　　1　時局認識と民主国家の建設　*310*

viii

2　民主主義観と公民教育の振興　*311*

3　公民教育の三つの特徴　*314*

4　公民教育の振興と公民館の発想　*318*

C　公民館構想の具体化と公民教育論の展開　*322*

1　CI＆Eとの協議から次官通牒へ ― 公民教育論の深化 ―　*322*

2　公民館論の体系化 ―『公民館の建設』の検討を中心に ―　*324*

D　社会教育観の形成と公民教育論　*327*

1　公民教育から社会教育へ　*327*

2　公民教育から自己教育へ　*330*

第2節　公民館構想の思想構造と戦後初期社会教育観の再解釈　*332*

A　公民館構想の思想構造 ― 寺中の公民教育論の思想構造を中心に ―　*332*

1　寺中の公民教育論の本質と公民館構想　*332*

2　寺中の公民教育論者としての位置と公民館構想 ― 寺中と関口・前田の関係 ―

335

3　田澤・下村と寺中の一定の乖離 ― 寺中と鈴木健次郎 ―　*339*

B　戦後初期社会教育観の再解釈　*344*

1　戦後初期社会教育観の捉え返し　*344*

2　公民館構想批判の構造と戦後初期社会教育観　*347*

3　民衆教育としての公民教育と社会教育　*349*

終　章　本書のまとめと今後の課題 ……………………………………… *354*

A　本書で明らかにされたこと　*354*

B　今後の課題　*362*

注 ……………………………………………………………………………… *365*

主要参考・引用文献 ……………………………………………………… *396*

あとがき …………………………………………………………………… *407*

近代日本公民教育思想と社会教育
― 戦後公民館構想の思想構造 ―

序　章

研究の課題と方法

第1節　研究の目的と課題

A　研究の背景と目的

　20世紀後半以降、政治、経済、文化、メディアなど様々な分野におけるグローバル化の進展、さらに、価値やアイデンティティの多様化による多文化主義の台頭などによって、国民国家という枠組みが揺らいでいる。

　国民国家とは、単一民族ないし同質的集団からなる人々が、国家を構成する国民として共通のアイデンティティを共有し、それまでの絶対主義王政下の君主に代わる主権者と位置づけられた枠組みであり、19世紀以降、ヨーロッパ諸国が主導する形でつくられていった。そして、国民国家を建設していく上で重要となったのが、国旗や国歌等の国民統合のシンボルの創造、言語の標準化、主権者意識の育成などを図るための一連の教育であり、公教育制度（学校制度）の組織化、さらには「学校以外の場で、青少年及び成人を対象として行われる組織的な教育活動」を意味する「社会教育」[1]の組織化が進行していった。

　こうして建設された国民国家は、20世紀後半まではリアリティをもっていたが、近年、その枠組みが揺らぐ中で、国民国家のもとで形成されてきた近代的な教育を、新たなシステムへと組み換えていくことが模索されている。各国の教育改革において、その構成員としての教育のあり方として、国家・社会の形成に主体的に参画する市民の形成を図るべく、「市民性教育」（citizenship education）[2]が注目されているのは、こうした状況を示す極めて顕著な動きといえよう。日本

においても、市民性教育への関心は高まっているが、個人と国家の二項対立的な把握を前提に、個人が国家に対して義務を果たすという側面に重点がおかれ、個人が国家の意思決定に参加して、そこで政治的判断力を行使する側面が軽視されている傾向も見られる[3]。

こうした二項対立的な把握は、国民国家の形成過程において、国家権力から自由な市民としての個人が育成されてきた欧米諸国に対して、国民国家が天皇制国家として、強固なナショナリズムを理念としてもちながら形成されてきた日本においては、そうした自由な市民としての個人が育成されてこなかったとする[4]、欧米との比較発達史観に基づく理解からくるものである。しかし、日本の場合、「前近代社会において、均質な文化、生活様式が存在しなかった日本では、分散性と多様性を残したまま国民国家が創られていった経緯があり、近代社会になってからも、国民国家への帰属が、地域の共同体への帰属と重なり合い、相互に浸透し合うというファジーな関係があった」[5]とされるように、個人が農村共同体としての地域社会に参加することが、国家へ参加していくことにも通じていた側面もあり、個人と国家は必ずしも二項対立的な関係をとっていたわけではないと捉えられる。

したがって、市民性教育を基調としながら、新たな教育システムへと組み換えていく上での基盤となる個人と国家の関係について、二項対立的に捉える見方をいかに克服していくかが重要となる。そして、そのことは同時に、日本の歴史的文脈に即して、個人の政治参加それ自体が国家や政治体を構成するというような、個人と国家が相互に浸透する関係を含んだものとして捉え直していく[6]ことをも意味している。こうした中で注目されるのが、1920年代から戦後改革期にかけて振興された公民教育である。以下では、公民教育に着目する理由について、国民国家建設の上で公民教育が重視されてきたことと、公民教育と市民性教育とが相関性をもつことの二点から説明する。

まず、第一の視点であるが、国民国家では、国家の権力を制限し、国民の権利・自由を擁護することを目的とした近代的立憲主義の政治原則に即して、国民の政治参加が承認されるという、いわゆる近代的な国家統治の原理が適用されることで、人々が、国家の統治権の下で国権に服する地位にある「国民」[7]にとどまるのではなく、国政に参与する地位にある「公民」[8]として、国家の統合に

積極的に参加する担い手となることが期待された。したがって、公教育制度のもとで始まった、国民として必要な知識・技能・態度などを養うことを目的とした「国民教育」[9] は、社会生活の意義を体得し、それを正しく実践するために必要な知識・態度などを習得させることを目的とする「公民教育」[10] を基調としながら、国家の統合への積極的な参加と結びつけられて展開されていくこととなったのである。

　公教育制度のスタートと同時に、その内部に、公民教育のための教科（＝公民科）が設けられたことは、国民国家建設の上で、公民教育が重視されていたことを端的に示すものである[11]。明治維新を経て大日本帝国憲法の制定に至る流れに見いだせるように、19世紀後半に国民国家が成立した日本においても、1872（明治5）年に学制が公布されて学校制度が成立すると同時に、道徳・天皇制を中心に学ぶ「修身」が登場し（1881年の改正教育令に基づく小学校教則綱領では筆頭教科となっている）、帝国憲法制定後には、法制度、経済を中心に学ぶ「法制及経済」が1901（明治34）年に登場しているように、公民教育のための教科が早い段階から設置されている。

　そして、国際的にみて、公民教育の必要性が強く主張され、本格的に振興されるようになったのは20世紀初頭である[12]。資本主義の進展によって帝国主義化した列強諸国によって、植民地獲得をめぐる争いも激化し、1914（大正3）年には第一次世界大戦が勃発した。列強諸国は、国民的アイデンティティのさらなる強化を図るべく、公民教育を本格的に重視するようになるが、それは、第一次大戦後におけるデモクラシー思想の世界的広がりによってもたらされた自由主義思想や社会主義思想の高まり、及び、労働運動や農民運動の高まりへの教育的対応をも意味していた。日本もこの時期に本格的に公民教育の振興が図られるようになったが、日本の場合には、さらに敗戦後の転換期である戦後改革期にも公民教育の展開が見られた。

　次に第二の視点について説明する。日本において、"citizen"、"citizenship education" の訳語として、それぞれ、「公民」「公民教育」ではなく、「市民」「市民性教育」が主にあてられるように、一般的には、「公民」及び「公民教育」は、戦前において使用された歴史的概念として理解されることが多い[13]。

　しかし、「公民」と「市民」は、本来、その性質は極めて近い。公民には、天

4

皇に直隷する臣民と、立憲制下における権利主体という二つの意味が内包され[14]、市民には、権力に加わり、共同体の公的関心や共同利益を重視する「シヴィック」（civic）と、権力から離れ、私的権利・自由を重視する「シヴィル」（civil）という二つの意味が内包されているように[15]、両者は、個人と国家の関係において、類似した二つの相対立する理念を内包しているという点で共通性を帯びている。

　さらに、政治学者の岡野八代が、近年の市民性教育の「市民」について、T・H・マーシャルの説を援用しながら、「有機体的な統一体への帰属意識」と「国家に依存しない独立した個人」という相対立するかのような二つの要素が絡み合いながら、歴史的に形成されてきた「公民」も視野に入れて捉えているように[16]、両者に内包される二つの意味は、個人と国家とが相対立しつつも絡み合うような相互に浸透し合う関係を有しているという点で、両者は相関的な関係で捉えられることが分かる。

　このことは、近年の市民性教育で求められている国家・社会の担い手としての「市民」と、日本で歴史的に展開されてきた公民教育で重視されてきた、国家の統合に積極的に参加する担い手としての「公民」との間には重なる部分が多くあり[17]、国民国家が揺らぐ中で市民性教育のあり方を考えていくにあたって、国民国家が建設されていく中で重視された公民教育がいかなる特徴を有していたのかを捉え返すということが、重要な課題であることを示唆している。

　このように、公民教育に着目して、公民が国家を前提としつつも、国家を内包した関係性の概念として捉えられるという視点を重視しながら、その歴史的な展開を捉え返すことは、市民性教育をめぐる議論の基盤となる市民と国家の関係を考察していく上での手がかりを提供するものと思われる。

B　課題の設定

1　公民教育の振興と社会教育の組織化

　本研究では、この課題を、1920 年代から戦後改革期における社会教育の形成と展開に即して考える。その理由は、国民国家が農村共同体を基盤とした地域社会の振興と結びつきながら形成されていった日本においては、公民教育の振興

と、地域社会の振興を基調とした社会教育の組織化とが結びついていたという特徴が見られ、個人と国家が相互に浸透し合う関係を内包した公民教育の歴史的特徴を、より精緻に捉える上でも有効であると考えられるからである。以下では、日本的な国民国家の特性をおさえた上で、そのもとで公民教育が重視され、社会教育が組織化されてきた過程について説明する。

　第一次大戦前後に、日本においても国民国家の強化をはかるべく、義務教育6年制の実施（1907年）、臨時教育会議（1917～1919年）等を通じて、公教育制度の普及拡大が進行していったが、その過程で、学校教育だけでなく、地域社会における青年や一般大衆の教育のあり方に国家も大きな関心を示すようになった。その背景には、先述のように、国民国家への帰属が、地域共同体への帰属と重なり合い、相互に浸透し合うというような関係性を内包させながら日本の国民国家が形成されていったという特性がある。

　内務省主導のもとに、日露戦争後の疲弊した町村を振興し改良していくために展開された地方改良運動は、まさにこうした日本的な特性が反映された運動であり、地域共同体を媒介させながら国家を強化していくために、町村民の「自治心」「公共心」「共同心」を涵養すべく自治民育という教化が重視された。つまり、国民的一体性の意識を共有し、国民が国家への統合に積極的に参加する上で、その基盤である町村において、町村民が一体性をなし、生産事業や地方自治の振興に積極的に参加していくことが重視されたのであった。そして、町村民を動員していく不可欠の手段として、「公共心の育成」を中心とする教育が重視され、それが公民教育として徐々に概念化されていったのであり、ここに日本における本格的な意味での公民教育の登場をみることができる[18]。

　このように、地域共同体の振興を基底にすえて国民国家が建設されていったことは、公民教育がこうした特性を内包しつつ、日本において浸透していったことをも意味している。戦前日本における代表的な教育学者である春山作樹が、当時、公民教育について、国民教育と区別して、「国民としての心得」として、「共同生活を理解せしめ、共存共栄に対して各自の有する連帯の責任を完くせしめるに適当な精神的態度を養成すること」と捉えている[19]ことは、そのことを端的に示している。

　そして、地方改良運動期における公民教育の登場は、以下のように社会教育の

組織化をもたらした。地方改良運動における公民教育の形態は、「学校中心自治民育」と呼ばれたように、小学校及び小学校教師が、町村民への教育にも関わっていくというものが中心であったが、学校における児童だけでなく、地域社会における全住民が教育の対象として位置づけられることによって、社会教育の組織化を先鞭づけていくこととなり、青年団をはじめとした地域社会を基盤にもつ教化団体の官製化が、この時期から急速に進められていった[20]。なお、この時期に、公民教育を基底にすえた社会教育観が形成されていったことは、当時、内務官僚であった田子一民の認識からもうかがえる。田子によれば、「日露戦争以前」は、「社会教育と云ひ、通俗教育と云ふも」「小学校教育の目的を達する一部分たるに過ぎ」なかったが、「日露戦争以後」は、「公民教育を実行せん」とする「新しき意味を有するに至」ったとされる[21]。

　地方改良運動期を、日本における本格的な意味での公民教育の登場期とするならば、1920年代から30年代はその展開期と位置づけられる。日本資本主義の独占資本主義への転化と労働者階級の量的拡大、都市人口の増大、労働・農民運動の展開といった状況は、強固な国民国家を構築していく上で、国民に対する公民教育を一層必要とさせた。

　国民国家を支える基盤としての地域共同体が重視された日本においては、地域社会における組織の官製化も一層進行していった。町内会組織の本格的な整備が開始されるのもこの時期で、それまで各地域で任意の地域住民組織として活動していたものが、町内会組織として整備・規格化されることによって、行政の末端を担う組織として位置づけられた。特に、人口集中が進み始めた東京、横浜、名古屋などの大都市部では、主に小学校区を単位とした町内会の結成が進み、組織化されてまもない自治体の社会教育行政も規約や準則づくりに関わったとされる[22]。

　そして、公民教育の本格的な展開を促す上で、特に大きな要因となったのが普通選挙制の成立であった。日本における立憲主義は、1889（明治22）年に公布された大日本帝国憲法によって、天皇を中心とする政体を意味する「国体」と共存する形で位置づいていくこととなるが[23]、議会制によって、選挙が行われるようになったことは大きな変化をもたらした。高い納税要件などもあり、当初、有権者は限られていたが、1925（大正14）年に制定された普通選挙法によって、

納税要件が撤廃され 25 歳以上の男子全員が選挙権を有するようになった。ここにおいて、広範な国民諸層の政治参加への要求に応じつつも階級的対立の激化を回避するための、国民的団結・国民共同の意識を形成するための政治教育としての公民教育、いわゆる立憲思想の涵養も大きな課題となったのである[24]。学校教育においては、実業補習学校において成立をみた公民科が、実業諸学校、中学校、高等女学校、青年学校へと普及していった。一方で、急速に組織化が進んだ社会教育においても、青年団や婦人会をはじめとした地域の教化団体による啓蒙活動、文部省が各地の学校で委嘱開設した成人向けの各種講座などを通じて、積極的に公民教育の振興が図られていった。

　国際的にみても 20 世紀初頭から前半は、学校教育を終えた成人を対象とした社会教育の文脈でも公民教育が重視された[25] 点に大きな特徴がある。図書館の普及、大学開放、労働者教育機関の設立等によって、すでに社会教育をある程度組織化させていた欧米諸国に対して、ほとんど組織化がなされてこなかった日本では、まさにこの時期に、本格的な公民教育の登場及び展開と結びつく形で、その組織化が進行していったのであり、その特徴は、青年団をはじめとした地域社会の教化団体を重視したものであった[26]。

　そして、日本においては、戦時体制が進行する 1930 年代半ば以降、国民教育のさらなる再編が生じた。国民の戦意を高揚させ、国家総動員で戦時体制を強化していくにあたり、国民的アイデンティティの一層の強化を図るべく、公民教育はより重視されていったが、その特徴は、それ以前のものから変容を余儀なくされた。それまで公認学説的地位を築いてきた天皇機関説に対する弾圧が高まり、立憲自治に基づき日本において根付きつつあった政党政治も終焉を迎え、軍部が権力を掌握していく中で、立憲自治の民を意味する近代的市民としての「公民」よりも、天皇の臣民としての「皇民」が重視されるようになった。それにともなって、学校教育、社会教育双方における公民教育の内容も、日本精神や国体明徴などが重視された戦時色が強いものへと変容していくとともに、教育制度の抜本的な再編も進められ、1941（昭和 16）年 4 月には、それまでの尋常小学校及び高等小学校が改組されて、「皇国民の錬成」を理念に掲げる国民学校が発足した。

　敗戦国となった日本では、戦後の新しい国家を構築していく上で、国民教育の再編が求められたが、その際に、ファシズム体制以前の 1920 年代から 30 年代

前半に立ち返って、当時展開をみた公民教育を基底にすえて進めていくことが重視された。戦後教育改革は、GHQ（連合国軍総司令部）の影響を受けて進められたが、日本側から自主的に戦前の公民教育、特に戦時体制以前の大正から昭和初期にかけて展開された公民教育を核にすえた教育改革が進められた側面もある[27]。学校教育においては、戦時下に廃止された公民科を再び設置しようとする動きがあり、社会教育においては、戦時下に解体した社会教育行政を再生し、その中核として、公民教育を振興する目的で、公民館という施設構想が提起された。戦後改革期は、公民館の登場や社会教育法の成立など今日の社会教育の基盤が確立された意味でも、社会教育史において特に重要な位置を占めるが、その基礎的な部分は1920年代に形作られており[28]、20世紀初頭から半ばにかけて、その基底に公民教育をすえながら、社会教育の組織化が図られていったといえる。

2　社会教育史観の見直し

　ここまで、社会教育の形成と展開を公民教育の視点から述べてきたが、地域共同体の振興を媒介させながら国民国家が形成された日本においては、地域共同体の振興とも結びついた公民教育が展開されていく過程において、社会教育の組織化が促されたという構図があり、公民教育の特徴をより精緻に捉える上でも、社会教育に着目することは重要であるといえよう。こうして、本研究においては、近代日本における社会教育の形成と展開において、その基底にあった公民教育の特質を分析することに主眼がおかれるが、こうした検討を行うことは、個人と国家の二項対立的把握を前提とした公民教育把握（公民教育の展開とも密接に結びついていた戦前の社会教育に対しては特にその傾向が見られる）に基づいた従来の社会教育史観を見直していくことにつながる。以下では、この点に関して、社会教育史観の見直しがそもそもなぜ必要なのかという点も含めて説明する。

　日本における戦前から戦後の社会教育史観として、広く定着してきた理解は、戦前においては、終始、絶対主義的官僚が社会教育組織化の主導権をにぎり、教化の対象としての個人ないしは民衆の行動及び生活は体制目的に占有されたとする、いわゆる「官府的民衆教化」という特徴がみられ、それが、戦後改革期にも継承されたというものである[29]。戦後の公民館構想に対しても「歴史的イメージとしての公民館」[30]として評価されるように、その戦前的影響が否定的な意味

で位置づけられている。

　こうした社会教育史観は、ヨーロッパにおける社会教育の歴史的展開過程と比較する形で導き出されたものである。つまり、ブルジョアジーによる市民文化の勤労階級に対する慈恵的分与としての社会教育、勤労階級自らの手による社会教育施設・形態の創出など、社会教育組織化の主導権をめぐる緊張がみられたヨーロッパに対して、後発近代国家の日本においては、こうした緊張を経ることなく、絶対主義的天皇制政治権力の主導によって、社会教育の組織化が図られたという理解である[31]。このような比較社会教育発達史の観点から導き出された特徴は、一定の説得力はもつが、地域共同体を重視してきたという近代日本の国民国家の特性をふまえれば、日本の特性に即して、より精緻に理解していくことも求められる。

　この点に関わって注目されるのが、戦後改革期において、教育基本法の起草にも大きな影響を及ぼした哲学者の務台理作が提起した視点である。務台は、ヨーロッパ諸国がゲゼルシャフト的な契約国家であるのに対して、日本は農村共同体的な面識共同体が同心円的に拡大した共同体国家であり、その全体の内部に分肢した民族社会が媒介し合うことで国家が統一すると、その日本的特殊性を強調している[32]。こうした特殊性ゆえに、各地域の帰属性が、重層した大小の地域圏のなかで、多様に存続し、国民国家への帰属が、地域の共同体への帰属と重なり合うというファジーな関係を作り出すこととなり、国民の帰属意識の中に、国家対民衆という明確な関係が成立しなかったといえる[33]。

　なお、個人と国家の関係が、民衆と国家の関係に置き換えられているが、このことは、国家との関係において、個人が自由な市民としての概念として歴史的に形成されてこなかった日本の場合、地域共同体を媒介しながら国民国家が形成されてきたという実態に即して、個人を地域共同体における生活者としての民衆と結びつけながら、国家との関係を見ていくことが、個人と国家の関係を相互浸透的なものとして捉え返していく上で重要であることを意味している。

　したがって、ヨーロッパと比較した時に、日本の社会教育が国家主導で組織化されたという特徴が見いだせるとしても、国家対民衆という明確な関係が成立しなかった日本においては、それは必ずしも全面的な国家主導を意味しているわけではない。特に、民衆にとって、身近な地域共同体への帰属は、民衆が主体的に

参加して、地域を振興していくという側面もあったと考えられる。このことは、日本の社会教育の特徴を、教化する側の国家と教化される側の民衆といった二項対立的な構造で、官府的民衆教化と捉えるのではなく、国家と民衆がどのように相互に浸透し合ったのかという、その内的構造をふまえた分析が重要であることを意味する。

その意味では、社会教育が組織化される過程において、まさにその基底をなしてきた公民教育の特徴をどのように捉えるかということは、こうした分析を進めていく上で有効となる。社会教育史において、公民教育は戦前における天皇制国家を支える教化の論理として理解されるのが一般的であるように[34]、官府的民衆教化を特徴づけるそのものであるとして自明視されてきた。しかし、次節で述べるように、近年、公民教育史を捉える視点も変容しつつあり、その内的構造をふまえた分析の視点も提起されており、このことは、社会教育史観もより精緻に描き直されなくてはいけないことを意味している。

以上の議論をふまえると、本研究における課題は次のように整理される。それは、近代日本における社会教育の形成と展開において、その基底にあった公民教育の特質を分析することを通じて、戦前的なものを戦後初期には継承しつつも（官府的民衆教化）、戦後の民主化運動や外在的要因（占領軍）によって、戦後民主主義と結びついた社会教育観が形成されていったという一般的な理解[35]そのものを見直し、従来の社会教育史観をより精緻なものへと描き直すということである。そのことが、国家と相互に浸透し合う関係にある市民が、学校教育、教科の次元にとどまらない地域社会を中心とした社会という場における学びを通じて、「国家の意思決定に参加してそこで政治的判断力を行使」していくという、社会教育をも視野に入れた市民性教育のあり方を創造していく上での基盤の構築へとつながっていくものと思われる。

序　章　研究の課題と方法　*11*

第2節　先行研究の検討

　本節では、本研究と関わる先行研究の検討を行う。A項では、従来の社会教育史観を生み出してきた分析枠組みを見直す動きがある状況をふまえて、それらの先行研究の検討を通じて、社会教育史研究における本研究の意義を明確にする。そしてB項では、公民教育史研究として社会教育を扱うことの意味を述べた上で、公民教育史研究において、公民教育を捉える新たな枠組みも提起されつつある状況をふまえて、それらの先行研究の検討を通じて、本研究における公民教育史分析の視点を明確にする。

A　社会教育史観の再構築と本研究の位置

1　従来の社会教育史研究の枠組み

　近代日本における社会教育の歴史、特に戦前期のものをどう捉えるかをめぐっては、長い間、支配的階級による上からの国民教化（行政社会教育）と、それに抵抗する労働者・農民による教育・学習活動（自己教育運動）とを対抗させる枠組みが定着してきた。そのため、これまでの社会教育史研究は、一方で、国民教化と関わる行政、政策、思想の特質を批判的に分析する研究が展開され、他方で、国民教化政策に対抗する民衆の自己教育運動の歴史的意義を明らかにする研究が展開されるという傾向がみられた。

　つまり、公民教育の登場に代表される国民統合の論理に貫かれた社会教育政策と、国家権力に対峙しながら教育実践を展開していった自己教育運動とが対立構造をなしていたという構図[36]によって、社会教育史が描かれてきたといえる。社会教育史の中から、国民の自発的で主体的な教育・学習活動を探求する場合には、国家に抵抗する民衆の自己教育運動を中心に分析することが自明視されてきたように[37]、社会教育史研究においては、公民教育と自己教育は対立するものとして位置づけられてきたのである。

　そのことが端的にあらわれているのが、戦後改革期に、公民教育を振興する目的で生まれた公民館構想の基底にある思想に対する評価である。公民館構想は、

当時、文部官僚であった寺中作雄によって提起されたこともあり、寺中構想と呼ばれることも多く、寺中の思想分析も一定程度行われてきた。そして、その多くは、戦後社会教育の本質とされる自己教育論の出発点に寺中を位置づけた上で分析するものであり、評価に関しても、寺中の自己教育論の根底には、戦前の公民教育の影響がみてとれるというものである。それは、寺中の「権利」観、「民主主義」観は、日本国憲法にある国民主権・基本的人権の精神とは異なり、戦前、戦中にみられた天皇制国家再建の課題を自己の責務ととらえ、その責務を自主的創造的に果しうる主体へ自覚的に「自己を充実」させていく「公民」を育てることを目的とするような天皇制イデオロギーを支える公民教育に他ならなく[38]、その公民教育の文脈から生まれた公民館は、「戦前の日本独自の公民教育を施す機関の統合であり、機能も戦前の天皇制イデオロギー教化と同質のもの」[39] であるとする捉え方に代表される。

こうした見方は、戦後の日本国憲法、教育基本法体制のもとで構築された社会教育観に基づくものであり、社会教育の思想そのものの論理構造をリアルに把握したものとは言い難い。そのため、自己教育の観点から公民教育について言及する際には、従来の分析枠組みに即すれば、公民教育に対しては否定的な評価が導き出されるのであり、そこでは、公民教育そのものを内在的に掘り下げようという志向は弱かったといえる。

2　社会教育史観の再構築

しかし、近年、長らく定着してきた枠組みを見直す研究が進展しつつある。手打明敏は、社会教育史において、戦前社会教育の地域的基盤であった農村の農民が、教化される対象として描かれてきたことに疑問を呈し、農事改良を担った上層農民の教育・学習活動の分析を通じて、農民の自発的で主体的な教育・学習活動が農村に存在していたことを解明している[40]。このことは、自発的で主体的な教育・学習活動は、国民教化に抵抗する民衆の自己教育運動の中においてだけでなく、上からの国民教化に括られる官製的社会教育の中にも実態として存在していたことを示唆している。

そして、松田武雄は、上からの教化（政策）と下からの自己教育運動を二項対立的に捉えるのではなく、両者を合流・混在させて捉える、つまり、民衆の実態

的な教育・学習活動の矛盾や多様性と、政策や理念との結節点に、社会教育を捉えようとする方法論に基づき、明治初期から大正期までの時代を通じて、近代日本における社会教育の成立過程を明らかにしている[41]。

　松田は、大正期まで使用されていた通俗教育、及び、それ以降使用されるようになった社会教育という用語に注目して、思想史と政策・行政史と地域における活動史の相互規定関係に着目しながら、その全体像を明らかにすることによって、従来とは異なる社会教育史像を描くのに成功している。ただし、松田自身も自覚的だが、全体的には、いわゆる「上からの教化」としての社会教育の中に多様な可能性があったことに対する分析が中心で、下からの非官製的な自己教育運動を含んだ全体構造まで視野に入れた考察は、十分になされているとはいえない印象は残る。それでも、こうした方法論的立場をとることによって、以下のように、従来の社会教育史観を支えてきた枠組みの根幹に位置する公民教育と自己教育とを二項対立的に捉えるという見方に対して、再考をせまる契機を提起している点は注目される。

　松田は、大正期の創設期社会教育行政において中核的な役割を果たし、自己教育としての社会教育論の体系化を行った川本宇之介の社会教育論を考察しているが、その特徴について、「民主主義の原理に基づく社会教育（行政）の近代的な組織化の文脈に位置づきつつも、その行政官としての立場から必然的に社会教育（行政）の組織化過程の国家的な統合に収斂されるものでもあ」り、「その民主主義的な性格にもかかわらず、国家に奉仕する公民精神の育成を目的とした公民教育の理論としても形成された」としている[42]。つまり、川本の自己教育論の基底には、公民教育論が存在していたのであり、自己教育論の前提である社会教育論それ自身も公民教育論として論じられていたことが明らかにされたといえる。そして、このことは、これまで二項対立的に捉えられてきた公民教育と自己教育が、相互浸透的な側面も有しており、公民教育自体も、一面的に国家による教化という側面からだけでは捉えられないことを意味している。

　本研究では、上からの国民教化の象徴として特徴づけられてきた公民教育に着目して、社会教育の形成と展開を捉えていくことに考察の中心をおくため、地域社会における民衆による社会教育の実態、いわゆる下からの自己教育は直接的な検討対象には含めていない。しかし、近年、手打や松田が実証しているように、

上からの教化とされるものにも、自発的で主体的な教育・学習活動につながる側面も内包されていた可能性があり、その内的構造をふまえた分析が重要となるのである。

この点に関わって、倉内史郎による社会教育理論の観点からの公民教育把握にも着目する必要がある。倉内は、社会教育の理論を、統制理論、適応理論、自発性理論の三つの機能から把握した上で、それぞれの理論について次のように説明している。倉内によれば、統制理論は、国家的要請・社会的要請に基づく社会統制技術の一つとしての社会教育のあり方を指し、公民教育はそこに位置づけられる。自発性理論は、統制理論とは反対の地点から社会教育を捉えようとする、つまり、学習者の側から、学習者を中心にアプローチする理論で、自己教育・相互教育が位置づけられる。そして、適応理論は、統制理論と自発性理論との中間に位置する、つまり、一方では個人の外部から課せられる諸要求と、他方では個人の内的欲求との調整を援助するところに社会教育の役割をみようとするもので、発達課題説などが位置づけられる [43]。

ここで、公民教育が位置づけられている統制理論について詳しくみてみる。倉内は、統制というと、戦前的な思想善導に結び付けられやすいが、戦前戦後を問わず、人の行動や意識に影響を及ぼすことによって、社会的秩序の機能を確保しようとする機能は社会教育にもあり、社会教育の社会統制作用は、リアルな問題としてもっと重視されてよいとする [44]。こうした特徴は、英国の成人教育史の展開にも見いだせる。倉内は、英国の成人教育史上において重要な報告書として知られ、1924（大正13）年の成人教育規定（Adult Education Regulation）の制定を促したとされている「Final Report」(1919) では、成人教育の自由とイギリスに伝統的なボランタリズム（voluntarism）の原則が、成人教育に活力を与える基礎的な条件として重視されると同時に、成人教育を深く国家的要請に応える活動とみる見解が明らかにされていると捉えている。倉内は、そのことを、英国の伝統的な成人教育の「自由」の原則に対する国の「干渉」とみるべきでなく、成人教育がひとたび国の教育制度の一環に位置づけられるかぎり、それが国民統合の装置として機能することが期待されるのは、むしろ必然と考えられるべきだとしている [45]。そして、社会教育研究が、社会教育の社会統制作用にあえて目をつぶってきたことを批判し、現実の社会教育を、統制、適応、自発性の三

つの理論によって総体的に捉えていく必要性を提起している[46]。

　このように、倉内は、公民教育に国民統合的な論理が内包されていることを必ずしも否定的に捉えるのではなく、それを本質的な特徴として捉えるという視点に立つ重要性を提起しているのである。倉内の見方は、従来の社会教育史観にみられた自己教育と公民教育を対置させる見方とは異なるものであり、公民教育の視点から社会教育の形成と展開を考察していく際にも、こうした公民教育の本質をふまえた視点が重要となってこよう。

　そして、これまでの社会教育史観を捉え返していく上で、大きなポイントとなるのは、戦後改革期をどう評価するかという点である。二項対立的な構図は、社会教育史における戦前と戦後の断絶を生み出してきたが、その結節点にあるのが戦後改革期であり、その評価をより精緻に行うことを通じて、公民教育と自己教育とが対立するものであるという前提に立つ社会教育史観からの解放の道筋がみえてくるものと思われる。

　従来、戦後改革期における戦前からの影響は、戦後改革期の政策や思想の分析をもって、戦前の官府的民衆教化の継承がみられるとされてきたが、本研究においては、時系列的に戦前から戦後の流れを分析し、その上で、その構造、特に社会教育の基底にあった公民教育がどのような内的構造をもち、戦後改革期に継承されていったのか、という観点から分析を行う。具体的には、戦後改革期において、戦前からの公民教育の影響も受けて登場した公民館構想に着目する。したがって、本研究における課題は次のように明確化される。

　　　社会教育の基底にあり、社会教育を規定してきた公民教育の特質をとらえつつ、それが社会教育における公民教育の実現態である公民館を主体とする戦後社会教育の構想にどうつながっているのかを検討することを通じて、従来の社会教育史観を捉え返し、新たな社会教育史観を構築していくことを目的とする。

3　社会教育史研究における本研究の位置

　ここまで、社会教育史観をめぐる近年の新たな研究動向の分析を通じて、本研究の課題を明確化したが、以下では、社会教育史研究における本研究の位置について、二つの観点から説明する。

第一が、戦前（特に大正期）と戦後改革期との関連性について、実証的に解明を試みる点である。戦後社会教育の原型とされる大正期（1920年代）と戦後改革期との関連性について、いち早く問題提起を行ったのが小川利夫である。その後、1980年代から90年代にかけて、小川と新海英行を中心とする名古屋大学の研究グループによって、精力的に研究が進められたが、その成果は大きく次の三点からまとめられる。第一が、大正デモクラシーの思想的影響下に形成された社会教育（行政）論の思想的特質の分析、第二が、乗杉嘉寿、川本宇之介、小尾範治ら文部省社会教育論（児童保護論、感化教育論を含む）の歴史的意義と限界に関する分析、そして第三が、占領文書の検討を中心とした、占領政策としての社会教育政策の形成過程の分析である[47]。

ただし、戦前と戦後改革期とが別々に検討されてきたがゆえに、大正期と戦後改革期との関連性については、まだ実証的には解明されたとはいえない[48]。本研究では、社会教育の組織化が本格的に始まった大正期・昭和初期（1920年代から30年代前半）から、戦時下（1930年代半ばから40年代前半）を経て、その組織化の一つの到達点である戦後改革期（1940年代半ばから後半）を時系列に即しながらトータルに捉えることで、いまだ十分に深く考察されていない戦前（特に大正期）と戦後改革期との関連性について、公民教育という観点から検討する。

第二が、社会教育の概念理解と直結するような社会教育の本質を問うという点である。近年においても、社会教育史研究はそれなりに行われているものの、特定の人物の思想や理論の研究、個別具体的な歴史的事柄に関する研究が中心で、それらは実証的な蓄積にはなっているものの、社会教育の概念理解に収斂していくような研究は少ない[49]。こうした状況において、松田が、社会教育史を捉える新たな枠組みを提起し、歴史的に一貫した社会教育概念の把握を試みようとしているが、社会教育の基底に位置づいていた公民教育に着目しながら、従来の社会教育史観の再解釈を試みようとする本研究もそうした潮流に位置づくものである。

B　公民教育史分析の視点

1　公民教育史研究の潮流と社会教育の観点

　公民教育の歴史に関する研究は、戦前（特に 1920 年代）と戦後改革期初期を主に対象にすえて展開されてきたが、その背景には、両方の時期において、「公民科」を設置または構想する動きがあったことが関係している。そして、それらの研究は、社会科教育研究の観点から、戦後「社会科」の前身としての「公民科」の検討を行うものと、教育史（特に教育政策史、教育思想史）の観点から、公民教育の検討を行うものとに大別できるが、基本的には、学校教育を主な対象としている点に特徴がある。

　もっとも、公民教育の登場が、近代国民教育としての学校教育制度の成立と関係しており、公民科という教科として具現化されてきたことを考えれば、学校教育を対象とするのは必然的な流れにもみえる。しかし、地域共同体を媒介させながら国民国家が強化されてきた日本においては、その過程で、社会教育の組織化が公民教育の本格的登場と結びつきながら促されてきたことをふまえれば、公民教育を検討するにあたって、社会教育をも視野に入れていくことが求められる。実際に、公民教育は、戦前においては、青年組織・婦人組織等の教化団体の育成・指導を通じて、あるいは成人を対象とした公民教育講座の開設によって実施されてきたし、戦後改革期においても、公民啓発運動が展開され、公民館構想が提起されたように、社会教育においても重視されてきたという歴史的事実がある。

　この点に関わって、従来の公民教育史研究に対して、「公民」をどう捉えるかという視点から、社会教育研究の側からも問題提起が出されている点は注目される。渡邊洋子は、公民教育史が、教科の歴史や国家政策史としてではなく、国家と民衆のダイナミズムの歴史として描かれる必要があると指摘し、社会教育も視野にいれた研究の展開の必要性を提起している。渡邊は、従来の公民教育史研究における「公民」の捉え方が、日本国籍をもつ男性（選挙民）に無意識のうちに限定してきたことにより、女性や植民地民への視点が欠落してきたことを課題としてあげ、国策としての公民教育が、女性や植民地も含めた民衆の生活実態の中

にどのように浸透していったのかを解明していく手がかりとして、中間指導者に着目し、天野藤男を例として、その思想と果たした役割を分析している[50]。また、「公民」としての女性という視点を重視したものとして、女性解放の立場から婦人問題を論じたことで知られる河田嗣郎の公民教育論に着目し、女性を政治・経済生活の主体者としてとらえ、男性と同じ「公民」と位置づけるジェンダー平等思想の論理を明らかにした亀口まかの研究も存在する[51]。

　渡邊や亀口の研究は、公民教育における「公民」を捉える上で、男性だけでなく女性も視野に入れることで、「公民」を有権者としてのみでなく、生活者としての民衆へとリンクさせるものであり、公民教育の特徴を明らかにするためには、学校教育のみならず社会教育にも着目しなければならないということを説得的に示すものと位置づけられる。

　学校教育の場合は、主たる対象が児童のため、「未来の有権者としての公民」という視点が重視されるが、社会教育の場合には、広く地域社会の住民が対象となるため、労働や地域の諸活動に従事している「生活者としての公民」という視点も重視される。したがって、社会教育の観点もふまえて公民教育を捉えていくことは、地域社会における住民が、自主的・主体的な学習活動を通じて、地域を振興していったという日本的な国民国家の特質の一端を明らかにすることにもつながる。そして、こうした視点に立つことで、渡邊がいう「国家と民衆のダイナミズムの歴史」としての公民教育史を描く道筋もみえてくるものと思われる。

2　公民教育の内的構造への着目

　公民教育史研究は、社会科教育研究、教育史研究を中心にそれなりに存在するが、以下では、本研究とも関わる公民教育をどう捉えるかという点に焦点をあてて先行研究の検討を行い、公民教育には両義的な性格が内在しており、そうした本質をふまえた分析が重要であることを確認する。

　日本における近代的な意味での公民教育の登場について、これまでの研究においては、二つの対立する評価が提起されてきた。一方は、教科として登場した「公民科」を天皇制公教育の一教科として、「修身科」と相補的な関係に立っていたとその反動性を強調するもので[52]、社会教育の基底にある公民教育に対する評価、さらには社会教育史観にも影響を与えてきたといえる。他方は、当時の教

科に支配的であった固定的な知識の注入主義を乗り越えるべく、「公民科」の教育内容と方法には進歩性があったとするものである[53]。

こうした相対立する評価が並立する状況を克服し、より精緻な評価を提起するためには、歴史社会的な構造の中でどのような役割を果たしたのかという、公民教育の内的構造を意識した分析が求められる。この点に関して参考となるのが、日本の公民教育の特質を構造的に整理し、その後の公民教育分析にも大きな影響を与えてきた堀尾輝久の所説である。

堀尾は、日本における「公民」の概念が、「絶対主義 → 大正デモクラシー → ファシズム」という社会構造の転換に対応して、「臣民 → 公民 → 皇民」へと変化していったと位置づけることによって、公民の臣民に対する進歩性を示唆するとともに、公民が皇民へと転化せざるを得なかったという限界性（反動性）を示唆することで、公民教育には、進歩性と反動性の両面が内在していたという視点を提起している。ただし、進歩性と反動性の両面を示唆しつつも、最終的には、天皇制国家の枠の中で、臣民、公民、皇民の三者いずれもが絶対主義的性格において重なり合い、公民教育も「国民の政治意識の空洞化、思想善導のイデオロギッシュな装置」として機能したとして、その反動的性格が強く打ち出される形となっている。その理由は、堀尾自身も自覚的だが、堀尾の分析が、公民教育が果たした政治的役割の分析、つまり政策側の意図の解明に力点が置かれていたためと考えられる[54]。

続いて着目すべきものとして勝田守一の所説がある。勝田によれば、公民教育は「一定の国における一定の時代の教育観によって、それぞれことなった目的と内容とをもつ」と時局に基づく性質をもち、そこには、「国家に対する忠誠や義務の観念をつくりあげる意図」と「市民としての基本的権利の自覚と自治の原則の上に、公共性生活をみずから組織する市民の形成をめざす意図」が内在しており、後者の面が強化されるほど、公民教育はより民主的な性格をもつとされる。そして、日本における1920年代の公民教育論の登場に関して、「支配者側からの、穏健な選挙民を育成して、彼らの既成的秩序の安全を維持しようとした点」と、「真面目な識者による、政治の腐敗が政治的・公民的教育の欠如によるとし、国民の政治意識の低調を訴え、民主的な議会政治や自治精神の強化を、公民教育の実施によって達成しようとする点」の両側面から捉えられるとしている[55]。

勝田は、堀尾のように、必ずしも歴史社会的な構造をふまえた分析を行った上で、こうした両義的な性格を浮彫りにしたわけではない。しかし、堀尾が最終的に、反動的性格を強く打ち出していたのに対して、勝田は、両義的な性格を、「国家に対する忠誠や義務の観念をつくりあげる意図」と「市民としての基本的権利の自覚と自治の原則の上に、公共性生活をみずから組織する市民の形成をめざす意図」という表現によって具体化させた点が注目される。

3 公民教育の両義性という視点

そして、堀尾や勝田の指摘をふまえつつ、公民教育が両義的な性格によって特徴づけられることを説得的に示したのが斉藤利彦である。斉藤は、公民教育を「反動的」、あるいは「進歩的」というように、一義的にのみ捉えるのではなく、公民教育がそもそも両義性をもつということをふまえた上で、公民教育における多面的な契機を析出し、その構造連関を検討するという方法的な認識に立つことの重要性を指摘している[56]。

斉藤は、近代教育史上において、各国において成立をみた公民教育が一義的ではなく、多様な実態をもつものであったことを指摘している。斉藤によれば、その両極を形成していたのが19世紀末から20世紀初頭のドイツにおける公民科と、20世紀初頭のアメリカにおける公民科であるとされる。ドイツでは、当時公民教育の第一人者であったケルシェンシュタイナーの諸説に基づき、教科内容の中核概念に「国家」がすえられ、国家に対する祖国愛と奉仕の観念の育成を目指す、いわば「国家意識養成への公民科」が掲げられた。それに対して、アメリカでは、公民科が「Community Civics」と呼ばれたように、「地域社会」（Community）における「メンバーシップ」（membership）の育成が最大の眼目とされ、教科内容の中核概念には、種々のレベルでの「社会」（地域、家、州、連邦）がすえられ、それらおのおのの社会集団と個人との関係理解を学習課題とする、いわば「社会意識養成への公民科」が掲げられた[57]。

このような一見相反するかにみえる公民教育の展開も、それを成立させ展開させた共通の本質的契機があったことを斉藤は重視している。その契機とは、近代国家・社会の形成に対してその成員たる諸個人をどう参与させるのかということ、そしてその課題の一端を、教育がさらに一つの教科がどう組織的・系統的

に担うことができるのかということである。したがって、近代教育史に登場した公民教育は、それがいかなる内容構成をもつものであれ、およそ国民個人（生徒）に何らかの意味での政治意識の養成を不可欠の与件として成立し、そのことによって国家・社会に対する個人の参与を実現しようとしてきたことを最大・共通の特徴とするのであり、強烈な国家意識養成を内容としたドイツの公民科ですら、単なる国家への絶対的服従の教育であったのではなく、一定の政治意識養成を媒介とした国民の自発的な政治参与を前提としたものであったとされる[58]。

　そして、斉藤は、近代的立憲主義の教育的保障形態として登場する公民教育には、「イデオロギーとしての公民科教育」と「理念としての公民科教育」の二者が絡み合いながら存在していたとその両義的性格を捉えている。前者は、体制維持のイデオロギー教育の一環として国家への忠誠心の養成を軸として展開されるもので、その内実は、国民の政治参加を名目とし形式的には政治主体とされた国民も、実質的に体制内に受動化され政治の客体として馴化されるものであった。後者は、前者の否定の上にたち、国民の政治参加を、真に全社会的規模で実現するために、「市民としての基本的権利の自覚と自治の原則のうえにたって公共的生活をみずから組織する市民の形成」をめざすものであった[59]。

　斉藤がいう「イデオロギーとしての公民科教育」と「理念としての公民科教育」は、それぞれ、勝田が提起した「国家に対する忠誠や義務の観念をつくりあげる意図」と「市民としての基本的権利の自覚と自治の原則の上に、公共性生活をみずから組織する市民の形成をめざす意図」に呼応するものである。

　日本の公民教育は、近代公教育の体制そのものが天皇制絶対主義国家体制の強力な支柱であったことは事実であり、このような歴史的状況に制約される中で、「体制維持イデオロギーの形成」（＝イデオロギーとしての公民科教育）が主流であったことは否めない事実として斉藤も認めている。しかし、視野を民間における公民教育論に広げた場合、そこに一定の限界を含みながら、「基本的人権の自覚と自治の原則」（＝理念としての公民科教育）と結びついた側面もあり、斉藤は、こうした現実をふまえて日本の公民教育の歴史を捉える必要性を提起している[60]。具体的には、日本における公民教育を歴史的に分析する際の方法として、「オオミタカラとしての公民」と「近代立憲国民としての公民」という、二つの概念を分析軸として設定し、この二つの概念を内在させながら、公民教育が成立

し展開していった歴史的過程を明らかにするという方向性を示している[61]。

　その他に、公民教育の両義的な性格に着目したものとして、松野修の研究にも言及しておきたい。松野は、日本の公民教育の歴史的特徴について、明治初期を起点とし、青年学校で修身及公民が必修科目とされた1935（昭和10）年までのほぼ60年間を視野におさめ、その間の公民教育の成立と変容を、特に「自由」「法」「競争」など社会科学の基礎的概念が、修身・法制及経済、公民科等の教科書の中でどのように説明されてきたかを中心に分析している。分析にあたって、松野は、公民教育を、「修身科」に代表される天皇制神話を通じて国家への忠誠心を情緒的に高揚させようとした「天皇制家族国家観に立脚する公民教育」と、「法制及経済」「公民科」に代表される近代社会の原理を系統的に理解させようとした「自然権論を基調とする公民教育」の二つに類型化しているように、その両義的な性格を意識している。松野が分析の中心においているのは、後者の「自然権論」の方であるが、それはさらに、「社会秩序の正当性を何らかの超越的権威から導出する社会実在論」と「社会秩序は各人の自由な行動を基礎として形成されるとみる自由主義」の二つの潮流に区分され、「天皇制家族国家観」と「社会実在論」が大きな潮流を占め、「自由主義」は主流とはならなかったと位置づけられている[62]。

　図表1で示すように、松野のいう「天皇制家族国家観に立脚する公民教育」と「自然権論を基調とする公民教育」は、それぞれ、勝田の「国家に対する忠誠や義務の観念をつくりあげる意図」と「市民としての基本的権利の自覚と自治の原

図表1　公民教育の両義的性格

	修身科	法制及経済・公民科
勝田守一	国家に対する忠誠や義務の観念をつくりあげる意図	市民としての基本的権利の自覚と自治の原則の上に、公共性生活をみずから組織する市民の形成をめざす意図
斉藤利彦	イデオロギーとしての公民科教育（オオミタカラとしての公民）	理念としての公民科教育（近代立憲国民としての公民）
松野修	天皇制家族国家観に立脚する公民教育	自然権論を基調とする公民教育 ┏ キリスト教的社会実在論の立場 ┗ 自由主義経済の立場

（筆者作成）

則の上に、公共性生活をみずから組織する市民の形成をめざす意図」に、斉藤の
「イデオロギーとしての公民科教育」（オオミタカラとしての公民）と「理念とし
ての公民科教育」（近代立憲国民としての公民）に呼応するものである。松野の
独自性として、後者の「自然権論」の部分をさらに二つに区分した点にあり、こ
のことは、公民教育が両義的な性格を有しつつも、その内部においては、さらに
複雑な構造を有していた可能性を示唆している。

　ちなみに、社会教育研究においても、こうした公民教育の両義的性格は指摘
されている。森口兼二は、日本における社会教育の本質を歴史的に探究する過程
で、社会教育論の類型の一つとして、公民形成の社会教育（公民教育としての社
会教育）に着目している。森口は、社会の成員たるに適応する資質・能力の形成
は、家庭教育や学校教育の課題でもあり、社会教育の独占領域ではないとしつつ
も、1920年代に隆盛する近代的な意味での公民教育は、普通選挙法の実現を間
近にひかえ、初等教育しか受けていない多くの社会成員に対して、政治参加をす
るにふさわしい資質・能力を付与するべく社会教育の中心領域として特に重要視
されたことを指摘している。

　そして、1920年代に誕生した公民教育としての社会教育論には、吉田熊次に
代表される「国家のための公民教育論」と、森口繁治[63]に代表される「権利と
しての公民教育論」の二類型があったとしている。森口によれば、前者は、国家
が主体となり、国民を国家形成に能動的に関わらせようとする国民統合の論理に
基づいていて、後者は、権利としての政治参加を行うための自治能力を高める必
要性という論理に基づいていたとされる。このように二つの類型があるとしなが
らも、普通選挙法成立（1925年）前後に各地で展開された一連の公民教育に関
する講習会において、講師の大半は「国家のための公民教育論」に傾いており、
「権利としての公民教育論」が前面に出てくることはなかったとされる[64]。

　このように、森口が、公民教育としての社会教育論の中に「国家のための公民
教育論」と「権利としての公民教育」の二つの潮流を見いだしているように、社
会教育史の文脈においても、公民教育の両義的性格が一定程度意識されてきたと
いえる。そして、森口は後者の潮流を積極的に位置づけ、「立憲政体の下で自治
能力と権利意識をもった公民育成を必要と考えた講師が、大正末期から昭和初期
の公民教育講演会に招かれていた例も紹介したとおりである。したがって、主流

ではないが、民主的公民教育にも戦前と戦後の連続性は認められるのである」[65]
と、戦前の公民教育論には、戦後民主主義の下での教育観につながる視点があっ
たことを指摘している。

4 本研究における公民教育分析の視点 ― 重層性という視点 ―

先行研究の検討を通じて、公民教育史研究において、公民教育の内的構造を意
識した研究が蓄積されていく中で、公民教育が両義的な性格によって特徴づけら
れ、そうした本質をふまえた上で、公民教育を捉えていくという方法的な認識が
広がりつつあることが確認できた。

公民教育にこうした両義的な性格が内在していたことは、国民国家における国
家統治原理を絶対主義王政との関係の中で捉えることによって、より鮮明に浮か
び上がってくる。国民国家における統治原理は、国民的一体性の意識の共有が求
められるとともに、近代的立憲主義に基づいて、国民が自発的に社会的秩序の形
成に参与していくことが求められるという構造をとっていたが、そこでは、絶対
主義王政における、国王（君主）の支配権を絶対的なものとする王権神授説にか
わって、すべての人間は生まれながらにして自由で平等であるとする、自然権の
論理に立脚した天賦人権論が重要視される。

国民国家形成のために、そうした自然権の論理を、国家も否定することができ
なくなるが、そこでは、必ずしも国家の権威と国民主義の論理が対立したわけ
ではなく、広範な国民の自発的で意識的な同意によって、国家の権威はむしろさ
らに強力なものになっていったとされる[66]。このことは、政治史、法制史研究
において、初期近代の国民国家が絶対主義王政の随伴現象とみなされてきたよ
うに[67]、絶対主義王政で重視された国民支配の論理は、近代における国民国家
の形成の段階においても、自然権の論理を媒介させながら継承されていったこと
を意味している。

こうして、国民国家は、常に国家を統合し、国民を支配しようとする統合の論
理と、市民が自治的に国家を治めていこうとする統合の論理という二重の統合の
論理が働くことによって形成されていくこととなり、そのことが、まさに公民教
育の両義的な性格を生み出したといえるだろう。

本研究においては、公民教育の両義性という視点をふまえつつ、公民教育の重

層性という視点に着目する。その理由は、大きく次の二点から説明できる。

　第一に、公民教育に内在する二つの性格は、国民国家の形成過程において、国民を統合しようとする論理と、市民が自治的に治めていこうとする論理とが、並存し交錯しあう関係をとっていたように、必ずしも相対立するものではなかったと考えられるからである。したがって、二つの論理が相対立している状況を連想させる両義性という言葉よりも、二つの論理が相対立しつつも相互に浸透し合う状況を連想させる重層性という言葉の方が、公民教育に内在する特性を表すのに適した表現であるといえる。

　第二に、松野も公民教育が両義的な性格を有しつつも、その内部においては複雑な構造を有していたことを示唆しているように、公民教育に内在する性格は、日本の国民国家の特徴をふまえると、二つの特徴のみで表されるほど単純ではなく、複数の特徴がそれぞれ相互に浸透しながら重層的な関係をとりながら内在していたと捉える方が、その実態を反映していると考えられるからである。

　それでは、具体的にどのような重層的な性格が内在していたのだろうか。それは、以下に示すように大きく三つの特徴から構成されていたと考えられる。

　日本における国民国家の形成においても、いわゆる二重の統合の論理はみられるが、戦前日本の国家が「天皇制絶対主義国家」と位置づけられてきたように、国民を支配しようとする論理が天皇制（君主制）と強固に結びついていた点に日本的特徴がある。したがって、日本においては、国民を支配するための体制的なイデオロギーと結びついた公民教育が主流であり、近代的立憲主義に基づき市民が自治的に治めていこうとする公民教育は傍流にとどまっていたと捉えられる。しかし、それでも、近代的立憲主義と天皇制とが矛盾をきたさずに共存するという日本的立憲主義とでもいうべき形態をとることで、公民教育における「天皇のオオミタカラとしての公民」と「近代立憲国民としての公民」という二つの概念が、後者が前者に包摂されるという形で前者が強い力関係を有していたものの、相互に浸透し合うという関係をとっていたと考えられる。

　そして、日本の国民国家の場合、地域共同体を媒介させるという大きな特徴をもっていたことにあらためて注目する必要がある。地方改良運動期において重視された自治民育には、「国家への忠誠心の育成」と「生活の場としての地方社会の充実」という緊張関係に立つ二つの論理が内包されていたが[68]、この時期に

公民教育の概念化がもたらされていったことをふまえれば、この二つの論理は、公民教育を構成する論理の基盤とも位置づけられる。このことは、日本においては、市民が自治的に治めていくという論理は、近代的立憲主義の観点からのみでなく、地方改良運動期の自治民育の観点もふまえて捉える必要があることを意味している。近代的立憲主義の場合は、立憲的知識の涵養や一定の政治参加を通じて、国民が自治的に治めていくことが重視されるのに対して、自治民育の場合は、地域社会における生活を基盤として地域を自発的に振興していくことが重視されている点に相違があり、日本の公民教育においては、これら両方の特徴が内在していたと理解すべきである。

　以上の議論をふまえれば、次のようにまとめられる。日本における公民教育は、国民を支配しようとする統合の論理と結びつく「国家への忠誠心の育成」が位置づく一方で、市民が自治的に治めていく論理と結びつく「立憲的知識の涵養」と「生活の場としての地域社会の振興」が位置づくという、大きく三つの特徴を内在させていたと捉える必要があり、こうした特徴は、生活者としての公民という視点とも結びつく「公民教育としての社会教育」という関係から見るから

図表2　公民教育の重層的性格

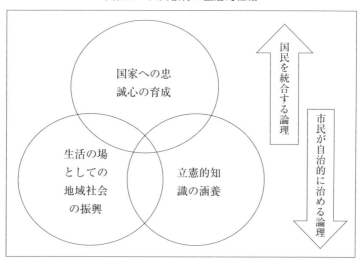

（筆者作成）

こそ捉えられる特徴であるということである。こうした公民教育の重層的な構造は図表2のように示される。

　ここまで本研究が、これまでの社会教育史研究、及び公民教育史研究との関連でどのように位置づけられるのかを整理してきたが、「公民教育の視点から社会教育の形成と展開を捉える」ことを骨子とする本研究は、「公民教育としての社会教育」研究として、両方の研究領域を統合するものとして位置づけることが可能であり、こうしたアプローチをとることで、「生活者としての公民」という社会教育の観点もふまえた「国家と民衆のダイナミズムの歴史」として公民教育史を描くことが可能となるとともに、国家と民衆の相互浸透の関係をふまえたより精緻な社会教育史観を構築していくことが可能となるのである。

第3節　研究の方法と対象

　本節では、本研究における課題にせまっていく上で、どのような方法を用いるのかについて、その対象と視点も含めて明確にする。A項では、思想分析という方法を中心にすえることが妥当であることを明示する。B項では、具体的な思想分析の対象について、その理由と妥当性も明示しながら、複数の論者を選定する。そしてC項では、選定した論者たちの思想分析を行う際の視点を明示する。

A　研究の方法

　本研究では、社会教育の基底にあった公民教育を、その重層性という特徴を捉えつつ、それが公民館を主体とする戦後の社会教育構想にどうつながっているのかを検討することを通じて、社会教育史観の再解釈を行っていくわけだが、こうした課題にせまっていく上での方法として思想分析を中心にすえる。なぜ、思想分析という方法をとるのかという点について、以下で、重層性という公民教育史分析の観点と、社会教育史観の再構築という観点の両面から述べる。

　公民教育の重層的性格を捉える上で、なぜ、思想分析が有効なのかといえば、実際に、日本において政策や事業として展開された公民教育は、体制維持イデオ

ロギーの形成という側面が支配的で[69]、公民教育の内的構造を意識して分析することは容易ではないからである。つまり、政策や事業の分析においては、公民教育が果たした政治的役割や政策側の意図の解明に力点を置かざるを得ないため、どうしても、公民教育の反動的性格を前面に出す評価に収斂しがちで、そこから公民教育の重層的な性格を捉えようとする志向は後退することとなる。

こうした中で注目されるのが、各論者が提起していた公民教育の思想である。公民教育が本格的に展開されていく中で、多くの論者が公民教育について論じたが、それらは必ずしも政策や事業に反映されたわけではなく、このことは、各論者が提起した公民教育の思想には、公民教育の重層的な性格が、より見えやすい形で内在していた可能性を意味している。

したがって、公民教育の重層的な性格を捉える上では、その思想を分析するという方法が有効になってくるのである。特に、各論者が、公民を育成するにあたって、どのような国家観、立憲主義観のもとで、天皇制と立憲主義の関係について考えていたのかという点と、地域社会における民衆の生活の向上と国家の発展との関係をどのように結びつけていたのかという点は、日本型国民国家のもとで生成・展開された公民教育の重層的な思想構造を明らかにする上でも重要な課題となる。

ただし、本研究で設定した公民教育の重層的性格を構成する三つの特徴について、論者によって、その構成のバランスは多様であり、その意味でも、特定の論者に絞って分析を進めていくだけでは不十分であり、複数の論者に焦点をあてることが重要となってくる。そうすることで、各論者の相互の関係、内的構造のより精緻な分析も可能になると考えられる。

また、本研究が、公民教育に着目して社会教育の形成と展開を捉えていくことを考察の中心においている以上、社会教育史分析の観点においても、必然的に公民教育分析の観点を踏襲して思想分析を中心にすえる必要があるが、社会教育史観を再構築していく上での社会教育史研究の方法論としても、思想分析が有効である点にも着目する必要がある。

この点に関して、注目されるのが倉内史郎の研究である。松田武雄によれば、倉内の研究は、資本主義の確立過程における構造的な要因として社会教育の本質を分析するのではなく、それぞれの社会教育の思想や社会教育観をそれ自体に即

して検討することにより、その時代の社会教育の思想や社会教育観の特質を明らかにし、それぞれのずれや多様性を描いている点に方法的な特徴があるとされる[70]。従来の社会教育史観が、特定の価値観や戦後に構築された教育史観によって描かれてきた傾向が強いことをふまえれば、倉内にみられるように、社会教育の思想そのものの論理構造をリアルに把握するという方法は、より精緻な社会教育史観を描いていく上でも重要な手法となる。

　さらに、研究を遂行する上で、現実的な状況からも思想分析が妥当であることは説明できる。社会教育の組織化以降、社会教育においても公民教育事業は一定程度展開されたが、その実態はほとんど明らかにされていない。その背景には、学校教育における公民教育が、「公民科」の教科書や各種政策文書として、それなりにまとまった資料が存在しているのとは対照的に、社会教育に関しては、資料がほとんど残されていないことが大きく関係している。そのため、事業や政策に重きをおいた時系列的な分析は困難を極めることが予想され、その点からも思想分析が有効となる。

　以上の議論をまとめれば次のようになる。それは、戦後社会教育の構想にも影響を与えた複数の論者を、戦前から戦後にかけて、その公民教育論に着目して思想分析を行うことが、本研究における課題にせまっていく上で、最も有効な方法となるということである。

B　研究の対象

　そして、具体的な思想分析の対象として、複数の論者を選定する必要があるが、その条件として、以下の三つの視点を重視する。

　第一が、公民館を主体とする戦後の社会教育構想に影響を与えている点である。第二が、戦前において、学校教育における公民科だけに収斂しない、社会教育をも視野に入れた公民教育論を提起していた点である。そして第三が、提起していた公民教育論において、重層的性格を見いだすことができるという点である。これら三つの条件を満たす論者として注目されるのが、戦前における自由主義的知識人に括られる関口泰（1889-1956）、田澤義鋪（1885-1944）、下村湖人（1884-1955）の三人である。

関口は、戦後改革期において文部省社会教育局長を務めた後、教育刷新委員会委員なども歴任し、戦後の教育政策形成にも関わっているが、社会教育局長時代に、部下であった寺中作雄が社会教育局公民教育課長として、公民館構想を提起した関係にあり、寺中にも大きな影響を及ぼしたとされる[71]。寺中も後の回想の中で、戦前から公民教育・政治教育論者として名高かった関口が、社会教育局長就任に際し、社会教育の中心が公民教育で、それを恒久的なものとして発展させるために公民教育課を設置したことを述べている[72]。

戦前における関口は、公民の原理など公民教育の理論的な議論を展開する一方で、学校外における公民教育の方法や公民教育論を軸にすえた教育改革案を提起していたように、実践的な議論も展開していった。その特徴は、「大正デモクラシーにおける最も良質な理論を受けつぎ、教育における平等と権利の原則を基底にも」ち、「一定の限界を含みながら、基本的人権の自覚と自治の原則と結びつ」いたものであったと評価されているように[73]、関口の思想において、公民教育における「市民が自治的に治める論理」（特に、立憲的知識の涵養を中心としたもの）も明確に内在していたと考えられ、公民教育の重層的性格を捉える上でも重要な検討対象として位置づけられる。

一方で、青年団指導者として知られる田澤と下村も、寺中に影響を与えた人物として社会教育関係者の間では広く知られてきた。戦前日本の社会教育は、戦後の公民館のような施設がほとんど存在しなかったこともあり、「農村中心」「団体中心」「青年教育」等によって特徴づけられるが[74]、これらの特徴をすべて合わせ持っていた典型的なものが青年団であり、社会教育史研究においても青年団研究は特に精力的に進められてきた[75]。そして、戦後の公民館構想は、特に、小野武夫、下村湖人、田澤義鋪、鈴木健次郎らの戦前日本の青年団指導者たちの「村づくりの発想」に基づいていたとされ[76]、実際に、田澤や下村の影響を受けた鈴木が、寺中とともに公民館の普及にあたったこともあり、公民館構想との関連でも、田澤と下村は常に言及されてきた。

戦前における田澤と下村は、特に農村青年を対象として、地域社会に根ざした「公民」の育成を、教育実践を通じて、よりリアルなものとして創出していこうとしたように、公民教育を学校（教科）だけに収斂させずに、広く地域社会における生活者としての公民育成まで視野に入れていた。したがって、両者の思想に

おいて、公民教育における「市民が自治的に治める論理」（特に、生活の場としての地域社会の振興）も明確に内在していたと考えられ、両者も関口と同様に、公民教育の重層的性格を捉える上での検討対象として重要な位置を占める。

このように、本研究における思想分析において、この三人は重要な位置にあるが、三者の関係は次のように整理できる。関口は、どちらかといえば講壇的な立場から、「立憲的知識の涵養」を重視した公民教育論を提起していたのに対して、田澤と下村は、どちらかといえば実践的な立場から、「生活の場としての地域社会の振興」と結びつけた公民教育論を提起していた点に特徴がある。

それ以外に注目すべき論者としてあげられるのが、前田多門（1884-1962）と蝋山政道（1895-1980）の二人である。戦前から地方自治や立憲自治の観点から公民教育論を提起していた前田は、関口や寺中と同様に、戦後教育改革に関わったが、前田の場合、文部大臣という立場から、公民教育を柱とする教育改革を進めようとした点に特徴がある。一方で、戦前から著名な政治学者・行政学者として知られる蝋山は、政治と教育の原理的探求に基づく体系的な公民教育論を提起するとともに教育評論も積極的に展開し、戦後も政治学の立場から公民教育を基底にすえた教育論を展開し続けた点に特徴がある。前田と蝋山は、教育実践家というよりは評論者としての特徴が強く、また、社会教育をも視野に入れた「立憲的知識の涵養」を重視した公民教育論を展開した点で、関口に近い立場であったといえる。

以上、具体的な思想分析の対象として五人を選定したが、これ以外にも取り上げるべき論者は存在する。例えば、1920年代から30年代における社会教育行政創設期において、官僚の立場から社会教育の組織化に関わった乗杉嘉寿や川本宇之介、同時期に教育学者の立場から、社会教育の理論化を図ろうとした春山作樹などがそれにあたる。

彼らを取り上げない理由は、本研究では、社会教育の形成過程において、その基底にあった公民教育を捉えることに力点をおいており、彼らのように社会教育に正面から関わり、その中で公民教育を論じた人物よりも、公民教育を論じ、あるいは実践しようと試み、その中で学校外の教育（社会教育）への視野を持ち合わせていた人物を考察の中心に置く方が、研究課題に即しているからである。ただし、川本などは、戦後の教育改革にも関わり、また、戦前において特に体系的

な公民教育論を論じている点では無視できない存在でもあるので[77]、本研究においては、直接の思想分析の対象としては位置づけてはいないものの、必要に応じて、本研究で主要に取り上げる論者との比較考察という観点から言及する。

本研究で着目する自由主義的知識人たちは、戦後初期社会教育の形成との関連で、その名前こそたびたび言及されてきたものの、これまで十分に考察されてきたとはいえない。前田に関しては、戦後直後に文部大臣を務めたこともあり、教育史研究を中心に、一定程度分析がなされてきたものの、関口と蝋山に関しては、ほとんど分析がなされてこなかったといってよい。一方で、田澤と下村に関しては、青年団史の文脈で考察は一定程度なされてきたが、戦後初期社会教育との関連では、深い考察がなされないまま、例えば次のように理解されてきた。それは、戦後初期の社会教育施策・行政を中心的に担った関口泰、寺中作雄、鈴木健次郎らは、戦前体制内のリベラル派の田澤義鋪、下村湖人につらなる人々であり、このような人的つながりが、戦前の田澤・下村の「国家に奉仕する国民」を育成しようとする「公民」像（＝天皇制絶対主義の理念に結びつくもの）との連続性を生み出してきたというものである[78]。

このように、戦後初期社会教育の基底にある公民教育論、とりわけ公民館構想の基底の思想については、寺中に影響を与えたとされる自由主義的知識人たちの思想との比較考察も十分に行われないまま、人的つながりをもって、「国家に奉仕する国民」を育成しようとする「公民」像という解釈が導き出されてきたのであり、それは、長らく定着してきた社会教育史を捉える二項対立的な枠組みに依拠するとともに、公民教育の重層的性格をふまえないことによって、結局のところ、戦前の天皇制家族国家観に収斂させるものとなってきたといえる。

本研究においては、戦前自由主義的知識人たちの公民教育論を社会教育との関係も意識しながら、公民教育を歴史構造的な公民教育の機能（天皇制絶対主義の論理）に収斂させずに[79]、彼らの思想形成過程に即して内在的に分析する。そして、公民教育の重層的性格を捉えるとともに、戦後初期社会教育の基底にあった思想、具体的には、公民館構想の基底に位置づいていた公民教育論にどのように結びついていたのかを、戦前自由主義的知識人同士、及び、寺中との比較考察を行うことを通じて明らかにする。そのことで、戦後初期社会教育の基底に存在した公民教育論が重層的な構造をなしていたことが浮き彫りになり、従来の社会

教育史観をより精緻に捉え返すことが可能となる。

C　公民教育としての社会教育の思想分析の視点

　公民教育分析の視点として、本研究において、その重層性に着目することは述べたが、本研究の主題となる公民教育としての社会教育の思想分析を行っていく上で、さらに「ペダゴギークとポリティーク」「実践的立場と講壇的立場」という二つの視点に着目する。

1　ペダゴギークとポリティーク

　小川利夫は、時代背景も視野にいれて、大正期の社会教育思想を「教育的デモクラシーとしての社会教育」思想と位置づけ、同時期に興隆した公民教育論との関連に着目している。そして、公民教育としての社会教育論を検討していく上で、歴史学者の上原専禄が国民教育論の中で提起したペダゴギーク的発想（教育学的発想）とポリティーク的発想（政治学的発想）に着目している。

　ここで、「公民教育」と「国民教育」の相違をどのように捉えるかという問題に直面するが、この点に関して小川は、「公民教育論は多かれ少なかれ"国民教育論"でもあるからである。いいかえるなら、その意味で公民教育論には新しい国民教育論としての性格や色彩がつねにつきまとっているからである。その理由はほかでもない。それは公民教育論というものが、何よりも時代の変化にともなう国民的ないし国家的要請にもとづくものであったからである」[80]と、公民教育と国民教育の同質性を指摘している。

　実際に、公民教育論が一大教育思潮を形成し始めた当時の論者たちも、公民教育と国民教育が非常に近い概念であると理解していた。例えば、戦前において哲学者の立場から自治公民について論じ、戦後改革期には教育刷新委員会委員も務めた大島正徳は、国民教育は、初等教育や中等教育など教育全体を含めている点で広い概念であり、そこに公民教育も含まれるが、当時の立憲自治の制度の下では、国民の具体的な現実生活は、まず自治体を中心として公民の意義を明らかにし、議会政治に参加する資格としての参政権、つまり、政治生活上の公民としての意識を明瞭にすることが重要であり、公民教育という文字を用いて、立憲自治

の国民たる自覚を促すことが適切だとしている[81]。また、戦前に奈良女子高等師範学校付属小学校で主事を務めた眞田幸憲は、国民と公民の違いとして、国家という組織の下に、自己の立場を認める場合が国民であり、国家の中に組織されているそれぞれの団体それ自体の目的を認識し、団体の一員として、自己の立場を意識している場合は公民となるとして、同一の社会人が、団体の目的と成員としての立場を意識する場合に生ずる観念の違いであるとしている[82]。

　このように、国民教育に比べると公民教育は、地域社会における所属組織や日常生活と結びつけられている点に特徴があり、その意味では国民教育の方がやや広い概念といえるが、立憲国家の一員として責任を果たしていくという目的は共通しているように同質的に捉えられることが分かる。そもそも、公民教育が国民国家の形成と展開の中で登場してきたことを考えれば、公民教育と国民教育を同質的に捉えるのは妥当な見方といえる。それでは、以下で、小川が、上原専禄の国民教育論から、どのような公民教育としての社会教育思想分析の視点を引き出していったのかをみていきたい。

　上原専禄は、国民教育論について論じる中で、「国民づくり」の教育としての「国民教育」が要請されてくる流れとして、「人間づくり」の教育としての「人間教育」の抽象性、恣意性、遊戯性をどう克服するかという問題視点に立ったペダゴギーク（教育、教育論）そのものの問題領域と、今日の日本の政治、経済、社会、文化の一切の問題を「政治的に」どう解決するかという問題視点に立って、それらの問題をにないうる実践主体としての「国民」を造出する意味でのポリティーク（政治、政治論）の問題領域の二つをあげ、それぞれの時代の、それぞれの社会における歴史的・現実的問題をにないうる新しい「人間」を造出する仕方において解決していくことが志向されているかぎり、「教育」はやはり高い次元における「政治」にほかならないとしている[83]。

　小川は、上原の考え方を援用して、公民教育としての社会教育論を区分している。ペダゴギーク的と位置づけられているのが、春山作樹、川本宇之介であり、一方でポリティーク的と位置づけられているのが、関口泰、蝋山正道、社会学者・経済学者であった高田保馬、法律学者であった森口繁治である[84]。前者は教育学理論、社会教育学理論の形成に貢献し、教育機会の均等、社会教育の充実など教育改革を提起していた人物が主に位置づけられ、後者は教育学以外（特に

政治学）の学問領域で、政治改革、社会変革を提起していた人物が主に位置づけられている。

　なお、小川があげている論者は、川本は教育機会の均等を、関口、蝋山は政治制度の民主化を、森口繁治は国民の権利としての政治参加を提起していたように、デモクラシーの思想を基底にすえた公民教育論を展開していたという意味では共通点がある。実際に、小川は、蝋山の公民教育論に言及する中で、「しかし、そのような（蝋山の※筆者加注）公民教育の『真の姿』はもちろん現実ではなかった。現実には、それとは文字通り対照的な公民教育が政治過程のなかにまさに『融合』される形で国家主義的に組織化されていった」[85]と述べているように、小川が、取り上げた公民教育論が、現実に進行していた国家を統合する論理の側面を強く帯びた公民教育に抵抗する性質を帯びていたと捉えられる。その意味では、小川が取り上げた論者は、先に言及した森口兼二の公民教育としての社会教育論の二類型でいえば、「権利としての公民教育」の文脈に位置づく論者に近いものといえ、小川は意識的に、公民教育論の中に、いわゆる「市民が自治的に治める論理」とつながる系譜を見いだそうとしていたことがうかがえる。

　そして、ペダゴギーク、ポリティークという観点に着目して、これまでの社会教育研究、特に思想史研究をふりかえるならば、総じて、ペダゴギーク論者に重点がおかれてきたといえる。春山は、戦後の社会教育研究の第一人者である宮原誠一の社会教育論との関係を問う視点から、川本は戦前における社会教育行政の成立との関連で常に言及され、それぞれの公民教育論の一端も明らかにされてきた。その一方で、蝋山、関口といったポリティーク論者に関しては、その存在が言及はされるものの、本格的に分析した先行研究はほとんど存在してこなかった。

　春山が遺した「社会教育とは家庭学校以外に行われる教育的活動で組織化の道程に入り来りつつあるものを指す」[86]という言葉にあらわされているように、戦後社会教育の原型が形成されつつあった大正期から昭和初期において、社会教育の組織化に直接的に貢献した文部官僚や教育学者、つまり、ペダゴギーク論者に関心が注がれてきたのは、ある意味必然的ともいえる。ポリティーク論者は、ペダゴギーク論者ほど、正面から教育論を論じておらず、むしろ、国家と公民の関係を中心とした政治学的な議論を中心に行っていたこともあって、これまでそ

れほど関心が寄せられてこなかった。

　ところで、社会教育はしばしば、教育と政治の中間に位置するといわれるが、この点について、小川利夫は、戦後改革期において、連合軍総司令部経済科学局公衆健康衛生課長であったG・F・ローリッヒ（George F. Rohrlich）の社会教育観にも明確に見いだし、社会教育の普遍的な特質として位置づけている。ローリッヒは、文化や与論を変化させることは、教育の問題ではなく政治の問題であるとして、その場合、「正規の教育の課程」である学校教育はあまり役立たず、むしろ社会教育（成人教育）が必要であるとする。そして、社会教育（成人教育）の特徴を、「政治と教育との間に、両者の限界に近い領域」をなし、その形式と名称は教育的であるが、その内容と機能は、教育というよりもむしろ「与論指導」ともいうべき「多くの指導方法をそのうちに含んで」おり政治的であるとする。その上で小川は、ローリッヒの指摘は、伝統に反対したりこれを改革（政治的な過程を通して）したりする可能性を多く含む社会教育（成人教育）が、多くの場合、社会の要求によりよく従うことよりも、自分自身の希望に従って社会を形づくることに興味をもっている成人を、主な対象としていることにも関係しているとまとめている[87]。

　このように社会教育が、学校教育以上に、政治との関連で捉える必要性がある以上、上原専録がいう、政治、経済、社会、文化の問題を「政治的に」どう解決するかという問題視点に立って、それらの問題を担いうる実践主体としての「国民」を造出するポリティークという視点が、社会教育を捉える上でも重要な視点となってくることが分かる。実際に、社会教育は、学校外における広い意味での教育を包含し、学習者主体という論理も強く働き、ノンフォーマルな教育をも視野に入れ、また、社会的課題、地域課題、生活課題と結びつく学習内容が強く志向されてきたという意味では、学校教育以上にポリティーク的視点が求められるともいえる。

　したがって、公民教育としての社会教育論においても、ポリティーク論者にも注目することが求められる。特に、戦後初期社会教育の基底にある公民教育論の検討にあたって、その背景にある国家観、公民観をどう評価するかを問う際に、ペダゴギーク論者だけでなく、国家と公民の関係についての議論を展開したポリティーク論者の思想にせまっていくことは重要となる。

序　章　研究の課題と方法　*37*

　本研究で取り扱う論者を、ペダゴギーク、ポリティークという区分に即して大まかに整理を試みるならば、田澤と下村は、教育論の文脈から公民教育を提起していた側面が強く、二人とも地域における青年団教育にも実際に関わっていたという意味で、ペダゴギーク論者として位置づけられる。一方で、関口、蠟山、前田は、民主的な議会政治や自治精神の強化という政治学的な文脈から公民教育を提起していた側面が強く、特に国家と公民の関係などに関する議論も展開したという意味で、ポリティーク論者として位置づけられる。

　ただし、小川も指摘しているように、両者は機械的に明確に区分できるものでなく、「公民教育」から公民政治へというアプローチ（ペダゴギーク）と、「公民政治」から公民教育へというアプローチ（ポリティーク）という二つの発想が常に葛藤していると捉える方が妥当である[88]。その意味では、このような大まかな区分を留意しつつも、取り上げていく論者において、ペダゴギーク的側面とポリティーク的側面がどのように内在し、相互浸透していたのかを問う視点も重要となってくる。

　このことは、田澤を例にあげれば、これまでの社会教育研究においては、青年団論、教育方法論の観点から分析されてきたが（つまり田澤のペダゴギーク的側面が特に着目されてきた）、彼が関わった選挙粛正運動、政治教育活動など、ポリティーク的側面からの分析も必要であることを意味する。実際に政治史研究、近現代史研究においても田澤に関する先行研究は多岐にわたって存在するので、それらの知見もふまえた考察が必要となってくる。

2　講壇的立場と実践的立場

　寺中に影響を与えた五人の論者は、官僚や評論家として、あくまで公民教育の必要性を説くことに力点を置いていた講壇的立場と、教育実践を通じた「公民」育成にも関わった実践的立場という二つの立場に大きく区分できる。関口、蠟山、前田は、講壇的立場として位置づけられるのに対して、田澤と下村は、実践的立場として位置づけられる。

　講壇的立場の関口、蠟山、前田の三人は、政治の場面にも参加し、政策形成にも関わったという点で共通項がある。蠟山は、戦前戦後を通して、政治学者の立場から公民教育について論じつつ、選挙制度や議会制度等の政策審議の委員への

就任、戦時下には政策研究団体である昭和研究会への参加を果たしている。一方で、関口と前田は、戦前には東京朝日新聞社の論説委員を務めるなどジャーナリストの経験を持ち、戦後改革期には、文部省に入り、公民教育政策を提起したという点で共通項がある。したがって、関口、蝋山、前田における思想の相違や、寺中への影響の度合いなどに関する考察も重要となってくる。

実践的立場の田澤と下村は、主に地域の青年団を対象とした「公民」育成に直接関わっている。出身が同郷（佐賀）であり、熊本の旧制第五高等学校時代から交流をもち、下村が青年団教育に関わるようになった背景には、田澤の存在が大きく関わっており、田澤と下村の思想の比較分析も重要な課題となる。

ところで、民衆の下からの要求とそれに対する支配的階級の上からの対応策を合流・混在として捉えるという、社会教育史分析の新たな方的枠組みを提起した松田武雄は、合流・混在の結節点に位置づく象徴的なものとして、戦前日本の社会教育活動において重要な位置を占めていた社会教育関係団体、その中でも特に代表的な青年団に着目する必要性を提起している[89]。

したがって、本研究では、いわゆる上からの国民教化に位置づけられる公民教育に着目するわけだが、民衆の下からの要求と支配的階級の上からの対応策との結節点に位置する青年団を中心に、公民教育を実践的に展開しようとした田澤と下村は、より見えやすい形で、「上からの教化」（＝国民を統合する論理）と「下からの要求」（＝市民が自治的に治める論理）の結節点にいたとも位置づけられ、公民教育の重層的な性格について掘り下げて検討していく上でも特に重要な位置を占めるといえるだろう。このことは、彼らの思想分析の際には、農村青年に対してどのような公民育成を行おうとしたのかという観点からの検討も重要であるとともに、講壇的立場の論者とは一定程度距離をおきながら考察をしていくことも重要であることを意味している。

ちなみに、先に述べた「ペダゴギークとポリティーク」という視点とつきあわせると、「実践的立場＝ペダゴギーク論者」「講壇的立場＝ポリティーク論者」というようにカテゴライズもできそうで、一見すると、二つの立場の間には、大きな断絶があるように見える。しかし、ペダゴギーク的側面とポリティーク的側面が機械的に分けられないのと同じように、実践的立場と講壇的立場も機械的に分けられるわけではない。実際に、同じ公民教育に関心をもつ人間として、二つの

立場の間には人的交流もみられた。例えば、田澤は、戦前に内務官僚を務め、選挙粛正運動に関わったという点では前田と共通項がみられるし、戦時下の政策研究団体である昭和研究会にも参加したという点では蝋山や関口とも接点があった。その意味では、実践的立場と講壇的立場と大きく区分はできるが、思想的基盤や戦前からの動きには共通性も見いだせることが分かる。

このように、二つの立場は完全に分けられるわけではないが、公民教育の重層的な性格を捉える上では、区分することの意義は認められるし、また、本研究のように、複数の論者の思想分析を同時に扱う場合には、ややもすれば、各論者の思想分析がそれぞれ別個に展開され、全体の思想構造に関する考察が不十分となりかねないことをふまえれば、比較的共通の基盤にある論者同士をくくった上で考察した方が、全体の思想構造の把握につなげていく上でも、有効になると考えられる。したがって、本書では、大きく講壇的と実践的という二つの立場に分けた上で、それぞれの立場内における相違や、立場を超えた相違も浮き彫りにしながら、各論者の思想の展開過程を、「公民教育の重層性」という視点と、「ペダゴギークとポリティーク」という視点に着目しながら考察する。

第4節　時期区分と構成

A　時期区分

本研究が対象とする時期は、社会教育が組織化されていった大正期から戦後改革期であるが、研究課題の考察を進めていくにあたっては、いくつかの時期に区分した上で、それぞれの時期の特徴を捉えつつ、時系列な変化を追っていくことを重視する。本研究において、どのように時期区分を設定するかにあたって、以下では、先行研究、具体的には、公民教育史研究及び社会教育史研究における戦前（明治時代以降）から戦後の時期区分を体系的に整理したものを取り上げた上で、それらと違った角度から時期区分を設定することを明示する。

公民教育史研究においては、学校教育における公民教育と関連する教科目の歴史的変遷を重視した時期区分が一般的である。その代表的なものとして、学校

40

教育における公民教育の展開と社会思想の変遷を関連づけながら体系的な通史を
まとめた松野修の整理があげられる。松野は、戦後改革期までは対象に入れてい
ないものの、明治期から昭和戦前期を対象に、第一期（1872 〜 1890 年）「明治
啓蒙主義と修身教育」、第二期（1891 〜 1919 年）「立憲帝国主義と法制及経済」、
第三期（1920 〜 1937 年）「大正デモクラシーと公民科」の三つの時期に区分し
ている[90]。

　本研究と関わるのは第三期であるが、第三期は、実業補習学校で本格的に実施
され始めた公民科が、中学校、高等女学校、実業学校など各種学校段階に拡大普
及し、公民科が廃止される 1937（昭和 12）年までの時期が位置づけられている。
実際に公民科が戦前において廃止されるのは、1943（昭和 18）年の「中等学校
教科教授及修練指導要目」によってであるが、松野が 1937（昭和 12）年までと
したのは、公民科の本質を完全に変えたとされる「公民科教授要目」の改訂に
よって、「公民」に代わって「皇民」という言葉が推奨されるようになり、1920
年代にいち早く公民科が設置された実業補習学校において、「公民科」の名称そ
のものが「修身及公民」へと変質した事態を重視してのことである[91]。

　一方で、社会教育史研究における代表的なものとして、社会教育の政策・行政
の展開過程に基づいて時期区分を行った『日本近代教育百年史』（国立教育研究
所編）における時期区分と、小川利夫による社会教育の思想的展開に基づく時期
区分があげられる。前者は、社会教育史における極めて体系的な通史として知ら
れているが、①萌芽期（1868 〜 86 年）、②通俗教育期（1886 〜 1911 年）、③社
会教育期（1911 〜 29 年）、④教化動員期（1929 〜 45 年）、⑤社会教育法体制期
（1945 〜 60 年）と区分している[92]。後者は、①明治期における社会問題として
の社会教育思想（1860 年代〜 1907 年）、②大正期における教育的デモクラシー
としての社会教育思想（1907 〜 29 年）、③昭和ファシズム期における教化とし
ての社会教育批判の思想（1930 〜 45 年）、④戦後における権利としての社会教
育思想（1945 〜 75 年）と区分している[93]。

　両者に共通するのは、明治、大正、昭和戦前期、昭和戦後以降と元号を意識し
て時期区分がなされている点である。特に、本研究と関わる点では、大正デモク
ラシーの影響を、戦前社会教育行政の組織化の到達点ともいえる、文部省内に社
会教育局が設置された 1929（昭和 4）年までとしている点に特徴がある。

序　章　研究の課題と方法　*41*

　これらの公民教育史、社会教育史の時期区分に対して、本研究では、国民国家の形成と展開の中で、公民教育が重視され、社会教育が組織化されてきたという過程をふまえた時期区分を設定する。

　国民国家と国民教育の相互連関的な形成を世界システムの変動との関係をふまえて、日本の近代教育を区分したものとして注目されるのが佐藤学による区分である。佐藤は、19世紀後半の国民国家と国民教育が成立する第一期、1930年代においてその再編が進む第二期、冷戦構造崩壊後に再編される第三期の三つに区分している。以下では、本研究とも関わる第一期、第二期について詳しくみてみたい[94]。

　佐藤によれば、第一期は、1872（明治5）年の学制被仰書から始まって、1900（明治33）年の小学校令によって、全国の学校で、均一の時間に均一の内容を均一のシステムで遂行される国民教育が確立したとされる。第二期は、世界的に見れば、スターリン的な社会主義国家、ケインズ主義的な福祉国家、ファシズム国家のいずれかの進路をとるかが問われる中で、日本がファシズム国家として邁進していくこととなった1930年代が起点とされる。戦後の六・三・三・四体制の基礎となる中等教育、高等教育の拡充や[95]、終身雇用制、年功序列制、労使協調など企業における「日本的システム」は、戦時下にその基礎ができ上がったとされ、第二期は、1930年代から、戦後改革期、高度経済成長期を経て、冷戦構造崩壊に至るまでの時期が一体的に捉えられている。

　本研究が主に対象とするのは、上記の区分でいえば、第一期の後半期、つまり、学校制度がある程度確立して社会教育の組織化が本格的に始まる時期から、第二期の途中にある戦後改革期までである。ただし、本研究の起点となる第一期の後半期は、地方改良運動期における自治民育の振興、1920年代以降の公民教育の振興など、本格的な意味での公民教育が登場及び展開した時期にあたるように、1930年代以降の国民国家の再編へと連なる時期として、つまり、第一期から第二期への移行期として理解する必要がある。

　したがって、本研究が対象とする時期は、国民国家と国民教育の再編の中で、公民教育の登場と展開、そして社会教育の組織化がもたらされたという意味で、一体的に捉えられるわけであるが、本研究では、上記の第二期を、初期のファシズム期（1930年代半ばから終戦まで）と戦後改革期とに分けることによって、

以下のように大きく三つの時期区分を設定する。

　まず、社会教育が公民教育を基底にすえて組織化されていった1920年代から30年代半ばの時期である。次が、戦時体制の進行下において、それが継承または変容していった1930年代半ばから終戦までの時期である。そして最後が、公民教育としての社会教育が公民館構想という形で本格的に組織化された戦後改革期である。

　　B　本書の構成

　本書は、第Ⅰ部、第Ⅱ部、終章から構成される。第Ⅰ部（第1章から第3章）は戦前を対象とし、第Ⅱ部（第4章から第6章）は戦後改革期を対象とする。先の三つの時期区分に即すると、1920年代から30年代半ば、30年代半ばから終戦までの二つの時期を第Ⅰ部で扱う。そこでは、社会教育を規定してきた公民教育の特質を、社会教育の形成も意識しつつ、その重層的な性格を捉えることに力点をおく。戦後改革期を扱う第Ⅱ部では、社会教育における公民教育の実現態である公民館構想の思想構造に関する考察に力点をおく。

　このような大きな枠組みのもとで各章が構成されるが、各章の説明に入る前に、本書全体の構成及び分析に関わることとして、次の二点について言及しておきたい。

　第一に、本研究においては、思想分析が中心となるが、公民教育、社会教育に関する政策や事業の展開についても考察の対象に含めるという点である。戦前を取り扱う第Ⅰ部に関しては、社会教育を規定してきた公民教育の思想分析が中心だが、その背景となる政策・事業との関係もふまえた考察を行っていく上で、政策や事業に関する検討も求められる。戦後を取り扱う第Ⅱ部に関しては、社会教育における公民教育の実現態である公民館構想の思想分析に重きをおくので、必然的に、戦後初期の公民教育政策、社会教育政策、公民館に関する施策に関する動向は、ある程度詳しく追っていく必要がある。

　第二に、本研究は、社会教育に焦点をあてるわけだが、学校教育との関係も視野に入れながら考察を進めるという点である。その理由は、社会教育における公民教育と学校教育における公民教育とが、連動しながら展開してきた過程を見い

だすことができるからである。このことは、宮原誠一や小川利夫によって提起されてきたように、社会教育の成立及び形成が、近代学校制度の成立とも密接に関係していることを意味している。つまり、宮原は、社会教育の発達形態論を、「学校教育の補足」「学校教育の拡張」「学校教育以外の教育的要求」という三つの視点から捉え [96]、小川は、宮原論においては、中等教育との関係を問う視点が弱いとして、「学校教育の代位」という視点を強調している [97]。第Ⅰ部に関しては、社会教育の組織化が進行した1920年代から30年代において、学校教育においても公民科が成立し普及していった経緯をふまえて、公民科の成立及び展開過程についても検討する。第Ⅱ部に関しては、戦後改革期初期において、公民教育を核にすえた教育改革が展望され、その中で、学校教育においては、公民科を再び設置するという公民科構想 [98] が、社会教育においては公民館構想が展開されたという構図があったことをふまえて、公民科構想の展開過程の検討、さらには公民館構想との関係についても検討を行う。

　以上の二点もふまえた上で、公民教育史分析における重層性という視点と、公民教育としての社会教育の思想分析における二つの視点（ペダゴギークとポリティーク、講壇的立場と実践的立場）に着目しながら、本研究における考察は進められる。以下では、各章において明らかにすべき課題を説明する。

　なお、政策や事業として学校教育及び社会教育において展開された公民教育は、その内的構造をめぐって、公民教育の思想とは違った特徴を有していた可能性があり、思想分析と同時並行的に検討を行う場合、議論が拡散していくおそれもある。したがって、思想分析を中心に行う章とは切り離した上で、戦前に関しては、第Ⅰ部の最初の第1章において、戦後改革期に関しては、第Ⅱ部の最初の第4章において検討を行うこととする。第1章及び第4章において得られた知見もふまえて、思想分析を行うことで、議論が複雑化することなく、実際に展開された公民教育の構造との関係など、より深い考察も可能となる。

　第1章では、戦前における公民教育の展開について、1920年代から30年代半ば、30年代半ばから終戦期と時期区分に即して、次の二つの観点から考察を行う。第一に、公民教育の重層的な構造が、どのように形成され展開されていったのかを、政治社会的文脈や公民概念の思想構造に着目することを通じて明らかにする。第二に、こうした重層的な構造をとりながら、公民教育が具体化され展開

していった過程について、学校教育に関しては公民科、社会教育に関しては、町内会、講座型事業、選挙粛正運動を中心に明らかにする。

第2章では、公民教育の本格的形成にともなって、1920年代から30年代半ばに形成された体系的な公民教育論について、講壇的論者と実践的論者とに大きく区分した上で、その特徴を考察する。具体的には、各論者における思想の内的構造の特徴と論者間の相違、さらには、実際に展開された公民教育の構造との関係を明らかにする。

第3章では、政治社会情勢が変容し戦時体制となっていく、1930年代半ばから終戦期における公民教育論について、講壇的論者と実践的論者とに大きく区分した上で、その特徴を考察する。具体的には、各論者がどのような思想の内的構造を有して戦時体制と向き合ったのか、そしてそれは1930年代半ば以前の各論者の思想や、この時期に実際に展開された公民教育の構造の特徴とどのような関係で捉えられるのかを明らかにする。

第4章では、戦後教育改革が、特にその初期においては、公民教育を基底にすえて進められていったことを、政策の展開過程を中心に考察する。特に、公民教育刷新委員会答申、学校教育における「公民科」設置構想、社会教育における公民館構想に焦点をあてる。

第5章では、戦後改革期において、戦前自由主義的知識人たちがどのような公民教育論を提起し、教育改革及び教育実践に関わっていったのかを、大きく戦後教育改革に直接関わった前田と関口、直接は関わらなかった蝋山と下村とに区分して、その特徴を明らかにする。

第6章では、戦後初期社会教育における公民教育の具現化でもある公民館構想に焦点をあてて、その生みの親とされる寺中作雄の公民教育論の特徴を公民館構想の展開ともつきあわせながら明らかにするとともに、戦前自由主義的知識人たちとの比較考察を行うことを通じて、公民館構想の思想的背景が、重層的なものであったことを明らかにする。そして得られた知見をふまえつつ、戦後初期社会教育観の再解釈を試みる。

終章では、本書を通して明らかになったことをまとめるとともに、今後の課題を提示する。

なお、本書作成にあたっては、各論者の思想分析に関しては、各論者の著作

集、代表的な著作、雑誌原稿を中心に、戦前の公民教育に関する事業に関しては、文部省発行の文書を中心に資料収集を行った。それらは、全国の大学図書館、公共図書館、国立国会図書館に所蔵されているもの、全国の古本屋に散在しているものと多岐にわたっている。また、関口泰、田澤義鋪、下村湖人、戦後改革期の社会教育施策に関しては、以下の貴重な資料も活用している。関口に関するものは、遠山茂樹最終講義の講演記録も含めてその多くが、関口が晩年に学長を務めた横浜市立大学図書館に、田澤と下村に関するものは、青年団関連資料を中心に日本青年館と小金井市文化財センター（浴恩館）に、そして、戦後改革期における GHQ の社会教育施策に関するものは、名古屋大学教育学研究科の図書室にその多くが集積されている。なお、引用にあたって、仮名遣いは原文のまま、旧漢字は新字に改めている。

第 I 部

戦前における公民教育の形成と展開
― その特徴と構造 ―

第Ⅰ部は三つの章から構成される。三つの章は、その特徴から、社会構造の変化との関係や、学校教育及び社会教育における具体的な展開過程に焦点をあてる第1章と、具体的な論者の思想形成過程に焦点をあてる第2章及び第3章とに大別できる。第1章では戦前を通して取り上げ、第2章では1920年代から30年代半ばの思想の検討、そして、第3章では30年代半ばから終戦期までの思想の検討を行う。

第1章
公民教育の形成と展開

　本章における検討課題として、大きく次の二点があげられる。第一が、日本における公民教育の形成と展開を、重層性という視点に着目しながら捉えることである。具体的には、「国家への忠誠心の育成」を基調とする「国民を統合する論理」と、「立憲的知識の涵養」と「生活の場としての地域社会の振興」を基調とする「市民が自治的に治める論理」とが、どのような内的構造をとりながら形成及び展開されてきたのかを、公民教育の登場を促した政治社会的文脈や、公民概念の思想構造に着目することを通じて明らかにする。なお、本書においては、公民教育が本格的に展開する1920年代以降を主要な検討対象としているが、本章では、公民教育の内的構造を捉える上で、日本における公民教育の概念化が進行し始めたとされる19世紀後半の明治期の状況も視野に入れながら検討を行う[1]。

　第二が、学校教育及び社会教育において、公民教育が普及し展開していく過程を、そこに見られる公民教育の内的構造を捉えつつ、明らかにすることである。学校教育に関しては、実業補習学校で成立した公民科が他の中等教育機関へ普及拡大していく過程を中心に論じ、社会教育に関しては、自治民育的な地域社会の振興と結びついた公民教育、文部省によって実施された講座型事業、官民一体で行われた選挙粛正運動を中心に論じる。

　第一の点がマクロな観点からの検討なのに対して、第二の点はミクロな観点からの検討であるが、両者は密接に関係していることをふまえれば、別々に論じるよりは一体的に論じていく方が現実的である。以下ではこの二つの検討課題を、序章で設定した時期区分に基づいて、1920年代から30年代半ば（第1節）と1930年代半ばから終戦まで（第2節）に分けて論じていく。

第1節　公民教育の登場と形成

A　明治期における公民教育の登場

　それまでの身分制社会から学歴社会へと大きく転換が図られていった明治という時代は、民衆が否応なく弱肉強食の競争社会に投げ込まれ、立身出世を望むのであれば、勤勉・衛生・知識といった近代的価値を身につけ、自らを律し、学歴社会の階段を這いのぼるほかない時代の始まりでもあった。学校制度の普及定着が進行していく中で、明治中頃から後半にかけて、地域社会において、貧しくとも自立した小生産者ゆえに保持しえた矜持は失われ、民衆のアイデンティティの不安定化が顕著となったとされる[2]。

　このことは、ナショナルアイデンティティを呼び込む要因ともなり、明治中頃以降、民衆が公民として国家の一員となっていくという、いわゆる民衆の国民化を徐々にもたらしていくこととなった。以下では、明治中頃以降、いかにして「公民」概念が登場し、1920年代以降の公民教育の本格的な形成の基盤を形作っていったのかを明らかにする。

1　二つの「公民」概念の登場

　公民教育の重層的な構造をなしていた三つの特徴のうち、「国家への忠誠心の育成」と「立憲的知識の涵養」の二つは、明治時代の中頃には、すでにその輪郭をあらわしはじめた。

　前者の「国家への忠誠心の育成」に関しては、「オオミタカラとしての公民」概念として、1889（明治22）年に大日本帝国憲法が公布された直後に、枢密院議長・伊藤博文著として刊行された『帝国憲法義解』の第二章「臣民権利義務」の解説において登場したとされる。つまり、古代天皇制国家における「オオミタカラとしての公民」概念が、天皇の下での「平等」という一見「近代」的な粉飾をほどこされながら、しかしあくまでも天皇にひたすら帰依・服従する受動的かつ他律的な民（「大君に服従し自ら視て幸福の臣民」）であることを基本とする新たな「公民」概念として再生されたのである[3]。このことは、戦前に、日本の初

等・中等学校で行われた道徳教育のための教科である「修身科」の登場と展開とも関係している。1872（明治5）年の学制により小学校に設置された修身科は、当初は西洋市民道徳を説いた書物が教科書として使用されていたが、大日本帝国憲法公布直後の1890（明治23）年の教育勅語の発布等を通じて、仁義忠孝を中軸とする徳育重視の内容が中心になり、特に尊王愛国の士気の養成が重視されるようになったとされる[4]。

　一方で、後者の「立憲的知識の涵養」に関しても、「近代立憲国民としての公民」概念として、同時期に登場したとされる。1888（明治21）年に、市制及び町村制が制定され、地方自治制度の整備が進行していく中で、男子限定で納税額などの制限があったものの、一部の住民に市町村議会議員や市町村長の選挙権及び被選挙権が与えられた。これらの人々は「公民」と称され、単なる「住民」とは異なり、積極的に市町村の政治に参加することが期待された。そして、当時の代表的な教育雑誌『教育時論』では「公民教育論」が展開され、小学校の教育において、地方自治制度のしくみや公民としての心得など、市町村公民の育成の重要性が説かれた[5]。ただし、この時期に広く見られた、立憲主義的志向に基づいた公民教育論は、アメリカ（1870年代にすでに小学校で、「シヴィックス（Civics）」が展開されていた）やイギリスの影響を受けていたとされ、その後の明治末年から大正期以降に日本で本格的に展開する公民教育の概念が、主にドイツの影響を受けて成立したという点で、相違がみられる[6]。

　このように、明治中頃において、すでに「オオミタカラとしての公民」概念と「近代立憲国民としての公民」概念という二つの概念の登場は見いだせるが、この時点では、公民教育として十分には展開しなかったとされる。つまり、「オオミタカラとしての公民」概念は、当時においては、官許のアカデミズムや公認の天皇制イデオロギーが確立されていない状況のもとで、明確には公民教育論としては展開されず、また、「近代立憲国民としての公民」概念も、政府が大日本帝国憲法の理念を学校教育の現場で教えることに消極的であったために、学校教育でようやく取り上げられるようになる明治後半の「法制及経済」の登場に至るまで、十分に深められなかったとされる[7]。

　その「法制及経済」は、1899（明治32）年の改正中学校令に基づく1901（明治34）年の中学校令施行規則によって、旧制中学校に導入されたわが国最初の

本格的な公民的教科である。明治初期には小学校、中学校、師範学校等の学科目に「本邦法令」や「経済」が設置されていたが、森有礼文相の下、1886（明治19）年の諸学校令によってこれらの学科目がすべて排除されたので、法律や経済に関する教科は中学校では20年ぶりの復活となった[8]。その後、1907（明治40）年に師範学校に、1920（大正9）年に高等女学校に導入されていくが、法律や経済に関する断片的知識の注入に終始していたこともあり、中学校における実施率もそれほどあがらず、1931（昭和6）年に公民科が中学校に設置されるのに伴い解消・廃止されるに至った[9]。

2　二つの「公民」概念の共存と結びつき

　こうして二つの「公民」概念が、大日本帝国憲法の成立と関わって、同時期に登場してきたわけだが、両者は必ずしも相対立するものではなく、共存しながら深化していく可能性を示していた。このことは、戦前日本において、なぜ、天皇制と立憲制が共存し得たのかということとも関わる重要な課題でもあり、この共存の関係性について考察しておく必要がある。この点と関わって注目されるのが、大日本帝国憲法の成立にも大きな影響を与えた自由民権運動が、「公民」となっていくことが期待された民衆と、どのような関係で捉えられるのかという点である。

　江戸期の近世日本においては、身分制を維持しながら武士が統治権を独占していたため、政治が一般民衆にとって他人事であったように、民衆の間にはいわゆる客分意識が横たわっていた。それゆえに、欧米列強と対抗して国家の独立を確保することが目標となった明治以降の近代日本においては、身分制を解体するとともに、民衆の国家への帰属意識を高めるべく国民国家の建設が進行していったのである[10]。その意味でも、民衆を巻き込みながら、本格的に国家のあり方が議論され、政府に議会開設を要求した自由民権運動は、日本における国民国家の形成を考える上でも重要な出来事であったといえる。

　ただし、自由民権運動を主導した民権派と、そこに参加していった民衆は、必ずしも一体となっていたわけではなかった。各地で開催されていた民権派による演説会に、民衆も多く参加したが、そのほとんどは、いまだに客分意識が強く、民権理論や国家構想を十分に理解していたわけではなく、明治以降の役人や

第1章 公民教育の形成と展開　*53*

警察による諸々の取締りの強化に強い不満を持っていた民衆は、演説会でなされた政府や警察に対する批判に強く共感していたとされる。そして、こうした「反政府・反権力」という視点での民衆との共振を媒介にして、民権派は、民衆がそれまで「お上」として一体視していた政府を国家から分離させ、政府を批判の対象として、一方で、国家は愛すべき存在として、天皇や国旗をシンボルとしながら、その重要性を強調していったのである[11]。

　ここで注目されるのは、天皇制イデオロギーがまだ定着していなかったこの時期に、民衆の反政府・反権力という意識を媒介に、天皇は民衆の味方であるという観念を、民権派が主導して、民衆に浸透させようとしていった点である。そして、このことは、その後、公民教育の本格的実施によって、「オオミタカラとしての公民」概念の深化が図られていく上での大きな下地となったとも考えられる。

　このように、自由民権運動において、反政府・反権力を媒介として、民権理論や国家構想が天皇制と結びつけられながら論じられていったことは、「近代立憲国民としての公民」概念と「オオミタカラとしての公民」概念が、相互に結びつきながら登場してきたことを意味している。そのことは、大日本帝国憲法において、「大日本帝国は万世一系の天皇を中心とした神の国である」という言説の根拠ともなった天皇の統治権が明記される一方で、その統治権の具体的発動は議会によって制約される仕組みが明記されているように、天皇主権と立憲主義がせめぎ合う形で複合的に位置づけられた点にも端的にあらわれている[12]。

　そして、こうした登場時に見られる基本的な構造が、二つの公民概念の共存とその結びつきの強化、さらには、天皇制と立憲主義が矛盾をきたさずに位置づけられる天皇機関説や日本的民主主義の考え方をもたらすベースとなったといえよう。

3　もう一つの「公民」概念の登場

　その後、明治末の地方改良運動期に、公民教育の重層的な構造をなしていたもう一つの特徴である「生活の場としての地域社会の振興」が登場してくる。日露戦争後の国家主義の高揚と国民生活の現実との間にあらわれた矛盾の解決のために、政府は1908（明治41）年に戊申詔書を発布し、地方自治奨励による地域社

54 第Ⅰ部 戦前における公民教育の形成と展開 ― その特徴と構造 ―

会の自力振興を目的とした地方改良運動が展開されていった。それは、国民が一致協力して勤勉・倹約に励み、町村財政の基盤の確立をめざす「自治民育」の運動であった。運動は、至誠・勤労・分度や協同・公益を説く報徳会を推進母体として展開され、農村振興・自治確立を目指すものであったため、自作や自小作農の跡継ぎ子弟が多い村の青年団や実業補習学校が、この運動の拠点ともなった[13]。そして「自治民育」は、1888（明治21）年に制定された市制及町村制にみられる「市町村ノ公民」、すなわち地方自治に関する権利と義務を有する地方住民の教育とも通じていたこともあり、次第に「市町村ノ公民教育」とも呼ばれるようになり、大正初期になると「公民教育」と簡約化された呼称が定着していったとされる[14]。

　こうして、地域共同体を媒介させながら国民国家の強化が図られた日本において、地方改良運動期に端を発する自治民育、さらにその延長上に位置づく公民教育は、地方の民衆が「生活の場としての地域社会の振興」に積極的に参加していくことを促していった。ここに、すでにあらわれていた二つの公民概念に加えて、「地域社会の自治振興を支える公民」概念というべきものが登場してきたのを捉えることができる。

　そして、この「地域社会の自治振興を支える公民」概念は、「オオミタカラとしての公民」概念、及び「近代立憲国民としての公民」概念とも結びつきながら、それぞれを強化していく役割を果たしたと考えられる。

　前者に関しては、地域の民衆の生命と生活を護る存在としての郷土の神が、国家を護る神としての天皇へと接続していく可能性を意味する。近代以前の日本の各地域において、農作物の豊饒な実りをもたらし、風水害などから人々を護る存在としての神を信じ、地域人全体の祖先である氏神の祭礼などが行われてきた。しかし、明治の文明開化の時代の到来に伴って、それまでの閉鎖的地域は外的刺激に否応なくさらされるようになり、特に、地域の身近な人々も戦いに参加した日清・日露戦争などを通じて、民衆は日本という国家の存在をリアルに感じるようになっていったとされる[15]。

　こうして、国家の存在が身近になりつつあった時期に、自治民育の論理に基づいて、地域の民衆の公共心を涵養すべく展開された地方改良運動は、地域社会の振興に主体的に参加していくことこそが、日本国民の一人として国家の発展に

貢献していくことにつながるというような、国民としての意識を民衆に醸成していく上で、大きな影響をもったと考えられる。そして、このことは、明治中頃以降、民衆にとって徐々に身近になってきていた天皇という存在が、郷土を護る神と重なり合うことで、民衆により積極的に受容されていく、つまり、「オオミタカラとしての公民」概念が、「地域社会の自治振興を支える公民」概念と結びつくことで、より強化されていくことを意味していた。

　一方で、後者に関しては、地方改良運動において、民衆に対して、生活改善や農村振興など、身近なものから地方自治を中心とした立憲的知識の涵養が図られていくことによって、「近代立憲国民としての公民」概念の深化が図られていく契機となった可能性を意味する。先述のように、明治中頃においては、自由民権運動の展開過程において、多くの民衆が必ずしも、民権理論や国家構想などに関心を持ち理解していたわけではなかったように、「近代立憲国民としての公民」概念は、リアリティをもって根付いていたわけではなかった。

　しかし、納税要件の緩和による選挙権の拡大によって、民衆にとって政治というものが徐々に身近なものになっていくとともに、選挙権を有していなくても、地方改良運動によって、地域振興を基調とした地方自治がより身近でリアルなものとなっていったように、「近代立憲国民としての公民」概念は、「地域社会の自治振興を支える公民」概念と結びつくことで、その強化が図られていったと捉えられる。

　このように、明治末期にあらわれてきた「地域社会の自治振興を支える公民」概念は、すでに登場していた二つの公民概念の強化をもたらしたと考えられるわけだが、ここで注目されるのは、自治民育の論理に基づく教化が、以下のように、社会教育の振興と結びつきながら行われていったという点である。

　実際に、地方改良運動下に展開された自治民育、ないしは公民教育を行う拠点として期待されたのは、地域社会における青年団や、正規の学校教育と位置付けられていなかった夜学校や実業補習学校といった、その後急速に組織化が進行していく社会教育の場であった。そこでは、明治後半頃から次々と刊行された一般向け読物や補習読本などのいわゆる公民読本が使用され、身近な社会制度から外交、条約、戦争に至るまで、幅広い社会的知識を伝授する教育が展開された[16]。特に、実業補習学校は、1920年代以降に学校教育に開設されていった公民科が

最初に開設された教育機関として重要な位置を占める。

　その実業補習学校は、初等教育終了後の勤労青年に、小学校の補習と職業に必要な簡単な知識、技能を習得させることを目的として、1893（明治26）年の実業補習学校規程によって制度化された教育機関で、全国の小学校に併設される形で普及していった。当初は、職業教育を主眼としていたが、地方自治を担う町村公民の育成を目指す公民教育の必要性が、現場教師の中から叫ばれるようになり実践されていった。1920（大正9）年には実業補習学校規定が改正され、「実業補習学校ハ小学校ノ教科ヲ卒ヘ職業ニ従事スル者ニ対シテ職業ニ関スル知識技能ヲ授クルト共ニ国民生活ニ須要ナル教育ヲナス」との目的が明示され、従来の補習から、職業教育と公民教育を担う学校へと転換が図られたのである[17]。

　ところで、実業補習学校において、特に公民教育が重視された背景には、明治終わり頃から、日本の教育界において注目されるようになった、ドイツの教育行政官・教育学者として知られるケルシェンシュタイナー（G.M. Kerschensteiner、1854-1932）の教育思想の影響もある[18]。ケルシェンシュタイナーの教育思想の中核には公民教育論があり、教育の目的である公民教育の実現のために、重視された方法が「労作教育」であり、学校は「労働共同体」と位置づけられ、知識の伝達よりも集団的な手仕事など作業を通じての技術的、精神的、道徳的諸能力の発達が重視された[19]。ケルシェンシュタイナーは、補習学校における労作教育を通じた公民教育を特に重視したが、その影響も受けて日本においても、実業補習学校を中心として、職業教育と公民教育の二つの柱からなる公民教育が展開されていくこととなった。

　ここまで、1920年代の公民教育の本格的展開に至る系譜として、明治期までさかのぼって、主に公民概念の思想構造に焦点をあてて検討してきた。明治中頃以降、「オオミタカラとしての公民」概念、及び「近代立憲国民としての公民」概念が、相互に結びつきながらあらわれてきたが、この二つの「公民」概念は、明治末期以降に登場してきた「地域社会の自治振興を支える公民」概念とそれぞれ結びつくことで、その深化が図られていったと捉えられる。したがって、三つの公民概念の間には、相互に結びつきながら強化されていくというような、重層的な関係があったことが分かる。そして1920年代以降、これら三つの重層的な関係をもつ公民概念を基調とした公民教育が、本格的に展開していくこととなる

のである。

　また、1920 年代以前における公民教育の組織化という観点からみれば、明治後半に旧制中学校で成立する法制及経済といういわば学校教育の文脈と、明治末期から展開する地方改良運動の下で、主に地域の青年団や実業補習学校において、公民読本等を用いながら広がりをみせた、いわば社会教育の文脈を、二つの大きな潮流として位置づけることが可能である。後者の文脈は、より多くの子ども・若者たちを対象としていた、つまり大衆青年教育と公民教育を結びつけていったものとして、1920 年代以降の社会教育の組織化にも影響を及ぼしたといえる。

B　1920 年代における公民教育の本格的形成とその特徴

　第一次世界大戦は日本の政治・経済に大きな変化をもたらした。欧州における戦争は国内産業に空前の好景気をもたらし、それに伴い国内の産業構造の高度化が進行したが、一方で、農林水産業の地位低下、都市と農村との経済格差がもたらされた。また、急速な資本の蓄積があったにもかかわらず、労働組合の合法化や小作権の保護等、資本蓄積に伴う社会問題の解決に向けての施策は一向に実現せず、そのため労働争議、小作争議も頻発していた。

　第一次世界大戦の終結の翌年（1919 年）のベルサイユ条約に基づいて、1920（大正 9）年には国際連盟が成立し、民主主義（デモクラシー）的風潮が世界的に高まり、日本においても憲政擁護運動、普通選挙運動、吉野作造の民本主義や一連の自由主義・社会主義の思想の昂揚があり、従来の諸制度・諸思想の改革が試みられた。

　この時期における公民教育の登場は、このような大戦以来の社会問題、思想問題への教育における対応策といえるが、とくに普通選挙実施への機運が高まってきたことと密接に関連するものといえる。

　わが国における選挙制度の推移は、1889（明治 22）年の最初の選挙法以来、納税要件を伴う制限選挙制が基本とされてきたが、1900（明治 33）年、1919（大正 8）年の二度にわたる改正によって、納税要件が緩和されることで、有権者数は徐々に拡大してきた。それが 1925（大正 14）年の普通選挙制の成立によって、

58 第Ⅰ部 戦前における公民教育の形成と展開 ─ その特徴と構造 ─

納税要件が撤廃され、25歳以上の男子全員が選挙権を有するようになったことによって、有権者数は約300万人から一挙に約1,400万人へと増大することとなった。

普通選挙の実施は、「労働者階級を革命の側に追いやらないための安全弁」[20]とも捉えられるように、政府にとっては、広範な国民諸層の政治参加への要求に応じつつも、階級的対立の激化を回避する意味もあった。そのことを端的に示しているのが、時を同じくして、1925（大正14）年に治安維持法を制定して、政治運動、社会運動及び思想の取締りを本格化させたことである。

こうして、新たな多数の有権者に対する啓発が、政策側からも強く要請されるようになり、公民教育が本格的に実施されていくこととなったが、そのことは、明治中頃に登場した公民教育が深化されていくことをも意味していた。「立憲的知識の涵養」は普通選挙制の実施によって、「国家への忠誠心の育成」は治安維持法の制定によって、それぞれ強化されながらこの時期の公民教育を形作っていったといえる。

明治末期に登場した、もう一つの特徴である「生活の場としての地域社会の振興」も、この時期に深化が図られていった。そのことを端的に示しているのが、この時期に文部官僚として、公民科の設置において中心的な役割を果した木村正義の指摘である。木村は公民教育の歴史的変容と1920年代における新たな役割を以下のように述べている。

　　最初の十四五年前には公民教育は自治の振興を計る、即ち自治教育と云ふやうな意味に用いられ、公民教育の内容も大抵市町村に関することが主であったのであります。それから段々変化して政治教育、即ち政治団体の一員としての任務を完了せしむる為に必要なる教育、市町村に於ては公民権、国家の場合に於ては選挙権、参政権等の国民の政治上の権利を十分に行使せしむる為に必要なる教育とせられて居った[21]。

このように、木村は、明治末期の地方改良運動以来、農村振興及び共存共栄を目指し、地域的実際的知識を授けて、自治機関を運営するための人格を養成する町村民の心得の教育、いわゆる、自治民育をスローガンとした公民教育的実践

が、狭い意味に限定されていたことを不十分と捉え、この期に至って登場した公民教育においては、その視野が国家にまで及び、政治教育を中心とした幅広い意味をもつようになったと捉えている。そして木村は、拡張された意味での公民教育を「国民をして社会の完成の為に政治経済其の他社会生活に必要なる知識を授け徳操を涵養せしめて之を日常生活に実現せしむるを以て目的とする」ものと定義し、その内容も、選挙民教育よりも幅広い教育内容を包括した、社会生活全般にわたる訓練を考えていた[22]。

　したがって、地域社会の振興に積極的に貢献する地域住民としての「公民」を意味する「生活の場としての地域社会の振興」という特徴は、この期に至って、普通選挙の実施によって強化されていった「立憲的知識の涵養」という特徴とも結びつきながら、日常生活をベースとしながら政治経済や社会一般に関わる知識を身につけて、立憲政治を担いつつ、国家の形成に主体的に参加していく、いわゆる「立憲国民としての公民」を構成する一要素として、明確に位置づいていったと捉えられる。そして、このことは、公民教育の本格的形成期において、「立憲的知識の涵養」と「生活の場としての地域社会の振興」という二つの特徴を基調とした「市民が自治的に治める論理」という公民教育の論理が構成されていったことを意味している。

　そして、それまでよりも広い意味での国民教育として捉えられるようになった公民教育の基底には、社会有機体説から発展した社会連帯論（Social Solidarity）があったとされる。社会有機体説は、社会を生物体になぞらえて生成発展する有機的な統合体とみなし、個々の要素が全体の中で一定の機能を果たすとする学説で、19世紀後半に進化論の影響を受けて成立した。その発展的理論である社会連帯論は、社会は構成員たる個人個人が連帯することにより成り立ち進化発展するという説で、ちょうど日本において公民教育論が隆盛してくる、1917（大正6）年頃から1923（大正12）年頃にかけて盛んに紹介・援用され、親や君主に対する「縦の道徳」だけでなく、共存共栄という「横の道徳」の必要性が強調されるようになった[23]。

　実際に木村も、公民教育の内容として、それまで重視されてきた忠君愛国、忠孝一致の縦の生活だけでなく、横の生活、他人の人格を尊重し、共同生活を営み、共存共栄を図るといった横の生活も重視している[24]ように、社会連帯論の

60 第Ⅰ部 戦前における公民教育の形成と展開 — その特徴と構造 —

影響を明確に見いだすことが可能である。ちなみに、こうした社会連帯論に基づく「横の道徳」や「横の生活」への言及は、後述するように、本研究でとりあげる論者にも見いだせる。

　ここで注目されるのは、この横の道徳の強化のベースともなる、人間関係そのものの「横の広がり」が、実際に、地域社会における地縁組織の官製化の進行の中でもたらされていった点である。地方改良運動期以降、その担い手として青年団をはじめとした地縁組織が重視され、その官製化が急速に進められていったが、その際に、集落を越えた広域的な地域社会における組織同士の連携が図られていった。このことは、それまでの閉じられた閉鎖的な集落内で固く結ばれていた人間関係が、広域的な地域社会の中で、横の広がりを持つものとして組み換えられていくことを意味していた。青年団組織を例にあげれば、郡レベル、国家レベルでの組織化が進み、定期的に研修会や講習会などを通じて、青年同士が集落や地域を越えたつながりを持つ機会が広がっていった。

　そして、こうした「横の広がり」は、民衆が集落を越えて、郷土の建て直しや地域社会の振興という課題を共有していくことで、「生活の場としての地域社会の振興」という特徴が強化されていくと同時に、縦の道徳、言い換えれば、天皇を戴きとする「国家に対する忠誠心」という特徴をも強化していく可能性を内包していた。つまり、従来の閉鎖的な集落内で歴史的に構築されてきた、狭い人間関係の中で青年同士の堅い友情など一定の「横の関係」を持ちながら、血縁・地縁に基づいて、長老、親、先祖など畏敬すべき存在との間に強固な「縦の関係」が存在したという構図が[25]、集落や地域社会の間で「横の関係」を築き、そうした地域社会の集合体が、さらに国家との間で「縦の関係」に位置づくという構図へと組み換えられていくという転換である。

　反政府・反権力とは切り離された天皇という存在が、徐々に身近になりつつあったこの時期に、集落そのものの再編や広域化も進行し、閉鎖的な地域が徐々に開放的なものへと組み換えられていくことを余儀なくされていく中で、民衆にとって、郷土を護る神という存在が、国家を護る天皇という存在へと、より接合されやすくなっていったのではないかと考えられる。

　こうして、公民教育の本格的形成期において、「国家への忠誠心の育成」という特徴は、「生活の場としての地域社会の振興」という特徴とも結びつきながら

強化が図られ、「国民を統合する論理」というもう一つの公民教育の論理が構成されていったといえる。

C　公民教育の組織化 ―「公民科」の成立 ―

　公民科は、学校教育の傍系ともいうべき実業補習学校でまず成立する。大正期に入って、公民教育は、護憲運動の展開や第一次世界大戦の勃発等により、ますますその必要性を認められ、特に内務・文部両省は、1918（大正7）年5月の青年団に関する共同訓令を通じて、青年団の指導を通して実業補習教育の普及・徹底を図ることによって、「公共ノ精神ヲ養ヒ公民タルノ性格ヲ陶冶」しようと試みた。こうした中で、実業補習学校において公民科または修身公民科を設置する府県が増加し、1919（大正8年）には全国のおよそ三分の一に達したとされる。1918（大正7）年の臨時教育会議は、実業補習教育に関し、「益々其ノ普及発達ヲ奨励シ成ルヘク速ニ之ヲ全部又ハ一部ノ義務教育ト為シ得ルニ至ラシムルコト」と答申し、この答申を受けて、1920（大正9）年に従来の実業補習学校規程が改正され、それまで職業教育と普通教育の補習を目的としてきた実業補習学校が、職業教育と公民教育をその二大眼目とするに至った[26]。

　その後、文部省は、1922（大正11）年、実業補習学校における公民教育に関する事項を調査するため、公民教育調査委員会を発足させ、その調査結果に基づいて、1924（大正13）年には「実業補習学校公民科教授要綱」（農村用、都市用）が出されて、職業教育と公民教育が二本立てで正式に実施されることとなった[27]。

　実業補習学校で初めて成立をみた公民科は、その後、1930（昭和5）年に実業諸学校で、1931（昭和6）年に中学校で、1932（昭和7）年に高等女学校と実科高等女学校で、法制及経済に代わって設置されているように、中等教育段階の学校に普及していった。

　なお、公民科は、実業補習学校に導入された時点でのものと、その後に各学校に導入されていったものには、一定の相違がみられた。中学校に公民科が導入された1931（昭和6）年は、普通選挙法が成立（1925年）し、1930（昭和5）年に選挙革正審議会が設置され、買収などの選挙腐敗を一掃するための方策が講じ

62 第Ⅰ部 戦前における公民教育の形成と展開 ― その特徴と構造 ―

られていったように、まさに選挙民に対する啓発が本格的に展開していく時期に
あたり、公民教育が選挙制度の運用と結びつけられて、政治的知徳の徹底を要請
する声にもっぱら対処するものであるとの位置づけを与えられた。したがって、
1924（大正 13）年の「実業補習学校公民科教授要綱」と、1931（昭和 6）年の
「中学校公民科教授要目」を比較した場合、前者に比べて後者では、社会生活の
基調が政治を中核とする国家生活にあることが強調されたことにより、公民科の
内容が政治中心に、また公民は参政権の主体という属性が前面に出ることになっ
たとされる[28]。

　このことは、地域の大衆教育の場としての実業補習学校では、公民教育が地域
社会の日常生活や職業教育とも結びつきながら教授されることが求められたのに
対して、地域の有力者たちの師弟が集う中学校では、国家論や政治や経済に関す
る知識が重視される傾向が強かったことを意味している。

　そして、新しく成立した公民科を教える人材の養成も急ピッチで進められた。
主に文部省が主催する形で、全国各地で、学校教員、青年指導者を対象に、公民
教育講習会、夏期講習会、青年訓練指導者公民教育講習会などが講演会方式で数
回開催され、講演集も出されている。例えば、1924（大正 13）年の『公民教育
講演集』のテーマを列記すると、「公民教育総論」（文部省書記官兼参事官：木村
正義）、「公法に関する事項」（行政裁判所評定官法学博士・文部省公民教育調査
会委員：清水澄）、「私法に関する事項」（東京帝国大学教授法学博士・文部省公
民教育調査会委員：穂積重遠）、「経済・都市に関する事項」（東京帝国大学教授
法学博士・文部省公民教育調査会委員：渡邊鐵蔵）、「農政に関する事項」（東京
帝国大学教授農学博士・文部省公民教育調査会委員：佐藤寛次）、「社会に関する
事項」（東京帝国大学助教授：戸田貞三）、「科外講演」（協調会理事：田澤義鋪）
となっている[29]。その後の 1932（昭和 7）年 8 月に行われた「昭和 7 年度夏期
講習会」における講演内容としては、春山作樹「公民道徳」、高田保馬「我が国
の人口問題」、前田多門「社会政策及び社会事業」などがあげられる[30]。講演会
の内容は社会科学全般にわたる範囲を網羅していて、戦後の社会科の内容を想
起させるものである。1932（昭和 7）年と 1933（昭和 8）年には、小学校向けに
『公民教育資料大成』（廣濱嘉雄編著、明治図書）も出され、公民科のカリキュラ
ムの構築も進められていった。

第1章　公民教育の形成と展開　*63*

　こうして公民科の設置及び普及を通じて、学校教育における公民教育の組織化が進行していったが、そこにも公民教育に内在する二つの論理を見いだすことが可能である。「国民を統合する論理」は、治安維持法に基づいて、1928（昭和3）年には、文部省が「思想問題に関する訓令」を発令し、1931（昭和6）年には「学生思想問題調査会」を置いて、学生・生徒の赤化防止対策に本格的に乗り出したように、国民に対する思想統制を強化していったという流れに見いだすことができる。実際に、1920年代に実業補習学校に設置された公民科が、1930年代に、実業補習学校以外の中等学校にも拡大していった直接の契機には、こうした思想統制の意図もあったとされている[31]。

　一方で、「市民が自治的に治める論理」は、公民科の教育内容に、労働者に主体形成を促す論理が組み込まれようとしていた点に見いだすことができる。斉藤利彦によれば、公民科の設置に携わった文部官僚の間では、資本主義的産業化が不可避的に惹起するものとして、階級対立の必然性が認識されていて、しかもそこでは、労働者階級の窮乏化にともない発生する労働運動の「社会正義性」が承認されていたとされる。そして、文部官僚の中には、このような主張を教育の場に生かすべく、「社会の現状や矛盾を事実として客観的に知らせることを一つの目的」とし、公民科の内容に「労働問題・小作問題」を掲げた者もいたとされる[32]。したがって、構造的にみれば、公民教育の組織化は、階級対立の回避のための労働者・国民の統合の意味が強かったが、実際に、それが教育として組織化される過程においては、労働者に主体形成を促す契機も組み込まれていく可能性もあったといえる。

　このように、二つの論理が内在しながら公民科が成立していったわけだが、二つの論理の関係について理解する上では、すでに明治期から設置されていた修身科との関係が、当時どのように理解されていたのかという点にも着目する必要がある。この時期に、抽象的に忠君愛国を説くそれまでの修身科が時代にそぐわないものになってきたという批判が高まってくるが、このことは、忠君愛国思想そのものが全面的に否定されたことを意味しているわけではない。以下のように、修身科に対して批判的だった論者も、忠君愛国思想そのものに対しては原則的に承認した上で、修身科と公民科とが連携を図り、相互に補完しながら充実させていくことを重視していた。

64　第Ⅰ部　戦前における公民教育の形成と展開 ―その特徴と構造―

　例えば、大島正徳は、従来の法制及経済が、単なる知識としての法制経済を学ぶ教科であったのに対して、公民科は、具体的生活において、法制が行われ、経済が動いているかを認識するとともに、道徳的実践的態度を確立することも求められる点で、修身科とも連携が必要だとしている[33]。春山作樹も、両者の関係について、修身科では各個人の守るべき義務を説くのが主となっているため、その背後にある共同生活がどんな仕組みで行われているかを詳しく説明する余地がないのに対して、共同生活の機構を明らかにして、修身科で説く義務の意義を十分に理解させるのが公民科であるとしている[34]。

　大島と春山の指摘から見えてくるのは、法律や経済などの立憲的知識の教授を基調とする公民科と、道徳的態度や義務感の教授を基調とする修身科の双方を、より実際的なものとして行っていくために、具体的生活や共同生活という視点に着目する必要があるということである。つまり、「立憲的知識の涵養」を基調とする公民科と、「国家への忠誠心の育成」を基調とする修身科が、それぞれ「生活の場としての地域社会の振興」という特徴を共有することで、相互に補完し合うことが期待されたといえる。

　このことは、公民科が成立し展開していく過程において、公民教育が重層的な構造をなしていたことを意味している。ただし、「生活の場としての地域社会の振興」という特徴は、現実には、社会教育の場面においてこそ、より効果的に深化され得るものであった。したがって、学校教育においては、「国家への忠誠心の育成」と「立憲的知識の涵養」がその中心的眼目としておかれていたといえよう。

　しかし、学校教育においても、以下のように、公民科という教科目以外の形をとることで、「生活の場としての地域社会の振興」という特徴を有した公民教育が展開され得る可能性もあった。その代表的なものが、地域住民としての公民の育成を目的としていた生活綴方教育と郷土教育である。

　生活綴方とは、学習者に生活をリアルにとらえさせ、ありのままを綴らせる教育方法で、社会認識を深め、問題解決力を育成するという公民教育の目的にも通ずるものであったとされる。生活綴方は、当時国定教科書がなかった唯一の科目であり、国語教育の枠を超えて、社会認識や生活指導を対象とした点に特徴があった。1920 年代後半頃から、全国各地で展開され、様々な綴方研究機関誌も

生み出されたが、特に農村恐慌の激しかった東北地方で展開された北方性教育運動は広く知られている。一方で、郷土教育とは、1930年代になってから、子どもの身近な自然・社会に関する諸事物・事象を題材として展開された教育で、郷土という子どもの身近な社会現象を題材として、郷土民・国民の育成をめざした点において、公民・国民としての資質の育成を目的とした公民教育の理念と合致していたとされる。郷土教育連盟が中心となって、各教科の郷土化など、カリキュラム改造を念頭においた取り組みや、小学校児童から成人層までの全地域住民に対して一貫した教育体制の確立をめざす全村学校のような取り組みが各地で展開された[35]。

D　公民教育としての社会教育の組織化

　公民教育は学校教育だけで普及徹底が図られていったわけではなく、社会教育においても、地域青年組織などを通じた学校外における青年に対する公民教育、青年指導者に対する講習会の開催などを通じて、積極的に振興されていった。

　特に社会教育の場合、この時期は、1919（大正8）年に文部省普通学務局に社会教育主務課としての第四課が設置されてから、1923（大正12）年には社会教育課へと名称が変更され、1929（昭和4）年には独立した社会教育局の設置に至るように、行政機構の整備が急速に進行していった時期である点にも着目する必要がある。創設期の社会教育行政に関わった乗杉嘉寿、江幡亀寿、棚橋源太郎、片岡重助、権田保之助らには共通して、公民教育を基底にすえながら社会教育を組織化しようとする志向が強くみられ、それは1930年代の小尾範治にも継承されていたとされる[36]。このことは、公民教育の本格的形成と社会教育の組織化とが強く結びつきながら、いわゆる「公民教育としての社会教育の組織化」がもたらされていったことを意味する。

　そして、公民教育としての社会教育は、この時期に本格的に組織化されていった社会教育の形態から、大きく次の三つに区分することができる。第一が、地方改良運動期の自治民育の影響を受けて展開されたもの、第二が、講座型の事業として行なわれたもの、そして、第三が、半官半民団体としての社会教育団体（教化団体）によって行われたものである。

66　第Ⅰ部　戦前における公民教育の形成と展開 ― その特徴と構造 ―

　まず、第一の自治民育的なものに関して取り上げる。地方改良運動期において、町村民が生産事業や地方自治の振興に積極的に参加することを通じて地域社会を振興していくために、町村民全体に対する公共心の涵養という自治民育が重視されたが、このような町村民全体に対する地域の教育体制を構築していくという発想は、1920年代以降の社会教育の組織化においても継承されている。それは、自治民育において、町村における教化の中心として小学校が期待されていたこともあり、学校の地域社会への拡張や、全村学校の思想と実践などにも見いだせるが[37]、町内会のような地域社会に根ざした自治組織の形成にも見いだせる。

　町内会組織は、地域の教育体制を構築していく上で拠点ともなってきた小学校の区域を単位として、大正時代から昭和初期に都市部を中心に急速に結成されていった。組織化の担い手は地主名望家といった本来の旧中間層ではなく、むしろそれに対抗して新しく台頭してきた都市の自営業者層が中心であったとされる[38]。それまで任意の地域住民組織として活動していたものが、自治体レベルにおいて町内会組織として整備され、自治体行政とも結びつきを強くもつことで、町内会活動そのものが、生産問題や生活の再建問題を中心に地方自治を実践的に学ぶ場ともなっていった。他方で国家にとって、様々な地縁組織や自警組織、宗教組織が重なり合うところを覆うように位置づいた町内会組織は、国民統合を目指す上での基礎としての地方の末端制度として重視されていった。

　このように、町内会という組織は、町村民の側からすれば、地域社会を自治的に治めることによって、「生活の場としての地域社会の振興」が図られていく拠点となり得たのに対して、国家の側からすれば、国民の自発的な統合を促す行政の末端として重視されたという意味では、公民教育との関わりで重層性を持った制度として位置づけられる。

　次に、第二の講座型のものに関して取り上げる。社会教育行政機構の整備によって、講座型の事業として、成人向けに公民教育の機会が提供された。1923（大正12）年頃から、「成人教育」という言葉が流通し始めると、成人を対象とした公民教育も本格的に進められていくようになり、文部省が主に直轄の大学などに委嘱して成人教育講座も開始された。その内容は、①公民科を中心とするもの、②職業に関するもの、③一般教養・家庭・婦人に関するものという大きく三つからなっており、公民科を中心とするものはだいたい全体の3割から4割を占

めていたとされる[39]。

その後、1932（昭和 7）年には、文部省は、町村自治の発達、政治の厳粛公正のために、選挙区制度に密着させた公民教育講座を新しく開設し、より多くの国民に公民教育の普及徹底を図っていくようになる。具体的には、全国衆議院議員選挙区を単位として、1 選挙区に 1 か所開設し、5 年間で全選挙区を二巡するというもので、旧制高等学校、高等専門学校などに委嘱し、学校教員や地方官、裁判官を講師にあてて実施された。開講科目は、倫理道徳、社会、法律政治、経済財政、其の他の中から適切なものを選び、1 か所で 4 日間、講義時間数は 16 時間が標準とされた[40]。

こうして、1920 年代から 30 年代前半にかけて、講座型の事業が、成人教育講座の柱としての公民教育から、公民教育そのものが主目的の公民教育講座へと拡充され、広い範囲で多くの国民を対象に行われていった。その内容は、時事問題、法律政治、経済財政、倫理道徳、国防問題など社会科学全般にわたるものであり、幅広い「立憲的知識の涵養」を図るものであったといえる。

最後に、第三の半官半民団体としての社会教育団体（教化団体）によって行われたものを取り上げる。半官半民団体とは、表面的には民間団体の形をとりながら、実質的には官僚によって創設され、その統制指導のもとに、権力の要求する教育・教化を国民に浸透させる媒体となった団体を意味している[41]。社会教育の組織化過程において、地域社会における教化団体が重視された日本の場合、地方改良運動期に、自治民育を推進する有力な手段として、内務官僚を中心に設立された報徳会や、もともとは地域の自主的な組織として展開してきたが、後に公権力の指導奨励によって官製化が図られていった青年団などの、半官半民団体としての社会教育関係団体が果たした役割は大きい。その中で、公民教育の振興という観点から特に注目されるのが、選挙粛正団体である。

普通選挙法の成立を機会に、選挙時の投票買収をはじめとした不正を是正し、立憲政治を正しく運用していくために、有権者は、政治に関する知識を獲得し、政治意識を向上させていくことが求められた。それに対応して作られたのが選挙粛正団体である。田澤義鋪、後藤文夫、前田多門ら内務官僚経験者が中心となって、1927（昭和 2）年に創設された選挙粛正同盟会はその代表的なもので、1930（昭和 5）年の総選挙時には、選挙小読本、ポスター、リーフレットの作成頒布

68 第Ⅰ部　戦前における公民教育の形成と展開 ― その特徴と構造 ―

を行っている[42]。

　同時期に政府レベルでも選挙粛正に関する対策が講じられた。政府は、普通選挙法成立以後、選挙法制度改革の論議の重点を、選挙権及び被選挙権を 20 歳以上の男女に与えることや、演説会やポスター、文書配布などを公費負担とすることにより選挙費用を軽減し、資金調達能力に劣る無産者にも立候補と当選の機会を与えるなど、政治参加の拡大においていたが、普通選挙法のもとでの総選挙で大規模な投票売買と官憲による選挙干渉が生じる中で[43]、選挙法制度改革の論議の中心は政治参加の拡大から離れて、罰則の強化と取り締まりという文脈が中心になっていったとされる[44]。こうした流れを受けて、浜口雄幸内閣のもとで、1930（昭和 5）年 12 月に提出された衆議院議員選挙革正審議会答申では、投票買取防止、選挙干渉防止、立憲思想の涵養等が提起された。そして、それに基づいて 1934（昭和 9）年の衆議院議員選挙法の改正の中で、選挙粛正を目的とする団体の設立と助成の方針が決められ、1935（昭和 10）年 5 月に選挙粛正委員会令として制度化された[45]。具体的には、内務省が中枢となり、文部省とも連携して、官僚のほか各地方の政界関係者、実業家、教育家、学識経験者も結集した官民一致協力のもとに、印刷物の発布、道府県・市町村における講演会、市町村・部落における懇談会の実施等を行うことが決定したのである[46]。

　選挙粛正同盟会の田澤や蝋山らは、政府の動きに即座に対応して、選挙粛正が政府主導の運動とならないように、帝国教育会、東京市政調査会、中央教化団体連合会、中央報徳会、大日本連合婦人会、壮年団中央協会、社会教育協会、選挙粛正同盟会、全国町村長会、政治教育協会などが加盟した選挙粛正中央連盟を 1935（昭和 10）年 6 月に結成させ[47]、政府とも協力関係をとることで、1935（昭和 10）年秋の地方選挙に合わせて、官民一体となった選挙粛正運動が展開されたのである。

　このように、選挙粛正運動は、公民教育としての社会教育の具体的展開ともいえるが、その特徴は、「立憲的知識の涵養」を重視することで立憲政治の質の向上を目指すものであったと同時に、政府も積極的に関わる大規模な国民教化運動として展開された点において、「国民を統合する論理」も強く反映されたものであったと捉えられる。

第2節　公民教育の展開

A　政治社会情勢の変化と公民教育の展開

　1930年代以降、国内金融恐慌・世界恐慌による日本資本主義の一般的危機の中で、国民の生活は困窮し、さらに満州事変の勃発（1931年）、国際連盟の脱退（1933年）等によって対外事情は緊迫の度合いを増していた。また、護憲派であった犬養毅首相が殺害された1932（昭和7）年の五・一五事件は、政党政治から軍部中心政治への移行をもたらした。1930年代後半になると、日中戦争の開始（1937年）によって対外事情はますます緊迫の度合いを増し、1936（昭和11）年には、陸軍の皇道派青年将校らによるクーデター事件（二・二六事件）がおこり、これが契機となって、軍部の政治支配力が著しく強化された。そして、1937（昭和12）年には、国民精神総動員運動実施要綱が決定され、翌1938（昭和13）年に国家総動員法が制定され、全国民が戦時体制に組み込まれていった。

　このような政治社会情勢の変化のもとで、公民教育はどのように展開していったのであろうか。以下では大きく学校教育と社会教育とに分けて、その展開過程と特徴を明らかにする。

1　学校教育における展開

　学校教育に関しては、1920年代に実業補習学校で成立をみた公民科の展開過程と、公民科以外の形で位置づいていた生活綴方教育及び郷土教育の展開過程を取り上げる。

　公民科をめぐっては、1930年代になると国体思想を背景とした公民科否定論が主張されるようになっていき、1935（昭和10）年の青年学校の成立をきっかけにその内容の修正を余儀なくされた[48]。青年学校は、職業教育・公民教育を主な教育内容としていた実業補習学校と、軍事教練を主な教育内容としていた青年訓練所（1926年設置）とが統合されて設置されたものであるが、統合の際に、「国体観念を明徴にし国家思想を涵養し特に忠君愛国の大義を明にし献身奉公の心操を確立するため」に、すでに青年訓練所に設けられていた修身及公民の理念

70　第Ⅰ部　戦前における公民教育の形成と展開 ― その特徴と構造 ―

を重視し、徳目本位の修身と生活本位の公民科とが統合された修身及公民科が課されたように、実業補習学校よりも青年訓練所の性格をより強く継承した学校であった[49]。

　こうした「国家への忠誠心の育成」を重視した公民科の方向性を決定づけたのが、1937（昭和12）年の中等教育段階における公民科教授要目の改訂である。改訂では、要目の冒頭にある「人と社会」が「我が国」に変更され、同時に、「社会改善」の項は消滅し、また、公民科の支柱であった「共存共栄の本義」が個人主義的人生観に立つとされ、公民科要旨から削除されている。改訂によって、公民科の基本原理として、国家中心主義と国体観念が中心に置かれることによって、修身科と内容的にもかなり接近していくこととなったとされる[50]。その後、1943（昭和18）年の中等学校令では公民科は設定されず、内容的には国民科修身に吸収され、また師範学校では、同年の師範教育令改訂によって公民科は修身と合体する形で国民科修身公民に変更された[51]。

　このように1930年代半ば以降、公民科において、「国家への忠誠心の育成」が強調されるようになり、それが修身科への接近、さらには修身科への統合をもたらしたといえる。このことは、もともと公民科には、忠君愛国を説く修身科の理念も反映されており、両者は相互補完的な関係をとってきたが、この期に至っては、戦時体制の進行に伴う国家による国民支配が強化される中で、公民科を特徴づけていた近代的立憲主義に基づいた「市民が自治的に治める論理」が後退を余儀なくされることで、修身科の理念が前面に出てきたことを意味している。

　そして、このような変化は、生活綴方教育や郷土教育にも見られた。生活綴方運動は、1940（昭和15）年頃になると、教育実践者の検挙が相次ぐようになり活動は停止していった。また、郷土教育は、1930年代後半以降の戦時翼賛体制の中で、労作・生産活動に力点が置かれ、国家主義的教育へと変質していった。1941（昭和16）年の国民学校令では、第四学年に「郷土ノ観察」が国民科地理や歴史の準備教育として設置され、愛国心の涵養を目的とした役割を担うようになっていったとされる[52]。

第1章　公民教育の形成と展開　*71*

2　社会教育における展開

つづいて、この時期における公民教育としての社会教育の特徴について、以下では、町内会、講座型事業、選挙粛正運動と大きく三つに区分して検討する。

町内会は、大正期から昭和初期にかけて急速に組織化が進行し、自治体行政とも結びつきをもつことで地方の末端制度としても重視されてきたが、1930年代半ば以降、内務省を中心とした国レベルでも、国民統合を図る上での基礎として注目されていった。1940（昭和15）年には内務省の指示によって、それまで各地で、固有の名前で規模もまちまちで活動してきた全国の地域住民組織が、国策推進団体として「部落会、町内会」という名称で統一され、さらに1943（昭和18）年には、市制町村制法の改正によって、町内会に法的位置づけが与えられ、戦争遂行のための物資の動員、配給、言論統制などの役割を末端で支える組織としてより重視されていったとされる[53]。

こうして、地方自治を実践的に学ぶ場でもあった町内会は、この期に至って、従来の任意の組織から、法的位置づけも与えられた明確な行政末端組織へと変容し、自治体行政、さらには国にとっても基礎的な単位として重視されることで、より多くの町村民を町内会活動に駆り立てていくこととなった。しかし、そのことは必ずしも町内会が地域社会に根ざした自治組織として強化されたことを意味しているわけではない。むしろ、戦時体制の進行に伴う国家による国民支配が強化される中で、町内会の自治的な側面は後退を余儀なくされ、国民の自発的な統合、特に戦時体制への参加を促す行政の末端としての側面が強化されていったと捉えられる。

講座型事業に関しては、成人教育講座と公民教育講座がそれぞれどのように変化していったのかについて検討する。1920年代から文部省によって開設されてきた成人教育講座は、当初は、政治・経済、社会思想、労働問題等を内容とする公民科に重点が置かれてきたが、1930年代半ば頃からは、特に、日本国民精神に関する開講科目が増加し、それ以降は科目内容が、①国史・日本精神・国民道徳、②政治・法律・経済・社会・時事問題の解説、③生活・産業・自然科学、④宗教・芸術・趣味・娯楽・保健、⑤其の他家庭教育等適切なるもの、の五つに分けられ、①のうち一科目、②のうち二科目は必ず開設することが規定された[54]。成人教育講座は、旧帝国大学、旧制高等学校、高等専門学校などで行われた文部

72 第Ⅰ部 戦前における公民教育の形成と展開 ― その特徴と構造 ―

省直轄学校によるものと、道府県委嘱によるものとに大きく分けられるが、特に後者の場合、前者に比べると、「日本精神、国体明徴、農道精神、婦人と公民心得」等といった科目が、より多く開講されていたようである[55]。

　一方で、1930 年代になってから、選挙区制度ごとに開設された公民教育講座は、選挙粛正運動が本格的に展開し始める 1935（昭和 10）年には、公民教育の強化の必要から、公民教育講座とは別個に、中央教化団体連合会など各種の教化団体に委嘱される形で、公民教育講習会が開設されていった。ただし、これらは、公民教育とはいっても、実質的には、教化団体の講習会・講演会と大同小異で、講師も文部・内務官僚、同地方官、教化団体連合会幹部が中心で、その内容も「国体宣揚と教化町村、国民更生の方途、国体明徴」など戦時色を帯びた思想的なものが中心であったとされる[56]。

　このように 1930 年代半ば以降は、成人教育講座、公民教育講座いずれにおいても、それまで重視されてきた「立憲的知識の涵養」よりも、「国家への忠誠心の育成」とつながる内容が重視されていったことが分かる。

　選挙粛正運動に関しても、その性質に変化がみられるようになった。その兆しは、1936（昭和 11）年 2 月の衆議院選挙にむけた第二次粛正運動の頃から明確にあらわれてくる。第一次運動（1935 年秋頃）と比べた時の特徴として、運動を利用して、帝国議会の構成に変化を与えようとする軍部・在郷軍人会の活動が見いだせることである[57]。そして、1937（昭和 12）年秋に国民精神総動員運動が開始されると、選挙粛正運動はその一翼を担うようになり、その啓蒙活動の内容も、「選挙を国民の幸福増進、生活向上のためのものとし、立憲主義の意義を体得させるもの」よりも、「選挙を天皇の統治に対する臣民翼賛の道とし、選挙権の行使を『天皇に対する奉答とする見解』＝『忠君愛国』という臣民として持つべき道徳観念」がより前面に打ち出されてくるようになった[58]。

　その後の 1940（昭和 15）年の大政翼賛会の発足は、選挙粛正運動のさらなる変容と終焉をもたらすこととなった。大政翼賛会は、政策目標をもった政党とは異なり、政府と協力しながら、政府と国民の間の意思疎通を図る機関とされ、いわゆる教化団体としての政党の一本化が図られた。そして、大政翼賛会が中心となった翼賛運動の展開過程において、選挙粛正運動は、地域の町内会・部落会などの網羅組織を手段として、それに官権の干渉を結びつけ、全体主義的圧力を加

えて政府の意図を実現する運動に転化していき、いわゆる翼賛選挙運動へと変容していったのである[59]。その過程で、選挙の意味として、「国民は選挙によって大政翼賛の神聖なる責務を果すことを得」という大目標が設定され、投票の権利が、天皇に対する義務に実際上置き換えられていったとされる[60]。こうした変化に対して、戦時下に貴族院議員を務めていた田澤は、全国的な推薦体である翼賛政治会への加入勧誘をことわり、1942（昭和17）年6月に、自らが中心となって設立した選挙粛正中央連盟を解散させ、ここに選挙粛正運動は終焉したのである。

　もっとも選挙粛正運動の変容は、政治社会情勢だけで説明できるわけではない。そもそも選挙粛正運動の開始は、田澤ら民間レベルの動きを政府が取り上げたというより、日本ファシズム形成過程における、支配層内部の力関係の変化に多くよったきわめて政治的なものだったとされる[61]。田澤らによって設立された選挙粛正中央連盟も、半官半民の団体とはいえ、運用資金の大半が内務省からの補助金によって占められていたことは、まさにそのことを物語っている。したがって、選挙粛正中央連盟は、実質的には内務省の別働隊ともいえ、選挙粛正運動が官民連携の運動と謳いながらも、実態は国家主導の国民教化運動の色彩が強かったともいえる[62]。

　いずれにせよ、選挙粛正運動が展開する中で、当初重視されていた「立憲的知識の涵養」という側面は後退し、戦時体制を支える国民教化運動の一翼を担うことが期待されていく中で、「国民を統合する論理」がより前面に出てくることとなったといえる。

　最後に、社会教育行政の変容について言及しておきたい。選挙粛正運動が、実質的に国民教化運動へと転化していったように、1920年代に組織化された社会教育行政も、1930年代半ば以降、国民教化を進めていく上で積極的に活用されていった。1940（昭和15）年頃には、内務省による教化基盤の組織化の政策に呼応して、部落会・町内会等に対して指導的役割を担った社会教育委員の数も増員されていた。そして、戦時体制における行政簡素化のための機構改革によって、1942（昭和17）年に社会教育局が廃止され、地方レベルでも社会教育課、社会教育主事が廃止されることによって、社会教育活動はすべて大政翼賛会活動の中に解消されていったのである。

B 「公民」概念の変容とその構造

　政治社会情勢の変化は、公民教育の役割や内容に変化をもたらしたが、そのことに関して、これまでの研究においては、1935（昭和10）年の文部省による「建国ノ大義ニ基キ日本精神作興等ニ関シ教育関与者ノ任務達成方」と題する訓令、さらには、1937（昭和12）年の公民科教授要目の改訂によって、公民概念そのものが変容したと理解されてきた。

　それは具体的には、1930年代半ば以前には、「公民権尊重の精神を養い」「立憲自治の民としての素地を育成」し、「憲政自治の本義」を明らかにするという公民教育の方向性のもとで、立憲自治的な「公民」の育成が重視されてきたが、1930年代半ば以降は、国体の本義に基づいて、天皇の臣民としての「皇民」を育成することに主眼がおかれるようになったというものである[63]。

　こうした理解は、1930年代半ばを境に、「公民」から「皇民」へと人間形成像が大きく変容したという堀尾輝久の所説に基づくものであるが、その変容は、完全な変容なのか、それともある程度整合性を持って継承されているものなのか、公民教育の内的構造（重層性）をふまえた上で、その構造を捉える必要がある。そのために、本研究で捉えようとしている三つの公民概念が、この時期においてどのような関係をなしていたのかを検討する必要がある。

　1930年代半ば頃から、いわゆる「公民」批判が高まってくる。その典型的なものが、以下のように、公民という言葉には、西欧の自由主義・個人主義的な意味を包含する点を批判するものである。

　　　元来我が国に於ける公民といふ言葉は古くから使用せられたもので、宣命の中に『天下公民』とあるが此公民を『おほみたから』と読ましめて国民と同一視して居る。……（中略）……我が憲法の下に於ける自治思想であり決して英米の自由主義・個人主義の下に於ける公民思想を以て我が公民教育を意味して居るものではない[64]。

ここで批判の対象となっている西欧の自由主義・個人主義的な公民は、いわ

ゆる近代的な市民像をあらわしており、本研究で捉えている三つの公民概念のうち、「近代立憲国民としての公民」概念に近いものである。先述のように、明治末期以降、「地域社会の自治振興を支える公民」概念とも結びつきながら、地方自治を中心とした立憲的知識の涵養を基調とする「近代立憲国民としての公民」概念の深化がもたらされてきたが、ここでは、この二つの公民概念を切り離して、「地域社会の自治振興を支える公民」概念とも連なる自治的思想を、日本的なものに結びつける、つまり、「オオミタカラとしての公民」概念と結びつけていく視点が提起されている点が注目される。

その「オオミタカラとしての公民」概念は、1937（昭和12）年の日中戦争の開始後に、朝鮮人の民族性を抹殺し、朝鮮人をも戦時動員体制に組み込むべきとられた皇民化政策の実施などによって、「皇民」という言葉が広がっていったように、存在感を強くしていった。そのことを裏付けるように、文部省の外郭団体である帝国公民教育協会の機関誌として創刊され、戦時下の1941（昭和16）年頃まで継続した雑誌「公民教育」の執筆者が、当初は比較的リベラルな学者、教育実践家中心であったものから、しだいに軍人、極端な国粋主義者中心へと変化していった[65]。

明治期の文明開化政策によって、西洋諸国の文明的価値基準が日本にも移入されていく中で、欧化主義への反発や日本の独自性を強調する主張を生み出してきたが、「文明的」と「日本的」は、必ずしも対立的な関係をとらずに、むしろ相互補完的な関係をとってきた[66]。こうした構造のもとで、明治中頃以降、相互に結びつきながら登場してきた「近代立憲国民としての公民」概念と「オオミタカラとしての公民」概念という二つの概念が、この時期には、相対立するものとして捉える志向が高まってきたことが分かる。こうした変化を捉える上で注目されるのが天皇機関説事件である。

大日本帝国憲法が公布された1889（明治22）年以降、憲法解釈をめぐって、当初は、統治権は国家ではなく天皇に属するという天皇主権説が支配的で、それは藩閥政治家による専制的な支配構造を理論面からも支えた。これに対して、東京帝国大学教授の一木喜徳郎は、統治権は法人たる国家に帰属するとした国家法人説に基づき、天皇は国家の諸機関のうち最高の地位を占めるものと規定する天皇機関説を唱え、天皇の神格的超越性を否定した。日清戦争後、政党勢力との妥

76 第Ⅰ部 戦前における公民教育の形成と展開 — その特徴と構造 —

協を図りつつあった官僚勢力からも重用され、その後、天皇機関説は、一木の弟子である美濃部達吉によって、議会の役割を高める方向で発展させられ、政党政治に理論的基礎を与え、以後、1935（昭和10）年頃までの30年余りにわたって、憲法学の通説とされ、政治運営の基礎的理論とされた[67]。

このように、天皇機関説は、1930年代半ばまでは、学・官両界において公認学説的地位を確立しており、天皇制と立憲主義とが共存しうるという日本的な特徴も、天皇機関説によってその担保が図られてきたといえる。

しかし、軍部の台頭と共に国体明徴運動が起こり、思想・学問の自由は圧迫されていき、天皇機関説は国体に反するとして攻撃を受け、美濃部をはじめ天皇機関説論者が次々と公職を追われるという事態、いわゆる天皇機関説事件が1935（昭和10）年に起き、以後、政党が凋落し軍部が権力を掌握していった。それは、教育、特に公民教育のあり方にも大きな影響を与え、1935（昭和10）年11月に教学刷新審議会が設置され、翌年に出された答申を受けて、1937（昭和12）年3月には、国体明徴運動の理論的な意味づけとなった『国体の本義』が文部省から出されるとともに、公民科の教授要目の改訂も行われたのである[68]。

こうして、公民概念における内的構造において、「近代立憲国民としての公民」概念が後退し、「オオミタカラとしての公民」概念が強化されていったわけだが、後者は、先述のように、自治的な発想とも連なる「地域社会の自治振興を支える公民」概念とも結びつくことでさらなる強化が図られていった。地域社会の振興を基盤としながら国民国家が形成されていった日本においては、その当初より、「地域社会の自治振興を支える公民」概念は、「国民を統合する論理」とむすびつく「オオミタカラとしての公民」概念とも親和的であった。それが、町内会の官製化をはじめとして、国家を頂点とする地域社会における教化網の整備が急速に進む中で、地域社会そのものが戦時体制を支える末端としての機能を強く国家から要求されるようになり、「末端から自発的に戦時体制に参加していく公民」概念というべきものへと転化し、さらに「オオミタカラとしての公民」概念との結びつきを一層強め、互いに強化されていくこととなったと考えられる。

こうした捉え方は、この時期の民衆の精神構造もふまえることで、より説得的なものとなる。先述のように、明治期以降、民衆の反政府・反権力の意識が存在し、それが「オオミタカラとしての公民」概念の形成を促し、ナショナルアイデ

ンティティを民衆が身につけていく大きな要因ともなったわけだが、こうした構図は、昭和の戦時期にも見られた。地域社会の身近な人々の死を無意味なものとしたくなかった民衆は、戦争の意味づけを行うべく、領土拡大や賠償要求などの成果を出さない内閣・軍部への批判に強く賛同していったように、民衆のそうした精神構造がナショナルアイデンティティをさらに呼び込み、「国民の戦争」という観念を増幅させ、戦争の持続・拡大を促迫した[69]ことは、そのことを端的に物語っている。

そして、このような公民概念をめぐる内的構造の変化は、つまるところ、その概念が重層的なものから、「オオミタカラとしての公民」概念を中心としたものに収斂し、いわゆる「皇民」なるものへと構成され直されていったと捉えられる。もっともこうした構図は、国民国家の形成と国民教育の展開という観点とも照らし合わせれば、国民教育の一元化とも密接に関係していることが分かる。

日本における国民教育は、1900（明治33）年の小学校令で完備されるが、その当初から脆弱な構造を有していたとされる。つまり、学制以来の「人民の教育」（＝普通教育）と、近代的な国民国家を形成するための「国民の教育」、さらにその上に位置する天皇制の「臣民の教育」という三重構造が内部に分裂をはらみながら内在していたというものである。それが一元化されたのが、それまでの小学校令を全面改正し、初等教育・前期中等教育を行うことを定めた国民学校令（1941年）であり、「皇国民の錬成」という理念で統合が図られたとされる[70]。その意味では、公民教育の登場と展開は、国民国家における教育の三重構造を統合していく機能を果たしたともいえる。

地域社会の振興と結びついた町村民教育の重視（＝社会教育の組織化）、普通選挙の実施による有権者の大幅な拡大等によって、公民の対象が拡大していったにもかかわらず、その概念が収斂していったという構図は、以下に示すように、特に普通選挙の成立や選挙粛正運動の展開など選挙過程において、分かりやすくあらわれていたといえる。

1920年代における普通選挙体制下の選挙で着目されたことの一つとして、無産階級に支えられた無産政党がどれだけ進出するかという点があった。既成政党によって腐敗・堕落させられている地方政治の状況の改善のために、吉野作造や長谷川如是閑などの大正デモクラットをはじめとする知識人だけでなく、内務官

僚の間でも、無産政党の地方自治への進出を期待する声は高く、特に 1920 年代
後半は、その内実は多様であったが、何らかのかたちで無産政党の存在意義が広
範囲に認められた時代であった[71]。実際に、地方自治体レベルを中心に、無産
政党の進出も一定程度広がりをみせたが、それは、普通選挙による公民概念の拡
大によってもたらされたものであり、新たな産業社会に適応しうる地方行政の再
編構想が国家官僚（特に内務官僚）内部に形成された。しかし、日本の場合、「民
衆的統制」（Popular Control）の蓄積の著しい弱さのゆえに、無産階級を包摂し
た公民概念の拡大にもかかわらず、それは民衆の主体的政治参加の契機を必ずし
も強めなかったとされる[72]。

　一方で、1930 年代半ばに官民連携のもと開始された選挙粛正運動は、開始ま
もなく変容し始め、当初もっていた運動の意義も徐々に低下し、家長のみに選挙
権を制限する戸主選挙制や、翼賛選挙につながる候補者推薦制の導入へと選挙改
革の議論は変容していった[73]。このことは、運動の対象とする人間像が、普通
選挙の成立前後にみられるような一人一人の独立した「公民」から、家父長制の
色合いが強い「公民」（「皇民」）へと変質していったことを意味している。まさ
に、国民は日本社会の人民としてではなく、大日本帝国臣民という国家的資格に
おいて選挙人となるべく要請されるようになったのであり、国民が臣民になるべ
き天皇制教化政策を強化するための国家的規模の政治運動として、選挙粛正運動
は展開していくこととなったのである[74]。

章　　括

　本章では、第 1 節において、明治期以降、登場し形成されてきた「公民」概念
がどのような思想構造を有し、それが 1920 年代の本格的な公民教育の形成につ
ながり、具体的に展開していったのかという点を明らかにすべく考察を行ってき
た。

　明治中頃に、「オオミタカラとしての公民」概念と「近代立憲国民としての公
民」概念が、相互に結びつきながら登場してきたが、こうした構造は、その後の
天皇制と立憲主義の共存をもたらすベースともなったといえる。そして、この二

つの概念は、明治末期に自治民育の流れから登場してくる「地域社会の自治振興を支える公民」概念とも、相互に結びつくことで、より強化されていった。こうした三つの公民概念の相互関係を基調として、公民教育の重層的な構造が生み出されていったといえる。

　明治期以降、徐々に形成されてきた公民教育が、本格的に展開する契機となったのが、第一次大戦後における政治社会情勢であった。つまり、労働運動の高まりや、デモクラシー思想の高まりもみられる中で、普通選挙の実施によって広範な国民に政治参加を認めつつも、階級的対立の激化を回避するための国民統合が必要となり、政策側から公民教育の振興が強く要請されるようになったのである。

　こうした流れを受けて、1920年代以降、公民教育の組織化が、学校教育、社会教育双方において促されていった。学校教育においては、実業補習学校において設置された公民科が、中等教育の各学校に普及していった。公民科の内容には、修身科において強調されていた忠君愛国思想が反映される一方で、労働運動の社会正義性など労働者の主体形成を促す論理も反映されていたように、「国家への忠誠心の育成」を基調とする「国民を統合する論理」と、「立憲的知識の涵養」を基調とする「市民が自治的に治める論理」という二つの論理が明確に内在していた。また、公民科以外においても、生活綴方教育や郷土教育を通じて、「市民が自治的に治める論理」にもつながる「地域社会の自治振興を支える」公民の育成を図る教育が行われていったことも確認できる。

　一方で、社会教育においては、公民教育の本格的形成と社会教育の組織化が強く結びついていたように、公民教育としての社会教育の組織化が、この時期に急速にもたらされていった。具体的には、自治民育の影響を受けて展開された町内会組織の活動、社会教育行政が主導して行った講座型事業（成人教育講座、公民教育講座）、選挙粛正団体をはじめとした半官半民団体としての社会教育団体（教化団体）によって行われたものと、大きく三つの潮流を見いだすことができる。これらの活動には、国民が、町内会活動を通じて地方自治を実践的に学んだり、講座型事業や選挙粛正運動を通じて幅広い立憲的知識を身につけたりするなど、「市民が自治的に治める論理」が反映されるとともに、町内会組織が、国民の自発的な統合を促す行政の末端として位置づけられたり、選挙粛正運動が大規模な国民教化運動として展開されたりするなど、「国民を統合する論理」も反

映されていたことが浮き彫りとなった。

　第2節においては、戦時体制に向かう1930年代半ば以降において、公民教育がどのような展開をたどったのか、「公民」概念の思想構造の変化にも着目しながら検討を行った。学校教育においては、公民科の内容が、1937（昭和12）年の公民科教授要目の改訂が大きな転換期となり、国家中心主義と国体観念が色濃く反映されていた修身科の内容へと傾斜していった。このような変化は、社会教育においても見いだせる。つまり、町内会は、戦時体制への参加を促す末端としての側面が強化され、講座型事業は、「日本精神、国体明徴、農道精神、国民更生」など戦時色を帯びた思想的なものが中心になり、選挙粛正運動においては、選挙を国民の幸福増進、生活向上のためのものとする考え方が後退し、選挙を天皇の統治に対する臣民翼賛の道とする道徳観念が前面に押し出されてきたという変化である。このように、学校教育、社会教育双方において、「市民が自治的に治める論理」が後退を余儀なくされる中で、「国民を統合する論理」がより前面に押し出されてきたといえる。

　こうした公民教育の変化は、「公民」概念を中心としたその内的構造をふまえると、その重層的なものが「オオミタカラとしての公民」概念へと収斂し、「皇民」へと構成され直されていったという構図で捉えることができる。

　具体的には、天皇機関説事件に象徴されるように、1930年代半ばに、「近代立憲国民としての公民」概念は、西欧の自由主義・個人主義に通ずるものとして批判され、日本古来からの伝統である天皇の臣民としての「オオミタカラとしての公民」概念が強化されていったように、明治期の登場以来、相互に結びつきながら強化が図られてきた二つの「公民」概念が、この時期には相対立するものとして位置づける流れが強まってきた。そして、前面に打ち出されてきた「オオミタカラとしての公民」概念が、「地域社会の自治振興を支える公民」概念が転化した「末端から自発的に戦時体制に参加していく公民」概念とも結びつくことで、より一層強化されていったのである。

　このように、地域社会の振興と結びついた町村民教育の重視（＝社会教育の組織化）、普通選挙の実施による有権者の大幅の拡大等によって、公民の対象が拡大したにもかかわらず、その概念は重層的なものから、「皇民」へと収斂していき、それは、選挙過程の変化にも顕著にあらわれていたといえる。

第2章
公民教育論の形成

　本章では、公民教育の本格的な振興にともなって、1920年代から30年代半ば
に形成された公民教育論について、第1章で明らかにされた公民概念の思想構造
やそれをもとに展開された公民教育の重層的な構造との関係もふまえつつ、その
特徴を明らかにする。

　第1節では講壇的論者の関口、蝋山、前田の三人を、第2節では実践的論者
の田澤を、第3節では実践的論者の下村を取り上げる。田澤と下村に関しては、
公民教育の理論的提起のみならず、地域社会において教育実践を通じた公民育成
を行っており、それらの検討も重要となるため、それぞれ1節ずつ設けた上で検
討を行う。そして、第4節では、講壇的、実践的という両方の立場を総合的に考
察し、この時期に形成された公民教育論において、ポリティーク的発想とペダゴ
ギーク的発想とが相互に浸透し合う関係を有するとともに、公民教育の三つの特
徴が相互に浸透しあう関係で重層的な構造をなしていたことを浮き彫りにし、こ
うした公民教育論の構造が、地域共同体を媒介させながら国民国家の強化が図ら
れていったという日本的特徴とも結びついていたことを指摘する。

第1節　講壇的論者の公民教育論

　本節では、三人の論者それぞれに即して、その思想の体系を検討した上で、
主に次の三つの観点から思想の内的構造の特徴を明らかにする。第一に、ポリ
ティーク的発想に基づいて提起された公民教育論において、論者によって相違は
あるものの、ペダゴギーク的発想も内在し、二つの発想が相互に浸透していた

ということを明らかにする。第二に、各論者において、「国家への忠誠心の育成」と「立憲的知識の涵養」という二つの公民教育の特徴が、どのような関係をとりながら共存していたのか、さらに、この二つの特徴と「生活の場としての地域社会の振興」というもう一つの特徴がどのような関係をとりながら、全体として重層的な構造をなしていたのかを明らかにする。そして、第三に、関口において特に見いだせる特徴だが、社会生活と結びつけた公民教育の振興が、社会教育観の形成へと接続していたことを明らかにする。

A　関口泰の公民教育論の体系

1　公民教育論の提起に至るまで

　関口が体系的な公民教育論の提起に至るまでの経緯をみておきたい[1]。1889（明治22）年に静岡で生まれた関口は、東京開成中学、旧制一高を経て、東京帝国大学法科大学に学び、1914（大正3）年の卒業後、台湾総督府属となった。この間、同志と共に一匡社を創設し月刊雑誌「社会及国家」を発刊している。その後、台湾総督府を退き、大阪朝日新聞社に入社したが一年にして退社し、外遊の途に向かい、ヨーロッパ諸国の政治や社会状況を視察し、ジュネーブの国際労働会議も見学している。帰国後の1922（大正11）年に大阪朝日新聞社へ再入社し、政治部員、調査部長等を経て、1926（大正15）年には編集局勤務となり論説委員を兼ねている。

　関口は、一匡社の創設と月刊雑誌の発刊、大阪朝日新聞社への入社を契機に、評論活動を本格的に行うようになったが、その中核をなしていたのが政治評論と教育評論である。政治評論は、大きく憲法論と選挙の問題からなっていたが、それらは教育評論においても、憲法教育、普通選挙と政治教育というテーマとして取り上げられていたように、彼の評論の核ともいえる内容であった。教育評論においては、それ以外にも、青年学校、青年教育、中等教育、婦人教育、教育行政と多岐にわたるテーマが取り上げられている。

　関口は、戦前から戦後にかけて数多くの著書・論文を執筆しているが、時系列的にみれば、執筆活動を開始してまもない1920年代から30年代初めはそれほど多く執筆しておらず、その中身も政治評論が中心であった[2]。それが1930年

代半ば以降になると、執筆活動そのものを精力的に行うようになり、教育評論も数多く執筆するようになったといえる。

　こうした中で、1930（昭和 5）年に出された『公民教育の話』は、彼の教育論がまとまった形で出された数少ない著書であり、かつ最も体系的に論じられたものとして注目される。管見する限り、それ以前には教育に関する執筆は見当たらず、政治評論を中心に執筆していたこの時期に、公民政治を実現していくために、教育のあり方への関心を高めて生み出されたのがこの著書であり、1930 年代半ば以降に多岐にわたって論じていく教育論の、根幹をなしているものとして理解することができる[3]。戦後改革期に再刊版と改訂版を出しているように、関口自身においても、『公民教育の話』が戦前戦後を通じた彼の教育論の骨格を示したものとして重視されていたことは、まさにそのことを物語っているといえるだろう[4]。

　したがって、戦前から戦後改革期における関口の公民教育論の特徴を考察していくにあたっては、『公民教育の話』で示された体系をまず重点的に検討することが有効であり、その上で、その後の戦時期、戦後改革期における公民教育論と、どのような関係で捉えられるのかを検討していくという手順が求められる。

　以下では、『公民教育の話』を中心に検討することを通じて、この時期における関口の公民教育論の特徴を明らかにする。その際に、文献に即した公民教育論の体系の把握と、思想の内的構造に関する考察という二点を重視する。

　体系の把握に関しては、次の五つの観点から検討を進める。第一に、公民教育が必要となった背景を政治社会的文脈の中でどのように位置づけているか、第二に、今後求められる公民教育のあり方をどのように位置づけているか、第三に、重視すべき公民教育の方法、第四に、重視すべき公民教育の内容、そして第五に、公民教育論を教育改革へどのように結びつけようとしていたのかである。

　思想の内的構造に関しては、ポリティーク的発想に基づいて提起された公民教育論において、ペダゴギーク的発想がどのように内在していたのかを明らかにするとともに、「国民を統合する論理」と「市民が自治的に治める論理」がどのように共存が図られていたのかを、「国家への忠誠心の育成」「立憲的知識の涵養」「生活の場としての地域社会の振興」という三つの特徴の重層的な関係に着目しながら明らかにする。

2 公民教育の必要性

　関口は公民教育が必要になった主な背景として、国際政治上の変化と、国内の政治制度の変化の二点をあげている。

　国際政治上の変化については、第一次世界大戦後の反戦ムードの世界的高まりに伴い成立した国際連盟への日本の加入、及び不戦条約の締結をあげている。つまり、従来の国家が主権の名において、何事にも正義であり、無制限の権力を行使できると考えられていたのに対して、国際連盟が、各国間における公明正大なる関係を規律し、各国政府間の行為を律する現実の規準として国際法の原則を確立し、戦争が国家の権利ではなく、国際悪と認められるに至って、その流れに順応するための教育、つまり公民教育が必要となったとしている[5]。

　国内の政治制度の変化については、普通選挙制度と陪審制度の実施をあげている。普通選挙制度に関しては、納税の対価として選挙権を与えられるという従来の観念から、国民たる資格において政治に参加する権利を有するという建前になったが、それは、万人は平等に幸福を追求すべき権利を持って生まれるという思想に基づくものであり、この権利を確保し、社会の一員としての個人の自由を維持するために、個人は政治に平等に参加しなければならないのであり、そのために国民に対する公民教育の必要が生じたと位置づけている[6]。

　政府にとっては、普通選挙制度の成立に際して、国民の政治参加を広範囲に認めつつも、階級的対立を緩和する期待もあったが、関口は、選挙を、幸福を追求すべき権利と関連づけて捉えている点が注目される。その意味で、権利としての政治参加を行うための自治能力を高めることが重視された関口の公民教育論は、森口兼二がいう「権利としての公民教育論」の側面を帯びていたと捉えられる。

　一方で、陪審制度は、陪審員の条件として、「同一市町村に引き続き2年以上住居し、引き続き2年以上直接国税3円以上を納付し、読み書きのできる35歳以上の男子」というように制約があり、この条件を満たす者の中から、毎年約12万6千人を各市町村に割り当てて抽選によって選び出していた。普通選挙の投票に比べれば、その権利を行使する人口は比較にならない程少ないものの、直接自ら陪審法廷に出向いて、主に刑事事件について、死刑無期懲役などの被告の罪を判断するという意味では、選挙に比べてその職責は非常に重かったといえ

第2章　公民教育論の形成　*85*

る。したがって、関口も、誰が陪審員にあたってもいいように全体に対する公民教育を事前に施しておく必要性があると述べている[7]。

　こうして、普通選挙制度や陪審制度の成立によって、個人が政治や社会に参加していく権利を有するようになり、「市民が自治的に治める」能力の形成のために、関口は公民教育の必要性を提起するわけだが、同時に、「国民を統合する」観点からも、公民教育の必要性が認識されていたことはおさえておく必要がある。

　つまり、個人が政治や社会に参加していくことは、参加する権利と同時に、その責任を負うことも必要とされるようになったことを意味し、個人と国家の関係がそれまでと大きく変わる中で、個人が国家、社会への意識をそれまで以上に高める必要が出てきたということである。それは、関口の「公民教育の目指すところは、畢竟、国家意識への教育であり、社会意識への教育である。国家の任務の理解と共に、社会生活の意義を悟らしめ、自己と社会との関係を了解せしめて、社会共同の福祉のために、協力の必要を感ぜしめなければならぬ」[8] という指摘にも端的に示されている。

3　公民教育の展望

　これまで述べてきたように、関口は、国際および国内における政治社会上の変化に対応して公民教育の必要性を提起しているが、以下で、どのような公民教育を展望していたのかを検討する。

　まず、それまで日本で十分な公民教育が行われてこなかった原因として、政治と教育の分離状況をあげている。つまり、明治時代に入り、西洋の文明に追いつくために、急速に西洋の制度を取り入れたが、内容よりも形式をとにかく重視し、民衆に制度の精神を納得させることを怠り、民衆を愚民の位置においてきたために、その後、自治制度や立憲政治ができても、選挙腐敗や投票買収などが横行し、制度が機能してこなかったとされる[9]。そして、公民科が成立する以前の法制及経済、修身科などの教科に対しても、立憲政治の意味を真に理解させる上では、徳川幕府専制政治の例は不適当であり、国際社会の平和思想の高まりのある時代において、「軍国主義的武断国家的国家観念」の下にある忠君愛国の精神を説くのは不適当であるとされるのである[10]。

86 第Ⅰ部 戦前における公民教育の形成と展開 ― その特徴と構造 ―

　1920 年代に本格的に形成された公民教育に、関口が期待を持っていたことは、実業補習学校における公民科の設置過程を極めて肯定的に捉えている点にも見出せる。関口は、実業補習学校では、文部省の方でも力を入れてこなかったために、かえって土地の情況に応じた自由な教育が可能となる余地が生じ、その意味で、公民科が実業補習学校にまず設置されたことに対し、「この自由の天地から生まれた」と評価している[11]。

　実業補習学校が学校教育の傍系に位置づけられていた地域の教育機関で、社会教育行政によって所管されていたことをふまえれば、関口は、公民教育が社会教育的な文脈から重視されてきたことを肯定的に捉えていたといえる。そのことは、後述するように、関口が、学校外における公民教育のあり方も重視し、社会における公民教育としてその体系を示していたことにもあらわれている。

　そして、新しい公民教育を展望する上で、公民の対象を拡大して捉える必要性が提起される。関口によれば、それまでの地方改良運動に代表される公民の把握が、市町村制にある「帝国臣民タル年齢二十五歳以上ノ男子ニシテ二年以来市（町村）住民タル者ハ其ノ市（町村）公民トス」という地方自治体の一員として狭い意味で使用されていたのに対し、これからの公民は、国家の一員、社会の一員たる資格をも包含し、その資格への教育が公民教育であって、まだ市町村公民たる資格を備えていない小学校児童も社会の一員としての公民として、彼らに公民教育が行われる必要があるとしている[12]。

　なお、このような「公民」解釈の拡大は、関口独自のものではなく、大正デモクラシーの影響を受けた当時の論者の多くに共通する認識であった。例えば、木村正義も、「市制町村制に於ては公民とは帝国臣民にして独立の生計を営む年齢二十五歳以上の男子二年以来市町村の住民となり其市町村の直接市町村税を納むる者と云ふ如き資格条件あるを以て、住民中の一小部分に限られ又女子を認めざれども、公民教育に云ふ公民とは、之と異り社会公共生活を営む一員にして社会連帯の責任を負へる者を称する」[13]と述べている。

　公民の拡大は、先述のように、参加と同時に責任を伴うという意味で、国家意識の強化の重要性へとつながるが、その内容は、それまでとは異なっていた。関口によれば、国家の性質が戦勝を主目的としていた時代から、文化貢献、国民生活の安定を主目的とする時代へと変容する中で、国民の国家に対する忠誠も、自

ら国のために戦死するというような個人的英雄主義ではなく、平和文化の向上に
貢献するための国民の共同協力、謙遜勤勉な努力に基づいたものにならなければ
ならないとされる[14]。言いかえるならば、それまでの強権と服従のみを強調し
た上下の関係の縦の道徳ではなく、社会生活における共存共栄、相互依存の横の
道徳こそが、公民観念の中心にすえられなくてはならないのである[15]。

　このように、関口は、国民の国家意識の強化を図る上で、国家と国民が直線的
に縦の関係で結びつけられる「個人英雄主義的」な「国家への忠誠心」を否定し
た上で、国民同士が社会生活において横の関係で相互に連携し合うことで、「平
和文化の向上に貢献する」ような「国家への忠誠心」が涵養されていくことを重
視したのであった。公民観念に即していえば、関口は、国家との関係において、
個人として国家とつながる公民ではなくて、個人同士が連帯しながら社会を構成
する国民としての公民を重視したのである。

　そして、関口が重視する、共存共栄、相互依存という横の道徳に基づいた社会
生活とは、まさしく地域社会における生活を意味しており、こうした横の道徳を
中心にすえた公民観念というのは、土地の情況に応じた自由な教育が可能となる
実業補習学校のような、地域社会における教育、いわゆる社会教育においてこそ
深化されうると関口の中で認識されていたと捉えられる。それは、後述するよう
に、公民教育の方法として、青少年団や社会に於ける公民教育を重視していった
ことにもつながっていた。

　第1章で述べたように、1920年代に公民教育が形成されていく基底には、社
会連帯論に基づく「横の道徳」ないし「横の生活」という考え方も反映されてい
たが、ここで注目されるのは、関口もこうした視点を重視していた点である。た
だし、第1章で述べたように、この時期には、その内部で「横の関係」の強化
が図られていった地域社会が、国家と間では、「縦の関係」に位置づけられてい
くという構図が強まっていったことをふまえれば、関口の中で、縦の道徳と横の
道徳とがどのような関係で捉えられていたのかについて、さらに掘り下げて考察
する必要がある。この点については、後述の「公民教育の内容」の箇所で言及す
る。

88 第Ⅰ部　戦前における公民教育の形成と展開 ― その特徴と構造 ―

4　公民教育の方法

　新しい公民教育を展望していく上で、関口は、学校における公民教授と公民訓練、青少年団と青年訓練所、社会に於ける公民教育という三つの教育方法を重視している。

　第一の学校における公民教授に関しては、実業補習学校に適用された公民科教授要綱に基づく公民科が、高等小学校、中学校、高等女学校、師範学校等においても設置されようとしていた状況に対して、従来の法制及経済のように知識詰込だけのものにならないように、公民科教師がいかに公民教育を理解しているかという問題を重要視している[16]。

　第二の青少年団と青年訓練所に関しては、学校以外の公民教育、公民訓練の機関として重視している。特に、青年訓練所については、「本施設が軍事目的を主とし、或は軍事訓練を国民に普及せしむることを主たる目的とする施設であることは明かであるが、同時にそれが公民教育施設としての意義も決して見逃すことは出来ない」[17] として、その軍事的な機能とともに、公民教育的な機能も強調している。

　ただし、軍事訓練における団体訓練については、関口は、日清日露戦争時に代表される従来のものが、「上官の命令」に「絶対に服従しなければならぬ軍隊精神」に基づくもので、「平等の立場にあって、団体員納得の上に統制と服従とを要求する現時の団体訓練の精神とは相容れぬもの」として批判的に捉えている[18]。そして、望ましい団体訓練のあり方を、「規律は命令強制の他律的なものではなくて、団員の自由と自治を認めて、彼等自らをして組織に慣熟させることによって、自律的なものとしなければならぬ」として、労働組合をその例としてあげている[19]。

　従来の強権と服従のみを強調した上下関係ではなく、団員相互が協力して自治的に団体を運営していくという横の関係が重視されており、団体訓練という実践的な公民教育を通じて、国民が自治能力を高めていくことを関口が期待していたことがうかがえる。

　第三の社会に於ける公民教育に関しては、学校における公民教授の不十分さを補うものとして期待を寄せている。関口によれば、「立憲の本義を明かにし、公民としての責務を完からしめるためには、抽象的な国家理論、憲法の字義解釈で

は、公民教育には不適当であって、寧ろ時事を捉へて具体的に批判し論議した方が、理解もされ、感興もわくから、教育的効果は遥に有力なのであるが、やはり、これも学校教育の性質と、教師の素養の上から、実際に行はれ得ない」[20] と学校における公民教育が抽象的なものになりがちで、具体的、実践的なものが十分に展開されていない現状を批判的に捉えている。

そこで関口が大きな期待を寄せたのが、社会に於ける公民教育で、それは以下のように、家庭における公民教育的機能、選挙の為の公民教育的機能、地方自治における公民教育的機能、新聞紙の公民教育的機能の四つに類型化されるとしている。

家庭における公民教育的機能については、家庭に公民教師を作るために女子教育を高め、公民の母を教育する必要性を提起している[21]。

選挙の為の公民教育的機能については、「公民教育としての政治教育」と関口もいっているが、そのためには、国家理論や政治哲学の教育でなくて、実際政治の動き、つまり、政治的事実を伝える新聞紙や政治を評論する言動が重要であることを指摘している[22]。

地方自治における公民教育的機能については、「町村といふやうな小地域に於る自治は、共同の問題に関する共同の利益及び公共的義務並に個人的責任の自覚を公民に与へ、これを公正に処理せんとする関心をもたせる意味において、国民に対してその政治教育を与へる最もよき機会となる」[23] と積極的にその可能性を評価している。その上で、その意義については、「地方自治体のみに限らず、産業組合等の公共団体に於てもさうであるが、総ての人々を公共の事業に参加せしめ、その公共自治体のために考へ、自己の周囲に何等かの奉仕をなし得ることを自覚させ、彼自身に賦与された権力に対しては、公共に対する責任をもつものだといふことを、直接経験の範囲で観察せしむることは、公民教育として最も大切な事である」[24] と述べているように、地域における様々な公共的な自治活動への参加を通じて、公共に対する責任意識が醸成されることを期待している。

また、新聞紙における公民教育的機能については、「政治教育の源泉であるところの言論報道を、その源に於て濁し汚すことは、新聞製作者であると、検閲者であるとを問はず、最も重大なる、民主政治に対する反逆であると共に、検閲とか、記事差止、発売頒布の禁止といふが如き制度は、立憲政治そのものと相容れ

90 第Ⅰ部 戦前における公民教育の形成と展開 ― その特徴と構造 ―

ないものたることを知らなければならぬ」[25] と、言論・出版の自由は立憲政治を支える上で重要であり、新聞紙も効果的な公民教育の機会となることを期待している。

このように、社会に於ける公民教育に関して、関口は、家庭、政治、地方自治などの社会的機能に依拠しながら具体的な提案をしているが、このことは、当時、社会教育の組織化が進行し始める中で、関口においても、公民教育の振興を基底にすえながら、社会における教育として、学校外の教育を体系的に捉えようという意識が高まっていたことを意味している。その特徴は、戦前日本における社会教育の非施設・団体中心という実情に即して、社会における様々な教育機能を有機的に活用していこうとするものであったといえる。選挙や新聞紙は、主に「立憲的知識の涵養」を図る場として期待され、地域における自治訓練は、「生活の場としての地域社会の振興」につながるものとして期待されていたと捉えられる。

5 公民教育の内容

新しい公民教育を展望していく上で、関口は、以下のように、公民科教授要旨、憲法教育、自由平等とデモクラシー、愛国心と国際心、社会思想という五つの教育内容を重視している。

第一の公民科教授要旨に関しては、その題目があまりに多様で、大学の講義を簡単にしたようなものである状況に対して、知的教授に偏りすぎていた法制及経済の反省から、「感情から陶冶する」目的で設置された公民科の本来の趣旨からはほど遠いものであると批判し、「具体的な事実を知らしめる」ことによって忠君愛国の感情に届くことを期待している[26]。

ここで注目されるのは、関口が忠君愛国の感情を頂点に、国家への意識の形成を重視している点である。このことは、先に言及した「縦の道徳」と「横の道徳」という議論ともつながっている。つまり、関口は、縦の道徳に代わって横の道徳の重要性を説いていたが、縦の道徳そのものを必ずしも否定していたわけではなく、縦の道徳が、国家の強権と服従によってではなく、忠君愛国と結びついた公民の自発的なものへと組み換えられて、関口の中で位置づいていたといえる。そして、この縦の道徳を下から支えるのが、地域社会における公民同士の連

第2章　公民教育論の形成　*91*

携による横の道徳であったように、この時期における地域社会と国家の間に見られる道徳的な関係の構図が、関口の公民教育論の基底にも位置づいていたことが分かる。

なお、縦の道徳、横の道徳については、前田多門をはじめとして、他の論者も言及しており、二つの道徳がどのような関係で捉えられ、それが各論者の公民教育論の基底においてどのように位置づいていたのかという点については、今後の考察においても重要な論点の一つとなる。

また、公民科教授要旨においては、「立憲的知識の涵養」も重視されていたが、関口は、上記のように、それらを「忠君愛国の感情」とも結びつけていたが、それは、第1章で明らかにしたように、実際に、公民科が、「市民が自治的に治める論理」と「国民を統合する論理」の二つの論理を内在させて成立したこととも呼応している。第1章で述べたように、1930年代半ば頃までは、天皇制と立憲主義の共存が、「オオミタカラとしての公民」概念と「近代立憲国民としての公民」概念の接合関係、及び、それをベースとした天皇機関説の原理によって支えられていたように、関口の中でも矛盾なく両者の共存が図られていたと捉えられるわけだが、1930年代半ば以降、天皇機関説への批判が高まる中で、関口の思想内部において、変容がみられたのかについては、第3章で考察する。

第二の憲法教育に関しては、最も大切なものとして、国体の尊厳や大権の神聖よりも、各人の現実に即して、臣民の権利（選挙権等）・義務（兵役、納税等）をかかげ、さらに、それまでの立憲制度の反省点をふまえ、立憲思想の中心思想が、国民の権利自由であることを以下のように強調している。

　　　立憲思想の中心は、国民の権利自由を尊重することにある。立憲制度の本質は国家権力の絶対性と無限性を認めずに、政治が憲法と法律によって行はれることにあり、臣民が絶対無限に国権に服従するのでなくて、憲法に基本的権利と自由を保障され、法律の範囲内に於て規律されるところにある。公民教育はこの中心思想を把持し、この憲法の精神に於てなされなければならない[27]。

この指摘からは、それまでの国家に服従する臣民を否定し、帝国憲法を国民の基本的権利、自由の側面を重視して解釈していくことの必要性を関口が強く認識

92 第Ⅰ部　戦前における公民教育の形成と展開―その特徴と構造―

していたことがうかがえる。

　第三の自由平等とデモクラシーに関しては、まず自由平等について、専制政治から立憲政治への変化に伴い、「自由」は政府に対抗するという意味から、普通選挙制度の実施等によって、多数者の支配を意味する政治的自由が獲得され、「自由」は、「自治」を意味するようになったことを指摘している[28]。しかし、ここでいう「自治」とは、「自由のない時代こそ、奔放無制限なる自由への憧れはあったが、自由の時代になると、それは社会を構成する人間の当然の制限をそこに見出し、自発的に社会の部分として、大なる全体を構成することに自由を見出すのである。ここに個人的自由から社会的自由への変化が行れる」[29]とあるように、責任意識に根ざしたものであった。

　また、デモクラシーについては、政治的デモクラシーと社会的デモクラシーの二つの観点から捉えている。関口によれば、前者が、ただ個々人の活動の相互的併存、対立のみを認め、その活動から結局個々人が国家によって調和されることを期待するもので、支配組織としての国家を肯定するのに対して、後者は、連帯的共同体を基礎づけるという点で、社会的デモクラシーのみが真のデモクラシーであるとされる[30]。このようにデモクラシーの理解にあたって、国民が、地域社会における生活の中で、自治的に治めていくことで、下から強化されて国家は統合されるというプロセスを重視することで、社会的デモクラシーを積極的に位置づけている。そして、社会的デモクラシーを定着させていく上では、「社会的教育が、社会生活が自治化と共に、デモクラシーの内部に於ける今日の中央集権化と官僚化の障害に対する完全なる治療である」[31]というように、関口は、社会生活と結びついた公民教育を重視したのである。

　第四の愛国心と国際心に関しては、第一次世界大戦の終結とその後の国際連盟の成立、軍縮制限問題を扱ったワシントン会議等の国際的潮流をうけて、「国家が戦争を権利と認めずに犯罪と認めんとする時代に於ては、公民教育は違った立場に立たなければならず、愛国心は戦争的愛国心から平和的愛国心に方向転換されなければならぬ」[32]と述べているように、愛国心と平和が関連づけて位置づけられている。このことは、先に述べたように、関口が、上下関係から公民概念を把握する見方を否定し、平和文化国家建設のために、横の関係から公民概念を構築していくことを重視していたことと連なるものである。

第2章　公民教育論の形成　*93*

　第五の社会思想に関しては、自由競争から独占時代へと至る流れもふまえた
上で、「如何なる思想の宣伝や扇動も禁止されなければならぬが、公正なる態度
を以て、真実であると信ずるところを正直に語ることだけは許されなければなら
ぬ。そして公民教育が教へ得るところは或社会思想そのものでなくて寧ろ思想に
対するそういふ態度であらねばならぬ」[33] と、社会思想そのものよりも、思想に
対して公正に判断できる態度を養っていくことの重要性を説いている。

6　公民教育から教育改革へ

　関口は、デモクラシー社会においては、社会と教育の関係について、すべての
個人が能力を同様に発展させるために、社会の側からも、すべての人に、平等な
社会的要求をするが、特権階級と従属階級が厳格に区別されて、前者が後者を教
化する立場として、後者に機械的作業のみに従事させる教育のみを施している現
状を厳しく批判している[34]。

　そして、階級ごとに分けずに、すべての人間を対象とする教育のあり方として
公民教育を重視し、その中でも作業教授のあり方を、より創造的なものへと変え
ていく必要性を提起している。関口によれば、それまでの作業教授は、経済的実
用のための単なる知的及び技能的の陶冶そのものに他ならなく、それを打開し得
るヒントが、作業の喜び、作業の堪能と共に、誠実、勤勉、忍耐、克己、日常生
活への献身の念が養うことができるドイツのケルシェンシュタイナーの作業学校
にあるとされる[35]。

　このような作業学校を国内にもつくるべく、関口は、労働者教育の施設設置を
奨励し、「社会への教育を意味する公民教育は労働者教育の問題を考慮の基底に
置かなければならぬ」[36] として、その重要性を強調している。ここでは、労働者
教育という成人の継続教育の問題を提起している点と、労働者教育のための「施
設」という観念を提起している点が注目される。

　また、ナトルプ（P・Natorp）の社会的教育学にも着目している。関口によれ
ば、ナトルプの社会的教育学とは、「個々の人及び其の集団は其の存在及び機能
を自己自身の為めでなく、一層大なるもの ─ 最後には人類団体 ─ に適合する為
めに有することに留意せねばならぬが、教育の任務についてかかる見解を有する
もの」であり、その中心思想は、「陶冶が社会を条件とし、社会生活が陶冶を条

94 第Ⅰ部 戦前における公民教育の形成と展開 — その特徴と構造 —

件とする」ところにあるとされる[37]。社会的教育学は、社会生活と結びついた公民教育を正当化する理論として、関口の中で受容されていったといえる。

このように、関口は、作業学校を中核にすえたケルシェンシュタイナーの公民教育論やナトルプの社会的教育学の考え方など、世界的な教育思潮の流れもふまえて、公民教育論の体系化を図ろうとしたのであった。その上で、関口は、教育改革案として、以下のように、教育制度の建て直し、実業補習教育と師範教育の改善という二つの問題を提起している。

教育制度の建て直しとしては、特に次の三点が重要であるとされる。第一が、文政の建て替えを行うことである。具体的には、何でも取り込んでいる内務省から、労働行政や教育行政を独立させるとともに、府県知事の外に教育行政機関を作ることを掲げている。第二が、教育費を増大させることである。具体的には、軍備を縮小して、多年の懸案である義務教育年限延長と実業補習学校義務制と、過渡的救済としての大学拡張を求めている。そして、第三が、家庭教育、女子教育を振興することである。関口によれば、最初の社会的経験である家庭が、社会への教育を意味する公民教育の機関として非常に重要であり、母親教育、女子教育一般の向上も必要となってくるとされる[38]。ここで示されている教育行政の独立性、義務教育制度の延長、女子に対する教育機会の拡張という視点は、実際に戦後教育改革に関わる中で関口が提起した方向性と連なるものである。その意味では、後述するが、戦後改革期に関口が示す教育改革論の原型はすでに、『公民教育の話』の中で見られるといってよいだろう。

次に実業補習教育と師範教育の問題については、特に次の二点が重要であるとされる。第一に、義務教育を終えて中学校、実業学校等の上級学校に進まない者が多い現状を鑑みて、「職業に対する知識技能を授くると共に国民生活に須要なる教育を施すを以て本旨とする」実業補習学校の重要性を指摘し、実業補習学校と青年訓練所を併合し、公民教育機関を作ることを推奨している。第二に、公民教育に関わる教員の問題として、社会への教育を意味する公民教育に対して、社会から隔離して教育された師範学校卒業の教員の不適当性を指摘した上で、その打開策としては、労働や作業の体験がある実業教育に替えられることによって始められなければならないとしている[39]。

7 まとめと考察 ── 関口の公民教育論の本質 ──

　関口の公民教育論を検討してきたが、これまでの議論もふまえつつ、その内的構造の特徴について、以下では、ポリティークとペダゴギーク、重層性、社会教育への接続という三つの視点から考察する。

　第一のポリティークとペダゴギークという点に関しては、もともと政治評論を中心に行っていた関口は、立憲政治を確立する上で、それを支える公民に対する教育への関心を高めていったという経緯があり、それがポリティーク論者として位置づけられる所以ともいえるだろう。しかし、『公民教育の話』において、体系的に公民教育について論じる中で、作業教授への着目や、社会生活と結びついた教育のあり方など、いわゆる人間形成の観点からも公民教育についての議論を展開しているように、ペダゴギーク的発想も関口の中で内在していたと捉えられる。このことは、関口の中で、立憲政治から公民教育へというポリティーク的発想と、公民教育から立憲政治へというペダゴギーク的発想が相互に浸透し合って、公民教育論が形作られていたことを意味しており、それが、関口の公民教育論においては、立憲政治や公民の概念などポリティーク側面に関する議論だけでなく、具体的な公民教育のあり方に関する議論も展開させてきたといえる。そして、ペダゴギーク的発想とも関わる、公民教育の方法や内容に関する議論は、1930 年代半ば以降も、教育改革案の議論とも結びつきながら、引き続き展開されていくこととなる。

　第二の重層性という点に関しては、関口の公民教育論において、「国民を統合する論理」と「市民が自治的に治める論理」の二つが内在していたことが浮き彫りになったといえる。

　前者の「国民を統合する論理」については、その基調となる「国家への忠誠心の育成」について、忠君愛国の感情を頂点とする平和文化的な国家への意識（＝縦の道徳）をいかに高めていくかが重視されていた。こうした意識は、国家による強権と服従によってではなく、地域社会の生活において、公民同士が共存共栄、相互依存していくという横の道徳を重視することで涵養されていくと位置づけられていた。そして、関口は、縦の道徳（国家への忠誠心の育成）の強化にもつながりうる、その基盤としての横の道徳（生活の場としての地域社会の振興）の深化を図っていく上で、青少年団の活動や社会に於ける公民教育など、地域社

96　第Ⅰ部　戦前における公民教育の形成と展開 ―その特徴と構造―

会における社会教育に期待を寄せたのであった。

　一方で後者の「市民が自治的に治める論理」については、権利としての政治参加を行う上での自治能力を高める必要性が強調され、そのために公民が自発的に社会生活の中で相互に連携し合うことが重要とされた。したがって、学校教育における公民科、選挙、新聞紙などを通じた「立憲的知識の涵養」だけでなく、「生活の場としての地域社会の振興」と結びつく公民教育も重視された。それは、知識よりも具体的事実の教授、地域社会における自治活動や団体訓練への参加など、より効果的な教育内容や教育方法の探求とも連なるものであった。

　このように、関口においても、第１章で述べたような二つの論理、つまり、「国家への忠誠心の育成」を基調とする「国民を統合する論理」と、「立憲的知識の涵養」を基調とする「市民が自治的に治める論理」は、それぞれが「生活の場としての地域社会の振興」と結びつきながらその強化が図られるとともに、「生活の場としての地域社会の振興」を媒介としながら、二つの論理が相互に浸透するという重層的な関係が見られることが分かる。それは、それまでの選挙権を有する地方自治体の一員としての狭い意味での「公民」ではなく、国家の一員として地域社会における幅広い人間をも含む「公民」が、国家への意識を高めていく上では、その基礎として、具体的な立憲的知識を学び、地域社会における公共的な活動を自治的に治めることが重要であり、こうした土台があってこそ、平和文化的な国家が形成されていくというものであり、その中心には、国民の基本的権利と自由を尊重する立憲思想が位置づいていたといえる。

　第三の社会教育への接続という点に関しては、公民が社会生活において相互に連携していくために、学校外における教育に着目していくことによって、関口の中に、公民教育を基底にすえた社会教育観の萌芽をもたらしたといえる。特に、青少年団や青年訓練所における団員の自由と自治を認めた自律的な訓練や、地方の公共団体活動への参加に関しては、公民の自治能力の形成の場として大きな期待を寄せたが、これら社会生活と結びついた公民教育を正当化する理論として、関口が注目したのが、「社会のため、社会により、社会人を陶冶する」という社会的教育学の考え方であった。

　社会的教育学は、公民教育の学説としての基礎と捉えられるだけでなく、日本の社会教育に教育学的根拠を与えた一つの潮流であり、「教育・人間形成に対

する社会的文脈を強調する立場」と「社会問題に対する解決を担う立場」の二つが日本の社会教育概念の形成にも影響を及ぼしたとされる[40]。関口は、特に前者の社会的文脈を重視しながら、社会の教育力と公民教育の振興を結びつけながら、公民教育論の体系化とともに公民教育を基底にすえた社会教育観を形成していったと捉えられる。

B　蠟山政道の公民教育論の体系

1　公民教育論の提起に至るまで

　蠟山が公民教育論の提起に至るまでの経緯をみておきたい[41]。1895（明治28）年に新潟で生まれた蠟山は、群馬県立高崎中学校、旧制一高を経て、東京帝国大学法学部政治学科に学び、卒業と同時に同大学助手となり、その後1928（昭和3）年には教授に就任し、行政学講座を担当した。1930年代になると、選挙制度調査会委員、議会制度審議会委員等の政策審議の仕事も数多くこなすようになったが、特に蠟山が力を発揮したのが昭和研究会での活動であった。

　昭和研究会設立のきっかけは、後藤隆之助が欧米諸国視察を経て、当時の日本の状況（満州事変、五・一五事件、国際連盟脱退など）を鑑み、国策研究所設立を近衛文麿公に提案したことが発端で、近衛公の知人を中心にメンバーが集められた。蠟山は研究会のブレーンとして期待され、「昭和国策要綱」の草案も作成している。会の研究分野は外交、軍事、議会制度、行政、金融財政、農村、教育等にわたり、各分野の専門家を招聘しての勉強会、調査審議が行われた。教育問題研究会には、阿部重孝、木村正義、大島正徳、城戸幡太郎、後藤文夫、関口泰、田沢義鋪、前田多門といった当時の教育界における著名人、青年団関係者、戦後の教育改革を先導していったメンバーが名を連ね、教育目標の実際化、教育の機会均等を図るべき教育制度改革案が検討された[42]。ちなみに教育問題研究会は、現実の教育改革の問題に積極的にコミットすべく、文部省社会教育官も歴任した阿部重孝を中心に1930（昭和5）年に結成された教育研究会が母体とされる。1933（昭和8）年に昭和研究会内の研究会となった後に会員数も増加し、1937（昭和12）年には教育改革同志会へと発展していったとされる[43]。

　戦前から著名な政治学者・行政学者として知られる蠟山は、戦前から戦後にお

いて、膨大な著書、論文を発表している。時系列的にみれば、執筆活動を開始した学部生時代は、国際政治の動向を中心に執筆していたが、東京帝大助教授に就任した 1920 年代半ば頃からは、普通選挙や政党政治などの国内政治の問題や、東京市政などの地方自治問題についても積極的に執筆するようになっていった。そして、1930 年前後になると、時局を反映して、満州問題や選挙粛正についての論稿も多く見られるようになる。

　こうした中で、1931（昭和 6）年に出された『公民政治論』は、戦後に本格的に教育問題について論じていく蝋山にあって、戦前における唯一のまとまった教育論として注目される。普通選挙の成立もあって、公民教育の必要性が強く叫ばれていたこの時期に、蝋山は政治学者として、公民政治を実現していく上での「公民」の形成に関心を持ち、公民概念の政治哲学的な分析を中心とした公民教育論を提起したのがこの著書であり、戦後、民主主義、新憲法の思想を普及する啓蒙家として、本格的に展開していった政治教育論や教育自治論の根幹をなしているものとして理解することができる。

　したがって、戦前から戦後改革期における蝋山の公民教育論の特徴を考察していくにあたっては、『公民政治論』をまず重点的に検討することが有効であり、その上で、その後の戦時期、戦後改革期における公民教育論と、どのような関係で捉えられるのかを検討していくという手順が求められる。

　このように政治学、行政学、国際政治を中心に、戦後になると教育についても数多く執筆した蝋山だが、政治評論をベースとしながらも、教育評論についても積極的に執筆していったというスタンスは、関口とも類似している。ただし、両者の違いは、蝋山が、政治学研究者として、原理論的検討を中心とした教育論を展開していったのに対して、関口は、戦前には、朝日新聞論説委員という立場で教育論も積極的に論じ、また、戦後には、実際に戦後教育改革に携わる中で、より具体的な教育論を展開していった点にある。したがって、関口が、それなりに教育学研究において意識されてきたのに対して、蝋山はほとんど注目されず、政治学や行政学において大きく取り上げられてきたといえる [44]。

　以下では、『公民政治論』を中心に検討することを通じて、この時期における蝋山の公民教育論の特徴を明らかにする。その際に、文献に即した公民教育論の体系の把握と、思想の内的構造に関する考察という二点を重視する。

体系の把握に関しては、次の三つの観点から検討を進める。第一に、西洋の政治思想の歴史的変遷の中で、公民観念の変容をどのように捉えていたのか、第二に、今後求められる「公民」像を「市民」との関連でどのように捉えていたのか、第三に、真の公民政治を実現するために、政治と教育の関係構築をいかに図ろうとしていたのかという点である。

　思想の内的構造に関しては、ポリティーク的発想に基づいて提起された公民教育論において、ペダゴギーク的発想がどのように内在していたのかを明らかにするとともに、「国民を統合する論理」と「市民が自治的に治める論理」がどのように共存が図られていたのかを、特に、「国家への忠誠心の育成」と「立憲的知識の涵養」という二つの特徴の重層的な関係に着目しながら明らかにする。

2　政治思想と「公民」観念の変遷

　蝋山は、政治思想史の変遷を追いながら、「公民」観念の形成過程を極めて明解に浮き彫りにしている。まず、国家道徳論を主要な潮流とする古代ギリシャの政治思想として、プラトン（Platon）とアリストテレス（Aristoteles）に着目している。蝋山によれば、プラトンがいう理想国家には三つの条件があるとされる。第一に、個人はその地位の如何を問わず公民となり、第二に、社会は分業によって成り、その意味で公民は全体との関係における部分を構成し、第三に、各分子が各々活動する過程において均衡がとれ、理想国家になるとされる。それに対して、アリストテレスは、第一に、プラトンとは異なり、経済上の活動に没頭しなければならない人に公民の資格を認めずに、生活上の余裕のある人々に公民の資格を限定し、第二に、プラトンのように政治を社会の分業と捉え、優れた哲人政治家に委ねるのは貴族的専制主義に陥る危険があるとし、政治に全ての公民が平等に参加し、政権は交互に移転しなければならないことを指摘したとされる。そして、蝋山は、アリストテレスの思想の方が、「近代デモクラシー思想に合致する」としながらも、公民生活が喪失してしまった現状においては、近代デモクラシーの思想に内在する個人主義の弊害をいかに是正していくかが課題であり、その意味では、プラトンの思想から、公民観念の復活を考える視点が重要となるとしている[45]。

　次に着目しているのが、国家主権論を主要潮流とする近代政治理論のもとでの

思想家ルソー（J.J.Rousseau）とヘーゲル（G.W.F.Hegel）である。蠟山は、プラトンやアリストテレスの場合、少数の教養なり、余裕なりを有する公民のみが国家意思の構成にあたっていたのに対し、ルソーの場合には、抽象的な個人が一般意思に参加することによって、いかなる個人も公民たり得るとしている。そして、この公民観念の成立が一般意思の法律的表現である国家主権論を発展せしめるのであるが、その発展に貢献したのがヘーゲルであったとされる。ヘーゲルは、家族制度、組合制度、教会制度など社会的諸団体の対立、独立性を否認し、頂点に立つ国家の存在を強調していたが、蠟山は、それは専制君主の存在を求める論理につながり、そこでの公民の性質はあくまで国家の成員としての属性であったと捉えている[46]。

　蠟山によれば、国家主権論と公民観念との関係について、個人を出発点として国家という公共的団体を観念的に創造する場合には、個人の所属する各社会を統一する連鎖、その結合点たる国家機関をどこにいかに求めるかという困難に遭遇するとされる。また、公共団体としての国家を出発点として個人の地位を決定する場合には、個人の権利や自由をいかに保障するかという困難に遭遇するとされる。そして、これらの困難に対する理論上の解決がなされない時は、公民の観念があっても、それは専制国家の臣民、あるいは限られた特権階級のみとなり、結局のところ、古代ギリシャの政治理論と同様に、真正の公民観念を持つことはできなかったと位置づけている[47]。

　しかし、このような公民観念は、現代政治思想のもとで、大きく変容したとされる。蠟山によれば、中世のギルドが崩壊して、個人の自由放任的活動が認められ、実力あるもの、能力のあるものが生存競争で勝者となることが社会の進歩に必要であるとみなされていた間は、いわゆる19世紀の国家主義、個人主義に基づく政治思想は通用していたとされる。ところが、19世紀半ば以降、資本家団体や労働組合、各種職業組合など、国家と個人の間の中間組織が、公然と政治の舞台にのぼって、集団の利益を国家機関の活動に結びつけるようになってからは、それまでの政治思想は通用しなくなったとされる。このような社会構造の変化の中で、英国のラスキらによって、国家の主権は否認しないが、その主権の構成は社会集団の連合より成るという多元的国家論が提起される[48]。

　ここで蠟山は、公民観念に新たなる解釈が生まれたとする。それは、近代の産

業社会においては、公民は国家の下においてのみその存在が容認されるが、その国家たるや、各社会集団の政治的勢力の妥協的あるいは協調的連合体なので、各個人は単に国家の力によってその存在を保障されるだけではなくて、個人は集団的個人としてその国家の運用に参加しなければならない。つまり、自ら治者にして同時に被治者たるのが現代の個人でなくてはならなく、このような個人が発見され、確立される時に新たなる公民が誕生するのである[49]。

3 「公民」と「市民」の分離の克服

　「公民」という観念の問題を考えていく際に問題となるのが、「市民」という観念との関係である。小川利夫は、P・フルキエの哲学的解釈に即して、市民とは、「社会的人間、いいかえるなら、生きた肉体を背負って働き、食べ、衣食住問題その他、生きるための利害につきまとわれている生きた人間」であるのに対して、公民とは、「それらの利害を背負った人間たちが、都市や自治体、さらに国家というレベルでイメージ化した政治的人間、いいかえるなら、その意味で抽象的かつ理想的な人間」であるとした上で、公民教育による人間形成の問題を考えていく上では、その背後に社会的人間としての利害や矛盾が渦巻いているとみなくてはならないとしている[50]。

　日本の場合は、城塚登によれば、明治以降の近代化過程においても、われわれ意識が育たず、人々はいつも政治権力の組織である国家の一員としてのみ位置づけられ、公私の分裂の中に生活し、「公民」という言葉を支える現実的地盤を欠き、「公民」は「国民」の公共生活を「市民」の私生活へと分裂解消せざるを得なかったとされる[51]。

　このような「公民」と「市民」の分離の問題については、蝋山も、政治過程の前に教育過程が位置づくいわゆる公民政治を実現していくために、克服していかなくてはならない課題としている。ここで、蝋山が着目するのがプラトンの思想である。プラトンの教育思想は、「単に個人の知能を啓発する意味のものでなく、人間の社会的過程であって、その間に国家が成生して来るものと見る」、つまり、「我々は公民たる前に職業人である」が、「先づ公民でなければなら」ず、「その公民たる中で同時に教師であり、医師であり、労働者である」のである[52]。ここでは、公民政治の実現に向けて、実際社会において分離している「公民」と

102　第Ⅰ部　戦前における公民教育の形成と展開―その特徴と構造―

「市民」が融合的に位置づけられている点が注目される。

　また、蝋山によれば、公民という言葉は、地方自治体における選挙権を有する者をいう場合もあるし、選挙権の有無にかかわらず、地方自治体の住民をいう場合もあるが、実際の場面で、直ちに連想されるのは選挙であり、公民生活を実質化するためには、選挙の効果が一時的のものでなく、選挙後も長く残らなければならないとされる。しかし、現実には政治が複雑化し、社会上の諸問題が技術的、専門的に取り扱われるようになっている状況下で、内閣の背後にある巨大な行政官庁や各調査、諮問委員会の作成した討議の案件に興味を示し理解することは困難になり、このような事情から、「公民」は公民としての活動能力を失っているとされるのである[53]。

4　公民教育と公民政治

　こうした公民の現状に対して、蝋山は、公民の意見が反映される世論に着目している。多くの一般大衆が、政治的には受動的な立場にあって、極めて少数の者によって世論が製造されている現状に対して、世論の発達を促進し、直接間接に議会を動かし、内閣を統制するために、政治や社会に関する知識を授けるという公民教育の直接的な目標を見いだしている。そして、その際に重要視したのが、単に知識を授けるだけではなく、あくまで大衆の批判力、判断力を養成することであった[54]。

　また、新しい「公民」の活動を許容するために、公民政治の実現が求められるとしている。議会政治が否定され独裁政党化されることに対して危惧をいだき、まず、選挙制度の改正を重要視する。参政権の拡大については、無知で未経験な大衆は、買収に巻き込まれ、腐敗をさらに盛んにさせる危惧も持ちつつ、むしろ問題は、それら無智の大衆をいつまでも選挙制度の埒外においてきたことを問題視し、参政権を拡大し、大衆に政治的訓練をいかに施していくかが重要であるとしている[55]。そして、公民としての立場については、現代の社会は、階級や利益の代表によって、国家の権力が掌握されているが、そのような様々な階級的、職業的差異を超越したものであるとし、従来の地域代表の修正版として、公民組織というものを考えて、政党を指導していくように工夫する必要を提起している[56]。

第 2 章　公民教育論の形成　*103*

　さらに、従来の行政組織が官僚専制であり、今日における資本家階級による圧迫に従順になっている点を、公民の参加によって民主的なものにする必要性を提起している[57]。つまり、現代の国家が複雑な機構であるため、その機構に関する専門的技術的知識を有する専門家集団と協力してはじめて、現代の公民は国家の構成と運用とに参加し得るのであって、専門家と公民は互いに補足しあう観念であるとされる。したがって、一方の専門家もその専門事項以外に対しては非専門家であるから、あらゆる人々が専門家であって、同時に公民であり、経済的、職業的、社会的なる、あらゆる意味の専門家の共同社会こそ、公民の世界とされるのである[58]。

　このような公民政治が実現されるために、蝋山は教育を尊重する政治哲学が必要であることを強調する。蝋山は、政治と教育について、前者が「社会関係の統制であり、権力的行動に関するものである」のに対して、後者は「個人の心身又は人格の伸張に関することである」とし、両者の間には本質的な相違があるようにみえるが、両者の関係については、以下のような捉え方が重要であるとしている。つまり、第一に、国家がその政治を完全であると考えたり、教育が人間性を完全であると考えることはせずに、両者が現在の自己を反省して、その欠陥を認めることであり、第二に、現在における人間生活の欠陥を克服するために、将来の生活に対する計画をもつという意味で、政治と教育の共通の目的を認識することである[59]。

　その上で、公民教育の意義については、単に教育主体が国家、公共団体にあるという点や、教科目として、単に政治現象や国家法制や社会問題に関する知識を多くするという点にあるわけではないとした上で、以下のように指摘している。

　　先づ国家自体の反省によって、国家や政治の前に教育ありと云ふ自覚をなすことを前提とする。国家が人民を教育するものでなくて、教育さるべきものは寧ろ国家の総てであると云ふ点に、公民教育の真正の意義が成立つのである。換言すれば、政治的過程の前に教育的過程が存し、前者が後者の過程に融合する所に公民政治教育の真の姿が見られるのである。そこには政治家と民衆との差別はない。資本家と労働者との相違もない。斉しく公民社会の構成員として教育されねばならぬのである[60]。

蝋山にとって、公民教育の真の意義は、教育を尊重するような政治哲学があってこそ成り立つものである[61]。つまり、「公民教育は公民社会に必要な智識と訓練とを与へるものであって、その対象となるものは被支配者又は貧乏人階級のみではな」く、「総ての公共社会の構成員であ」って、「公民政治教育の理論的前提として、今日のやうな階級政治や権力政治が存続していてはなら」なく、「公民政治が立てられねばなら」ないのである[62]。なお、このような教育を尊重するような政治哲学の重要性は、蝋山の弟子である辻清明も以下のように指摘している。

　　教育は、その未来をつくり上げるという性格の故に、時々の政府の特定の政策や方針と、ときに矛盾するという運命をはじめからもっている。その政治指導者は、政治と教育のこの関係を、あらかじめ十分理解し、これに適応する態度をとらねばならぬのである。古代ギリシアの哲人プラトンが、『教育』を『政治』の上においた不朽の教訓も、実はこの点にあったと考えてよい。ところが、わが国では、永い間国定教育が実施されてきたため、教育を、国の他の多くの機能と同列に考える習癖が、いつとはなくみんなの頭を支配するようになり、結果として教育を政治の下位に置いても、なんの不思議も感じない空気ができ上ったのである[63]。

　しかし、戦前においては、議会政治の権限を最大限に尊重していた天皇機関説も、1930年代半ば以降弾圧が加えられるようになり、大日本帝国憲法も、国体論を前面に解釈していく志向が高まる中で、蝋山が期待していた公民政治が実現することはなかったのである。

5　まとめと考察 ― 蝋山の公民教育論の本質 ―

　これまで、『公民政治論』に主に依拠しながら、蝋山の公民教育論を検討してきたが、蝋山の主たる関心は、「公民」観念の政治哲学的分析にあったといえる。そのため、学校教育や社会教育における具体的な公民教育のあり方については、この時点では言及はされていない。

　蝋山は、西洋政治思想史に着目して、国家道徳論を主要潮流とする古代ギリシャの政治理論から国家主権論を主要潮流とする近代政治理論を経て、19世紀後半以降の多元的国家論を主要潮流とする現代政治理論へと至る過程における

第2章　公民教育論の形成　*105*

公民観念の変容過程を明らかにしている。蝋山によれば、古代ギリシャの政治理論や近代政治理論のもとでは、限られた特権階級のみが、公民たり得たのに対して、現代政治理論のもとでは、個人は、国家と個人の中間組織における集団的個人として、その国家の運用に参加する必要性が生じ、新たな公民像が求められるようになったとされる。

　しかし、現実には、政治システムの複雑化等によって、「公民」と「市民」の分離状況がもたらされており、そのことに対して、蝋山は危惧を抱いている。そして、新しい公民の活動を許容するために、議会政治を民主的に運営する公民政治の実現が求められるとしている。このような公民政治の実現を図る上では、教育を尊重する政治哲学が必要であるとして、あらためて、古代ギリシャのプラトンの思想に着目したのであった。

　以下では、これまでの蝋山の議論、及び関口の論との関係をふまえて、蝋山の公民教育論の内的構造について、ポリティークとペダゴギーク、重層性という二つの視点から考察する。

　第一のポリティークとペダゴギークという点に関しては、蝋山もまた、関口と同様に、もともと政治評論を中心に展開し、公民政治を実現していく上で、それを支える公民の形成への関心を高めていったという経緯があり、それがポリティーク論者として位置づけられる所以ともなっている。また、公民と市民の分離の克服、公民としての政治主体の形成など、いわゆる人間形成の観点から公民の形成について議論を展開していることをふまえれば、蝋山においてもペダゴギーク的発想が内在していたと捉えられる。

　しかし、関口が、公民教育の具体的内容、方法のレベルにまで立ち入って議論を展開しているのと比べれば、蝋山はペダゴギーク的発想を必ずしも強く持ち合わせていたわけではない。両者の相違は、この時期に、それぞれの公民教育論の体系が示された著作名が、蝋山の場合、『公民政治論』なのに対して、関口の場合、『公民教育の話』というところに端的にあらわされているといえるのかもしれない。蝋山は、あくまで、政治学・行政学の学問体系の上に公民教育の問題を考えようとしていたと捉えられる。

　いずれにせよ、戦後改革期以降、教育論を本格的に論じていく蝋山において、ペダゴギーク的発想がどのように伸長していったのかは、戦後の蝋山の教育論を

分析する上での重要な視点ともなろう。

　第二の重層性という点に関しては、蠟山の公民教育論においても、「国民を統合する論理」と「市民が自治的に治める論理」の二つの論理が内在していたことが浮き彫りになったといえる。

　前者については、蠟山は、関口のように、忠君愛国の感情を頂点とすることの重要性については言及していないものの、国家の主権を否定せずに、「公民は国家の下においてのみその存在が容認される」と指摘している点からも、蠟山においても、「国家への忠誠心の育成」を基調とする「国民を統合する論理」が内在していたことが分かる。そして、「国家への忠誠心」は、国家による強権と服従によってではなく、国家そのものが多元的なものへと変化している中で、国家と個人の中間組織における集団的個人として、その国家の運用に参加するという主体的な公民によって、自発的に形成されていくことが期待された。

　ここで注目されるのは、蠟山が期待する主体的な公民が、国家との関係において、個人として国家とつながる公民ではなく、国家と個人の中間組織における集団的個人として国家とつながっていく公民として想定されていた点において、関口が期待した、個人同士が連帯しながら社会を構成する国民としての公民と、非常に近いものであったということである。国家と個人の中間組織というのは、現実的には、地域社会における公共組織や地縁組織などの自治的組織を意味しており、個人が中間組織の自治的活動に参加して、いわゆる「地域社会の自治振興を支える公民」となっていくことによって、自発的に国民となっていくことが期待されていたと捉えられる。

　そして、主体的な公民を形成する上で、蠟山は、後者の「市民が自治的に治める論理」も重視した。特に「立憲的知識の涵養」を強調し、それも単に知識だけでなく批判的思考や判断力をともなったものを求めるとともに、無智の大衆をいつまでも選挙制度の埒外においてきたことを問題視し、参政権を拡大し、大衆に政治的訓練を施していくことの重要性を提起したのであった。

　この二つの論理の関係は、それまでの特権階級のみが該当する「公民」ではなくて、国家と個人の中間組織における集団的個人としての新たな「公民」が、国家の運用に参加していくために、その基礎として、具体的な立憲的知識を学び、政治参加していくことが重要であり、こうした土台があってこそ、公民政治に基

づいた国家が形成されていくというように、相互に浸透し合うものであったと捉えられる。そして、その中心には、教育を尊重する政治哲学が位置づいていたといえる。

C　前田多門の公民教育論の萌芽

1　公民教育論の前提

　前田が公民教育論の提起に至るまでの経緯をみておきたい[64]。1884（明治17）年に大阪で生まれた前田は、立教中学、旧制一高を経て、東京帝国大学法科大学に学び、1909（明治42）年に卒業している。中学の頃から社会問題に興味を持ち、当時起こった足尾鉱毒事件の現地調査にも同行し、その後の調査報告演説会において報告もしている。一高時代には、新渡戸稲造の講演に行きすっかり魅了され、その後、新渡戸は前田にとって恩師となる。大学卒業後は、新渡戸の「日本に欠けているものは社会教育である。君は、社会教育家になれ。しかし、その準備として、一時、官界に入り給へ。現在の日本では、何と言っても、官界は、社会の展望に最も便利の地位である。それには、内務省が良かろう。暫くそこで世の中を見た後、民間で社会教育の仕事をやったらば」[65]という教えにならって、内務省に入り、群馬県利根郡長、神奈川県三浦郡長、岡山県理事官等を歴任する。郡長時代には、郡の教育会の大会に、当時政府筋から白眼視されていた内村鑑三を講師として招いたり、青年会で巡回文庫を作ったり、巡回講話の際にフィルムを用いたりしながら、精力的に活動を行った。その後、1920（大正9）年に、後藤新平東京市長の下で東京市助役に就任し、1922（大正11）年には、東京市政調査会創立とともに理事に就任し、この間、ジュネーブ国際労働理事会の総会に政府代表者として参加している。そして、1928（昭和3）年には、柳田國男、関口泰らもいた東京朝日新聞社に入社し、1938（昭和13）年まで論説委員を務めた。ちなみに、新聞社に入った事情について、前田は、「新聞こそは、最有力の社会教育機関だと思ったからである」[66]と後に振り返っている。

　このように前田は、少年時代から社会問題に関心を持ち、大学卒業後は、内務省へ入省し、ちょうど地方改良運動が展開されていた時期に、郡長経験等を通じて地方行政を学び、その後、東京市政への関わり、国際労働機関の仕事を通

108 第Ⅰ部　戦前における公民教育の形成と展開 ― その特徴と構造 ―

じて、地方自治、労働問題への関心を高めていった。1927（昭和2）に出された
『国際労働』、1930（昭和5）年に出された『地方自治の話』は、その代表的な著
作である。

　前田が教育論を本格的に論じるようになるのは1930年代半ば以降であり、こ
うした地方自治、労働問題を基底にすえて、公民教育を中心とした教育論を展開
していった。それが最も体系的に示された著書として注目されるのが、1936（昭
和11）年に出された『公民の書』である。関口と同様に、前田もまた、戦後改
革期に再刊版を出しているように、この著書は、戦前戦後を通じた前田の教育
論の骨格を示すものとして理解することができる。このことは、戦前から戦後改
革期における前田の公民教育論の特徴を考察していくにあたっては、『公民の書』
を重点的に検討することが欠かせないことを意味している。

　ただし、関口や蝋山の公民教育論の体系を示した著書が、1930（昭和5）年頃
には出されていたのに比べると、前田の場合は、1936（昭和11）年とやや遅く、
それは公民教育を取り巻く状況が変容していった時期にあたる。さらに、関口や
蝋山と比べた時に、前田の場合、労働問題、地方自治への関心を高めた上で、公
民教育論が提起されている様相が強く、その意味でも、『公民の書』の検討を行
う前提として、本節で、前田の労働問題及び地方自治への関心に焦点をあてて、
その後の公民教育論の体系化へとどのように接続していったのかを明らかにする
ことが求められる。その上で、戦時下を対象とする第3章において、『公民の書』
を詳細に検討していくという手順が妥当である。

　戦後改革期初期に文部大臣を務めた前田は、同じ講壇的論者である関口や蝋山
に比べて、教育学研究においてもそれなりに注目され、戦後直後の公民教育を基
底にすえた教育改革にいかなる影響を与えたのかという観点を中心に研究が行わ
れてきたが[67]、それらは基本的には、天皇制、国体観念、教育勅語、民主主義
といったキーワードと関連づけた考察が中心であったといえる。教育史上におい
て、戦後改革期は、戦後民主主義と戦前天皇制という問題がリアルに衝突する時
期でもあり、そこに関わった前田の教育論を分析するにあたっては、そうしたア
プローチは重要である。しかし、実際に前田の教育論が、労働問題、階層問題、
地方自治問題など、具体的現実をあるがままに認識するところから出発した様相
が強いことをふまえれば[68]、その公民教育論の前提をおさえることは重要な作

業といえるだろう。

　以下では、前田が、この時期において、労働問題、地方自治についての関心を深め、双方の問題を結びつける形で、公民教育への関心を具体化させていった過程を検討する。検討を通じて、その後の公民教育論の体系化の基盤ともいうべき「公民自治」の考え方が、公民教育論の重層的な構造の一端をなす「市民が自治的に治める論理」を基底にすえながら提起されていったことを明らかにする。

2　労働問題への関心

　前田が、労働問題、とりわけ国際労働問題に関心を持つきっかけとなったのが、ILO 日本政府代表として、国際労働会議に参加したことである。スイスのジュネーブに駐在し、第5回（1923年）から第9回（1927年）までの計5回参加し、そこでの経験もふまえ、岩波書店から『国際労働』（1927年）という著書も出している。

　その中で、前田は、労働問題を司る国際機関が設立された背景について、本来、労働問題は、国内の産業政策及び社会政策と関わる内政問題であったが、産業の発達に伴い、国家間の経済関係が構築されていく中で、一国の労働条件が他国の労働条件を顧慮することなしには規定できなくなり、労働者と資本家の間に生じる問題も、国際的な視野で解決していくことが重要となってきたことをあげている[69]。国際労働会議では、回ごとに主要なテーマが決められており、海事労働、一般工業労働における週休問題、工場監督、労働者災害補償、労働者の余暇善用、移民監督に関する手続きなどについて審議された。日本からは毎回4名参加し、その内訳は、政府代表2名、使用者代表1名、労働代表1名からなっていた。前田は全5回とも政府代表として参加しているが、他の参加者として、田澤義鋪が第4回会議に労働代表として参加している[70]。

　前田によれば、会議においては、主に以下の二つの理由から日本は他国からの評判がよくなかったとされる。第一が、日本政府は、第1回会議より、連盟規約の要求するような労働組合を代表する真の労働代表を送らずに、いわゆる官製労働代表でお茶を濁していた点である。そして第二が、会議で決議した労働時間制や婦人夜業禁止制など国際労働条約に対する批准が、思わしく行われていないのみならず、日本には、労働組合から罷業等の権利を奪っている治安警察法による

取り締まり条項が存在していた点である。前田は、特に前者の労働代表資格問題に対して、自身が在任中に政府の方針変更を迫り、受け入れられない場合は辞任する覚悟で臨み、その結果、第6回会議からは、日本労働総同盟会長の鈴木文治が労働代表として参加することとなった[71]。そして、この労働代表資格問題の解決によって、過激になりがちな労働運動の穏健化がもたらされたことを評価しているが、ここには、階級意識に基づいた労働運動を必ずしも肯定的に捉えない前田の姿勢があらわれているといえる[72]。

このように、前田は国際労働会議への参加を通じて、労働問題への関心を高めていったが、労働運動が過激な階級闘争へ発展することには否定的態度を示し、むしろ穏健化を図ることが可能であり、かつそれが労働問題の解決に有効であるという認識を持っており、こうした認識は、地方自治や国政における革新勢力、無産政党の進出に対する警戒感にもつながっていったとされる[73]。

そして、日本に帰国後は、スイス駐在中に見識を深めたヨーロッパ諸国の労働問題もふまえて、日本における労働問題及び社会政策への関心も高めていった。昭和7（1932）年に文部省が主催した公民教育講習会では、「社会政策及び社会事業」というテーマで講義を行っている。講義の中で、前田は、第一次世界大戦後に、ヨーロッパ諸国で社会主義的思潮が高まり、社会党や労働党が台頭したことによって、社会政策の進展がみられたことを指摘した上で、日本における社会政策を概観し、失業者対策、失業保険、人口問題、児童労働、労働協約、救貧制度など幅広い視野に立って、その現状と課題について解説している[74]。

3　地方自治への関心と公民教育

前田は、内務省に入省後に、郡長などを歴任しながら日本各地をみてきた経験から、地方自治への問題関心を高めていった。地方自治について論じる中で、その後の公民教育論の基底をなす「自治」や「公民」についての議論も展開している。

前田は、「自治」の意味について、単に自分を治めることではなく、自分も一員である生活共同体における共同の事柄を処理する責任を負うという意味が含まれており、その意味で自助とか自由とは意味が違うとしている[75]。そして、自分の属する団体に対して、その一員が進んで自己の責任を尽くすためには、専門

の官吏に任せるのではなく人民自身が事務に当たる、つまり、官僚政治とは対立し、被治者自らが同時に治者となるという「公民自治」が必要となってくるとする[76]。

　日本における自治の現状に関しては、特にその精神の発達が極めて幼稚であると批判している。1890（明治 23）年頃につくられた自治制度も形骸化し、議会や政党の腐敗が甚だしいのも、結局のところ、何事も少数の幹部任せで、政治を自分たちの責任と考える自覚が足りないという自治精神の欠如からきているとしている。このような現状に対して、前田は、公民自治の精神を高めていくために、産業組合や農会の施設運営や、青年団活動などを通じて、真剣な公民教育、自治訓練が重要であるとして、公民教育の必要性を説いている[77]。そして、公民教育を通じて、人々が自治を重んじ、公共のために協同するという精神を活発にして、善き人が市町村会議員となり、善き人が市町村吏員を志願するといった風習が作られていくことを期待している[78]。

　ここで注目されるのが、前田は、この時点では、個人と国家の関係、地方自治と国家との関係などに関する議論は展開していないものの、前田が提起する公民自治の考え方が、公民が主体的に地域社会における生活共同体の活動に参加していくことを基盤としている点において、蝋山がいう公民政治の考え方に近いということである。さらに、前田は、公民自治の精神をもった主体的な公民の形成を図っていく上で、青年団活動などの社会教育を重視しているが、この点に関しては、公民観念の政治哲学的分析が中心であった蝋山よりも、具体的な公民教育のあり方にまで立ち入って議論を展開した関口に通ずる部分を見いだすことができる。

　前田が重視する公民自治を担う公民については、市町村住民という身分を基礎として説明されている。前田は、すべての人間は出生と共に権利義務の主体となるが、法律行為をなし得る能力は、満 20 歳からでなくてはならなく、団体の行政に直接間接に参加し得る資格については、相当の制限をおく必要があるとした上で、住民の中から特に公民という範囲が設定されるとしている。そして、この公民が自治政運用の基礎となり、自治体の議員を選んだり、自ら選ばれる資格をなすのであって、自治体を会社にたとえるとしたら、公民は株主にあたるとしている[79]。

112　第Ⅰ部　戦前における公民教育の形成と展開 ― その特徴と構造 ―

　株主たる公民は、かつては、納税額に規定されるようにお金を出資していたが、普通選挙によって、納税要件が撤廃された現状においては、各自の存在及び活動能力を出資することが求められるとする。ただし、前田は、普通選挙の実施によって、公民の範囲が大幅に広がったことは望ましいものの、ヨーロッパ諸国に比べると、25歳以上という年齢はまだ引き下げられる余地があるとして、自治教育、公民教育の進展に応じて、さらに公民の範囲を拡大していくべきことを提起している[80]。

　公民権の拡大という点に関して、婦人公民権問題についても言及されている。婦人に公民権が付与されていない（選挙権が与えられていない）理由として、これまで女性の政治知識、及び能力が十分進んでいないことがあげられてきたが、現状では説得力をもたないとしている。前田によれば、教育問題、下水道、電気など、自治体の仕事の大半は、婦人の利害や苦労と共にしており、また、女子の普通教育も相当進んだ現状において、婦人を無権利者にしておく道理はなく、すでに婦人の公民権を認めつつあるヨーロッパ諸国にならって、我が国も早く実施すべきだとされる[81]。

　このように、前田は、地方自治を進めていくにあたって、個人がそれぞれの地域社会における公共的な団体活動に参加して、責任を果たしていくという「公民自治」を基底にすえることを重視した。そして、こうした公民自治を担う「公民」について、「市町村住民という身分を基礎とし」た上で、その中でさらに「法律行為をなし得る能力」をもつ人間と位置づけているように、有権者・選挙権と密接に関連づけて捉えている点に特徴がある。それは、その後に選挙粛正運動と連動して、公民教育を本格的に提起していくこととつながっているといえる。

　ただし、このことは、前田のいう公民が限定的なものであったことを意味しているわけではない。普通選挙年齢を25歳から引下げる必要性や、婦人の参政権の必要性を提起するなど、公民を地域社会における幅広い生活者と結びつけようとしていたのであり、それは、前田のいう公民自治が、「生活の場としての地域社会の振興」を基軸とした「市民が自治的に治める論理」とも結びつくものであったことを意味している。しかし、この時点では、地域社会と自治が「公民」を通して結びつく具体的な論理、さらには、公民が国家との関係でどのように捉えられるかという視点は具体的に明示されておらず、これらの点もふまえた掘り

第 2 章　公民教育論の形成　*113*

下げた考察は、縦の道徳や横の道徳の議論と結びつけながら、前田が公民教育論の体系化を図っていった点に着目する第 3 章で行う必要がある。

4　都市生活と公民教育

　これまで論じてきたように、この時期に前田は、労働問題、地方自治問題への関心を高めていったわけだが、双方の問題を結びつける形で、公民教育への関心を具体化させていった。具体的には、生活者としての労働者が多数居住する都市において、公民自治を支える公民をどのように形成していくかという観点から議論を展開している。

　それが示されたのが、1932（昭和 7）年に、雑誌『公民教育』において発表された「都市生活と公民教育」という論文である。その中で、前田は、都市部では、地域の近隣の人と交渉を持つよりも、一家の主人の勤め先やその関連の人と密接な関係を結んでいる傾向が強く、地域を基礎とする典型的な自治生活は、農村に比べて、その発達を期待することが非常に困難であることを課題としている[82]。

　都市部の現状として、地域的代表主義の代わりに職能代表主義が台頭し、それは、都市部における住民の地方自治に対する無関心を胚胎させたとしている。その無関心の程度は、前田によれば、人民の日常生活における関心の中で、社会に対する公民としての義務は、その日その日の糧を得る基となる職業関係、家族親戚友人などの家庭関係、宗教関係、趣味娯楽よりも常に下位に甘んじるものであったとされる[83]。公民道徳に関しても、都市部では、住民が比較的新聞を読んでいるにもかかわらず、政治に対する整理された理解をもっていない状況で、農村部における素朴な政治への無関心（例えば日当がわりに駄賃でも貰わなければ投票場に行くのは損だというような政治的無智）とは、また違った意味で、質の悪い公民道徳の欠如が見られるとしている[84]。

　こうした状況を打破するためには、都市部では、単に地域的に町内会などを基盤として、自治を考えていくのではなく、都会人相応の経済関係、文化関係を基盤として、国政自治政に関係をつけさせるような公民教育が必要だとしている。そのためには、自治体がもっと積極的に公民教育を奨励することが重要であるとして、公民講座や講習会などの一時的な催しを実施するだけでなく、恒久的なものとして、貧弱な公共図書館を充実し、図書館内に公民教育に関するコーナーを

設けたり、簡単な索引や一覧を作成することによって、住民が、市政、国政、時事問題について分かりやすく学べるような仕組みが重要であるとしている[85]。

このように、前田は、地方自治を担う公民として、都市部では、労働者としての公民に着目し、地域的な関係だけでなく、経済的・文化的な関係も重視しながら、生活現実とも結びつけながら、都市生活を自治的なものとしていくことを提起している。そして、都市部における公民教育振興の手段として、社会教育施設である図書館に着目して、その充実化を図っていくことを重視したのであった。

第2節　田澤義鋪の公民教育論と教育実践

本節では、まずAにおいて、もともと人間形成としての教育のあり方に関心を持ち、教育実践にも関わってきた田澤が、学校教育や社会教育における振興を視野に入れながら、重層的な性格を内在させた公民教育論を提起した点を明らかにする。次にBにおいて、公民教育論を実践場面でどのように具体化し、公民を育成しようとしたのかを、青年団教育、労働者教育、農村振興・郷土自治の三つの観点から着目して、その公民育成の論理の特質を明らかにする。そしてCにおいて、田澤の公民教育論を思想構造的に考察し、その思想内部において、ポリティーク的側面とペダゴギーク的側面が相互に浸透し、「国民を統合する論理」と「市民が自治的に治める論理」とが重層性をなしていたことを明らかにする。

A　田澤の公民教育論の体系

1　公民教育論の提起に至るまで

田澤が体系的な公民教育論の提起に至るまでの経緯をみておきたい[86]。1885（明治18）年に佐賀で生まれた田澤は、佐賀県立鹿島中学、旧制五高を経て、東京帝国大学法科大学政治学科に学び、1909（明治42）年の卒業後、内務省に入り、25歳の若さで静岡県安部郡長に任命された。日露戦争後の疲弊した地方農村の建て直しのために、学校教育とは無縁の勤労青年に対する教育・自己修練の場の必要性を感じた田澤は、自転車を乗り回して農山村に出かけ、ランプの下で

夜学を始めて、憲法をはじめ政治を日常生活に結びつけて分かりやすく説き、彼らと寝食を共にする宿泊研修も実施しながら農村青年教育に意を注いだ。青年団指導者として知られる田澤の原点は、約四年間の郡長時代の経験にあるといえよう。

1915（大正4）年には、明治神宮造営局に転任したが、国家予算が不足する中で、青年団員の勤労奉仕によって、明治神宮を造営することを提案し実行に移した。全国から約280団体の青年約15,000人が集まり、日中は専門土工と共に労務に従事し、朝夕はバラック宿舎で、名士の講演の聴講、懇談など様々な修養的行事をやりながら共同生活を営んだ。その後、蓮沼門三が率いる修養団運動とも連携し、全国的青年団運動の下地をつくり、1925（大正14）年の大日本連合青年団の結成、及び全国の青年団員の一人一円の拠金による日本青年館建設に発展していったとされる。

労働争議が頻発し、労資の対立も深まる中で、労資協調を目的に1919（大正8）年に協調会が設立されるが、田澤は設立すぐの1920（大正9）年に理事に就任し（1924年まで）、翌1921（大正10）年2月には、労資双方の問題の考え方の態度を根本的に変える必要性から、第1回労務者講習会を開催している。青年団実践の中で培ってきた理念に即して、講師・役員と受講者である労務者が同一舎内において寝食を共にし、すべての共同労作を平等の立場で実践した。協調会と関わっている間に、第4回国際労働会議にも労働者代表として出席し、欧州各国の労働問題や社会政策に関する識見を広めている。こうして、田澤は、教育活動の対象をそれまでの農村青年教育に加えて、労働者へと広げていったのである。

1924（大正13）年には、かつて郡長をしていた静岡県安部郡の青年団に請われ、衆議院議員に立候補し、一切の選挙不正を排したお金をかけない理想選挙で挑んだが落選している。その後、安倍郡の青年たちは、田澤の精神を基調とした政治学習の場を結成し、田澤も定期的に参加し青年たちと語らい合い、経済的支援、講師の手配などの支援も行った。

政治への参加とともに、「新政社」を設立し、1924（大正13）年1月には、雑誌「新政」を創刊し、立憲政治の確立のための政治教育活動も積極的に行うようになった。そして、普通選挙による総選挙を機に、有権者の大部分を政党の地盤

116 第Ⅰ部 戦前における公民教育の形成と展開 ― その特徴と構造 ―

から解放し、各都市で、自由な立場の有権者が選挙粛正団体を作り、その団体が、買収の防止、不正・違反の告発、候補者の立会演説会の要求ができるようにするべく、選挙粛正運動を起こすことを提唱した。

　青年団運動には継続的に関わり、大日本連合青年団が結成されると理事に就任し、1929（昭和4）年には壮年団期成同盟会の創立にも関わり、青年団活動を経験した壮年者による協同組織「壮年団」の結成を全国に広げることを目指した。さらに、1934（昭和9）年には、日本青年館ならびに大日本連合青年団の理事長となり、1936（昭和11）年まで務めた。また、1931（昭和6）年には、東京小金井の日本青年館分館（浴恩館）において青年団講習所を開設し、所長には同郷で親交のあった下村湖人を迎え、全国の中堅青年たちの指導にあたった。

　田澤は膨大な量の著書、論文を執筆しているが、彼の執筆活動は、彼が手がけてきた実践活動とも密接に関わっている。内務官僚となりすぐに静岡県で郡長となり、青年団育成に取り組み、その後も青年団運動が彼の活動の中核であったため、青年団、青年教育に関する論稿は非常に多い。また、選挙粛正運動に取り組み、自ら雑誌を刊行して政治教育活動も展開したように、選挙粛正、政治教育に関する論稿もそれなりに多い。その他に、衆議院議員への立候補や貴族院議員への就任、昭和研究会への参加などを通じて政治に関わった経験から、政党政治、政治情勢に関する論稿、また、協調会にも関わった経験から、労働者教育、労働問題に関する論稿も一定程度存在する。

　田澤は、その経歴も反映してか、執筆分野も幅広かったため、教育学を中心に、歴史学、政治学など人文社会系の幅広い分野において注目されてきた。田澤に関する研究は、そのアプローチをめぐって、大きく二つに分けられる。一方は、田澤の実践・思想そのものを取り上げるという直接的なもので、教育史、社会教育史、日本思想史の研究の多くがそれにあたる。他方は、ファシズム、リベラリズム、立憲政治、官僚制、選挙粛正運動、地方自治、協調会などの構造や事象への着目の中で田澤を取り上げるという間接的なもので、日本近現代史、政治史、社会政策史の研究の多くがそれにあたる。

　このように田澤の執筆分野は広範にわたっていたが、その中核にあったのは、主に農村青年を対象とした青年教育と政治教育であり、教育学においても、特に田澤の青年（団）教育論と政治教育論が注目されてきた[87]。それらの研究では、

ファシズム体制が進行する中で限界を持ちつつも、田澤のリベラリズムに基づく思想を評価しその可能性を問う視点が重視されている。この点をさらに深めて考察していく上では、青年（団）教育論と政治教育論を中核とする田澤の教育論の基底に位置づいていた公民教育論に着目して、その思想構造について内的に分析することが重要である。

　ただし、これまで検討してきた関口らが、公民育成のための公民教育論の体系を示した上で教育論を展開したのに対して、田澤の場合、教育実践にも実際に関わる中で、1920年代から30年にかけて、公民教育を中核とした教育理論を構築していったという特徴がある。そのため、関口らのように、集約された形での公民教育に関する著作が存在するわけではなく、田澤の公民教育論の体系を把握する上では、青年教育、政治教育を中心とした教育論や実践も視野に入れながら、いくつかの論稿を万遍なく検討していくことが求められる。

　以下では、この時期における田澤の公民教育論の特徴について、次の四つの観点から検討を進める。第一に公民教育と政治教育の関係をどのように捉えていたか、第二に実業補習学校における公民教育のあり方をどう考えていたか、第三に社会教育における公民教育を特に重視した点、そして第四に公民教育論を支えた国家観の特質についてである。検討を通じて、もともと人間形成としての教育のあり方に関心を持ち、教育実践にも関わってきた田澤が、どのような公民教育論を形成していったのかを明らかにする。

　なお、以下、本節の分析にあたっては、『田澤義鋪選集』（1967年）にも集録されている政治教育論、青年教育論、修養論を中心とした田澤の主要著作、田澤が創刊に関わった政治教育雑誌『新政』（1924年1月～1927年12月）、公民教育雑誌『大成』（1928年1月～1935年）、協調会発行の雑誌『人と人』（1921年4月～1928年1月）、及び『社会政策時報』（1919年9月～1946年7月）等の資料を主に利用する。

2　公民教育と政治教育

　田澤は、公民教育について、「自治制度の完備を図るが為に地方公共団体の振興を期する教育であると同時に立憲政治有終の美をなすがための教育」[88]と定義づけているが、戦前、特に大正期から昭和初期にかけては、「公民教育」と「政

治教育」という言葉が併用してみられたことはおさえておく必要がある。

　この点に関して田澤は、公民教育は、地方改良運動や自治民育運動など地方行政から提起されたのに対して、政治教育は、腐敗政治を革新するために使用された新しい言葉であるとしている。その上で、世間では、公民教育は、主として原理原則に関する教育を意味し、補習学校やその他の学生、青年に対する教育をさすのに対して、政治教育は、実際問題に関する教育を意味し、学校以外の社会教育として実際政治に直接交渉をもっている社会人に対する教育をさすと捉えている。ただし、田澤は、公民教育には、政治教育には含まれない日常生活における技術に関するものが若干含まれているものの、両者は、実際には、内容についてはほとんど同じであるとし、革新を意味する新しい言葉としての政治教育を積極的に使用している[89]。

　公民教育と政治教育に関するこうした理解は、同時期の他の論者にも見いだせる。例えば、倫理、哲学の観点から道徳教育、公民教育、政治教育のあり方について論じていた池岡直孝は、1920年代半ばのほぼ同時期に、『政治教育』という著書と『公民教育の基本問題』という著書を出しているが、両者についてほぼ同義的であるとしながら、その相違について、公民教育の方が政治教育よりも広い範囲の内容を取り扱う教育であり、政治教育が時代の趨勢に伴い、生長して公民教育となったと捉えている[90]。

　このように、公民教育と政治教育は類似しつつも、前者の方がより幅広い内容を意味する一方で、後者の方がより新しい言葉として位置づけられていたことが分かる。実際に田澤も、公民教育の振興を求める声が高まり、公民教育と題した論文も急増し、各地の実業補習学校で公民教育の先導的な試行がなされた1910年代から1920年代半ばにかけては、積極的に公民教育という言葉を用いて論じているが、1920年代後半以降は、普通選挙の成立や選挙粛正運動の展開など、いわゆる政治教育が興隆していく中で、積極的に政治教育という言葉を用いている。したがって、以下では、田澤が積極的に用いた政治教育という言葉も包含したうえで、田澤の公民教育論の検討を進めていく必要がある。

　田澤によれば、公民とは、狭義には市町村制の条文に基づいて、「市町村の組織者としての資格」を意味し、公民教育も「市町村の組織運用および市町村公民の権利義務に関する知識を与え、徳操を涵養する」ものとされる。しかし、田澤

は、公民を日本という国家の歴史的形成過程もふまえて広義に捉える必要性を主張し、「国家の主権すなわち陛下と人民との関係」をあらわし、国民という語と同義語であると論じている。したがって、公民教育も、「国家組織人としての生活、国家という団体的生活」といった「公的生活に必要な知識を与え、徳操を涵養する」ものと定義づけられる[91]。

　ここで注目されるのは、田澤が、国家の主権を認めた上で、公民を陛下（天皇）との関係で位置づけている点である。このことは、田澤において、「オオミタカラとしての公民」に対して、「国家への忠誠心の育成」を基調とした公民教育が施されることによって、国家を組織する構成員としての意識が高まっていくことが期待されていたことを意味している。

　一方で、政治教育に関しては、まず、政治とは、共同生活の向上のためにする団体意思の構成、及びその運用に関する一切の行動であり、政治教育は、国民の政治能力の発達を図る教育という意味での個人の方面からの定義づけと、よりよい政治が行われるに適当なる社会状態を導き出す教育という意味での社会の方面からの定義づけが可能とされる。そして、政治教育の二大眼目として、政治知識の進歩と政治道徳の向上を図る点をあげている[92]。

　また、政治教育が必要になった背景として、専制政治から立憲政治への変容をあげている。つまり、専制政治の時代における政治が、職業的専門家の遊戯であり、天下取りの競争であったのに対して、立憲政治下における政治は、有権者の拡大もあって、政治が国民の実生活と密接不可離の関係になりつつあり、政党の社会政策への関心も高まり、国民の意見（世論）を基礎として政治が行われるようになったとされ、そのために、国民が政治知識と政治道徳を学ぶ必要が生じ、さらに、政治家や政党にも政治教育が必要となったとしている[93]。

　このように、田澤は、立憲政治の時代において、国民が公民として政治知識と政治道徳を身につけていくことを重視したが、その特徴は、「近代立憲国民としての公民」に対して、「立憲的知識の涵養」を基調とした政治教育ないしは公民教育が施されることによって、国民の政治能力の発達が図られ、よりよい政治へとつながっていくことを期待するものであった。

　ここまで、田澤が、公民、及び公民教育をどう捉えていたのかを、政治教育との関係もふまえながら検討してきたが、その特徴は次のように整理できる。それ

120 第Ⅰ部　戦前における公民教育の形成と展開 ─ その特徴と構造 ─

は、公民を、「オオミタカラとしての公民」として天皇を中心とする国家の形成
を担う側面と、「近代立憲国民としての公民」として立憲政治の振興を担う側面
の両面から捉えた上で、「国家への忠誠心の育成」と「立憲的知識の涵養」を基
調とした公民教育を重視するものであったといえる。なお、この二つの公民、な
いしは公民教育が、どのような思想構造によって、田澤の中で位置づいていたの
かについては、田澤が、全一論に基づいて提起した道義国家の特徴を検討する中
で考察する。

3　実業補習学校と公民教育

　田澤は 1910（明治 19）年に静岡県安部郡長に就任してから、地域の勤労青年
に対する教育に意を注いできたが、それは必然的に実業補習学校への関心へと連
なっていた。

　1899（明治 32）年の実業学校令によって、工業、農業、商業、商船、水産の
各実業学校と実業補習学校が整備されるが、実業学校は初等教育を修了した者
に対する中等教育としての職業教育機関であったのに対して、実業補習学校は
既に職業に従事している者に対する教育機関であった。1899（明治 32）年に全
国で 108 校 7,354 人であった実業補習学校は、1905（明治 38）年には 2,746 校
121,502 人と、学校数、生徒数ともに急激に増加している[94]。実業補習学校の 9
割は、主に農村に設立された農業補習学校であり、田澤が郡長を務めていた農村
地域の安部郡においても、青年会が実施していた夜学が、明治末期には実業補習
学校の設立にともない漸次統合されていった[95]。

　こうした農村における急速な実業補習学校の普及に対して、もともと地域の勤
労青年に対する教育を重視してきた田澤は、実業補習学校で行われる補習教育を
「次世代の国民」を作るための「青年の修養の場」として位置づけ、補習教育の
あり方にも関心を高めていった。文部省から実業補習学校公民科教授要綱が出さ
れる（1924 年）のに先立つ 1919（大正 8）年に、田澤は『実業補習学校と公民
教育』を出版しているが、この本は「文部省案に先立つ公民科構想としてはおそ
らく最も体系的なプランであった」として高く評価されている[96]。

　田澤は実業補習教育の三要素として、普通教育、実業教育、公民教育をあげて
いるが、特に後者の二つが重要であるとしている[97]。公民教育に関しては、「公

民教育という語には、もともと修身的内容を包含しているが、公民教育の範囲が広く、修身科とは性質を異にした事項をもかなり含んでいるため、公民教育は独立した一つの公民科として一貫した統一ある教授をなすべき」として、実業補習学校における公民科の設置の必要性を提起している[98]。

そして、実業補習学校で行われる公民科の内容としては、立憲的知識の教養よりも、立憲的性格の陶冶に重きを置くべきとしている。つまり、議会の構成などの法制的知識（立憲的知識の教養）は実際の政治生活に触れる時期になれば、いや応なしに分かるので、団体生活の向上が団体員全部の責任であるということの自覚の涵養に通ずる立憲的性格の陶冶が重要であるというのである。具体的には、学生の実生活（学級、部活動などの教科外活動）の中で、自由に発表し討議した各種の方法を、最後に教師の採択、あるいは多数決によって決定した場合に、各個人はその団体意思の決定に完全に服従するという覚悟を養っていくというようなものである[99]。

また、田澤は、農村における補習学校の修養年限を 8 年に延長とし、最後の 2 年は研究科として、最初の 6 年の本科とは異なる教授方法によって指導することを提起していた。研究科における教育は、本科において修得した各学科の知識を利用し、実際的に活用させることを主眼とする必要があるため、普通科の教授を行わず、公民科と実業科目だけで構成すべきだとしている。実業科目といっても単なる教授ではなく、生徒が自発的に農業生活に役立つ研究を行うことを重視しているため、登校は週 3 日程度で、残りは各自が研究を行う時間にあてることが推奨されている[100]。青年が各自で研究するという教育方法は、後述するように、青年団教育の中でも重視され実践されたことであり、田澤の教育実践における一つの特徴といえる。

このように、田澤は、「立憲的知識の涵養」に重点が置かれがちの実業補習学校における公民教育を、子どもや青年の実生活に即して、団体生活の向上と団体意思の構成に力点をおいた「立憲的性格の陶冶」を重視することで、立憲政治が、地域社会における自治的な生活を基礎としながら構築されていくことを期待したのであり、そこには、「生活の場としての地域社会の振興」という公民教育の特徴に結びつく側面が内在していたことが分かる。

そして、田澤は、地域社会における共同生活とも結びついた立憲的性格の陶

治を基調とした公民教育を振興していく上で、以下のように、青年団を中心とした社会教育における公民教育の必要性を強調したのである。もっとも、実業補習学校の所管が、1920年代に整備されていく社会教育行政におかれ、実業学校など他の中等教育機関のように正式な学校とは認められていなかったという意味では、田澤の中では、勤労青年たちが学ぶ実業補習学校は、地域の青年の学びの場として、青年団などと連なるものであったと認識されていたものと思われる。

4　社会教育における公民教育の重視

　田澤は、青年団を中心とした社会教育における公民教育の必要性を強調するとともに実践を展開していったが、社会教育における公民教育を展開していくにあたって、次の二点を重視している。

　第一が、公民教育の対象を有権者のみに限らず広く捉えることである。田澤によれば、立憲政治における団体意思の構成は世論を反映するが、それはあくまで、個人個人の実生活の体験から起こる必要があって、特に一家の台所をあずかる主婦にこそ、燃料問題や生活必需品の物価問題などの世論の源があり、農民の実生活にこそ、農村振興の方策に関する世論の源があるとされる。したがって、婦人や25歳以下の人であっても、決して政治教育の圏外にあってはならないとされる[101]。

　第二が、公民教育機関を社会に作ることである。具体的には、次の二つの構想をもち展開させた。一つ目は、新政社を設立し、執筆者、読者、経営者が誌上を通じて、政治道徳の向上と政治知識の研鑽を図ることを行うことを目的に、政治教育雑誌『新政』を発刊したことである[102]。

　二つ目は、立憲政治の根底である選挙について、そのはなはだしい腐敗を粛正浄化していくために、学者識者、自治当局者、教育関係者、青年団等が連携して、政治教育及び選挙粛正のための常設機関を作ろうとしたことである。内外の資料の調査頒布、講習講演、立憲政治の修正補強に関する調査立案、選挙浄化などの事業を行うことを通じて、政党の地盤から有権者を解放し、買収請託をなくし、有権者が自分の意思で自由な投票をできるようにすることが大きな目的とされた[103]。こうした構想は、1924（大正13）年に、周囲からおされる形で衆議院議員に立候補し、腐敗のない理想選挙を展開したことや、1927（昭和2）年に田

澤が中心となって結成された選挙粛正同盟が、1930年代半ばに本格的に展開する選挙粛正運動において中心的役割を果たしたことなどにつながっている。

そして、最も力を入れた青年団において、公民教育を進めていく上では、特に二つの点を重視している。一つ目が、青年団と政治運動との関係である。田澤によれば、青年団は、資本家の子供、労働者の子弟、地主の青年、小作人の青年などすべての郷土の青年を網羅している団体なので、政治運動に関係してはならず、政治運動をしたい場合は、青年団と離れて、同志の青年で起こすべきとされる[104]。二つ目が、立憲的知識の教養よりも、立憲的性格の陶冶に重点をおいている点である。つまり、田澤は、第一段階で、青年団を運用経営するという生活それ自身による訓練を経て、第二段階の市町村の実情調査研究などを通じた郷土意識の育成に進み、そして、最後の第三段階で、選挙浄化などの立憲政治の精神とその運用に関する教育を行うという段階論を提起している[105]。

5 全一論に基づく国家観と道義国家の提唱

こうして、田澤は、社会教育を中心とした教育実践を通じて、公民育成を図ろうとしたが、それは、生活共同体としての社会、天皇を中心とする国家といった、田澤が考えるあるべき社会や国家を実現していく上での基礎として位置づくものである。以下では、田澤が提起した全一論と道義国家の特徴を検討することを通じて、田澤が、人間のあり方と社会・国家の関係をどのように捉えていたのかを考察する。

田澤は、社会生活との関係を問わないで、個々の存在が絶対的に分立するとみる「個在分立論」を、社会を弱肉強食の闘争の舞台とし、共同生活を利害の取引の場へと導くものとして批判している[106]。田澤によれば、資本主義下における貧富の格差拡大に対する社会主義の興隆も、階級闘争を伴う場合には、結局のところ階級本位の個在分立論に陥っているとされる。田澤の解釈に基づけば、無政府主義や共産主義などの、国家に重きをおかない個人的考え方は、いうまでもなく個在分立論に通じているものとして排除される。また、国家を、個人の利害の争いの舞台とする考え方や政党政派ないし各種の社会勢力の権力争奪の闘技場とする考え方も個在分立論に通じていて、これまでの立憲政治の失敗の主要因になっているとされる[107]。

124 第Ⅰ部　戦前における公民教育の形成と展開 ― その特徴と構造 ―

　それに対して、共同生活体としての社会と個人は同時に相関連して存在し、相互に関連して相共に成長進化していくという関係をもつように、全体との関連を持って個々は存在するという「全一論」の考え方に立つ必要性を提起している。全一論は、個人も努力するとともに、国家も社会も、貧民が出ないように、政治経済、社会事業などの方法を通して努力するという、いわゆる社会連帯論の考え方に通じている。さらに、他国に対しても、私利私欲ではなく、共存共栄の国際的主義に立って、日本国家の広報と繁栄に尽くすという国家思想にも通じている[108]。

　この全一論に基づき提唱されたのが「道義国家」（「道の国」）である。田澤は、軍国主義、帝国主義などの自国の利益のみしか考えない征服主義の広がりや、無政府主義や共産主義などの国家の存立を危うくする思想の広がりに対して危機意識をもち、「人類生活の思想すなわち人生の道が国家を指導し、国家が道の行なわれることを保障する」という関係に立つところに、真の人類の幸福があり、正しき国家、つまり「道義国家」が存在し得るとしている。道義国家においては、「全部にしてただ一つの存在、単なる個人の集合ではなく、しかも、個体は、充分にその個性を発揮し、その尊厳を維持し、たがいに社会意識によってその一体の存在たるを自覚し、祖先より子孫に伝え、永遠より永遠に続き、より高き人類の文化を不断に創造してゆく生活」が基本となる。したがって、道義国家といっても、それは、物質生活を無視した、偏した消極的な道徳生活のみを高調する国家ではない。また、道義国家における対外対内の方針として、外国に対しては、国際平和を目指し、侵略主義、帝国主義のための戦いは否認するが、国防のための戦いは、国家の責任としてあるとし、国内では、階級闘争によらず、有効適切な社会改良主義、各種社会政策の実行によって、社会正義を樹立することが重要であるとしている[109]。

　そして、道義国家を目指す上では、義勇奉公の国民性と、皇室を中心として血族の情義をもって固く結びついている国体が重要になるとしている[110]。田澤によれば、帝国憲法に明記されているように、皇室は、統帥権の総攬者としての存在と、道徳生活の中心としての存在の二つの意味をもっていて、このような日本の国体によって、一方は合理的な政治の手段による社会改良、他方は心の修養による社会の道徳化によって、立憲政治が行われるとされる[111]。

第2章　公民教育論の形成　*125*

　ここで注目されるのは、先述のように、田澤は、公民を「オオミタカラとしての公民」と「近代立憲国民としての公民」の両面から捉えていたが、全一論に基づく道義国家の考え方によって、田澤の中で、両方の公民が、相対立するものでなく、「地域社会の自治振興を支える公民」を媒介として、相互に浸透するものとして位置づいていたという点である。つまり、個人が自治的な活動を行いながら、生活共同体としての社会と共に成長していくことで、皇室を中心とする国体の強化がもたらされるとともに、社会改良的な立憲政治も行われるのであり、このことは、田澤においても、関口と同様に、天皇制と立憲政治とが、矛盾することなく共存するものとして位置づけられていたことを意味している。関口は、縦の道徳と横の道徳という道徳観を、田澤は、全一論に基づく道義国家観を重視しているように、いわゆる人間と社会をめぐる道徳観や発達観が、両者の共存を図る上での媒介項として位置づいていたといえる。

　ちなみに、こうした発達観については、田澤が、道義国家を支える日本人の国民性をどのように捉えていたかという点にも見いだせる。田澤によれば、日本人の国民性には、所有欲、名誉欲、支配欲など自己の存在を強調するような外面的に強く生きようとする欲求と、国家や社会の為ならば、一身を犠牲にするような内面的に正しく生きようとする欲求が葛藤・対立しており、それをいかに調和していくかが重要であるとされる[112]。

　一方で、田澤によれば、日本人には、自由創造の精神や共同生活の経験が乏しいので、その国民性の改造のために、言論・集会・結社の自由をより広範に認め、地方の自治体の権限を大きくし、自由創造の精神を養うための教育内容と教育施設を革新し、青年団等を通じて団体生活訓練を徹底することが重要であるとしている[113]。

　こうした国民性の調和と改造によって、道義国家を担う公民が形成されていくことを田澤は重視したのであり、国家や社会のためならば、一身を犠牲にするという義勇奉公の精神は、「国家への忠誠心の育成」を基調とする「国民を統合する論理」としての公民教育の振興へとつながり、他方で、日本人には欠如しがちな自由創造の精神や共同生活の経験は、「立憲的知識の涵養」や「生活の場としての地域社会の振興」を基調とする「市民が自治的に治める論理」としての公民教育の振興へとつながるものとして位置づけることができる。そして、生活共同

126 第Ⅰ部　戦前における公民教育の形成と展開 ― その特徴と構造 ―

体としての地域社会を媒介としながら、この二つの論理が相互に結びついた公民教育を行うことによって、田澤は、理想とする道義国家の建設を図ろうとしたと捉えることができる。

B　教育実践を通じた「公民」の育成

1　青年団教育の実践

　田澤は青年団教育においても、日本において公民教育を進めていく上で基盤となる「国体観念を明にして、日本国民としての第一責任を充分に果し得る国民」の育成という視点が重要であるとした上で[114]、青年団教育の目的として、「一方は一人一人の粒を良くするための鍛錬で、他方はその粒を組み合わせてよき社会を創るべき、良き社会人としての素養を養うこと」としている[115]。

　青年団教育の進め方としては、国体精神は、憲法学説の理解からでなく、体験を通じて体得するという考えに立って[116]、青年たちが、それぞれ所属する青年団内の産業部、修養部、会計部、体育部などの組織の役職を経験することを重視している。この経験が団体生活の訓練となり、青年団を終えた後も、地域の農会、産業組合等に関わり、地域の担い手となっていくことに通ずるとされる[117]。各自が青年団内における体験活動をより効果的に行うために、青年同士が集う宿泊講習会を定期的に開催し、田澤も寝食をともにしながら青年たちと語り合った。その中で特に印象に残った青年については、『私を感激せしめた人々』（新政社、1931 年）の中で紹介されている。

　また、青年団員の大部分が産業生活に従事していることをふまえ、青年団は一般修養の上に、さらに産業教育と公民教育を行う必要があるとして、青年団内の産業部の役割の重要性を説いた[118]。そして、青年が生活の中から問題を発見し、その問題を積極的に研究して、創造の喜びを感じつつ、郷土の振興、国家社会の発展に貢献できるように、「一人一研究」を奨励し、青年自ら公民として成長していくことを促した[119]。田澤によれば、大日本連合青年団が 4 月に毎年一人一研究の展覧会を開き、研究助成金、発明賞、産業賞などの制度を設けることで、青年たちのやる気を引き出し、参加する青年も多かったようである[120]。これは、田澤が、農村の実業補習学校に研究科を設け、生徒たちに農業生活に役立つ研究

第2章　公民教育論の形成　*127*

をさせようとした構想と通ずるものであり、田澤の中で一貫して重視されていた教育方法であったことがわかる。

　なお、『私を感激せしめた人々』の中には、一人一研究に熱心に取り組み成果をあげた青年を、田澤が訪問した記録も掲載されており、稲の増収の研究、農家経営の研究、害虫の研究、呉服屋経営の革新、自営業・商売のやり方の立て直しなどその内容は多岐にわたっている[121]。ちなみに、都市青年団に対しても、大日本連合青年団は、産業講習会を開催し、商店経営など都市青年に必要な産業上の知識と技術を与えるように努めたとされる[122]。

　さらに田澤は、25歳で青年団を終えた後に、団体生活を維持し、人間形成を図っていくための組織として壮年団を提唱した。壮年団は、郷土更生の実現、地方自治の完成、選挙浄化の徹底などを任務とし、地域の担い手としての役割が期待されていた[123]。

　壮年団における教育活動としては、各自の職業生活に関する研究修養、職業ごとの部会を設置した上での共同研究、行政官・銀行員などから教授を受けることによる団員の社会人としての知見の向上、官報附録を読むことによる地方行政に関する知見の向上、自分たちの住む郷土の研究などが奨励された[124]。一方で、壮年団の政治運動に関しては、選挙粛正運動は堂々と行うが、実際の選挙運動は、郷土融和を根本主張とする団体にふさわしい行動とはいえないとして、青年団と同様に、個人的に有志が協議して行うべきとしている[125]。

　このように田澤は、青年たちが国体精神を身につけていく上で、青年団活動に大きな期待を寄せていた。その特徴は、憲法学説の理解などの「立憲的知識の涵養」よりも、団内部における役職経験を通じた団体訓練、体験活動を伴った宿泊講習会、産業生活と結びつけた研究奨励など、「生活の場としての地域社会の振興」とも結びついた、いわゆる「立憲的性格の陶冶」を重視するものであったといえる。

　先述のように、田澤は、帝国憲法に明記された国体の観念として、皇室が統帥権の総攬者としての存在と、皇室が道徳生活の中心としての存在という、二つの意味があったと捉えているが、青年団活動を通じて田澤が特に期待したのは、青年たちが実生活に即して、後者の観点から国体精神を体得していくことであったと捉えられる。

128 第Ⅰ部　戦前における公民教育の形成と展開──その特徴と構造──

　こうして、田澤は、立憲政治が、青年団活動を通じた青年たちの地域社会における自治的な生活や訓練を基礎としながら下から構築されていくとともに、青年たちが、自然に国体精神に通ずる道徳的な規範を身につけていくことを期待したといえる。

2　労働者教育の実践

　米騒動以後、新たな課題となった資本家対労働者の階級差の問題を解決すべく、協調会が1919（大正8）年12月に設立された。協調会が掲げた理念は、当時の資本家の支配的な経営イデオロギーであった「主従の情誼」や温情主義ではなく、「資本家も労働者も互に敬愛忠恕の心を以て交を温め合ふ」「交温主義」であった[126]。田澤は、協調会の常務理事を、1920（大正9）年から1924（大正13）年までと、1940（昭和15）年から病没する直前まで務めているが、最初に関わった協調会の創設期には、総務課（庶務・会計・情報の三課）、第一部（調査・労務の二課）、第二部（教務・社会の二課）のうち、第二部の部長を務めた。第二部の教務課は、「学校講習其の他講演会関する事項」と「其の他教育に関する事項」を扱い、社会課は、「労働者の福利増進を目とする施設経営に関する事項」を扱っており、田澤は、労働者教育、社会政策の調査研究の実施を積極的に奨励する立場にあったといえる[127]。

　田澤は、労資問題を解決する上で、協調主義に基づく道徳観を重視している。それは、資本家側が日常他人に接する場合、常に平等の基礎に立ってその人格を尊重することができるならば、社会問題の解決は決して難事でないし、労働者の地位にある人々は、さらに修養によって、自己の精神的価値を増大し実際的基礎を作らなければならないというものである。したがって、労働者によって展開される階級闘争に関しては、協調主義の道徳に反するとして、あくまでも、社会政策の実行によって改良していくべきとするものであった[128]。ちなみに、こうしたスタンスは、階級意識に基づいた労働運動を肯定的に捉えていなかった前田多門と同様であったといえる。

　そして、田澤は、「われわれは、資本家であり、労働者であり、官吏であり、教員であり、党員である前に、まず人でなければならない」[129]と主張しているように、労働者も資本家もまず人であるという原点に立って、労資双方の問題の

考え方の態度を根本的に変える必要性から労務者講習会を構想したのである。

　田澤にとって、労資関係は青年団運動と同じ位相で捉えられるものであり、安部郡長時代に青年たちを相手に実施した共同生活を通じての修養方式が、労務者講習会でも適用された。数日間の講習中は、講師・役員と講習員（労務者）の差別は一切なく、5時起床9時就寝を励行し、その間に講義、清掃、体操などのスケジュールを全員でこなし、全員が生炊きの麦飯という粗食に甘んじ、講師も受講者も等しく暖房のない所で煎餅布団にくるまって寝るというように、すべての共同労作を平等の立場で実践することがめざされ、まさに協調会が謳う「対等なる人格の相互尊重」が実践されたのであった[130]。このように、田澤が階級をこえた宿泊交流を重視したのは、交流する機会をつくることにより、相互に理解していくことで、社会政策を現実化させていくプロセスになりうると信じていたからであろう。

　労務者講習会は、1921（大正10）年2月に東京府下世田谷の国士館で行われてから、継続して行われていくこととなるが、協調会では、蔵前工業専修学校の開設、労働雑誌『人と人』の創刊などを通じて、労働者教育にさらに力を入れていった[131]。こうした教育活動の拡大の背景には、第二部（労働者教育、社会政策）の部長を務めていた田澤の影響があったことはいうまでもないだろう。

　蔵前工業専修学校は、もともと東京高等工業学校付属の工業補習学校と称していたが、第一次大戦後に経営難となり、1921（大正10）年3月、協調会が事業を継承し校名を改称したことによって生まれた。協調会が事業を継承した背景には、工業補習学校の創立者で校長でもあった手島精一が、修養団[132]をとおして（手島は修養団の設立に協力し初代顧問に就任している）田澤と結びつきを持っていたことが大きかったようである[133]。

　しかし、こうした労務者講習会や蔵前工業専修学校に参加できる労働者はごくわずかであったため、協調会は、「工場なり鉱山なり農場から帰って来て、自宅なり宿舎なりに在って、心安く読み得る様な平易な然も有益な興味ある適当の読み物」の必要を認め、1921年（大正10）4月に月刊雑誌『人と人』を創刊した。すでに協調会から刊行していた『社会政策時報』が、労資関係、福利厚生などに関する内外の資料収集を主眼とする社会政策に関わる雑誌であったのに対して、『人と人』は、広く労働者向けに比較的平易に書かれており、適当な読み物も含

んでいた[134]。

その後、協調会では、1923（大正12）年の協調会館の竣工とともに、それまで取り組まれていた社会政策講習所の活動を、より本格的に展開させるべく社会政策学院を開設している。社会政策講習所における教育活動は労務管理者養成の色彩が強かったが、社会政策学院となった段階において、講師陣の構成、参加者層の変化があり、協調会の教育活動は、社会政策に関する社会人教育の場となったとされる[135]。

このように、協調会での活動を通じて、田澤は労働者としての「公民」育成にも関わったが、その特徴は、田澤が主導した労務者講習会の進め方に端的に示されている。それは、協調主義的な道徳観に基づいて、労働者も資本家もまず一人の人間であるという原点に立って、講師・役員と労働者が寝食を共にし、共同労作を平等の立場で行うというものであり、青年団教育の実践でも重視されてきた「立憲的性格の陶冶」とも結びつくものであったといえる。田澤は、立憲政治の下で、こうした協調主義的な道徳観に基づいた労働者教育が行われていくことで、適切な社会政策が実行されていくことを期待したのである。

しかし、協調会という組織の特性上、避けられない限界もあった。協調会には、基金と寄付を通じて財政的な支援をしてきた資本家の意向と、常務理事以下の協調会職員層の意向という二つの勢力が存在していたとされる。田澤は、後者の立場として、労働組合を公認し、労働者を資本家と対等の勢力に引き上げ、労働者の要求を経営上に反映させることにより、その要求が階級闘争に結びつくのを阻止しようとしたが、資本家側からの圧力が強まると、田澤らの意向は十分に反映されなくなり、協調会は、資本家の意向にそって、労働者統合の任務を代替していく機能を強めていったとされる[136]。

3 農村振興・郷土自治と公民教育

1920年代に興隆をみる公民教育の登場と組織化の歴史的源流として大きな意味をもったのが、地方改良運動、自治民育運動における農村の振興であった。田澤も公民教育について論じる中で、農村教育、郷土自治に関する議論も積極的に展開しており、田澤が理想とした道義国家や協調主義は、協同生活に基づく農村にその可能性を見いだすことができた。

第2章　公民教育論の形成　*131*

　田澤は、道義国家を目指す上では、国のことを考えるのも重要であるが、まず
はわが村を団体自治によってよくするという精神が、忠君愛国の基礎となるとし
て、郷土自治の理念を重視し、小国家主義の考え方を提起している[137]。このこ
とは、婦人参政権の必要性の提起へとつながっている。田澤は、国政に関しては
機が熟してないが、市町村に関しては、教育、衛生、生活などむしろ婦人の領域
に関わることが多く、参政権を与えることは当然であり、段階的に国政にまで拡
大していけばよいとしている[138]。政治を共同生活の向上の目的とし、公民教育
の対象を有権者のみに限らず広く捉える田澤の立場からすれば、より生活問題を
把握している婦人の参政権の必要性は必然的に導き出されるといえる[139]。

　田澤によれば、小農の集合体である日本の農村は、灌漑水の問題、虫害水害の
防除、労力の融通など、協同を無視しては成り立たないため、特に青年期からの
協同生活の訓練・教育（一人一研究など）が意味をもつとされる[140]。具体的に
は、青年団・補習学校の教育においても、農業日誌の記載、労力月別分配表の作
成、家族の労力調査等の問題について積極的に扱い、青年の農家経営への参加を
促したり[141]、部落本位の青年団の重要性と青年のための集会所・共同作業所を
作る必要性を提起している[142]。

　そして、広大な市町村を生活協同体として運営していく上で、田澤は、町内会
や農会など地域住民にとって身近な組織の中に、青年団組織などで構築されてき
たような衛生部、警備部、教育部、生活改善部、経済更生部などの組織が整備さ
れる必要性を提起している[143]。さらに、町内会や農会レベルだけでなく、地方
自治振興の拠点となるような包括的な地域の総合統制機関を、青年団OBを組織
した壮年団を核として構築する必要性も提起している。田澤は、町村における行
政系統（役場、町内会等）、教育系統（学校教育、社会教育）、産業系統（産業組
合、農会、町内会、商工会等）の三つの系統が、総合統制機関を軸に相互に連絡
調整することによって、町村振興、共同体秩序の維持をはかり、日本的自治精神
が確立すると考えていた[144]。

　このように、田澤は、忠君愛国の基礎となる日本的自治精神を確立するため
に、小国家主義の考え方に立って、農村における青年期からの協同生活の訓練と
教育を重視し、そのために、地域における集会所・共同作業所の設置、町内会組
織の整備強化、全村学校の考え方とも近い包括的な地域の総合統制機関の構築を

提起しているが、この日本的自治精神という考え方は、1920年代に本格的に形成されていった公民教育の思想構造とも重なるものであった。

第1章で明らかにしたように、自治民育の論理に基づいて展開された地方改良運動は、「オオミタカラとしての公民」概念と「地域社会の自治振興を支える公民」概念との結びつきをもたらしたが、田澤においてもこうした特徴は共有され、二つの公民概念が結びつく中で展開される公民教育の目標が、「日本的自治精神の確立」と表現されたと捉えることができる。

こうして、田澤は、町村民にとって身近な地域社会を、国家の基礎単位としての行政の末端として重視していくことで、町村民が、「生活の場としての地域社会を振興」するとともに、自発的に「国家の形成」に参加していくことを要請したわけだが、田澤のアプローチは、まさしく、地域共同体を媒介させながら国民国家の強化が図られていったという日本の国民国家の特徴を端的に示すものに他ならないものと理解されよう。

    C　まとめと考察 ― 田澤の公民教育論の本質 ―

ここまで、田澤の公民教育論の体系について四つの観点から検討した上で、実践場面でどのように具体化させようとしたのかを三つの観点に着目して考察してきたが、その特徴は大きく次の三点からまとめることができる。

第一は、立憲政治を根付かせていく上で、国民への公民教育・政治教育が必要とし、政治的知識もさることながら、共同生活実践、宿泊交流実践などをつうじた団体意思の構成を、特に田澤は重視した点である。そして、団体意思の思想を支えたのが、道義国家という国家観であり、それは、関口と同様に、天皇制と立憲制とが矛盾をきたさずに共存するという考え方に立つものであった。

第二は、公民教育論者の多くは、自ら「公民」の育成に関わる実践を展開することはなく、いわゆる講壇的な立場から論じていたのに対して、田澤は、協調会での労働者教育や農村社会における青年教育などを通じて、「公民」を労働者・生活者として、よりリアルなものとして創出しようとした点である。

第三は、田澤の階級闘争を伴う社会運動に対する否定的な立場は、終始一貫していた点である。労務者講習会で階級をこえた宿泊交流を重視したのは、相互に

理解することが社会政策の実施につながると考えていたからであるが、それは容易ではなかった。講習会では、処遇面（寝食を共にする）では対等であったが、労働者（受講者）は明らかに感化を受けているのに対して、役員・講師は労働者から感化を受けた様子が見られなかったように、そこには「感化する講師 ― 感化される労働者」という一方的な関係があった。したがって、協調主義における人格とは修養して身につける到達目標であり、協調会が掲げる「人格平等」も、「労働者が先天的に経営者・管理者と対等の権利を持つ（天賦人権）ではなく、人格修養の機会が誰にでも平等に開かれている」ということを意味していたとされる [145]。このことは、協調会における労働者教育がもつ限界を示すものであり、また、田澤が目指す労働者としての公民育成の限界を示すものであったといえる。

　これまでの議論をふまえて、田澤の公民教育論の内的構造について、以下では、ポリティークとペダゴギーク、重層性、社会教育への接続という三つの視点から考察する。

　第一のポリティークとペダゴギークという点に関しては、田澤は、立憲政治を確立する上で、それを特に地方自治から担っていく主体として公民を位置づけ、公民教育論を展開したという点においては、そのスタンスがポリティーク論者と重なる部分も多い。実際に、田澤は昭和研究会にも参加したが、研究会には蝋山、関口、前田など、いわゆるポリティーク論者も関わっており、彼らと日常的に接点をもっていたと考えられる。

　しかし、体系的に公民教育について論じる中で、立憲的知識の教養よりも、実生活にそくした団体訓練や体験活動などいわゆる人間形成の観点を重視しているように、ペダゴギーク的発想を見いだすことが可能である。このことは、関口と同様に、田澤においても、二つの発想が相互に浸透し合い、公民教育論が形作られていたことを意味しているが、田澤の場合、道義国家の考え方によって、人間形成のあり方と社会・国家のあり方が有機的に結びつけられていたように、二つの発想がより強く相互に浸透し合う形をとっていたと考えられる。さらに、立憲政治を確立するために、自ら政治にも参加し政治改革を目指す一方で、自ら実践を組織化しそこに身をおくことを通じて、人間教育そのものと深く向き合ったという意味では、田澤の思想には、実践に裏打ちされた二つの発想が内在していた

と捉えられる。

　第二の重層性という点に関しては、田澤においても、「国民を統合する論理」
と「市民が自治的に治める論理」の二つが内在していたことが浮き彫りになった
といえる。前者については、天皇を中心とする国体観念がしっかりと位置づいた
国家を実現していくために、義勇奉公の精神をもった「公民」を育成していくこ
とが期待されたように、田澤は、「国家への忠誠心の育成」と結びついた公民教
育を重視しながら、「国民を統合する論理」を強化しようとしたといえる。

　一方で後者については、地方自治を担う「公民」を育成していく上で、学校教
育において重視されがちな「立憲的知識の涵養」だけでなく、町村民の実生活に
そくした「生活の場としての地域社会の振興」と結びつく公民教育を、団体訓練、
体験活動、共同労作、産業生活と結びついた研究などを重視した実践をともない
ながら展開させ、「市民が自治的に治める論理」を強化しようとしたといえる。

　田澤においてこの二つの論理は、地方自治を担いつつ、天皇を中心とする国家
の形成を担うという二重の役割が期待される「公民」が、国家の基礎単位として
の末端における地域社会の振興を、責任をもって主体的に担っていくことで、国
民国家そのものが強化され、忠君愛国に基づいた日本的自治精神が確立していく
という関係を有していたように、重層的で相互に強く浸透し合うものであったと
捉えられる。そして、その中心には、生活共同体としての社会と、天皇を中心と
する国家とを有機的に結びつけた、全一論に基づく道義国家の考え方が位置づい
ていたといえる。

　第三の社会教育への接続という点に関しては、「生活の場としての地域社会の
振興」に結びついた公民教育を展開していく上で、その対象を有権者のみに限ら
ず広く捉え、特に青年や農民のために、団体生活そのものを学ぶ場、政治を学ぶ
場、産業上の知識・技術を学ぶ場など、社会教育の場を組織化させていったよう
に、田澤においては、公民教育の振興と社会教育の振興が連動していたことが分
かる。このことは、田澤の公民教育論は社会教育論としての色彩も強く、公民教
育を基底にすえた社会教育観が形成されていったことを意味している。

　ただし、社会教育行政に関わることなく、また、社会教育理論の形成を意識的
に行おうとしたわけではない田澤の場合、その特徴は、内務官僚出身であったこ
ともあり、むしろ内務行政とも接点をもちつつ、地域社会における青年の公民育

成を中心とした人間形成論、修養論として展開されたところにあるといえるだろう。

　この時期に、社会教育は行政機構の整備など急速に組織化が進行していったが、田澤は、公民教育の振興と連動させながら、青年団を中心とした地域の社会教育を、実践を伴いながら振興し、組織化させていった一人として位置づけられる。その原点は、大学卒業直後に安部郡で寝食を共にしながら、農村青年教育を開始したところにあるのだろう。

第3節　下村湖人の公民教育論と地域青年教育の実践

　本節では、まずAにおいて、人間形成としての教育のあり方に関心をもった下村が、「生活の場としての地域社会の振興」を担う公民を育成していくために、自律性と創造性を重視した協同生活訓練を核とした教育論を提起したことを明らかにする。次にBにおいて、自身の教育論を実践場面でどのように具体化し、公民育成を図ろうとしたのかを、青年団講習所の実践に着目して、その公民育成の論理の特質を明らかにする。そしてCにおいて、下村の公民教育論を思想構造的に考察し、その特徴について、ペダゴギーク的発想が強く内在し、「国民を統合する論理」と「市民が自治的に治める論理」とが重層性をなしていたことを明らかにする。

A　下村の教育論の体系

1　教育論の提起に至るまで

　教育思想家・実践家としての下村が形成されていった経緯をみておきたい[146]。『次郎物語』の作者として知られる下村は、1884（明治17）年に佐賀県に生まれた。旧制の佐賀中学校時代から文筆活動を始め、その作品は著名な文学雑誌にもたびたび掲載され、すぐに天才詩人として知られるようになったとされる。熊本の旧制第五高等学校時代も、後に著名な社会学者として名を馳せる高田保馬とともに校友会誌の編集に携わり、詩歌を中心に発表を続けた。東京帝国大学文科に

136 第Ⅰ部　戦前における公民教育の形成と展開 ― その特徴と構造 ―

進学後は、「帝国文学」の編集に携わり、詩歌から評論へとその幅も広げていった。

　大学卒業後は、東京で執筆活動を続けたかったが、実家の事情もあり、一年間志願兵として入営後、1911（明治44）年に27歳で郷里の佐賀に戻り、母校の佐賀中学の教員となった後、唐津中学校長等を歴任してから、台湾に渡り、中学校長、高校学校長も務めた。1931（昭和6）年に日本に帰国してからは、同郷で高等学校時代からつき合いのあった田澤義鋪のつてで、大日本連合青年団の無給嘱託となった。これが下村の青年団運動に身を投ずる転機となり、その後、1933（昭和8）年からは、日本青年館分館（浴恩館）において開設された青年団講習所の所長を務め、青年教育に本格的に関わることとなった。講習期間中は、田澤が郡長時代から培ってきた方法を踏襲して、青年たちと寝食をともにし、青年の指導に心血を注いだ。ちなみに、『次郎物語』の執筆は所長時代に始まり、1936（昭和11）年頃から、雑誌『青年』において連載が開始された。

　ここまで、戦時下に至るまでの下村の経歴をみてきたが、時系列的に捉えれば、大きく三つの世界を下村は生きてきたといえる。それは、大学時代までの文学の世界、教師時代の学校教育の世界、そして台湾から帰国後の社会教育の世界である。こうした経歴は下村の執筆活動にも影響を与えたといえる。旧制中学時代から執筆してきた文学・詩歌に関しては、教師になってからはしばらく中断するが、台湾では、短歌結社とも関わり、作家活動も積極的に行った。そのため、下村の大学時代まで、及び台湾時代を中心に、文学論、文化論の観点からの研究が一定程度存在する [147]。

　しかし、下村の場合、その教育思想と実践が特に注目されてきたといえる。戦時下から戦後にかけて発刊された『次郎物語』（全五部）は、主人公である次郎の幼少期を描いた家庭教育と関わる話、少年期における教師との関係を描いた学校教育と関わる話、学校卒業後の青年期における青年団講習所の話を中心とした社会教育と関わる話というように、人間形成をテーマとした教育小説であって、教育学研究の対象ともなってきた [148]。

　そして、青年団運動に精力的に関わった下村の教育思想と実践は、地域社会における青年教育論としての特徴が強く、教育学研究においてもその分析が進められてきた [149]。戦時下から戦後にかけて、下村は教育論を本格的に発表していく

が、その中でも、1940（昭和15）年に出された『塾風教育と協同生活訓練』は、彼の教育論がまとまった形で初めて出されたものとして注目される。戦時下に出されてはいるものの、内容は、1930年代初めから展開された青年団講習所の実践が念頭に置かれたものとなっているように、戦時体制以前からしたためられてきた教育論であり、戦前戦後を通じた彼の教育論の骨格が示されているものと位置づけられる。

　したがって、戦前から戦後改革期における下村の教育論の特徴を考察していくにあたっては、『塾風教育と協同生活訓練』で示された体系をまず重点的に検討することが重要であり、その上で、その後の戦時期、戦後改革期における教育論及び実践と、どのような関係で捉えられるのかを検討していくという手順が求められる。下村は、田澤のように、「公民」「公民教育」という言葉を前面に出してはいないが、その教育思想及び実践の基底には、よき「公民」を育成しようとする意図がみられ、それは、青年団講習所（浴恩館）や戦時下に展開した煙仲間運動などの実践にも反映されていた。

　以下では、『塾風教育と協同生活訓練』を中心に検討することを通じて、この時期における下村の教育論の特徴について、次の三つの観点から検討を進める。第一に、当時広がりをみせていた塾風教育に対する下村の批判的視点、第二に、下村の教育論の骨子となる生命成長の原理を基調とした教育観、第三に、下村が理想とする教育方法である。検討を通じて、下村が、理念的にも実践的にも人間形成としての教育のあり方を深く探求していたことを浮彫りにし、ペダゴギーク的発想が強く内在していたことを指摘する。

2　塾風教育の広がりと下村による批判

　下村が教育論を本格的に論じるようになったのは、1930年代に地域青年の教育に関わるようになってからである。明治期に学校制度が成立し、その後、就学率の定着と上級学校への進学者の増加など、学校制度の普及拡大が図られていったが、学校で行われる教育に対しては、画一的、知識偏重主義で、被教育者の自律性・創造性を剥奪するものだとして批判も寄せられるようになっていた。

　そのような中で、学校教育を批判的に乗り越えるべく、特色ある農村教育を実施しようとして、昭和戦前期に農村青年を対象に各地で広がりを見せたのが塾風

教育である。塾風教育の目的は、学校教育においてもたらされてきた労働忌避、向都離村の思想を促すような教育ではなく、農の本義を身につけ、農村で楽しく農業にたずさわり、着実に農村の繁栄を促すような中堅人物を養成することとされ[150]、各地で、国民高等学校、農民福音学校、農士学校などという形をとりながら次々と設立されていった[151]。

このような塾風教育の広がりを、下村は、明治以前に多様に存在していた庶民教育機関としての寺子屋や、著名な学者・武人等によって開かれていた私塾、幕府や諸藩の施設としての諸学校、そして、明治期における学校制度の成立との関係もふまえながら、歴史的な文脈で捉えている。下村によれば、江戸時代においては、協同社会的訓練の欠如、創造的、革新的気分の稀薄さ、科学的精神の幼稚さなど幾多の難点があったものの、緊密厳粛な師弟の関係を根幹として、それぞれの特色を持ちつつ、個人的鍛錬に重点が置かれたように、まさに塾風教育が展開されていたとされる。しかし、明治維新後、民衆に対して、部落的・封建的意識に代わる国家意識を涵養し、さらに知識の普遍化及び高度化が要求されるようになる中で、教育の国家管理及びその組織の画一化が図られるようになり、それまでの塾風教育にとって代わって学校制度が成立し、地方的特色や個人的色彩は重視されなくなり、師弟間の人格的接触もなくなっていったとされる[152]。

ただし、昭和期の塾風教育について、人物中心の教育である点においては、明治以前の教育への復帰といえるが、文化社会における教育の制度化は必然性を伴うことをふまえて、学校制度そのものを否定することにはつながらないと位置づけている。つまり、下村によれば、昭和期の塾風教育は、文化社会における教育の制度化の中にあって、制度以前の教育意識による教育（＝人物中心の教育）を行う運動だとされるのである[153]。

そして、昭和期における塾風教育の広がりに対して、下村は、学校教育の欧化主義的、知識主義的、形式主義的傾向に対する不満の上に、日本精神を強調し、勤労を尊び、生活教育に重きを置いているという共通傾向を見いだし、多種多様な独自の教育精神が、絶えず独自の境地を開拓しつつ、互いに切磋琢磨することで、制度による教育の画一化が矯正され、国家の教育が全体として豊かな内容を持つに至るとその可能性に期待している[154]。

ここで注目されるのは、塾風教育が日本精神や生活教育を重視していた点に

おいて、忠君愛国の精神や生活共同体における訓練を重視する公民教育と、非常に近いものであったということである。塾風教育は、学校教育批判の文脈から広がってきた様相が強く、公民教育のように、必ずしも自治民育の論理に基づく地方改良運動の文脈から広がったわけではないが、塾風教育も公民教育も、ほぼ同じ時期に興隆し、特に生活共同体としての農村を中心とした地域社会における教育、いわゆる社会教育としての展開が期待された点においては共通項が多い。そして、こうした共通性は、塾風教育を基底にすえた下村の教育論が、公民教育論として捉えられることを意味している。

　このように広がりをみせた塾風教育だが、必ずしもよき教育内容をもつとは限らなかった。下村によれば、塾の中心をなす人物がいかなる人間かによって教育内容も大きく異なってくるし、また、いかにすぐれた人物が中心になっても、元来教育の事実を決定ならしめるものが被教育者の自己教育である以上、中心人物の主観だけが塾風教育の一切を支配する場合には決してよい教育は行われないとされる[155]。

　実際に、多くの塾風教育では、塾の中心人物である塾長の命令や強制によってなされる上意下達式がとられ、塾生の生活と遊離した鍛錬が行われていた。それに対して、下村は、中心人物の主観が塾風教育を支配しないように、塾生の自律性と創造性とに訴え、その横の連絡によって塾内の協同生活を創っていくような自然教育的な方式による鍛錬を理想とし[156]、実際に、青年団講習所における教育実践を展開していったのである。

　塾風教育は、農村振興に関わる人間形成を図りながら、日本精神の強化につなげていくという理念を基底にすえていたという意味では、一見すれば、公民教育にみられるような重層的な性格をもっていたと捉えられる。しかし、実際に展開されていた多くの実践において、下村が批判するように、指導者の命令と強制によって上意下達的な方法がとられていたことをふまえれば、農村青年たちが自治的に治めるという視点が弱く、それは、公民教育の論理に即していえば、下からの自治的な論理を媒介させずに、上からの強制と統合の論理が強く貫かれたものであったといえる。こうした状況に対して、下村は、実生活と遊離しない自律的なものとしての塾風教育の重要性を説き、それを、青年団講習所という場において実践していったのであった。

3 生命生長の原理を基調とした教育観

　下村が理想とする塾風教育を支えた教育観は主に次の二つの視点である。第一が、生命生長の原理に即して経験の伝達をすること、そして、第二が、国民的性格をその現実に即して陶冶することである。

　生命生長の原理は、特に下村の教育観の基調をなしている。下村によれば、生命は歴史的存在であり、過去を肯定しつつ、同時にそれを否定することによってのみ生長する、つまり、「すでに在るものを受容しつつ、いまだ在らざりしものを在らしめるもの」が生命とされる。このような原理をふまえた上で、教育というものが、社会の存続と発展とのために、被教育者が過去を継承し、同時にそれを発展的に否定する努力である以上、被教育者を社会から切りはなされた一個の独立した人間と考えることは無益であり、教育も、生命生長の原理に即して行われる必要性を説いている。そして、「被教育をして、その所属する社会のよりよき成員たらしむる」という教育の根本目的を、実際に達成するためには、「広い意味での経験の伝達 ― 知識、体験、信念、信仰、等の一切を含めての ― 」が重要であるとしている[157]。

　しかしながら、これまでの学校教育や塾風教育においては、生命生長の原理に即した教育が十分に行われてこなかったとされる。下村は、教育において重要なのは、第一に、よき習慣を作ることを通じて、過去のよき継承者たる資格を得ることができるようになることであり、第二に、正しい価値判断の能力を養うことを通じて、新しい将来を創造しようとする努力を生むことができるようになることであるとした上で、学校教育の歴史と塾風教育の現状について以下のように位置づけている。明治以後の学校教育は、概念的、羅列的、形式的、平面的であり、第一の点において甚だしく失敗し、第二の点において被教育者に何等の基準をも与えることができずに、被教育者の大多数の頭は機械化し、自律創造の力を失ったとされる。一方で、学校教育批判から広がった塾風教育では、概念的、羅列的、形式的、平面的であったものが、意志的、集中的、体験的、立体的にはなったことによって、第一の点においてある程度の成功を収め得たとはいえ、第二の点においては、被教育者が眼かくしをされて、強引にある方向に引きずられている傾向が強く、被教育者は、「伝達せられる経験」に対して、黙々と従い、黙々と行うことが重視されたために、被教育者の自由が奪われたとされる[158]。

国民的性格の陶冶に関しては、日本の国民的性格の短所として、科学性の欠乏、自治能力の不足、持久力の薄弱さの三点をあげ、このことは、日本人の持つ最大の長所である忠君報国の精神が、十分に発揮されなかった主な原因ともなってきたとする。その上で、塾風教育の現状は、持久力のみに重点が置かれた非科学的な訓練が行われているにすぎず、時代の要求として強く表面に現われている精神主義と統制主義との真義が、多くの塾風教育者に十分に把握されていないとする。下村によれば、日本の皇道精神は、無限の生長発展のために、それ自身の内容を無限に豊富ならしめうるものであり、国民の科学性を否定するものではないとされる。また、統制はそれが単に上からの力によってのみ行われる時、国民を機械化せしめ、その創造能力を奪い、やがて統制それ自体を生命なきものたらしめるが、真の統制は自治協同の精神と矛盾するものではなく、統制下にある一人一人の魂が、自律性と創造性とをもって、全体の目的にかなうように行動する時にのみ可能となるとされるのである[159]。

このような二つの教育観に基づき、塾風教育を、「自らを修めることによって一個のよき人間となり、それぞれの家庭と、職場と、地域協同社会とを通じて、忠実に、しかも積極的に、国民としての責務を果さんとする、謂わゆる凡下の庶民」[160] を対象として行っていこうとしたのである。その意味では、下村が提唱する塾風教育においては、当時、一般的にみられた農の本義を身につけた人物養成を主目的とするのではなく、もう少し広い意味で、「生活の場としての地域社会の振興」に主体的に参加していく公民の育成が目指されていたといえる。そして、下村は、実生活に即した自律的で創造的な教育によって、日本国民の長所である「忠君報国の精神」が発揮され、真の統制が可能となる、つまり、「国民を統合する論理」の強化が図られることを期待したのである。

4　理想とする教育の方法 ― 友愛感情の深化と組織化 ―

下村が理想とする、生命生長の原理及び国民的性格の現実に即した塾風教育とは、「友愛感情の深化と組織化とによる協同社会建設への実践的訓練」[161] であった。以下では、「協同社会建設への実践的訓練」の基底となる「友愛感情の深化と組織化」を、いかにして図ろうとしたのかを下村の論に即して検討する。

下村によれば、友愛感情とは、同類感情がある条件のもとに特定の相手に対し

て発露され、それがある深度に達した場合の名称であり、下村の描く塾風教育では、被教育者相互の友愛感情が出発点とされる。その理由は、社会の成員となる上で、過去のよき継承者たることと、将来社会の創造者たることの両方が重要であるが、前者は、師弟直接の関係において養われうるが、後者は、その関係だけでは不十分で、自然的な横の関係、つまり、被教育者相互の友愛感情を基礎とした自然的な社会を持つことを通じて養われるからである。友愛感情によって結ばれた社会において、自ら苦しみ、自ら工夫し、自ら発見しそして自ら動くところによって、真の創造力が養われるとされるのである[162]。

　ただし、被教育者自身の社会を持つことは、彼らを放任することではないと下村は強調している。被教育者相互の友愛感情を正しく深めるために必要なことは、教育者は被教育者を個々に指導するよりも、それを全体として、つまり一個の社会として、指導するという注意を怠らないことであり、そのために、個人の過失や怠慢は、その個人の責任であるとともに、全体の責任であるとする「責任の協同化」が重要であるとされる。そして、責任の協同化は、友愛感情を正しく深化させ、友愛感情の深化は責任の協同化を一層進めるように、両者は相関関係をなすものであるとされるのである。下村は、教育者はこの相関関係を把握し、一方で、与えられすぎた規則や命令、訓戒は生命の自律性をそこなうおそれがあることを注意した上で、教育に関わることが重要であるとしている。その際に、師弟間の人間的なつながりが、被教育者相互の関係よりも薄弱であってはいけないこともおさえている[163]。

　その上で、いかに友愛感情が深められたものであろうと、被教育者相互の自由な個人的関係において発露されている限り、まだ十分に社会性を帯びたものとはいえず、それが真に社会的なものになるためには、その表現に何らかの組織が与えられなければならないとして、友愛感情の深化と共に必要なこととして、その組織化をあげている。下村は、以下のように、青年団の歴史的展開を例にあげながら組織化の意義を説いている。青年団も当初は一定地域内の青年の任意な交友関係に過ぎず、その段階においては、地域内の全青年の間に、相当深い友愛感情が湧いたとしても、それはまだ全体として組織されたものではなかったために、一人の過失が全青年の責任となり、一人の徳行が全青年の名誉となるというような関係は発生せず、したがって彼らの友愛感情は、十分な社会的意義をもつもの

ではなかったとされる。それが徳川時代の若連中、その後の青年団となるにつれて、友愛関係がしだいに組織化され、彼らの関心の対象が個々の友人から、集団としての青年全体に及ぶようになり、彼らの友愛感情は、はじめて十分な社会性を持つに至ったとされる[164]。

そして、友愛感情をいかに組織化していくかという点について、いかなる人間も、一面において地域社会人であり、他面において職能社会人であることをふまえて、地域社会的性質をもった組織と職能社会的性質をもった組織の二つの方向から検討される必要があるとしている。具体的に、塾風教育に即していえば、前者は、実際の社会においては、気のあった者だけが同一地域内に住むとは限らないこともふまえ、できるだけ異質的なものを同室にさせることを通じて、後者は、塾生活の運営を事業部門的に分担することを通じて、友愛感情の組織化を目指すというものである。こうして、友愛感情の組織化は、教育者の意志によって最初から予定されるべきものではなく、友愛感情それ自身の深化の結果として、自然に実現されていくことが理想とされるのである[165]。

このように下村は、実生活に即した自律的で創造的な塾風教育を、教育者と被教育者との人間的なつながりのもとで、被教育者相互の友愛感情の深化と組織化によって図ることを通じて、「公民」育成を行おうと考えていたのである。このことは、下村が、公民育成を人間形成としての教育のあり方そのものとして深く探求していた、つまり、下村において、ペダゴギーク的発想が強く内在していたことを意味している。

また、この点に関わって、下村が注目した「横の関係」にも、下村の独自性が見いだせる。先述のように、関口も「横と縦」という視点に注目していたが、関口は、地域社会における人々の横の関係の重視が、地域社会と国家との縦の関係の強化につながるというように、横と縦という視点を、地域社会と国家との関係の構図として打ち出していた。それに対して、下村は、友愛感情を基底にすえながら、被教育者間の横の関係の強化と、被教育者－教育者間の縦の関係の強化を図ろうとしたように、横と縦という視点を、地域社会内における人間関係のあり方の構図として打ち出した点に特徴がある。

B 教育実践を通じた「公民」の育成

　以下では、友愛感情の深化と組織化を図っていくために、どのような塾堂として の協同生活訓練を理想とし、それが青年団講習所の実践において生かされていったのかを検討する。

1　日常生活の深化と協同生活訓練

　協同生活訓練を行う上で重視されたのが、協同生活の形式を一見日常生活と何ら異なるところのないものにすることであった。下村によれば、塾堂は同時に家庭であり、部落であり、村でなければならなく、特殊な種類の人々が、特殊の場所において、特殊の期間だけしか行い得ないような異常な行事によって、感激したり、興奮したり、力んだりするよりも、平凡な日常生活を平凡のままに純化し、深化し、組織化し、そしてその内容を充実させていくことが大切だとされた[166]。

　平凡な生活形式は、一見すれば、感激がなく、低俗なものと捉えられるかもしれないが、社会生活というのは、平凡事の連続であり、平凡事をととのえることなしには、その健全化を期すことは不可能であるとして、その重要性を説いた上で、平凡はその深められた内容においては、円満と調和を意味するようになるとしている。そして、多くの塾風教育で、特殊な主義主張を宣布するための闘士を養成すべく、被教育者の思想感情が一般社会との調和を欠き、ややもすれば自己に同化せざる者を異端視する傾向があることを批判し、あくまで凡下の庶民を教育対象として、よき社会人、よき自治体民、そして、よき立憲国民を錬成することを重視している。かりに彼らの間に一村一郷を指導しうるほどの者がいたとしても、下村にとっての教育対象としては凡下の庶民であり、その修養は、将来民衆の上に、あるいは民衆に対して立つ人としてでなく、民衆と共に悩み、喜び、かつ働く人としての修養でなければならないのであった[167]。

　塾堂という協同生活訓練を通じて日常生活を深化させていく上で、指導者のあり方も重要となってくる。下村によれば、多くの塾風教育では、その指導原理として掲げられている思想なり主義なりが、一般にかなり特殊なものであり、か

つその指導の態度も、最初から闘争的、排他的である傾向が強く、中には中心指導者を偶像化してその言説に絶対の権威を認め、塾生をして信仰的態度に終始せしめる塾もあったほどである。下村は、こうした塾においては、塾風教育の生命とする師弟の人格的接触を緊密にすることは可能であるが、塾生の頭脳を偏狭にし、その思考の自由を奪うような人格的接触は、教育上有害であると批判する。指導者像（教育者像）というのは、みだりに普遍性のない主義信条をかかげて、強いてその教育を特色づけようとしてはならず、また、いかなる場合にも性急であったり、狂熱的であったりしてはならないとする。その上で、理想的な指導者というのは、塾生自身（被教育者）の心に芽生えたよき芽を踏荒しないために、いつも謙虚で静かに構え、ただ生命生長の原理に従って、塾生が彼らの知情意の調和と、その円満な発達とのために、彼ら自身の協同生活を営みうるごとく環境を準備してやればいいとする[168]。

　このように、下村が理想とした協同生活訓練では、教育者によって一方的に特殊な訓練が行われるのではなく、平凡な日常生活が念頭におかれた空間で、教育者と塾生、及び塾生同士の信頼関係のもとで、民衆と共に悩み、喜び、かつ働く人としての修養が育まれることを通じて、協同社会建設の基礎となる日常生活の深化が図られていくことがめざされたのであった。こうして、下村は、人間形成のあり方そのものを実践的に探究することで、「生活の場としての地域社会の振興」を支える公民の育成を図ろうとしたと捉えられる。

2　青年団講習所の実践

　青年団講習所は、大日本連合青年団の理事であった田澤義鋪の発意によって生まれた。田澤は、農村青年を対象として、長期の塾風生活における自治訓練を通じて青年団のあり方を体得させる目的で、1931（昭和6）年に東京郊外の小金井にあった日本青年館の分館（浴恩館）内に、大日本連合青年団の修養道場として青年団講習所を開設した。台湾から帰国してから大日本連合青年団の嘱託となっていた下村は、1932（昭和7）年から講習に関与するようになり、1933（昭和8）年からは専任所長に就任して、勤労青年の教育に専念することになった。講習所は、年に3回から4回開かれ、毎回の期間は、約4～6週間程度で、入所資格は満20歳以上30歳以下の青年団員もしくはその関係者で、中等学校卒業程度

146 第Ⅰ部 戦前における公民教育の形成と展開 ―その特徴と構造―

の学力を有し、道府県青年団から推薦されたものとされていた。ただし、実際には、様々な学歴及び年齢の青年の入所を認めており、18歳の青年や40歳すぎの小学校長、さらには朝鮮や台湾からの参加もあったとされている。自由な教育を行う講習所は、しだいに軍部からもにらまれるようになり、1937（昭和12）年には、閉鎖を余儀なくされた[169]。

　また、講習所の開設と同時に、青年団の外部リーダーの養成として社会教育研究生の制度が日本青年館に設けられ、大学出の中から毎年4名ずつ採用し、下村が指導にあたった。当時はひどい就職難時代でもあったので、おびただしい志願者の中から厳選されたといわれる。研究生の手当ては各県から出ていて、講習所での青年教育の補助を中心に、1年間の見習いを終えて希望に応じて府県の社会教育課の職員として赴任するという建て前で、日本における初めての計画的な社会教育指導者の養成でもあったとされる[170]。ちなみに、研究生の第2期生には、次郎物語第五部の友愛塾（友愛塾は、青年団講習所がモデルとなっており、かなり実際に近い形で描かれている）の講習生として登場する大河平聖雄（物語の中では、大河無門という名前である）、第3期生には、後に滋賀県の社会教育職員を経て、群馬大学教授を歴任した永杉喜輔、後に文部省社会教育官を務めた高橋真照、第4期生には、沖縄出身で、戦後の沖縄問題に生涯を賭けた吉田嗣延（『次郎物語』は第五部で終わっているが、下村は、第六部の舞台を沖縄にして、吉田をモデルとして執筆しようとしていたとされる）がいた[171]。

　講習は、平均して毎回30から40名の青年が参加し、下村は青年たちと起居をともにした。下村を補佐する形でおかれた数名の研究生は、事実上青年たちの生活の中に入る形で指導にあたっていたが、同時に、彼らにとっても社会教育指導者養成の訓練の場でもあった。まず、入所式で下村は、この場所は、まさしく「絶海の孤島」であって、これまで「お互い知らなかった者が漂流」して、そこから新しい生活を始めていくためには、「お互いの胸の中にもっている本当の人情を生かしあい」「お互いに伸ばしあい」「お互いの生活を何らかの形に組織立てて」いく必要があるという趣旨の、協同生活の理念を説いた。さらに、この場所での協同生活訓練は、青年たちがこれまで慣れてきたであろう伝統や規則、特定の人の指導命令に従って行動するような訓練とはまったく異なり、伝統もなく命令者もいないところで、お互いが知恵を絞り、お互いの力によって、できるだけ

完全な組織を作り上げていくより仕方がなく、お互いの生活に何よりも必要なものが創造精神であることも強調した[172]。

　講習所での生活は、概ね次のような形であった。5時30分に起床し、室内清掃を行ってから洗面、体操、その後、静座、訓話、円座になっての読書会（テキストは古事記、論語、大学など）を行ってから朝食をとる。9時から正午まで午前中の講義を行い、昼食をすませた後は、午後1時から5時頃まで屋外作業、工作、体操、研究会、音楽、運動競技などの活動を行う。その後は、入浴、体力検査、夕食を終えてから、午後7時半から9時まで研究会、懇談会、座談会（週1回ぐらいは娯楽会）を行い、10時には就寝した。毎週水曜と土曜の午後は個人の整理時間（洗濯、手紙、自由読書、筆記整理、感想文作成など）として、共同行事は行わず、日曜日は、朝食のあと午後9時まで外出可能とされていた。また、講習の締めくくりとして、講習所出身者のいる地や農村青年が活躍する村への1泊2日程度の見学旅行も行われた[173]。

　下村の入所時の説明のとおりに、講習所の側からは規則を作らず、塾生は4〜5名程度からなる班にわけられ、班活動を基盤に塾生活はスタートする。班は、年齢、出身、職業等でバランスよく配置され、班の代表は、班員同士で決定し、班員の正直な気持ちを発表できるような場として、各班で日誌を作り、班生活の動きを記録していくというように、班員で一つの小社会を建設する努力が求められた。また、塾の日課を運営していく上で、管理部（起床から消灯までに必要な合図、清掃に関する諸計画、戸締りその他の警備、郵便物の取り扱い）、研究部（研究会に関する諸準備とあと始末、週報発行、見学旅行の計画）、炊事部（炊事の献立作製、配膳及び後始末、食事の合図）、購買部（飲食物以外の日用品の共同購入及び販売）、体育部（屋外作業、体操、運動競技、身体検査等に関する諸計画、及びそれに必要な器具の処理）など複数の部が設けられ、各班は、約1週間ごとに交替して他の部を担当し、全員どの部の仕事も一通り経験する形となっていた[174]。

　講習を通じて、最初は、規則や訓戒などを求めていた青年たちも、次第に自分たちで考えることの重要性を身につけていき、自分たちで積極的に生活を建設していこうと努力するようになっていったとされる。そのことは、講義の時間においても、日を経るごとに、青年たちが内容を実生活に結び付けて考えるようにな

り、そのような観点から積極的に質問もするようになっていった点にもあらわれている。ちなみに講義を担当する講師は、田澤、下村をはじめとした青年団関係者のほかに、大学の研究者へも委嘱していた。講義題目は、国体及び国民精神、人生論、社会論、青年心理、青年団論、壮年団論、政治教育、国防、外交、経済、農村問題、都市問題、農家経営、郷土研究、社会事業、宗教、文芸と多岐にわたり、いずれも地方生活の中堅者にとって必要とされる内容となっていた[175]。

　他の塾（軍部的色彩が強い）からの交歓会の申し込みも多数あり、実際に行われることもあった。『塾風教育と協同生活訓練』の中では、戦時体制が進行する状況下ということもあってか、下村の「この交歓について、これ以上描写することはやめて置きたい」[176]という言葉に示されているように、詳細は記述されていないが、戦後に書かれた『次郎物語』（第五部）では、青年団講習所をモデルとした「友愛塾」の話の中で、相手の塾の様子（塾長の力強い訓戒による上意下達的な雰囲気や、その影響を受けた塾生の力強い演説の様子）が詳細に描かれている[177]。

　下村は、塾風教育といっても、当時、一般的にみられた農の本義を身につけた人物養成を主目的とするのではなく、もう少し広い意味で「生活の場としての地域社会の振興」を担っていくような公民の養成を目指していたので、講習生の職業も多岐にわたっていた。しかし、農村青年の参加もそれなりに多く、農村において、いわゆる指導者顔をした指導者が蔓延していた現状を憂え、自身に農業指導の能力があったならば、その方面での指導を十分に科学的、体験的なものとした上で、協同生活を実践することを通じて、真に農村の民衆と共に生活しつつ、謙抑な心をもって、おのずから周囲を指導しうる人を養成することができるであろうと、実現不可能な壮大なテーマを前に、常に思い悩むこともあったようである[178]。

　このように、講習所における教育では、他の塾にもみられた規律も一定程度重視されたが、特に重視されたのが塾生の自律性と創造性をベースに、塾生同士が友愛感情によって結ばれ、地域における協同社会建設の基礎となる一つの小社会の建設にむけて、積極的に努力していくことであった。そのために、一つの小社会としての班活動を基盤とした生活や形がとられたのであり、その班の構成もなるべく異質的なもの同士で編成されるなどの配慮がなされた。こうして、塾生

である青年たちが、自分たちで生活を建設していくことの重要性を体得し、自然に、「生活の場としての地域社会の振興」を支える「公民」が形成されていくことが期待されたのである。

C　まとめと考察 ― 下村の公民教育論の本質 ―

　ここまで、下村の公民教育論の体系について三つの観点から検討した上で、青年団講習所という実践場面でどのように具体化させようとしたのかを考察してきたが、その特徴は大きく次の二点からまとめることができる。

　第一は、人間形成としての教育のあり方を深く探求し、それを具体的に実践に反映させた点である。下村は、生命生長の原理に即して、郷土社会における協同生活を通じて、自律性と創造性をもった人間を育成するという教育観に基づき、自ら理想とする塾風教育のあり方を、青年団講習所における教育で具体化させたといえる。

　第二は、地域社会における生活者に根ざした「公民」の形成を目指した点である。下村は、よき社会人、よき自治体民、よき立憲国民の養成のために、講壇的、知識的教養だけでなく、団体生活・協同生活を通じた実践的訓練を施すことで、人間形成を図ろうとした。つまり、田澤と同様に、地域社会における生活者にねざした「公民」を、教育実践を通じて、よりリアルなものとして創出していこうとしたと捉えられる。

　これまでの議論をふまえて、下村の公民教育論の内的構造について、以下では、ポリティークとペダゴギーク、重層性、社会教育への接続という三つの視点から考察する。

　第一のポリティークとペダゴギークという点に関しては、下村は、公民育成を考えるにあたって、生命生長の原理に基づいて、実生活に即した自律的で創造的な塾風教育を、教育者と被教育者との人間的なつながりのもとで、被教育者相互の友愛感情の深化と組織化によって図るという、あくまで人間形成としての教育のあり方そのものとして深く探求したように、ペダゴギーク的発想が強く内在していたことが浮き彫りになった。

　国家論や政治論についてほとんど触れていない下村は、公民育成について、立

憲政治や地方自治の担い手という観点からはほとんど議論を展開しておらず、その意味では、同じ実践的論者である田澤において見られたポリティーク的発想を明確に見いだすことはできない。しかし、田澤において見られた、ポリティークとペダゴギークという二つの発想を媒介するものとしての、人間形成のあり方と社会・国家のあり方を有機的に結びつける発達観は、下村においても内在していた点には着目しておく必要がある。

　田澤の道義国家の考え方のように、明確に社会・国家のあり方と強く結びつけられていたわけではないが、人間形成のあり方を深く追求した下村の生命生長の原理においても、自治協同の精神の深化と日本の皇道精神の無限の成長とが有機的に結びつけられている点を見いだすことができる。なお、この点については、第3章において、戦時体制が進行し、国家・社会のあり方と人間形成のあり方との関係が、より正面から問われてくる事態の中で、下村がどのように向き合ったのかを検討する際に、さらに掘り下げて考察する必要がある。

　第二の重層性という点に関しては、下村においても、「国民を統合する論理」と「市民が自治的に治める論理」の二つが内在していたことが浮彫りになったといえる。それは、農村振興（＝「生活の場としての地域社会の振興」）に主体的に関わる人間形成を図りながら、日本精神の強化（＝「国家への忠誠心の育成」）につなげていくという理念を基底にすえた塾風教育のあり方を提起した点に端的に示されている。

　ただし、下村においては、田澤に見られたような「近代立憲国民としての公民」概念は強く打ち出されておらず、国家や社会のあり方と人間形成のあり方との関係の中から国民統合を図ろうとしたのではなくて、地域社会内における生活共同体という小社会における人間形成のあり方そのものから国民統合へとつなげていこうとした点に特徴がある。つまり、下村は、小社会において、公民育成を図っていく上での教育者と被教育者のあり方に着目し、被教育者同士における友愛感情の深化と組織化、さらに、その基盤の上に成り立つ教育者と被教育者との信頼関係を重視することで、自律的な組織や集団の統制が下から構築されることを目指したのであり、それが、生命生長の原理に即しながら、小社会の統合から皇道精神の深化という国家の統合へと成長していくことを期待したのである。

　その意味では、下村において二つの論理は、相互に浸透し合う重層的な関係と

いうよりは、「生活の場としての地域社会の振興」を基調とする「市民が自治的に治める論理」が、成長しながら昇華して、「国民を統合する論理」へと結びついていくような形での重層的な関係をとっていたと考えられる。

　第三の社会教育への接続という点に関しては、「生活の場としての地域社会の振興」を担う公民育成を、特に学校を卒業した地域の青年を対象として、その学びのあり方を探求していったように、下村において、公民教育の振興は、社会教育実践として展開されたといえる。学校教員の経験も有していた下村だが、大日本連合青年団への奉職とその後の青年団講習所長への就任という、田澤によって用意された社会教育への道を、下村なりに実践的に追及し続け、地域社会における青年の公民育成を中心とした人間形成論、修養論を展開していったところに、公民教育の振興を基底にすえた社会教育観を見いだすことができる。

第4節　公民教育論の体系化とその構造

　ここまで、講壇的論者と実践的論者とに区分した上で、1920年代から30年代半ばに形成された公民教育論の特徴について検討してきたが、以下では、第1章の1節で明らかにされた「公民教育の登場と形成」における特徴もふまえながら、この時期における公民教育論の構造について、ポリティークとペダゴギーク、重層性、社会教育への接続という三つの視点から考察する。

　第一のポリティークとペダゴギークという点に関しては、講壇的論者がポリティーク的発想に基づいて、実践的論者がペダゴギーク的発想に基づいて、それぞれ公民教育について論じていたという大きな構図がみられる。つまり、講壇的論者は共通して、国家と個人の関係が変容しつつある政治社会的文脈を重視し、立憲政治（関口）、公民政治（蝋山）、公民自治（前田）を実現していく上で、それを支える公民の形成（＝公民教育）を重視したのに対して、実践的論者（田澤と下村）は共通して、公民の形成を人間形成としての教育のあり方として探求し、地域社会における生活者に根ざした公民を、教育実践を通じて、よりリアルなものとして創出していこうとしたといえる。

　しかし、講壇的論者と実践的論者、つまり、ポリティーク的発想とペダゴギー

ク的発想は、機械的に明確に区分できるものではなく、相互に浸透し合う関係も有していた。そうした構造は、特に関口と田澤に顕著に見いだせる。関口は、直接、教育実践に関わってはいないものの、作業教授への着目や社会生活と結びついた教育のあり方など、いわゆる人間形成の観点から公民教育の内容、方法に関する議論も積極的に展開したように、公民教育から公民政治へという視点も持ち合わせていた。一方で田澤は、政治経済社会の問題を解決していく上での実践主体としての公民を、全一論に基づく道義国家というあるべき社会・国家との関係に基づいて位置づけているように、公民政治から公民教育へという視点も有していた。

　特に田澤においては、二つの発想の強い相互浸透の関係が見いだせるが、その媒介となったのが、全一論に基づく道義国家の考え方である。こうした人間形成のあり方と社会・国家のあり方を有機的に結びつける発達観は、同じ実践的論者である下村においても、生命生長の原理という考え方によって示されていた。第1章でも述べたように、この時期に本格的に形成された公民教育の基底の論理には、社会有機体説から発展した社会連帯論の影響があったとされるが、実践的論者の二人は、社会連帯論とも通ずる発達観をもちながら、公民の形成を実践的に探究していったと捉えられる。

　日本における本格的な意味での公民教育の展開期と位置づけられる1920年代から30年代に、公民教育の理論化が図られていったわけだが、それは、学校における公民教育の成立と普及、及び社会教育そのものの組織化と公民教育の振興という実態も反映されながら進められた側面も強く、そのことが、国民国家の形成と人間形成の双方向から「公民」の育成が探求され、二つの発想が相互に浸透し合う関係を有した公民教育論の形成へとつながったと考えられる。

　第二の重層性という点に関しては、この時期において、公民教育論が形成途上であった前田を除き、いずれの論者においても、「国家への忠誠心の育成」を基調とする「国民を統合する論理」と、「立憲的知識の涵養」「生活の場としての地域社会の振興」を基調とする「市民が自治的に治める論理」という二つの論理が、重層的な関係を有して内在していたことが浮き彫りにされた。その特徴は、国家論を特に展開しなかった下村と、あるべき国家像を提起していた三人（関口：平和文化的な国家、蝋山：公民政治に基づいた国家、田澤：道義国家）とに

大きく分けられる。

　下村においては、上から公民を育成しようとする志向は弱く、あくまで下から自発的に国家の形成を担う公民の育成が目指された点で、「市民が自治的に治める論理」が昇華して、「国民を統合する論理」へと結びつくというような意味での重層的な関係がみられた。それに対して、関口、蝋山、田澤においては、公民は、国家を形成する担い手として位置づけられる一方で、立憲的知識を身につけて、地域社会における公共的活動や団体訓練に主体的に参加していく担い手としても期待され、双方向から公民の育成が探求されていくことによって国民国家が強化されていくという意味で、二つの論理が相互に浸透し合う重層的な関係がみられた。

　なお、同時期に公民教育論を展開した川本宇之介が、「公民」を、「立憲国の国民」と、「天皇直接の臣民」という二つの意味から捉え、立憲国の本質を、「国民に平等の権利と義務とを与へて、直接又は間接に国家生活に関与せしめ国家の維持発展に貢献せしめ、国家の精神物質或文化的活動にも自主的に能動的に而して協同一致して努力せしめる」点に求めているように[179]、こうした重層的な構造は、この時期の公民教育論を特徴づけるある程度普遍的なものであったといえる。

　そして、この二つの論理の重層的な関係は、立憲主義が、天皇を中心とする政体を意味する国体と矛盾をきたさないで共存しうるという、当時広く見られた考え方を支える役割も果たしていたと考えられる。実際に、関口においては、国民の基本的権利と自由を中心とする立憲思想と、忠君愛国の感情を頂点とした国家意識の形成とが、有機的に結びつけられていたし、田澤においては、立憲政治の基礎となる地域共同体としての社会と、天皇を中心とする国家とが、全一論に基づく道義国家によって統合されていた。

　また、第1章でも明らかにしたように、「国家への忠誠心の育成」と「立憲的知識の涵養」という二つの特徴は、それぞれ、「オオミタカラとしての公民」概念と「近代立憲国民としての公民」概念として、明治中頃から見られたのに対して、「生活の場としての地域社会の振興」という三つ目の特徴は、日本における公民教育の本格的な登場期ともいえる明治末期の地方改良運動期に、「地域社会の自治振興を支える公民」概念として登場したものであった。その後の1920年

代から30年代の公民教育の本格的な展開期において、公民教育論の形成も促されていったが、本章の検討で明らかにされたように、この三つ目の特徴は、地域社会における教育実践を通じて、公民育成を行おうとした実践的論者のみならず、講壇的論者においても少なからず内在していた。特に、前田に関しては、大学卒業直後の1909（明治42）年というまさに地方改良運動期に、内務官僚として地方で郡長に就任し、地方自治への関心を高めていった（その後、公民自治の考え方を提起）ように、この三つ目の特徴が芽生えていくような直接的な経験をしており、前田の公民教育論の形成過程にも大きな影響を及ぼしたと考えられる。

　このように、三つ目の特徴が公民教育論の形成過程において明確に位置づいていったことは、地域共同体を媒介させながら国民国家が形成されていった日本的特徴を端的に示すものと捉えられる。

　こうして、重層的な構造を有した公民教育論が形成されたわけだが、それは、この時期に実際に展開された公民教育にみられた構造的特徴ともある程度重なるものであった。第1章でも述べたように、第一次大戦後における労働運動の高まりや、デモクラシー思想の高まりもみられる中で、普通選挙の実施による国民の政治参加の拡大や労資協調政策を行いながら、階級的対立の激化を回避する目的で公民教育が振興されていったが、そこには、それまでの「縦の道徳」に加えて、「横の道徳」の考え方を生み出した社会連帯論を媒介としながら、「市民が自治的に治める論理」と「国民を統合する論理」とを相互に浸透させながら、国民統合の強化を図ろうとする構造を見いだすことができる。したがって、過激な階級闘争になりがちな労働運動の穏健化が労働問題の解決につながるとして、労働者としての公民の育成に田澤や前田が関心を持ったことは、彼らの公民教育論が、実際に展開された公民教育の論理とも重なるものであったことを意味している。

　また、この時期の公民教育施策の特徴を示すものとして、松野修によって見いだされた、文部省が主導した公民科設置の論理に内包された三つの特徴も注目される。松野によれば、一つ目が、「一般国民に社会的政治的知識を与え、選挙買収に備えて選挙の重要性を認識させ」る「綱紀粛正運動」とされるもので、二つ目が、民衆自身の手による護憲的な政治教育の場を確保しようとする「護憲的

な政治教育論」とされるもので、三つ目が、デモクラシーに対抗するためにそれまでの修身科を強化し国体観念をさらにいっそう強調すべきとする「修身科教育論」とされるものである[180]。

松野が提起した三つの特徴においては、学校教育の公民科に焦点をあてていることもあって、「生活の場としての地域社会の振興」につながるものは見られないが、一つ目と二つ目の特徴が、「立憲的知識の涵養」を基調とする「市民が自治的に治める論理」に呼応し、三つ目の特徴が「国民を統合する論理」に呼応するものとして位置づけることができる。三つ目の特徴に関しては、本章で検討した論者において、少なくともこの時期においては、それほど強調されているわけではないものの、二つの論理が明確に見いだせる点においては、文部省の公民科設置の論理と比較的近いものであったと理解できる。

最後に、第三の社会教育への接続という点に関しては、「生活の場としての地域社会の振興」という特徴が、学校における子どもだけでなく、地域社会における全住民が教育の対象として位置づけられていくという、いわゆる社会教育の組織化の進行と連動しながら、公民教育論の中で位置づいていったように、各論者においても、公民教育を基底にすえた社会教育観の形成を見いだすことができる。

公民を地域社会における幅広い生活者と結びつけようとする志向によって、当時、官製化が進行しつつあった町内会や青年団が、地方自治を実践的に学ぶ場として、団体精神を実践的に身につけていく場として重視されるとともに、自治体の役割として、一時的な公民教育講座の実施だけでなく、貧弱の公共図書館の整備充実による恒久的な公民教育の振興の必要性が提起された。

関口と田澤においては、こうした「公民教育としての社会教育」が、より深く位置づいていたと捉えられる。関口は、公民教育の学説としての基礎と捉えられるだけでなく、日本の社会教育に教育学的根拠を与えたとされる社会的教育学に着目して、教育・人間形成に対する社会的文脈を重視しながら、「公民教育としての社会教育」を理論的に探究していくことの重要性を理解していた。

一方で、田澤は、青年や農民のために、団体生活そのものを学ぶ場、政治を学ぶ場、産業上の知識・技術を学ぶ場など、「公民教育としての社会教育」の場そのものの組織化を図ろうとした。青年団講習所の実施はそれを端的に示す事例と

して位置づけられ、そこでは、田澤の影響も強く受けた下村が、人間形成のあり方、及び、学びのあり方そのものを実践的に探究したように、社会教育実践としての組織化を図ろうとしたという関係で捉えることができる。

第3章
公民教育論の展開

　本章では、政治社会情勢が変容し戦時体制となる 1930 年代半ばから終戦期における公民教育論の特徴を明らかにする。第 1 節では講壇的論者の関口、蝋山、前田の三人を、第 2 節では実践的論者の田澤と下村の二人を取り上げる。そして第 3 節では、戦時体制下における公民教育論の構造についての総合的な考察を行う。

　検討にあたっては、次の二つの視点を重視する。第一に、各論者がどのような思想の内的構造を有して戦時体制と向き合ったのかという点であり、第二に、それが 1930 年代半ば以前の各論者の思想や、この時期に実際に展開された公民教育の構造の特徴とどのような関係で捉えられるのかという点である。

　検討を通じて、戦時体制下に実際に展開された公民教育において、天皇を中心とする国家体制を支える「皇民」が重視されていく中で、国体擁護の立場に立つ各論者は、そうした動向と連動しながら戦時体制に参加していく一方で、1930 年代半ば以前に示したそれぞれの体系を継承しながら、「皇民」ではなく「公民」の育成を探求することを通じて、戦時体制への批判を展開していったように、この時期に展開された公民教育論の思想構造は、葛藤関係を孕んでいたという特徴を浮彫りにする。そして、公民教育の政策レベル（実際の展開）と思想レベルの間に、こうした一定の差異が見られるものの、この時期に、両者ともに、地域の団体の組織化や日常生活の重視など地域共同体をますます重視していくことで、国民国家のさらなる強化が図られていったことを指摘する。

第1節 戦時下における講壇的公民教育論

　本節では、三人の講壇的論者それぞれに即して、その思想の展開過程を検討した上で、主に次の三つの観点から思想の内的構造の特徴を明らかにする。第一に、この時期においても、ポリティーク的発想に基づいた公民教育論が展開され、論者によって相違はあるものの、ペダゴギーク的発想も内在し、二つの発想が相互に浸透していたということを明らかにする。第二に、戦時体制の進行の下、国体が強調されるようになる中で、各論者においても、重層的な公民概念が、「オオミタカラとしての公民」に収斂した「皇民」へと再構成されていく側面が見られたことを明らかにする。そして、第三に、関口と蝋山において特に見いだせる特徴であるが、「公民」から「皇民」への変容を受容しつつも、「近代立憲国民としての公民」概念も内包した重層的な概念としての公民を重視しながら、公民教育のあり方を探求したように、そこには葛藤関係が見いだせることを明らかにする。

A　関口泰の公民教育論の展開

　大阪朝日新聞社の論説委員として関口は、1930 年代半ば以降も精力的に執筆活動を行ったが、1939（昭和14）年に退社し客員となった後は、鉄道省嘱託、内務省委員、東亜交通公社嘱託、中日文化協会顧問、華北交通嘱託などを歴任し、その間、満州、朝鮮、華北、華中各地を巡遊視察した。1930（昭和5）年頃に、体系的な公民教育論を『公民教育の話』によって示してから、それまでの政治評論に加えて、教育評論も数多く執筆していったが、まとまったものとしては、『時局と青年教育』（1939 年）や『興亜教育論』（1940 年）の著作があり、それ以外にも雑誌『教育』や雑誌『公民教育』に数多くの論稿を遺している。

　以下では、これらを丹念に分析することを通じて、この時期における関口の公民教育論の特徴を明らかにしていくが、その際に次の三つに区分して考察を行う。第一に、戦時体制という時局の中で、関口は公民教育の必要性と重要性を説き続けたが、それはどのような特徴を持つものであったのかを、この時期に実際

第3章　公民教育論の展開　*159*

に展開された公民教育の動向や、それ以前の彼の公民教育論（具体的には『公民教育の話』で示された体系）とも関係づけながら考察することである。第二に、戦時体制に同調しつつもそれに抵抗していったスタンスから、その思想構造が葛藤関係を孕んでいたことを浮き彫りにすることである。そして第三に、関口が、青年学校を中心とした公民教育のあり方に強い関心を示していたことをふまえて、「青年教育と公民教育」という視点からその特徴を考察することである。

1　時局と公民教育論の展開

　1930 年代に入ってから、満州事変の勃発、五・一五事件、国際連盟の脱退等など戦時体制へと向かい始めるが、1930 年代半ばの状況を公民教育との関係で、関口は次のように捉えている。

　　　公民教育の声がやっと上りかけた時に、非常時の襲来、或は襲撃が始まったので、普通選挙に失望した民衆が、更に進んで立憲政治そのものに対してまで疑惑をもちはじめたのである。併し乍ら実の所は、立憲政治そのものが、まだ本当に運用されていなかったのであって、普通選挙とはいふものの、既成政党その他の旧政治勢力に邪魔されて、これも多少マヤカシものになって、『臣民翼賛の途』を広め給ふ大御心を奉じて謝りなかったとはいひきれないものがあった。制度の方からいってもそうであるが、国民の心の準備、政治的訓練の側からいっても、また立憲国民としての資格も出来ていなかった[1]。

　上記の「非常時の襲来、或は襲撃」というのは、満州事変と五・一五事件のことをさしているものと思われるが、これらの情勢の変化によって盛り上がっていた公民教育運動が低調になったとされている。しかし、一方で、このような情勢の変化のみならず、そもそも立憲政治が選挙腐敗等の横行によって正当に運用されず、国民に対する公民教育も不十分であり、国民の側の意識も十分でなかった点についても強調されている。

　普通選挙の実施にもかかわらず、選挙の腐敗が甚だしくなっていった原因として、関口は、選挙権拡張によって国民大衆の政治参加が広がると、既成政党がそれまで以上に旧政治勢力を維持するために、新興勢力の進出を妨げる必要から、従来慣用してきた投票買収の手を広げ、その組織を完備し動員したことをあげて

いる[2]。そして、このような選挙の腐敗を減らすために当時盛り上がり始めた選挙粛正運動に対しては、「選挙が終ると共に終る一時的の運動ではなく……（中略）……選挙民の政治教育公民教育が何よりも先に必要不可欠の前提になる」[3]と単なる選挙違反の取締りのためだけの運動ではないことを強調している。

　第1章で指摘したように、実際に、選挙粛正運動は、違反防止のために監視の強化や選挙法改正を行うだけの運動ではなくて、「立憲的知識の涵養」を重視することを通じて立憲政治の質の向上を目指すという、いわゆる公民教育運動の側面も有していたが、そのことが関口においても強く認識されていたことが分かる。関口は、『公民教育の話』において、「社会に於ける公民教育」の一つとして、実際政治の動きや政治的事実を学ぶ「公民教育としての政治教育」の重要性をあげていたが、1930年代半ばに盛り上がりを見せた選挙粛正運動に対して、それが実践される場として期待を寄せていたと捉えられる。

　選挙のための公民教育的機能をはじめとした「社会に於ける公民教育」に関口が期待を寄せたのは、学校教育における公民教育が名ばかりのものになっていることへの危惧もあった。第2章で述べたように、関口は、学校における公民教授の不十分さを補うものとして社会に於ける公民教育の重要性を説いていたが、公民科が各学校に普及していったこの時期においてもこうした認識は継承されていた。つまり、関口は、公民科が公民科教授要目にしばられて、従前の法制及経済のように型にはまったものとなっているとして、学校教育においては、帝国憲法の精神、憲法発布までの歴史とその成果、遵法的精神の養成、平時における忠君愛国の方法等を教えることはできても、実際政治に触れた教育は十分に展開し得ないとし、むしろ「社会に於ける公民教育」に期待したのである[4]。

　このように、1930年代半ばにおいて、関口は、それまでの公民教育において、立憲教育としての側面（＝「立憲的知識の涵養」）が十分に深められてこなかったことを批判しているが、その際に、以下のように、忠君愛国教育としての側面（＝「国家への忠誠心の育成」）が定着してきたことを、引き合いに出している点に着目する必要がある。

　　師範学校の教育なり、小学校の教育に於て忠君愛国教育の程度に立憲教育が行はれていたならば、恐らく今日の選挙の腐敗も、議会の堕落もなくて済んので

第 3 章 公民教育論の展開 *161*

はないか。……（中略）……一旦緩急あらば義勇公に奉ずる非常時教育は徹底し
たが、国権を重んじ、国法に尊ふ当時の教育に於て欠くる所があったことは疑ひ
得ないのである。この点から考へても、教育勅語の奉読と共に、憲法発布の勅語
を奉読せしむることにしたのは、遅れたり山といえども、国民教育の上に良好の
結果を収むることを期待してよい。それは国体明徴と共に憲法振作にもよる[5]。

　忠君愛国教育が、教育勅語の徹底した奉読によって定着したことにならって、
立憲教育も帝国憲法発布の奉読などを中心に徹底していく必要性が提起されてい
るが、ここで注目されるのは、忠君愛国教育と結びつけながら立憲教育の徹底を
図ろうとしている点である。第 2 章で明らかにしたように、国民の基本的権利
と自由を中心とする立憲思想と、忠君愛国の感情を頂点とした国家意識の形成と
が、関口の公民教育論においては有機的に結びつけられていたが、この時期にお
いてもこうした特徴が継承されていたことが分かる。それは、関口が立憲政治を
確立していく上で、国民が天皇の臣民として、国家の形成に参加していくことを
重視し、そのことを「臣民翼賛」と表現していることからもうかがえる[6]。

　この忠君愛国の感情について、関口は、『公民教育の話』において、戦勝が主
目的の時代における、自ら国のために戦死するというような個人英雄主義的なも
のではなく、文化貢献や国民生活の安定が主目的の時代における、平和文化の向
上に貢献するための国民同士の共同協力的なものと結びつけて捉えていた。戦時
体制が進行し、戦勝が求められるような時勢となっていく中で、関口が、忠君愛
国の感情をどのように位置づけようとしたのか、以下において、1930 年代後半
以降の関口の言説をさらに考察していく必要がある。

　1930 年代後半になると、軍部の政治支配力は著しく強化されていき、いわゆ
るナショナリズムが台頭してくる。このような情勢の中で、関口は、国体明徴、
日本精神の叫びは、公民教育の内容にも影響を与え、いまだ形を整える前の発達
未熟の域にある公民教育はその使命を行わないうちに特徴を失い、学校の公民科
も修身科に近づいている現状を危惧している[7]。ここには、戦時体制下で強調さ
れてきた国体観念の影響によって、忠君愛国の側面と立憲教育の側面を併せ持つ
公民教育が、前者の側面が強調されていくことで、後者の側面が後退していくこ
とに対する危機意識が示されている。

162　第Ⅰ部　戦前における公民教育の形成と展開 ― その特徴と構造 ―

　ただし、こうした公民教育の変化は、関口の中で、整合性をもって捉えられ
ていた側面もあった。そのことは、「公民教育は一応は不動を予想する制度の教
育でなく、常に動いているものを捉へる時局の教育であることは重要な特色であ
る」[8] として、時局の変化を公民教育の内容に反映させる必要性が重視されてい
ることに端的に示されている。こうした姿勢は、以下のように、日中戦争を契機
として、日本が本格的に戦時体制に突入していく 1937（昭和 12）年 9 月頃から、
国民全員を戦争遂行に協力させるべく開始された国民精神総動員運動に対する捉
え方にも見いだせる。

　　　国民精神総動員運動が、その重要性を感じるだけで、総動員的に動いて来ない
　　で、動くのは本部の首脳部役員だけになってしまふのも、結局それが国民政治教
　　育の基礎をもたないからである。国民再組織といふ言葉は生硬だが、何か国民全
　　体が、自力で自発的に、積極的に底からムクムクと持ち上るやうに動いて来るも
　　のがほしいのである [9]。

　関口は、滅私奉公の精神の徹底を目指していた国民精神総動員運動そのものに
対しては批判的に捉えておらず、むしろ触れ出しだけの運動をいかに浸透させて
いくかに力点をおいており、そのために、以下のように、官僚、民間のリーダー、
高齢者などに頼らないで、国民が自発的に参加して、運動を盛り立てていくこと
の必要性を提起したのである。

　　　国民精神総動員運動は、もっと単純に線の太いものでなければいけない。国民
　　精神総動員運動といふからには、一度発動し出したら、全国的に運動自らの自力
　　で動いて行かなければならぬ筈のものである。いつまでも政府の役人や、民間の
　　豪い人達、老人達に後押しをたのみ、前から綱をつけて引っぱってもらはなけれ
　　ば、動いてゆかない様では困るのである [10]。

　このように、関口は、国民精神総動員運動に対して批判的に捉えるどころか、
むしろそれを振興していく必要性を強調しているように、そこには戦時体制に加
担していく姿勢も見いだせる。そして、このことは、関口が時局に即しながら、
忠君愛国の感情を、戦勝ともつながるような、個人英雄主義的で滅私奉公的なも

のと結びつけて捉えていくことを受容していく可能性を意味していた。

　第1章で述べたように、この時期には、それまで相互に結びついてきた「近代立憲国民としての公民」概念と、「オオミタカラとしての公民」概念を相対立するものとして捉える志向が高まり、前者が、西欧の自由主義・個人主義的な意味を包含するものとして批判され、後者が、日本古来からの伝統である「皇民」として重視されるようになっていったが、こうした変化は、以下のように、関口においても見いだせる。

　　　公民教育といふことが一時盛に唱へられたのは、教育の方から社会と手をつながうとした態勢であった。そしてそれが立憲教育主義と結び付かうとする時に、非常時の嵐が吹き出し、国体明徴運動的空気が、公民教育運動の若芽を枯らす迄とはゆかないでも、萎れさせてしまった傾がある。しかし公民が皇民であればなほさら、国家公共とのつながりがはっきりしなければならない[11]。

　ここで注目されるのは、関口は、「非常時の嵐」によって、「立憲的知識の涵養」を基調とした公民教育が十分に展開しなかったことを遺憾に思いつつも、国体明徴運動のもとで伸長しつつある「皇民」そのものに対して批判は示さず、むしろ、それまでの「公民」に連続するものとして位置づけている点である。

　公民教育が立憲教育として育たなかった原因として、戦時体制の進行をあげている点からも、関口にとって、「公民」から「皇民」への変化は、積極的に受容できるものではなかったと捉えられるが、国民精神総動員運動への対応にみるように、結果としては皇民を受容していった。それは、関口の公民教育論の思想構造からいえば、それまで重層的な構造をなしてきた「国家への忠誠心の育成」と「立憲的知識の涵養」との関係が、前者が、戦時体制に自発的に参加していくような滅私奉公の精神をも内包した「皇民」教育として構成され直されて、前面に打ち出されていくことによって、前者と後者の共存を図ることが困難になってきたことを意味している。

2 公民教育論の葛藤

　このように一見すると、関口は、戦時体制に加担していくような公民教育のあり方を提起していったようにうつる。しかし、戦時下における関口の論をさらに検討していくと、「オオミタカラとしての公民」が「皇民」として、政策的に強化されていく状況下にあって、何とか「近代立憲国民としての公民」の育成を図ろうとしていたことが分かる。したがって、この点についての検討を深めて、関口の思想の内的構造をさらに掘り下げて考察する必要がある。

　関口は、国民精神総動員運動をはじめとした一連の教化運動を振興していくことの必要性を提起していたが、同時に、以下のように、それらの運動を表面的なものとせずに、国民が自発的に参加していくことによって盛り上げていくためには、これまでの公民教育に対する政府の取組みでは不十分であると批判している。

　　　　国民の中から湧き上がり、盛り上がるやうな政治活動にしなければ、自分で大きくなってゆくことは出来ないのである。そしてこんな運動が起ることによって、選挙粛正運動も、所謂国民再組織運動も、而して国民精神総動員運動にもそれが発展成長してゆくのである。国民に公民教育的なものを与へず、政治教育的な方法によらず、国民の内なる力を養はず、内から伸びやうとする力を認めずに、躍れ、はねろといってもそれは無理である[12]。

　ここでは、公民教育が、「公民教育的なもの」と「政治的教育的な方法」が不十分であったとして、内容と方法の両面から批判がなされているが、こうした政府への批判は、以下のように文部行政のあり方にも及んでいる。

　　　　興亜教育的観点に立った時に、興亜の中心である教育事業、教育計画といふものは、果してこれでよいのか。それは興亜院の文化部だけに任せておける事ではない。拓殖教育が青少年義勇軍養成の内原の訓練所に引きずられても、全体としての拓殖教育は文部省が握っていなければならない[13]。

　拓殖教育そのものに対する批判は見られないが、軍部の政治支配力の増大によって、拓殖教育が軍部の管轄のもとで進められていくことに対して、教育に関

第3章 公民教育論の展開 *165*

する事業・計画は、文部省が握っていなければならないとして批判的見解を示している。

そして、関口の批判の矛先は、政府だけでなく公民教育を指導する教育者に対しても向けられ、以下のように、教育者が運動に関わらずに第三者的な立場で指導にあたってきたことが、新党運動、選挙粛正運動、青年団・壮年団運動の不徹底をもたらしたとしている。

　　新党運動が出来ないのも、選挙粛正運動が徹底しなかったのも、青年団や壮年団の運動に、はっきりした進路を示し得ないのも、公平なる第三者意識に冒されている所はないかと思はれる。公平なる第三者は運動しない批判者である。教育者殊に公民教育者の立場がやはりこれであった[14]。

このように、政府や教育者によって、これまで公民教育が十分に実施されてこなかったことに対して批判的見解を示した上で、公民教育の必要性を説いているが、関口が、この時期に求めた公民教育とはどのようなものであったのだろうか。以下では、その内容と方法に着目して検討を進める。

関口は、この時期に求められる公民教育の内容として、「単に立憲自治の法制的教育に止らず、抽象的概念的の勤倹貯蓄消費節約の教育でもない。時局の認識を必要とし、何を節約すべきかについては、国内生産と国際貸借の関係にまで思を致し、知識を広めなければならない」[15]と目まぐるしく戦時体制に突入していく時局を、国民に認識させることの必要性を説いている。しかし、他方で、「時局による公民教育の反省は、公民教育の出発当時の考へ方が誤っているといふ発見ではなくて、その正しかった方向を飽迄追求して遂行することに力の足らなかったことの反省でなければならない」[16]と1920年代から本格的に進められた公民教育が、結局、国民に普及徹底することなく現在に至ってしまったことへの反省の認識を示している。そして、「動く時事問題的のものであるよりも、動かぬ帝国憲法の基礎的教育」[17]が重要であることを強調している。

ここで注目したいのは、立憲自治の法制的教育にとどまらず時事問題的なものを重視しつつも、他方で、1920年代の公民教育の出発当時に立ち返って、時事問題的なものよりも立憲自治の法制的教育、特に帝国憲法の基礎的教育を重視し

166 第Ⅰ部　戦前における公民教育の形成と展開 ― その特徴と構造 ―

ている点である。公民教育の「出発当時」（1920年代）を「正しかった方向」と
捉えていることからも、戦時体制下における公民教育の状況に対して、関口が危
機意識を持っていたことが分かる。

その状況とは、天皇機関説に対する批判の高まりによって、帝国憲法の神話
的・宗教的な国体論的側面が重視される一方で、立憲的側面が軽視されてきたこ
とであり、こうした中で、関口は、結局国民に定着してこなかった立憲教育を基
礎から実施して、「近代立憲国民としての公民」の育成を図ろうとしたと捉えら
れる。そのために、関口は、以下のように、公民教育を「政治教育的な方法」で
実践していくことの重要性を提起している。

　　　政府に依存し、他人任せで国民は手を供して成を仰ぎ、上からの命令をただ待っ
　　ているのではいけない以上は、常に研究討議実践する所がなければならない。そ
　　れには志を同じうするものが集会し結社することを必要とするし、正しいと信ず
　　る所を発表して世に問ふに、言論著作印行の自由がなければならぬ [18]。

戦時体制下において、集会結社の自由や、言論著作印行の自由が制限されてい
く中で、それらの重要性を提起しているが、こうした姿勢は、『公民教育の話』
においても、検閲、記事差止、発売頒布の禁止といった制度は立憲政治と相いれ
ないと主張しているように、関口の中では一貫したものであった。そして、関口
にとって、研究討議実践を基調とした「政治教育的な方法」による公民教育とし
て、最も効果的だったのが、彼が「社会に於ける公民教育」の一つとして位置づ
けていた新聞紙や雑誌であった。

しかし、厳しい状況下で、関口が期待を寄せていた新聞紙・雑誌も、その批判
的機能（＝政治教育的機能）が奪われるようになり、それに代わるものとして、
以下のように、婦人組織によって発刊されていた週報に一縷の希望を見いだそう
としている。

　　　事変以後はじめられたことで、将来の公民生活に大きな影響をもつものは、国
　　防婦人の組織と活動、週報の発刊ではないかと思ふ。……（中略）……週報のも
　　つ公民教育の力は相当広く深いものがあるし、国婦の組織と活動が婦人運動上と

いはず、将来の社会的影響は各方面にあるだろう。知識階級婦人以外の一般婦人を公的生活に引出し結び付けたことは、婦人の社会的従って政治的地位に、将来革命的な影響を及ぼす基となるのではないかと思はれる。……（中略）……新聞が批判の機能を奪はれ、報道の自由を著しく制限された結果、……（中略）……それに代わるものとして、それが将来もっていた力よりも以上の勢力をもって、統制された報道と、国策の説を週報がなしているといってもよい[19]。

　関口が期待を寄せていた新聞紙も、報道の自由が制限され、時局に即した政府広報というべきものへと転化していく中で、婦人組織による週報の発刊が、将来の婦人の社会的政治的地位を向上させる上での基礎となるとして、そこに何とか希望を見いだそうとしていたと捉えられる。それは、関口が重視していた、集会結社の自由、言論出版の自由のもとでの「政治教育的な方法」をとることが困難な中にあって、それでも何とか、忠君愛国教育が主流となりつつある公民教育の展開過程に、立憲教育としての側面を組み込んで、「近代立憲国民としての公民」の育成を図ろうとしていたことをあらわしている。

　これまでの議論をふまえて言えることは、この時期の関口の公民教育論の思想構造について、第1章で捉えたこの時期の公民概念の変化に見られるように、それまでの重層的なものが「オオミタカラとしての公民」概念を中心としたものに収斂し、「皇民」へと構成され直されていったという構図で、必ずしも捉えられるわけではないということである。

　確かに、先述のように、関口は、忠君愛国教育の一層の強化という時勢の中で、重層的な概念をもった公民が、「オオミタカラとしての公民」に収斂したいわゆる「皇民」へと再構成されていくのを受容していった。しかし、他方で、公民概念を、「近代立憲国民としての公民」概念も内在させた重層的な性格をもつものとして捉えることを重視しながら、公民教育を展開する必要性を説き続けた。

　この時期に実際に展開されていた公民教育において、「立憲的知識の涵養」が不十分なまま、上から「国家への忠誠心の育成」だけが強調されていくことに対して危惧を抱いた関口は、前者の側面の強化を図るべく、集会結社の自由や言論出版の自由が制限されていく中で、研究討議実践に基づいた政治教育的方法によ

168 第Ⅰ部 戦前における公民教育の形成と展開 ― その特徴と構造 ―

る公民教育の重要性を説いたのであり、そこからは、「公民」が「皇民」へ転化していくのを、何とか食い止めようとする意志も垣間見ることができる。

そして、このことは、関口が、この時期においても、『公民教育の話』において示されているような、国家を形成する担い手と、立憲的知識を身につけて、地域社会における公共的活動や団体訓練に主体的に参加していく担い手という双方向から公民の育成を探求することによって、国民国家の強化を図ろうとしていたことを意味している。実際に、以下で取り上げるように、関口が、この時期においても、社会に於ける公民教育に着目し、青年学校を中心とした地域の青年教育を重視した点は、そのことを端的に示しているといえよう。

このように、関口は、公民から皇室への変容を受容しつつも、あくまで重層的な概念としての公民を探求しながら、その上で公民教育のあり方を説いたように、この時期における関口の公民教育論の思想内部には、葛藤関係が見いだせる。

3　青年教育と公民教育

関口は、『公民教育の話』の執筆以来、公民科教授要綱の内容の検討の必要性や、公民科教員養成の必要性を提起するなど、一貫して学校教育の公民科のあり方についても関心をもってきた。公民科が新しく設置されたものの、結局、修身科と近いものとなってしまったり、知識の羅列であった従来の法制及経済と変わらないものになってしまっている現状を批判的に捉えている。この点に関して、関口は、以下のように、新しい公民学を構築することの必要性を提起している。

　　新しく中等学校に公民科を置きながら、高等師範にも文理大学にも、これに対応するだけの施設をしないのが誤りである。それは従来の法律学と経済学と社会学と、それに歴史と地理とを教へただけで足りるものではない。そこには新しい公民学が打ち建てられなければならない[20]。

ここで提起されている「新しい公民学」というのはいかなるものを意味するのだろうか。その手がかりとなるのが、特に、公民科の成立以後、1920年代半ばから1930年代半ばにかけて、また戦後直後において、文部省主催で、各地の学校教員、青年指導者等を対象に行われた一連の公民教育講習会の講義題目で

ある。講義題目が、社会科学、生活科学全般にわたるものであったことを考慮
に入れるならば、この「新しい公民学」というのは、簡潔にいうならば、財政、
経済、国家、地方自治、人口、農村問題、都市問題等を、「公民」の視点から捉
えなおす新しい社会科学・生活科学であったといえる。「新しい公民学」につい
ては前田多門も戦後直後に提起しており[21]、戦後の社会科教育学との関連でも、
今後、議論を深めていくべき課題といえるだろう。

　そして、関口が、公民科を進めていく上で、特に着目したのが、公民科が最初
に設置された実業補習学校であった。『公民教育の話』においても、関口は、当
時、小学校6年間のみが義務教育であった状況に対して、多くの青少年が進学す
る実業補習学校における公民教育の重要性を強調し、実業補習学校と青年訓練所
を併合した公民教育機関を作り、それを義務制とするなど、具体的な教育改革案
も提起していた[22]。

　このように、関口は、学校教育における公民科の中でも、実業補習学校やその
改編後に成立する青年学校という、初等学校卒業後に正規の中等学校に進学しな
い多数の青年たちが進学していた教育機関に着目し、青年期の公民教育を徹底さ
せようとしていた。関口がいう青年教育は、「青年教育といふ場合の青年は、一
般的に青年といふものを指すのではなくて、青年団、青年学校の青年を指す」[23]
という指摘に見られるように、中等教育、高等教育と学んでいくエリート青年で
はなく、青年学校、青年団など地域社会に生きる多数の青年が念頭に置かれたも
のであり、それは「社会に於ける公民教育」の一環でもあったと捉えられる。

　その後、実際に、それまで別個であった実業補習学校と青年訓練所が、1935
（昭和10）年に合併し青年学校が設置され、1938（昭和13）年には義務制になっ
ており、一見すると、関口の期待に沿った改革が進められたようにみえるが、関
口にとっては必ずしも納得のいくものではなかった。それは、大きく、青年学校
で指導する教員不足の問題と、青年学校における公民科のあり方の問題の二つか
らなっていた。

　教員不足の問題に関しては、市町村財政の点から専任教員の配置が困難である
状況には理解を示し、それを補うために、職業科目には、大工場や大商店の従業
員や職員をあて、普通科目には、経験ある小学校教員や中等学校教員をあてるこ
とを提起している[24]。

170 第Ⅰ部 戦前における公民教育の形成と展開 ― その特徴と構造 ―

公民科のあり方については、青年学校の生徒が、実際社会に出て生活経験を もっているがゆえに、教科書朗読的な教授では不十分であり、専任教員を養成す るために、公民科教員養成所をつくる必要性を提起している[25]。さらに、精神 的な教話が中心の修身科や軍事教練が教育内容の中心に据えられている状況を批 判して、教育の中心に公民科が据えられ、青年が政治により多くの関心をもち、 なおかつ批判の眼をもつ必要を強調している[26]。

青年学校の成立とその義務化の背景には、政治支配力を高めつつあった軍部 が、近代的戦争に不可欠となる兵員の知的能力や軍事技術の向上を必要としてい たことが強く反映されていた。このことは、初等学校卒業後に正規の中等学校に 進学しない青少年たちに対して、正規の学校ではないものの青年学校への入学を 義務づけることによって、中等教育段階の実質の義務化を図るものであり、その 意味でも、青年学校の成立と義務化は、国民国家を一層強固なものとするもので あったと捉えられる。

このように、青年学校の成立と義務化は、軍部を中心とした支配側の要求が強 く反映されたものであったが、他方で、教育制度研究者であった阿部重孝をはじ めとした改革派グループによって提起されてきた、教育機会の均等化の観点から の中等教育の普遍化という主張とも結びつくものであったとされる[27]。そして、 関口もこうした教育機会均等の観点を持ち合わせていたことが、以下のように確 認できる。

　　参政権と兵役と納税とを臣民の三大権利義務といふが、教育もこれに劣らぬ権 利であり義務である。義務教育は国家が国民に対して教育を与へる義務があり権 利があることを意味すると共に、臣民の側からいへば、国民としては教育を受け る義務と権利がある[28]。

義務教育が「国家の国民に対する義務」と位置づけられ、さらに、国民に「教 育を受ける権利」があると位置づけられている点は、戦後の教育法制に基づく教 育権の考え方とも連なる点で注目される。そして、以下の指摘では、さらに踏み 込んで、教育機会均等の視点を立憲主義と結びつけて捉えている。

正しき教育を受ける権利は、正しき裁判を受くる権利と同様に重要なる立憲国
民の権利でなければならないのである。……（中略）……よき教育を受けられる
かどうかが、個人的一生を決すると同時に、国民によき教育を与へるかどうかが、
一國の運命を決するのである。義務教育といふ問題も、……（中略）……かくの
如き憲法的観点から見る必要がある[29]。

　こうして、関口にとって、青年学校の義務制は、立憲主義に基づいた教育機会
の均等化の観点とも結びつくものであり、義務化された青年学校において、先述
のように、兵役の準備訓練や精神的な教話ではなくて、立憲教育としての公民教
育が中心として位置づけられることを期待した。それは、具体的には、青年の政
治への関心の喚起や、政治を批判的に捉えられる力量の形成など、政治教育的方
法による「立憲的知識の涵養」を中心として、青年の生活と職業に即した公民教
育であった。

　したがって、『公民教育の話』において示された、関口の公民教育論の中心に
ある「国民の基本的権利と自由を尊重する立憲思想」は、青年学校義務制をめぐ
る議論にも見いだせるように、この時期においても、一貫して継承されていたこ
とが分かる。そして、戦前、戦時下を通して、青年期教育のあり方を説いてきた
関口は、戦後直後においても、教育刷新委員会等に関わり青年期教育の改革にも
関わっていったのである。

　このように、立憲政治を重視していた関口は、公民教育の立憲教育としての側
面が軽視されていくことに対して危惧して抱き、教育現場において具体的に展開
すべく、地域の青年学校に着目して、教育内容や方法面における改革案も提起し
ていったのである。そして、このことは、この時期においても、関口の中で、立
憲政治や公民の概念に関する議論だけでなく、具体的な公民教育のあり方に関す
る議論も重視されたように、関口の中で、立憲政治から公民教育へというポリ
ティーク的発想と、公民教育から立憲政治へというペダゴギーク的発想が相互に
浸透しながら、公民教育論が展開されていたことを意味している。

172 第Ⅰ部 戦前における公民教育の形成と展開 ─ その特徴と構造 ─

B 蝋山政道の公民教育論の展開

1 戦時下における蝋山の軌跡 [30]

　1930 年代以降、言論界でも名声を博していた蝋山は、1939（昭和 14）年の「河合栄治郎事件」をきっかけとして、突如、東京帝国大学法学部教授を辞職した。1938（昭和 13）年 2 月に治安維持法違反を理由とするマルクス経済学者に対する粛正の大検挙があり、東京帝国大学でも経済学部の教授、助教授が相次いで検挙され、軍部批判をしていた教授の河合栄治郎も出版法違反により、1939（昭和 14）年 2 月に起訴された。河合の処分をめぐって大学側は当時の平賀譲総長決定により休職処分とするものの、河合はその決定を不満とし自ら辞職した。そして、河合と親交のあった蝋山は、河合への同情と学問の自由、大学の自由への攻撃に対する抵抗の意思表示として自ら辞職したのであった。

　東大辞職後は、活動の中心を昭和研究会に移し、1930 年代半ば頃から開始された近衛文麿の政局担当を期する国策研究を主導し、現実の政治との関わりをさらに深め、「東亜協同体の理論」を発表し、東洋諸国のあり方とその中で日本の果たす役割についての議論を展開していった。しかし、昭和研究会により立案された近衛新体制運動が、第二次近衛内閣の成立によって、大政翼賛会設立に解消されてしまうと、研究会も 1940（昭和 15）年には解散を余儀なくされた。ちなみに、蝋山は、戦後になってから、研究会の活動を振り返って、その果たした大きな役割として次の二点をあげている。一つは知識階級の政治参加によって政治に知性と思想を持たせ、官僚政治に対して一つの影響力を持った人間を養成したこと、もう一つはポリシー・メーカーとして官僚を訓練したことで、研究会は政党的な政治勢力ではなかったとしても、政党や官僚に対して批判を加え、新しい方向を与えるという役割を演じたということである [31]。

　戦争拡大という時局の中で、蝋山も「大東亜共栄圏」思想に協調する論なども展開していくようになり、1942（昭和 17）年、近衛文麿や地元群馬の企業家の勧めを受けて大政翼賛会推薦の衆議院議員に立候補し、当選を果たしたが、旧来の知人から相当の違和感がもたれ、戦後も蝋山のこの時期の言動は大きくクローズアップされることとなる [32]。

第3章　公民教育論の展開　*173*

　1930 年代半ば以降の執筆活動に関しては、政党政治の危機などの時代状況を反映して、普通選挙制度、無産政党、英国労働党などについての論稿も多くなってくる。さらに、戦後、蝋山が力を入れていく教育との関連だと、学問の自由が脅かされる中で、大学自治に関する論稿も見られる。そして、1930 年代後半から 40 年代前半にかけては、日本の対外戦略も反映してか、大東亜共栄圏についての論稿が多く見られるようになってくる。

　蝋山は、この時期において、直接、公民教育という言葉を用いて論じているわけではないが、「東亜協同体の理論」や「国民協同体の形成」の議論は、公民の形成や国民国家の構築という公民教育とも関わる内容であり、こうした議論の検討を通じて、蝋山が戦時体制とどのように向き合ったのかを明らかにしていくことが求められる。それは、『公民政治論』によって示された体系や、戦後に本格的に展開していった政治教育論や教育自治論との関係で、この時期の蝋山の思想構造がどのように捉えられるのかを明らかにすることでもある。

　以下では、戦時体制と蝋山をめぐる政治学や行政学の先行研究の知見もふまえつつ、この時期に蝋山が発表した論説の分析を行い、この時期における蝋山の公民教育論の特徴を次の二つの観点から明らかにする。第一が、「東亜協同体の理論」や「国民協同体の形成」を提起することを通じて、蝋山が、日本の戦争参加の意義づけを行い、戦時体制へと参加していった点を明らかにすることである。第二が、一方で、立憲政治の真の実現を図るために、政治教育の重要性を説き続けた点を明らかにすることである。そして、この二つの観点からの考察をふまえて、蝋山の思想内部においても関口同様に葛藤関係が見いだせることを指摘する。

2　戦時体制への参加

　蝋山の戦時体制への参加という問題を考える際に、着目する必要があるのは、日中戦争の意義づけを行ったとされる東亜協同体論の提起である。これを契機に、それまでの自由主義者の立場から大きく転向していったとして、政治学研究を中心にその転向問題に焦点があてられてきたからである。

　1938（昭和 13）年 11 月に雑誌『改造』に発表した「東亜協同体の理論」では、日中戦争に対して、「東洋の日本が始めて西欧諸国の指導や干渉から離れて、独自の立場から大同世界への使命を自覚した」ものであり、「世界における東洋の

覚醒であり、東洋の統一といふ世界史的意義を有する現象」として、積極的な意義を見いだしている[33]。そして、東洋の統一への「主動力」として、蠟山が着目したのが、「日本の大陸発展に内在している原理」である「防衛又は開発の為めの地域主義」であった。それは、西欧の建設した帝国の多くが、「征服」や「移住」によって、「垂直的又は水平的に発展して」きたのに対して、「日本の大陸的発展は国防力の及び得る接壌的地域と海洋的方面との結合より成る地域への側面的発展であって、そこにある地域は文化的に且つ生活的に運命共同体たり得る」というものであり[34]、蠟山は、西欧とは異なる方法によって、日本が主導しながら東洋の統一がなされていくことを期待し、日中戦争の意義を説いたのであった。

　当時、東洋諸国の統一をめぐる議論が高まっていたが、その主流は、民族や文化の親近性・共通性を基礎にすえる理論であり、それに対して、蠟山は地域主義を指導理論として中核にすえた[35]。地域主義に基づいた蠟山の東亜協同体論の本質は、「帝国主義的半植民地でないといふ」規定を基本に据え、次の五点の特質を有していた。①一定の地域と民族との共同運命を確保し、その生存を確保するための政治的保障として、連合体的政治体制をとること。②各民族文化の異質性を尊重し、その民族的背景を認めつつ、統一に向けて創造的な発展を目指すこと。③住民の生存と生活の向上に対する合理的計画のために、従来の政治行政の境界を再検討し、自然と文化の機能的連関をもった新たな行政区域と自治政府を建設すること。④土着資本又は民族資本との協力を目的とし、資本造成の方法や経営の基準についての目標を地域的運命の共同建設に置くこと。⑤自然と文化との有機的統合の上に、各民族の生存向上のための基礎を築かんとする新世界文化の建設の理論となること[36]。

　このような東亜協同体論の枠組みを提示した上で、蠟山は、1939（昭和14）年5月に、再び雑誌『改造』において、「国民協同体の形成」という論文を発表し、東亜協同体建設のための主動力となる日本の「国家民族の新体制」についての考察を行っている。蠟山は、「挙国一致」「国民精神総動員」など新秩序形成のための国民生活への道義的倫理的呼びかけが、単なる教化宣伝にとどまっている現状を批判的にとらえ、「国民協同体の形成」の必要性を提起する。それは、「個人の生活行動の目的が全体のそれと合致」するような、「『国家』よりも一歩深く

根源的な意味における人間生活の存在形態足る民族又は国民に近接してその意味又は目的の充実を確保すべき新秩序であり、同時に、従来の学問又は常識において『国家』と概念的には対立の地位におかれた『経済』や『社会』をも包含した立体的な社会的存在」とされるものであった[37]。

　ここで注目されるのは、蝋山が、「国家対民衆という明確な関係が成立せずに、地域共同体の振興と連動しながら構築されていった」という日本型国民国家の特質をどこまで意識していたかは分からないが、西欧諸国とは異なったアジア的特徴を意識し、「地域主義」という「地域共同体の振興」とも結びつくような視点を基底にすえて、東亜共同体の理論を提起したことである。さらに、関口と同様に、国民精神総動員運動そのものに対して批判的な姿勢は示さずに、教化宣伝にとどまっている運動をいかに実質化していくかを重視し、そのための理論枠組みとして「国民協同体の形成」を提起し、国民の生活行動が国家の統合に収斂していくような体制を構築しようとしたのである。

　蝋山が描く「国民協同体の形成」は、「経済」や「社会」を包含するものであり、特に重視されたのが国民計画経済の実現であり、そこには社会主義的な思想が反映されていた。つまり、それまでの経済統制が、「生産技術的側面のひた向きなる昂揚によって促進され」てきた「産業構成の高度化」に力点が置かれていた点において、「平面的」な「編成」であったことを批判し、それを超克し、「国民的秩序又は地域的民族秩序との意識的連携を充分考へ」ていくような「立体的」な「編成」が重要であり、国民自身がその意義を把握し、国民的な協同経済の体制をとっていく必要性を提起したのであった[38]。そして、こうした経済の再編成を実現していくために、蝋山が必須条件としたのが「議会政治の革新」である。

　それは、議院内閣制の確立・強化の下で権力の集中を果たした内閣と、軍事外交問題等での審議決定能力を強化した議会とによって、軍部を統制し、「国務」と「統帥」との分立を「国務」の下に統一するというものであり[39]、天皇機関説が揺らぎ、軍部の政治支配が強まっていく中で、議会政治の権限を位置づけながら、「国民協同体の形成」を目指そうとしていたことが分かる。また、こうした政治体制を機能させるためには、国民の政治への参加意識を喚起することが重要であり、それが基盤となって、帝国憲法下の分立的な国家機構における国家意志

176 第Ⅰ部 戦前における公民教育の形成と展開 ― その特徴と構造 ―

の統合がなしとげられ、東亜協同体の建設に必要とされる総合的国策が形成され
ていくとされた[40]。

　ここまでの議論をふまえれば、「国民協同体の形成」というのは、東亜協同体
の理論に基づきながら、日本の国民国家を地域共同体の振興と結びつけながらい
かに構築していくかという、いわゆる公民教育ともつながる理論であり、そこに
蝋山の公民教育論の特徴を見いだすことができる。その思想構造とは、あるべき
国家としての国民協同体の形成を図る上で、国家による強権と服従によってでは
なく、国民が、地域共同体における生活や自治を担いつつ、政治への参加意識
を高めていくことによって、「市民が自治的に治める論理」とも結びつきながら、
下から「国民を統合する論理」が強化されていくことを期待するものであったと
いえる。

　この思想構造は、第2章で示された蝋山の公民政治の考え方とも近いともい
えるが、この時期の特徴としては、あるべき国家としての国民協同体というもの
が、東洋諸国の統一という世界戦略ともつながりながら、「国民を統合する論理」
として強く打ち出されていた点にあり、このことは、蝋山においても、公民政治
に基づいて重層的な構造をなしてきたもう一つの論理である「市民が自治的に論
理」との共存を図ることが困難になってきたことを意味している。

　こうして、蝋山は、「東亜協同体の理論」の提起によって、東洋の統一のため
の日本の戦争参加の意義づけを行った上で、「東亜協同体」を主導する日本の国
民国家の強化を図るために「国民協同体の形成」を提起して、戦時体制へと参
加していったといえる。一方で、軍部の政治支配の拡大に対して批判的姿勢を示
し、国民計画経済や議会政治革新を提起した点においては、蝋山は、昭和研究会
の潮流を汲んで、社会の計画的な合理化と組織化によって国策の形成を目指すと
いう構想をもった、いわゆる体制内改革派でもあったと捉えられる。

　しかし、蝋山の描いた構想の実現は二重の意味で困難であったとされる。第一
に、国際的な視野をもって国家のあり方を探求してきた蝋山にとっても、「既に
相互依存関係の進んだ欧州先進諸国と異なり、国民国家の未形成なアジア・太平
洋地域において」「新興ナショナリズムの論理と機能統合の展望をどう接合させ
るか」[41]ということは極めて難しい問題であった。そして第二に、明治憲法体制
下において、天皇制国家機構の有する特殊で高度の分立性と、高度の独立性を有

第3章 公民教育論の展開 *177*

する軍部の存在は、蝋山の考えていた以上に重い現実としてのしかかってきた。その結果、蝋山の構想は挫折し、蝋山自身も、現実を追認しつつ、自発的転向を遂げていったとされるのである[42]。

したがって、蝋山が、結果として戦時体制に自発的に参加していった側面が強くみられる以上は、議会政治の革新のために国民の政治への参加意識を喚起していたとしても、それは、戦時体制へと自発的に国民が参加していくことを要請するものへと転化しやすいものであったと捉えられる。

3 政治教育の主張

こうして、蝋山は戦時体制へと参加していったわけだが、議員内閣制の確立・強化によって軍部を統制していくことを諦めていなかったように、立憲政治を重視する姿勢がこの時期においても貫かれていたことは無視できない点である。そのことを端的に示すものとして、蝋山が、議会政治を肯定し擁護する根拠として、国体観念をもち出す立場を批判していたことがあげられる。国体明徴が叫ばれ、天皇機関説への排撃が進行するこの時期において、こうした立場をとっていたことは、蝋山が立憲政治の真の実現を期待していたからに他ならない[43]。

このことは、蝋山も関口と同様に、当時、それまで以上に帝国憲法の神話的・宗教的な国体論的側面が重視される一方で、立憲的側面が軽視されていく状況に対して、強い危機意識を持っていたことを意味している。したがって、この点についての検討を深めて、蝋山の思想の内的構造についてさらに考察していくことが求められる。

蝋山が目指した立憲政治においては、「一人一人の国民が選挙機関に参加して国政に翼賛せしめられる立憲政治の本義に徹するよう努力」し、「清き一票の力が相集まって全体となり、そうして国家機関としての行為となる因果的連関」という立憲政治の意義を、「津々浦々に住む国民に納得せしめ」るための政治教育が重要されているように[44]、国民の政治参加と国民への政治教育が基盤として位置づけられていた。それは、蝋山に即していえば、『公民政治論』によって示された公民政治の実現に他ならなかった。『公民政治論』においては、公民の政治哲学的分析が中心であり、教育のあり方について具体的には論じられていないが、この時期には、1938（昭和13）年に教育科学研究会より出された『教育学

178 第Ⅰ部 戦前における公民教育の形成と展開 ― その特徴と構造 ―

辞典』の中で「政治教育」という言葉を用いながら、立憲政治実現に向けての教育のあり方を具体的に論じている点が注目される。

以下では、そこで論じられている政治教育の特徴について、『公民政治論』によって示された体系や、戦後に彼が展開した政治教育論との関係もふまえながら考察を行う。

蝋山は、立憲政治を実現していく上での教育のあり方を論じていく際に、「公民教育」という言葉をほとんど使用せずに、「政治教育」という言葉を積極的に使用している。この点に関しては、第2章でも述べたように、公民教育が本格的に登場し展開していく中で、公民教育だけでなく政治教育も積極的に使用されており、田澤も両方の言葉を併用しながら公民教育論を展開していった点に着目する必要がある。蝋山は、両者の違いについて、以下のように捉えている。

> 両者は理論的には厳格に区別去るべきものではない。公民教育は人の公的生活に関する智徳の教養といはれるものである。……（中略）……政治教育が公民教育と区別されるのは、その智徳の性質が日常的実際的必要から判断されて程度の差異を有するからである。例へば、公民教育は政治教育とは異って、同じく政治を取扱っても、被治者又は公民としての日常生活に関する技術或は手段に関する教育、例へば願書の書式とか税金の納め方などを含んでいるからである[45]。

蝋山は、両者を厳密に区別は難しいとするものの、「公民教育」の方が「政治教育」に比べて、日常生活に関するものを含んでいると捉えている。こうした捉え方は、第2章でも言及した田澤義鋪や池岡直孝とも基本的に共通しているものであり、それなりに普遍性を有したものとして位置づけることができる。ちなみに、両者の相違をどう捉えるかという問題については、後述するように、戦後教育改革期に旧教育基本法第八条（政治教育）の設置をめぐって、再び議論の俎上にのぼってくることとなる。

このように両者の違いを説明した上で、蝋山は、政治教育の定義と意義について論じている。まず、定義に関しては、当時普通に使用されていた立憲政治のもとでの狭義のものと、あらゆる政治形態（当時のナチスドイツなども含む）のもとでの広義のものとに区分されるとし、狭義の政治教育を、「国民に政治的知識

を与へ、政治的訓練を施すことに依って、政治の腐敗・行詰り等を打開せんとするものである」と定義づけている[46]。

　そして、政治教育の意義として、①立憲政治・地方自治制・陪審制度等、現代立憲政治上の各種の制度についての知識を授く、②実際の政治を理解し、これに対する公正なる批判力を養成する、③立憲国の公民としての必要なる政治道徳及び政治的信念を涵養する、という三点をあげている[47]。ここであげられていることは、『公民政治論』の中で示された、知識だけでなく批判的思考や判断力を伴った「立憲的知識の涵養」を通じた主体的な公民像と同質のものであり、立憲政治を実現する上で、蠟山において一貫したものであったことが分かる。

　しかも、ここであげられている三つの意義は、戦後直後に、文部省内におかれていた教育法令研究会の成果として、旧教育基本法制定直後に出された『教育基本法の解説』における解説とほぼ同じ内容のものである点に注目する必要がある。そこでは、第八条（政治教育）条項中の「政治的教養」について、「第一が、民主政治、政党、憲法、地方自治等、現在民主政治上の各種の制度についての知識、第二が、現実の政治の理解力、及びこれに対する公正な批判力、第三が、民主国家の公民として必要な政治道徳及び政治的信念」と解説されている[48]。

　なお、蠟山が提起した政治教育の三つの意義とほぼ同様なことを、蠟山と共に昭和研究会にも参加していた後藤文夫が、蠟山よりも前の1932（昭和7）年に提起している点にも着目する必要がある。後藤は、一般国民に対する政治教育の内容として、立憲政治の機構に関する認識、政治的道徳の養成、政策に関する批判力の養成の三点をあげており[49]、蠟山に限らず、こうした政治教育観はある程度共有されていたことが分かる。

　こうして、蠟山は、『公民政治論』において示した、立憲的知識を身につけて国家の運用に参加していく公民を形成すべく、この時期に、政治教育を中枢にすえた立憲的教育としての公民教育のあり方についての議論を深めていったわけだが、蠟山の公民教育論の内的構造において、次のような変容が見られる。それは、従前の公民概念の政治哲学的分析が中心のポリティーク的発想に基づいた公民教育論から、政治教育を中核とした具体的な公民教育のあり方へと関心を広げていったという点で、ペダゴギーク的発想もより鮮明に見いだせるようになったという変容である。

180 第Ⅰ部 戦前における公民教育の形成と展開 ― その特徴と構造 ―

　蠟山が提起した政治教育の特徴は、これまで見てきたように、戦後の旧教育基本法第八条（政治教育）条項の理念に通ずるものであり、後述するように、戦後に展開していった政治教育論、教育自治論の基盤ともなっていく。その意味では、戦時体制に参加しつつも、社会進歩主義的デモクラシーの観点から、議会政治の革新を提起し立憲政治を重視し続ける立場をとることで、蠟山において、進行するファシズムに対して抵抗していった側面を見いだすことが可能である[50]。

　戦時体制に参加していく一方で、それに抵抗を示していたという構図は、関口と同様に、蠟山の思想内部においても葛藤関係が見られることを意味している。それは、この時期に、蠟山が目指した公民育成においては、戦時体制に自発的に参加していく「国民を統合する論理」と、立憲政治を担う「市民が自治的に治める論理」という二つの論理が、前者がより前面に打ち出されていくことで、後者との共存を図ることが困難となってくる中で、何とか後者の論理も位置づけながら、前者との共存を図っていこうとする二つの論理の葛藤関係である。

　ただし、蠟山が、東洋の統一と日本が果たす役割という国際的な展望の中で、戦争の意義づけを行うとともに、国民協同体の形成を提起し、国家の統合の必要性を強く求めていた点において、その枠組みの中で目指した立憲政治を担う公民は、最終的には、戦時体制に自発的に参加していく公民への収斂を回避することは困難であったと考えられる。

　そのことはまた、「蠟山の議会主義の主張とファシズムへの『抵抗』の論理が、『人格的自我の実現を最高の価値とする立場』や『個人の内的価値に対するアイデアリズム』に強く裏打ちされたものでは、必ずしもな」かったという指摘[51]にも示されているように、蠟山が、人間形成の問題として公民の形成を深く探求したわけではなかったという、ペダゴギーク的発想の弱さともつながっているように思われる。

C　前田多門の公民教育論の体系

　前田は、1938（昭和13）年に東京朝日新聞社の論説委員を退いてからは、日本文化会館館長としてニューヨークに赴任するものの太平洋戦争開戦により抑留され、帰国後は新潟県知事などを務めるなどして戦時下を過ごした[52]。そして、

第3章 公民教育論の展開 *181*

この時期、特に 1930 年代半ばから後半にかけて、前田は、労働問題と地方自治という視点から関心を具体化させてきた公民教育について、『公民の書』（1936年）、『青年と公民教育』（1937 年）をはじめとした諸論稿の執筆を通じて、体系的な論として示していった。なお、前田の公民教育論の本質が最も体系的に示されている『公民の書』が、選挙粛正中央連盟から発行されていることが物語るように、選挙制度や選挙粛正運動との関連も意識しながら公民教育について論じており、実際に、同連盟からの依頼で講演活動も行っていた。

　以下では、これらの論稿の検討を通じて、「公民自治」の実現を基盤として体系化されていった公民教育論の特徴を明らかにする。その際に、文献に即した体系の把握と、思想の内的構造に関する考察という二点を重視する。

　体系の把握に関しては、次の四つの観点から検討を進める。第一に、立憲政治の樹立の観点から公民教育の必要性を提起した点、第二に、時勢の変化の中で公民教育の意義をどのように捉えていたのかという点、第三に、国家の形成と公民の関係をどのように捉えていたのかという点、そして第四に、公民が持つべき権利と義務をどのように捉えていたのかという点である。

　思想の内的構造に関しては、ポリティーク的発想に基づいて提起された公民教育論において、ペダゴギーク的発想がどのように内在していたのかを明らかにするとともに、「国民を統合する論理」と「市民が自治的に治める論理」がどのように内在していたのかを、「国家への忠誠心の育成」「立憲的知識の涵養」「生活の場としての地域社会の振興」という三つの特徴に着目しながら明らかにする。

1　立憲政治と公民教育の必要性

　前田も、他の多くの論者と同様に、立憲政治の確立のために公民教育が必要となってくると捉えている。前田によれば、明治以前の封建政治においては、民衆は、納税をする奴隷の如くに諸侯によって治められ、原則として政治上の人格を認められてこなかったように、あくまで治められるという側であって、治める側の資格を持つ事ができないということが長い間続いてきたとされる。それが、大日本帝国憲法によって立憲政治が明文化されたことによって、治められる者が治める側の責任を尽くすという事になったものの、その事についての習慣が、民衆の間で十分に浸透していないがゆえに、公民教育が必要とされるのである[53]。

182　第Ⅰ部　戦前における公民教育の形成と展開 ― その特徴と構造 ―

　立憲政治においては、「治められる者が治める」という個人の責任を伴う公民自治が柱となってくるが、その点に関して、前田は、「団体が全部で、個人が皆無といふ所に、立憲政治は有り得」ず、「個人の自由を認め、従ってその責任を喚起せしめ、団体に対する一員としての義務を尽く」し、「その一員としての立場を承認する」のが、立憲自治の根本としている[54]。

　また、民衆に責任を分担させていく立憲政治の運用においては、投票買収など汚職が横行し、それに慣れきっている政治のあり方や政治家の意識も変えていかなければならないという意味で、「社会の良心」を重視する。「社会の良心」を磨いていくために、その前提条件として、不断に公開された社会、つまり言論報道の自由のもとに、民衆が真実を知り、公事に関する知識を十分に得ていく機会が重要であるとし、公民教育の必要性が強調される[55]。

　そして、公民教育が、言葉上の解釈や法制経済の断片的な知識の集積のみならず、精神的に行われていくことで、個人の責任をふまえた習慣が浸透し、立憲政治が樹立していくとしている[56]。公民教育を「精神的」にも行っていく際に重要となるのが、「寛容」である。立憲政治とはいっても、多数党と少数党が相互に認め合うような政党政治が浸透せずに、政党間での政権争奪をめぐる露骨な抗争が繰り広げられ、政党政治の堕落がもたらされてきたことを批判し、今後は、政党が政策政見の主張に重点をおき、権力争奪を二の次の問題とすることを求める。そのためには、「討論」（discussion）を、勝ち負け、食うか食われるかではなく、互いに意見を出し合い認め合うという意味での「寛容的」なものとして、いかに尊重していくかが重要で、このような寛容的態度の涵養が公民教育を進めていく上でも重要になってくるとする[57]。

　公民教育を担う教育者及び学校のあり方についても、前田は言及している。当時、公民教育への関心が高まっていたものの、教育者の態度がそれに追いついていない状況を改善していく必要性を提起している。明治初期の自由民権運動の時期に、教育界を政争の渦中から保護し隔離する対策が講じられてきたが、それが、政治運動や政談演説のみでなく教育者が責任をもつ公民教育・政治教育の上にまで及んだこと、さらには、保身上の必要から、小学校教師の選挙における棄権も招いてきたことを批判している。また、各学校で設置が進んできた公民科に対しても、特殊科目として他の科目と並列に置くのみでなく、あらゆる学科訓練

第3章　公民教育論の展開　*183*

を通じて実施されることが望ましいとして、公民科の専門化自体にも不満を示している[58]。

　こうして、前田は、地方自治への関心から重視してきた「公民自治」を基底にすえた立憲政治を確立していく上で、民衆が公民としての自覚を高めていくために公民教育の必要性を提起していった。第2章でも明らかにしたように、もともと前田のいう公民自治においては、公民が地域社会における公共的な活動に参加して、責任を果たしていくという「生活の場としての地域社会の振興」を基調とした公民教育と結びついたものであったが、この時期の特徴として、公民自治を立憲政治と結びつけて捉えることで、断片的知識のみならず、寛容的態度の涵養をも含んだ「立憲的知識の涵養」を基調とした公民教育とも結びついていった点が注目される。

2　公民教育の意義

　1930年代半ば以降、天皇機関説への排撃、軍部の台頭、国体明徴運動の展開など、国家主義、全体主義が強調されていったが、こうした状況に対して、前田は、その時々のスローガンに対して、国民が理性をもって納得する暇もなく、感情的、激情的に雷同し、昨日は右に明日は左に行くというような方向になり得ることに強い危機感をもっていた。こうした方向にならないようにするために、国民に「神明に対して自分の心を本当に細かに分けて、さうして自分で考へて行って、天地に対し、国家に対し、社会に対する処の自分の分を如何にして尽すか」という意識を涵養するための公民教育の意義を説いている[59]。

　ただし、前田は、国家主義が高まること自体には特に批判的姿勢をとっていたわけではない。そのことは、以下のように国体を重視する姿勢にはっきりと示されている。前田によれば、日本の「権力といふものの帰する処は、すべて皇室にあ」るが、それは「単なる外形的権力」ではなく、「寧ろ権力の中心になって」いるのは「徳」であり、その「徳の中心が皇室」にあるとされるように、日本における国家の統治形式が、諸外国のような外形的な権力に基づくものではなくて、内在的な徳、つまり国体に基づくものであるとされる[60]。

　また、国体と政体の関係については、前田によれば、帝国憲法によって、国体と政体の二つが規定されたものの、国体はそれ以前から存在していたのに対し

て、政体（政府、帝国議会、裁判所の三つの作用）は、帝国憲法によって初めて明らかになったものであり、国体の観念の上に帝国憲法の示す政体の認識が立つという理解が必要であると捉えられる。したがって、前田においては、「治められる者が治める側の責任を尽くす」という個人の責任を伴う公民自治も、帝国憲法の告文で明治天皇によって示されている「臣民翼賛ノ道ヲ廣メ」が根拠とされているように、国体と強く結びつけられているのである[61]。

　ここで注目されるのは、地方自治への関心から提起された公民自治の考え方においては、国体と結びつける議論は見られず、むしろ政体との関係を意識して議論が展開されていたのに対して、この時期においては、国体を政体の基底をなす、より重視すべきものと位置づけて、公民自治の考え方と結びつけている点である。

　したがって、前田は、国家主義・全体主義を基礎から強固にしていくという視点に立って、そのために、「全部と一部との関係、一部と全部との関係」を明らかにしていく必要性を強調した。つまり、「社会といふものは魂のない一隊が集って居るのでな」く、また、「国家といふものは、魂のない物質が集って、そして一つの国家的統制に服して居るのでなく」「みんなそれぞれ溌剌たる処の生命を有って居り、又拒む事の出来ない個性を有って居る人間が、相集って、そしてこの国家の為、社会の為に団結をして行く」というような関係を、公民教育を通じて理解させていくことが重要とされるのである[62]。

　こうした一部（＝個人）と全体（＝国家）の関係に着目する考え方は、田澤義鋪が提起した、全体との関連を持って個々は存在するという「全一論」とも通じている。前田は、まず、「自分で本当に良心に省て正しい事ならば、千萬人と雖も我往く、といふ心持」、すなわち「強固なる不動心」を持った個人をいかにして養成するかを重視した。そして、こうした特徴を有する個人が団結することによって初めて、頼もしい国家ができ、それが、各個人が、「愛する処の国家、敬慕措く能はざる処の皇室の御為に、自分達が何を貢献すべきか、何を捧ぐべきか」といふことを考へていく、つまりは本当の意味での「忠君愛国といふ気持ち」の興隆につながっていくと展望していた[63]。

　こうして、前田は、帝国憲法によって規定される政体と国体に着目して、公民自治を政体と結びつけながら「立憲的知識の涵養」を基調とした公民教育を重視

第3章　公民教育論の展開　*185*

するとともに、公民自治を国体と結びつけながら「国家への忠誠心の育成」を基調とした公民教育をも重視して、公民教育の意義を説いていったのである。そして、両者の関係は、国体が政体の基底をなすものと重視されたように、立憲政治を担うための立憲教育と、忠君愛国の感情を頂点とした国家意識の形成とが、前田の公民教育論において有機的に結びつけられており、こうした構造は、1930年代半ば以前の関口にみられるものと同様であったと捉えられる。

3　国家と公民

　公民教育を本格的に論じるようになる中で、前田の公民解釈にも変化が見られるようになった。『地方自治の話』（1930 年）の中で、公民については、「市町村住民という身分を基礎とするもの」と説明されていたが、この時期になると、「法律上の、市制、町村制の上に於ける公民とは余程違ってもっと廣い意味のもの」として位置づけられている [64]。以下では、この時期に、前田が、公民を国家の形成との関連で位置づけるようになった点を捉えるとともに、その特徴を考察する。

　まず、前田は、公民とは何かを考察するにあたって、国民との違いも考慮に入れる必要性を述べている。前田によれば、「国民も公民も、共に人間の単なる私生活と異なる点では一であり、陛下の忠良なる臣民としてその身分責任を考えるべきであることに於て少しの相違もない」し、「国民は権力団体たる国家の一員としての身分を指すのであるが、公民またその国民たる点に於て全く同じである」が、「ただ観念として、『国民』のみでは国民の道を全うするには未だ尽さざる所あり、別に『公民』から出発して、初めて国民の本義を完全に発揮し得るものがある」として、国家に対する関係において考えられる観念である点において両者は共通するものの、国家を形成する際には違いがみられるとされる [65]。

　具体的には、国民という語は、「縦の関係に重点を置いた観念」であり、公民という語は、「横の関係に先ず着目した観念」とされる。ただし、「横と言っても絶対に横ではなく、結局は縦に帰するのであるが、縦の関係を強めるには、ただ権力服従のひたおしでは行けない」とされる。つまり、公民という語は、「国民の自発的思念によって国家を築き上げるには、国民同士が各自の分を尽し、互に横に手を繋ぎ合って、その横の平等人同志の協力が、地盤から築き上げて遂に上

186 第Ⅰ部　戦前における公民教育の形成と展開 ― その特徴と構造 ―

下の方向に強力な国家建築を作り上げていく」という必要性から生まれたとされるのである。前田は、さらに換言して、「国家からその臣民を見下ろす時は国民となり、臣民から国家を見上げる時は公民となる」としている[66]。それは、まさしく、底が広いピラミッドを下から築きあげて頂点である皇室に到達するというような構図である[67]。

　ちなみに、公民を「縦」と「横」の観点から理解する考え方は、前田に限ったものではなく、当時広く共有されていたものであった。第2章で述べたように、関口は、強権と服従のみを強調した上下関係の縦の道徳ではなく、社会生活における共存共栄の横の道徳が、公民観念の中心にすえられなければならないことを提起していた。一方で、下村は、友愛感情を基底にすえながら、地域社会内における人間関係のあり方として、被教育者間の横の関係、被教育者と教育者の間の縦の関係という視点を提起していた。それ以外にも、木村正義が、「我が国民には建国の当初より忠君愛国、忠孝一致の縦の生活には、我が国体の精華として相当理解あるも、横の生活即ち他人の人格を尊重し、共同生活を営み、共存共栄を図ることが、人生の目的たることを理解せず、社会的訓練に遺憾の点頗る多い」と「縦の生活」と「横の生活」という言葉を用いながら、特に後者の必要性を説いているし[68]、大島正徳や穂積重遠など他の論者にも、こうした視点は見いだせる[69]。

　ただし、ここで注意する必要があるのは、こうした視点を提起した論者たちは、「縦の関係」そのものを否定したわけではないという点である。つまり、公民を、地域社会における共同生活や自治的な活動を中心とした「横の関係」をも重視した観念と位置づけた上で、その横の関係の強化を図っていくことによって、従来の強権と服従という形でない、下からの自発的な「縦の関係」の強化へとつながっていくことが期待されているように、最終的には「縦の関係」の強化へと結びつけられているのである。

　こうした構図は、前田においても、地方自治、立憲政治、さらには国体明徴の関係がどのように位置づけられているのかという点に明確に示されている。三者の関係が、「各地方地方を、お上から戴いた自治権によって、その土地その土地をお預りして、そして之を我々の自治的の共同動作によって治めて行く」ことによって、それが「国家的目的」に「帰着して行」き、「それからだんだんのし

第3章　公民教育論の展開　*187*

上げて行って、地方自治から立憲政治になって行」き、さらに「立憲政治を通して、国体明徴に到達して行く」と位置づけられているように[70]、以前から関心をもってきた地方自治の問題が、この段階において、国体明徴と結びつけられている点が注目される。このことは、以下のように、前田にとって、地方自治、具体的には、地域社会における自治的な活動が、「横の関係」を強化していくための公民教育の実践の場として位置づけられていたことを意味している。

　前田は、国民同士が「公民」として連携して、国家をつくりあげて行く際に、「知ると知らざるとを問はず、相結んで」「みんなが手を繋いで、国家の目的に帰着をして行くんだ」という「気持ち」を持って、「社会活動」「会社組織」「組合の経営」「社会上の日常生活」などの様々な「公共生活」を「他人の事でなくして自分の事件である」と考えていくような「公民生活のメソッド」が重要となるとしているように[71]、地域社会における公共生活を自治的に治めていくことを重視している。ただし、前田によれば、地方自治、公共団体（農会、商工会議所、水利組合等）といった活動は、国家的行政の性質を帯びる公務を人民一同の自治的協力で成し遂げる制度ではあるものの、ただ制度の上にこうした公民生活があるだけで、真に自発的に人民の内から盛り上がっていった公民生活というものが極めて少ないことが課題とされる[72]。

　そして、そうした課題を解決するためには、「公民自治」の観念に基づいて、「政治の万般を中央政府にのみ集中せず、差支ない限り地方に分散して自治的に事務を行わしめ、地方人が直接行政に関与する機会を多くする」とともに、「各地方の素人の有志が名誉職として人民から選ばれ、専門の吏員と一緒になって、行政上の責任を執る」ことによって、「国民全体に公共心を涵養せしめ、ひろく全ての人に公事に対する関心を持たしめる」ことが重要だとされる[73]。

　こうして、「公民自治」の観念に基づいた地方自治活動によって、「横の関係」の強化が目指されたわけだが、それは、いいかえれば、公民が地域社会における公共的な活動に参加して、責任を果たしていくという「生活の場としての地域社会の振興」を基調とした公民教育に他ならなかった。ただし、この「横の関係」は、前田によれば、「地方自治から」「立憲政治を通して、国体明徴に到達して行く」とされるように、直接的に「縦の関係」の強化につながるわけではなく、「立憲政治を通す」という過程が重要であった。それは、前田が、地方自治の強

188 第Ⅰ部　戦前における公民教育の形成と展開 ― その特徴と構造 ―

化とともに、立憲政治の確立を図っていくことを重視していたことを意味している。

　そして、前田は、政党が党利を優先して国利を軽視してきたことによる種々な弊害による信用の失墜、さらには、政治が以前の簡単な民権保護的なものから複雑で専門的な社会経済問題をも対象とするようになったこと等によって、立憲政治そのものが揺らいでいる状況に危機感をもち[74]、立憲政治の運用の仕方に新しい方向性を見いだすべく、次のような提起をしたのであった。それは、貴族院に対する衆議院の優位性の強調をはじめとした制度面での改革の必要性とともに、政治上の自覚が足りない国民に対して、「政治をわが事と思う信念」[75]を涵養するための公民教育の強化の必要性であり、特に、将来予想される選挙権拡大に対応するための婦人・青年への公民教育の準備[76]の必要性を説いた。

　こうして、前田は、まず、公民自治として、地方自治の文脈における「生活の場としての地域社会の振興」を基調とした公民教育を通じた「横の関係」の強化が図られることによって、個人が全体としての地域社会と一体的となる必要性を説いた。その上で、そうした土台の上に、互いに個人が認め合うという寛容的態度の涵養をも内包した「立憲的知識の涵養」が行われることによって、個人が立憲国家を担う公民としての自覚を高めて、地域社会を超えて国家と一体的になっていくことを重視した。そして、前田は、こうした国家による強権と服従ではない形で、公民が自発的に、立憲政体の基底をなす忠君愛国の感情を頂点とする「国家への忠誠心」を高めて、「縦の関係」の強化が図られていくことを期待したのである。

4　公民の権利と義務

　このように、公民を縦と横の両面から捉えた上で、前田は、公民の権利と義務に関して、帝国憲法に即しながら述べている。

　まず、前田は、日本のこれまでの歴史を振り返り、帝国憲法の本質を以下のように指摘している。前田によれば、明治以前においては、「我国は昔から君臣一体、歴代の天皇は民をいわゆる大御宝として愛撫し給い、外国の専制政治にあったような、臣民が奴隷や私有財産のように取り扱われた例がない」のであるが、「中世に至って、将軍や大名が政権を欲しいままにし、武力をもって制覇を争う

ようになって、昔ながらの君臣一体の美風がすたれ、百姓町人は、ほとんど人格を認められないような圧制を受けて、公事に関心を持つ機会を奪われて」きたという歴史を経てきたとされる。それが、明治以後に、「明治維新によって、政権は再び朝廷に統一され」、帝国憲法の発布によって、「臣民はただに私的生活に終始する人間であるに留まらず、大なり小なり国家公務に対して責任を負う公人たる資格を享有」するようになったとされる。そして、その「公人たる資格」の代表的なものが、衆議院に公選による国民の参政の機会が与えられた点であると位置づけられている[77]。

　帝国憲法の本質をこのように理解した上で、立憲政治を進めていく上での、公民の権利と義務について以下のように捉えている。まず、権利に関しては、立法、司法、行政の三作用からなる国家の政治的活動への参加をあげているが、その中でも、公民が政治に参加する程度の最も顕著なのは立法作用の方面で、その具体例として、「刑事事件中、死刑、無期の懲役に該当するような重い事件、又は一定範囲内の刑事事件で特に被告がこれを望む場合には、国民中から一定資格により選ばれた陪審員が抽選で数人裁判の席に立ち合い、犯罪事実の有無につき、多数決を以てその所見を表明し、裁判官の断罪を助ける」[78]という陪審制度をあげている。

　行政作用の方面としての選挙権は、普通選挙制度によって権利を有する者は一挙に拡大したものの、選挙時のみに投票を行うだけという意味で、参加の程度は決して高くなかったのに対して、陪審制度は、権利を有する者は限定されていたものの、その参加の程度は非常に高く、前田は、国民の政治的自覚を促す公民教育の場として期待したのであった。

　一方で公民の義務に関しては、納税や徴兵があげられるが、徴兵に関しては、「一般に国民が徴兵の義務を負うのも、義務とは言うが、考え様によっては大きな権利で、昔なら町人百姓は武器を採って戦う資格はなく、国防はひとり武士階級の独占に属して居た。それを明治時代に入って、当事者の判断で、その特権制度を徹し、一般国民が君国のため平等に国防の権利と義務を持つに至った」[79]と「徴兵＝義務」とだけでなく、「徴兵＝権利」という側面も有することを強調している点が注目される。

　このように、徴兵という「国家への忠誠心」の強化とも直接的に結びつく行為

190　第Ⅰ部　戦前における公民教育の形成と展開 ― その特徴と構造 ―

を、立憲的な権利論の観点からも位置づけることによって、「立憲政治を通して、国体明徴に到達して行く」ことを目指した前田は、地域社会において「横の関係」で結ばれた公民が、地域社会を越えて国家と一体的な「縦の関係」で結びついていくことを期待したと捉えられる。

5　まとめと考察 ― 前田の公民教育論の本質 ―

　前田の公民教育論の本質は、立憲政治の下での国民と国家の関係を重視し、個々人が自発性をもって、横の連携を持ち、最終的には縦の関係に帰して国家を形成していくために、地方自治、公共団体（農会、商工会議所、水利組合）の国家的行政の性質を帯びる公務を、国民が自治的協力によって盛り上げていくというものであり、地方自治、立憲政治、国体明徴が有機的に結び付けられているところに特徴がある。

　以下では、これまでの議論もふまえて、前田の公民教育論の内的構造について、ポリティークとペダゴギーク、重層性という二つの視点から考察する。

　第一のポリティークとペダゴギークという点に関しては、労働問題と地方自治という視点から公民教育への関心を具体化させていった前田は、公民自治を実現していく上で、それを支える公民の形成への関心を高めていったように、ポリティーク論者としての色彩が強かったといえる。

　一方で、同様にポリティーク論者として括られる関口と蝋山に比べれば、前田においては、ペダゴギーク的発想は明確には位置づいていたとは言い難い。立憲政治が機能していない最大の原因を国民の自覚の欠如に求め、それを打開するために、「公民」に対する教育の必要性及び意義については深く考察がなされているものの、人間形成の観点から公民の形成については考察がなされていない。さらに、公民教育の具体的内容、方法に関する議論も、地方自治を公民教育の実践の場として位置づけていくこと以外にはほとんど展開されていない。

　したがって、同じポリティーク論者の関口や蝋山において見られた、二つの発想が相互に浸透し合う関係を、戦前における前田においては明確に見出すことは難しく、あくまで前田は、国家と個人の関係もふまえて、立憲政治の運用などの課題と結びつける形で、公民（教育）のあり方を探求していたと捉えられる。ただし、同じポリティーク論者である蝋山が、公民概念の政治哲学的分析が中心の

第3章　公民教育論の展開　191

公民教育論から、政治教育を中核とした具体的な公民教育のあり方へと関心を広げていったように、こうした変容が、戦後改革期の前田において見いだせるか否かについての分析は、後の章における重要な検討課題となる。

　第二の重層性という点に関しては、前田においても、「国民を統合する論理」と「市民が自治的に治める論理」が内在していたことが浮き彫りになったといえる。前者は、「縦の関係」として、皇室を中心とする国家の建設が期待され、後者は、「横の関係」として、地域社会における共同生活や自治的な活動を通じた生活共同体の強化が期待された。

　そして、この二つの論理の関係は、地方自治の文脈における「生活の場としての地域社会の振興」を基調とした公民教育を通じて強化された「横の関係」という土台の上に、立憲政治の文脈における「立憲的知識の涵養」を基調とした公民教育が行われて、「国家への忠誠心の育成」という「縦の関係」が強化されることによって、国民の統合が図られていくことが期待されていたように、相互に浸透し合うものであったと捉えられる。

　このことは、前田もまた、関口、蝋山、田澤と同様に、公民を、国家を形成する担い手として位置づける一方で、立憲的知識を身につけるとともに地域社会における公共的活動に主体的に参加していく担い手として位置づけることによって、双方向から公民の育成を図り、国民国家の強化へとつなげようとしていたことを意味している。

　ただし、前田が描く公民像は、国民と公民の違いを「国家から臣民を見下ろす時には国民となり、臣民から国家を見上げる時は公民となる」としているように、国家のために忠誠を尽くすという意味合いが強い点に着目する必要がある。このことは、「縦の関係」と「横の関係」においても、「横と言っても絶対に横ではなく、結局は縦に帰する」とし、「縦の関係」の象徴である「国体明徴」にいかに到達するかが重視されている点にも示されている。

　したがって、前田において、二つの論理の関係は相互に浸透し合う関係をとりつつも、「市民が自治的に治める論理」が「国民を統合する論理」に帰する、いいかえれば収斂していく構造をなしていた様相が強かったといえる。こうした構造は、この時期の関口や蝋山にも見られた特徴であるが、両者の場合は、戦時体制下にあって、批判的思考や判断力をもった主体的な公民像が探求されることに

よって、収斂していくことを踏みとどまらせようとする側面もあった。こうした葛藤関係は、前田には明確には見いだすことはできず、その意味では、前田の公民教育論においては、「国民を統合する論理」がより強固に位置づいていたと捉えられる。

　もっとも、前田の場合、関口や蠟山に比べた場合、公民教育論が体系化される時期が若干遅く、戦時体制が進行し始めた1930年代半ばであったことも、このような特徴を形作る一因になっていたのかもしれない。

　敗戦とともに、公民教育思想の「縦」の構造を規定する万世一系の天皇による内面的・徳による統治が相対化され、天皇制と民主主義の関係が厳しく問い直される事態となったが[80]、「縦の関係」と「横の関係」を基軸とした公民教育論を提起していた前田が、こうした事態にどのように向き合ったのかについて、第5章で考察する。

第2節　戦時下における実践的公民教育論
― 田澤義鋪と下村湖人の戦時体制への参加と抵抗 ―

　本節では、実践的論者の田澤と下村が、戦時体制とどのように向き合ったのかという点に着目しながら、主に次の三つの観点から考察することを通じて、その思想の内的構造の特徴を明らかにする。第一に、戦時体制下において、国体擁護の立場をとりながら戦時体制に参加していった両者において、「国家への忠誠心の育成」を基調とした「国民を統合する論理」が前面に打ち出されてきたことを明らかにする。第二に、他方で、軍部批判をしながら戦時体制に抵抗を示していった両者において、「市民が自治的に治める論理」を探求し続けた側面も見られ、二つの論理が葛藤関係を示しながら重層的な構造をなしていたことを明らかにする。そして第三に、こうした葛藤関係的な思想構造は、両者がペダゴギーク的発想に基づいて、「公民」の形成を人間形成としての教育のあり方として探求し、教育実践を通じて地域社会における生活者に根ざした「公民」を創出するという、戦時体制以前から重視してきた教育への理想を追求し続けたことに端的にあらわれていることを明らかにする。

第3章　公民教育論の展開　*193*

　なお、本節における叙述の方法であるが、青年団関係者として近い位置にあった田澤と下村においては、青年団講習所や壮年団運動など戦時体制に抗する教育実践が共有されていたこともふまえ、両者を分けてそれぞれに即して論じるという形をとらずに、上記の三つの観点に即して、それぞれの特徴及び両者に共通する特徴を明らかにするという形をとる。

　また、分析にあたっては、田澤に関しては、『田澤義鋪選集』（1967 年）にも集録されている資料の他に、地方改良運動や農村更生運動に影響を与えた中央報徳会の機関誌『斯民』（1906 年 4 月～ 1946 年 12 月）や壮年団中央協会発行[81]の雑誌『壮年団』（1935 年 1 月～ 1941 年 11 月）に掲載されている論稿や、貴族院時代における帝国議会での演説記録等も対象としている。一方で、下村に関しては、下村の教育論の体系が示された『塾風教育と共同生活訓練』の他に、下村が戦時下に発表した一連の著作である『煙仲間 ― 郷土社会の人材網 ―』（1943年）、『青少年のために』（1943 年）、『われらの請願』（1944 年）を主に対象としている。

A　田澤・下村の戦時体制への参加

1　田澤による国体擁護と総動員体制への協力

　普通選挙法が成立する 1920 年半ば以降、立憲政治を正しく運用していくために、選挙粛正の活動をしてきた田澤は、1930 年代以降、政府レベルでも選挙粛正に関する対策が講じられるようになったのに呼応して、選挙粛正運動を本格的に展開すべく 1935（昭和 10）年に選挙粛正中央連盟を結成している。同年 12月には、連盟主催で第一回選挙粛正講習会が開催され、後藤文夫、前田多門、蝋山政道らと共に講師を務めている。また、1930 年代半ば以降は、国策研究団体である昭和研究会の活動への参画や、1933（昭和 8）年の貴族院議員への勅撰などを通じて、実際の政治に関わる場面も増えていった。

　第 2 章でも明らかにしたように、田澤は、立憲政治を確立していく上で、公民教育を通じた団体意思の構成を重視していたが、その思想を支えたのが全一論に基づく道義国家観であり、それは天皇を中心とする国体観念とも結びつくものであった。このような立憲政治と天皇制が矛盾をきたさずに存立しうるという考え

方は、大正から昭和初期には広く見られ、それはまた天皇機関説によって担保されてきた。

　しかし、1930年代半ば以降、軍部の政治への支配が強まる中で、政党政治は機能不全に陥り、天皇機関説は国体に反するとして、日本に立憲政治が布かれてきたことも外来思想の模倣であるとして、それを根拠とした議会制度への疑念も台頭してきた。そうした疑念を打ち消すために、田澤は、日本独自の議会制度の由来が、明治天皇、つまり日本の国体にあることを強調し、立憲政治の重要性を説くとともに、議会制度、立憲政治が問題なのではなく、それが公民教育の不徹底によって正しく運用されてこなかったことが問題だとしている[82]。

　このように田澤は、この時期においても、立憲政治と天皇制が共存しうるという立場を貫き、国体を重視するとともに立憲政治の意義を説き続けたが、天皇機関説への排撃と国体の更なる強化が密接に関わっていたという現実は、田澤の立場にも微妙な修正を余儀なくさせた。それは、以下のように、立憲政治と国体をさらに密接なものとして共存させようとした点に端的に示されている。

　田澤の場合、国体そのものを非常に重視し、青年団をはじめとした協同生活における団体生活を通じて、国体の精神を体得することを教育論の基底にすえていたという現実があり、時局の変化の中で国体が強調されていくことに対して、特に批判的姿勢は示してはいない。天皇機関説の排撃（＝国体のさらなる強化）によって、立憲政治が否定されていく状況に強い危機感をもった田澤は、国体の強化に対して、立憲政治を脅かすものとは位置づけずに、日本の立憲政治が国体と強く結びつきながら形成されてきたことを、「立憲君主政体」という言葉も用いながら説いたように[83]、立憲政治と国体・天皇制のさらなる強化を図ることで、両者の共存を何とか保持し続けようとしたのである。

　しかし、時局は、軍部による政治支配の強化による立憲政治の終焉へと突き進んでいった。こうした中で、国体擁護の立場に立つ田澤も戦時体制へと参加していくこととなる。それは1930年代半ば以降に広範に展開していった国家による一連の教化運動に、田澤も関与していったことからも見いだせる。

　斉藤内閣において、後藤文夫が農相として農山漁村経済更生運動を開始すると、田澤はそのイデオローグとなり、1933（昭和8）年6月に『農村更生と青年教育』を著し、その中で、加藤完治の国民高等学校を称賛している[84]。また、

官民協力で進められてきた生活改善運動、農村更生運動、選挙粛正運動、国民精神総動員運動を徹底するために、「尽忠報国」「挙国一致」を標榜とする国民性をいかんなく発揮していく必要性も提起している[85]。

　さらに、戦争そのものに対する田澤の認識に着目すると、対外進出が著しく進行していく状況に対して、当時国内で広く認識されていた「農村の疲弊に現われた日本資本主義の危機からの活路を、満州をはじめとする対外進出に求める」ということ自体に、必ずしも批判的姿勢はとっていなかったように、植民地政策そのものを否定していなかったことがうかがえる[86]。このことは、「内には立憲主義、外には帝国主義」という当時の政治的潮流とも重なる。そして、1940（昭和15）年頃になると、「戦場は大陸のみにあるのではない、国内すべてが戦場になってきている。我等の職場が戦場になっている、われらの家庭が戦場になってきている、消費部門の戦い、生産部門の戦い、この両部門にわたって日々夜々我々は戦っていかなければならない。その戦いに勝ちえてこそこの事変全体の勝利が得られる、そういう状勢が今日までの第二段階で、これからもその状勢を続けていかなければならない」[87]と国民の戦意の高揚を促すような主張もしている。

　このように、田澤は、戦時体制が進行していく中で、立憲政治を何とか死守しようとしたが、関口や蠟山のように、「立憲的知識の涵養」を基調とした公民教育の重要性を説き続けたわけではなかった。むしろ、当時、強化が図られていった国体との関連性を強調しながら立憲政治の意義を説き続け、さらに一連の教化運動にも関係していくことで、戦時体制に参加していったといえる。

　そのことは公民教育論の思想構造からいえば、田澤が、戦時体制以前から、関口や蠟山以上に、忠君愛国に基づいた日本的自治精神の確立を重視してきたことをふまえれば、この時期に、「公民」の立憲的側面が否定され、戦時体制に自発的に参加していくような滅私奉公の精神を中心とした「皇民」へと構成され直していったことは、田澤の中では、再構成というよりは連続するものであり、受容できるものであったと捉えられる。また、このことは、田澤の公民教育論において、「国家への忠誠心の育成」を基調とした「国民を統合する論理」が、時勢にそくしながら前面に打ち出され、もう一方の「市民が自治的に治める論理」との共存を図ることが困難になってきたことを意味していた。

196 第Ⅰ部　戦前における公民教育の形成と展開 ― その特徴と構造 ―

　そして、こうした、戦時下における田澤のスタンスは、田澤の人間形成の思想に見出せるリベラルな側面を評価しつつも、最終的にはファシズムに結びつく要素が内包されていたがゆえに、戦時体制が進む中で、その限界が露呈し、戦時体制に参加していくこととなったとする解釈[88]を与えてきたといえる。

2　下村による国体擁護と煙仲間運動の展開

　戦時体制が進行する中で、自由な教育を行っていたと見られていた青年団講習所は、1937（昭和12）年2月から4月に開催された第19回講習会を最後に、閉鎖を余儀なくされ、下村も同年9月に所長を辞任している。以降、下村は、自由な講演と文筆生活に専念することを決意し、『次郎物語』（全五部のうち、第一部から第三部までが戦前に出版された）をはじめとした著作を出していく一方で、地域、職域で人目に立たぬように手をつなぐ仲間をつくっていこうと、全国各地に結成されていた壮年団に対して「煙仲間」と呼称し、煙仲間運動を提唱し全国各地を遊説した。

　第2章でも明らかにしたように、下村の教育論は国体観念とも結びついたものであった。下村は、日本人の国民的性格における最大の長所として国体観念の基礎とされる忠君報国の精神（＝皇道精神）をあげ、それをいかにして、十分に発揮させるかを重視している。下村によれば、日本において皇道精神が絶対でありうるのは、それがすでに完成されたものであるからではなく、無限の生長発展のために、それ自身の内容を無限に豊富ならしめうるからであり、八紘一宇の精神もその意味に他ならないとされるが[89]、このことは、皇道も生命生長の原理にそって成長発展するものだと認識されていたことを意味する。そして、下村が重視する教育実践としての協同生活訓練においても、「皇国民としての生活をはなれて、別に日本人の家庭生活、職場生活、地域社会生活というものはあり得ない。同時に、家庭生活、職場生活、地域社会生活に具体化されない皇国民としての日常生活もあり得ない」とされるように、国体と強く結びつけられていることが分かる[90]。

　つまり、下村の中で、「オオミタカラとしての公民」と「生活者としての公民」は矛盾をきたさずに統一的に把握されていたのであり、田澤にみられた立憲政治と天皇制が矛盾をきたさずに共存しうるという考え方を、教育実践に即した理論

から補完するものであったと位置づけられる。したがって、下村が、観念的に皇国民としての自覚を促すことに力点をおいていた周囲の塾風教育に対して、批判的な姿勢を示したとしても[91]、国体そのものを非常に重視するという点では、それらの実践と共有する部分も多く、時局の変化の中で国体がますます強調される中で、以下のように、下村にも戦時体制に参加していく側面を見いだすことが可能である。

青年団講習所が閉鎖を余儀なくされた後に、下村は煙仲間運動を展開していくにあたって、煙仲間の信条を『われらの誓願』という形でまとめ、小冊子にした上で地域の壮年たちに配布していたが、そこには、国体の重要性がはっきりと示されている。誓願は、次の五つからなっていた[92]。

一　謙虚に自己を省み、敬虔に自然と人と神とに仕へ、眞智・眞愛・眞勇の泉を生命の至深所から汲みとりたい。
二　独自無双なる個性の自律的前進が、同時に調和と統一への前進であり、全一なるものの歓びであるやうに行動したい。
三　伝統にはぐくまれた歴史を呼吸しつつ、しかも生々発展、永遠なる人類意志の流れに棹して、新しき歴史と伝統とを創造したい。
四　家庭と職場と郷土と国家とを一如的に把握し、日常的任務の実践を通して、念々積誠の生活を実現したい。
五　努めて周囲に良友を求め、相携えて郷土社会と職域社会の理想化を図り、調和と創造とに輝く新風土を、わが民族生活の随所に醸成したい。

上記の中で特に誓願三、四、五に関しては、その解説においても、国体の重要性が強調されている。誓願三に関しては、「日本のあらゆる伝統」は、「君民一体の皇道を中心にして発展してきた」が、「今や日本は、東亜ないし世界建設という大きな歴史の課題に直面して」おり、「それが真の意味で日本的歴史の創造になるか否かは」、「国民が皇道の真義を把握し、その独自性と普遍性とを発揚しうるか否か」にあるということが説かれている。誓願四に関しては、これまでの「皇国民錬成」において、「抽象的主観的理念の注入や、国家のために命をなげ出して働け、といった」「特殊な鍛練的行事」は「盛んに行われてい」るが、「家庭

198 第Ⅰ部 戦前における公民教育の形成と展開 ― その特徴と構造 ―

生活と、職場生活と、郷土生活とを、国家生活の具体的内容として的確に把握」
させるための「集団意志構成のための訓練」は十分行われていないとして、そ
の重要性が説かれている。そして誓願五に関しては、皇道の精神は、「外に向っ
て宣布されるまえに、まず内において練られなければな」らず、「各自の家庭と、
隣保と、職場とにおいて、その実を結」び、「それらの小世界が」「無数の珠のよ
うに、自他相映じて相即相入の妙をつくす時、日本はおのずからにして」、道義
国家として「清澄皎潔、雄渾豊潤な国土と化し、その全一的生命体としての強さ
を外に向って発揮するに至る」と説かれている[93]。

　下村が青年団講習所時代から培ってきた、日常生活に基づいた実践的な協同
生活の訓練の重要性は、煙仲間運動の信条においてもしっかりと継承されている
ことが分かるが、同時に時局を反映してか、国体の重要性がより前面に出されて
いる点に特徴があるといえる。下村は政治を中心とした時局の動向について、田
澤のように多くは言及していないが、それでも、「支那事変の目的達成のために、
国民生活のあらゆる部門が国家的に動員さるべきは云うまでもない」[94]と、国家
による総動員体制に賛意を示しながら時局に迎合していく姿勢もみられる。

　戦争が激化していく中で、1943（昭和18）年4月には、書き下ろしの作品と
して『青少年のために』を出版しているが、これは、兵士不足に伴い、青年たち
が次々と戦地に送られていく中で、青年たちに贈る言葉をまとめたものである。
その冒頭で、下村は、昭和15（1940）年は、神武天皇が即位してから2600年と
いう記念すべき年であり、この時期に新しい「出陣」によって、日本が支那事
変（日中戦争）から大東亜戦争へ、重慶政権の打倒からその黒幕である米英二大
強国の撃滅へ、そして支那一国を救うことから東亜諸民族全体の解放へと、つき
進んだことを礼賛している[95]。さらに、戦地に赴く青年たちが立てるべき誓い
について、「お国のためには、いつでも死ぬ」ということが重要であることは言
うまでもなく、「まさかの時に死ぬ覚悟が出来てさえ居れば、それでもうりっぱ
な日本人であるかというと決してそうでは」なく、「死ぬべき時には見事に死に、
生きている間は見事に生きるのが、ほんとう大御心にかなった、りっぱな日本
人」であると説いている[96]。

　田澤も、戦局が進む中で、戦争の遂行に対する賛意を示していたが、こうした
青年たちを戦争に駆り立てるようなメッセージは残していない。この違いは、下

村の方が、人間論、精神論にベースをおいた教育論及び実践を展開してきたことによるものなのかもしれない。

　こうして下村は、時局と連動する形で、国体をさらに強調する立場にたって戦時体制に参加していったといえる。そのことは、公民教育論の思想構造からいえば、下村が、忠君報国の精神を重視しながら公民教育論を形成してきたことをふまえれば、この時期に、「公民」が「皇民」へと再構成されていったことは、下村にとっては、田澤と同様に、受容できるものであったと捉えられる。ただし、国体の重要性が、上からますます強調されるようになっていったことは、下村が従前から重視してきた、自律的な協同生活訓練を通じた小社会の統合によって、下から皇道精神の深化を図っていくというアプローチを困難なものとした。それはまた、下村の公民教育論において、それまで、「生活の場としての地域社会の振興」を基調とした「市民が自治的に治める論理」が成長しながら昇華して、「国民を統合する論理」へと結びついていくという形でみられた重層的な関係が、前者の論理の成長と昇華という過程が十分にふまえられずに、後者の論理そのものが、時勢に即しながら前面に大きく打ち出されてくる可能性を意味していた。

B　田澤・下村の戦時体制への抵抗

1　戦時下における田澤の抵抗 ── 軍部批判を中心に ──

　先述のように田澤には、戦時体制に参加し協力していった側面がみられるが、同時に抵抗の姿勢も強く示していたことは、戦時下における彼のいくつかの言動から読み取ることができる。

　田澤が1920年代に本格的に関わった協調会も、戦時体制が進行する中で、その社会政策の概念の転換を余儀なくされた。満州事変が起きた1933（昭和8）年頃から、労資関係の政策論は、その対象領域が、農村問題や中・小企業問題に対する政策論へ、さらには、社会不安全般に対する処方箋の提示へと拡大され、ここから産業報国運動への取り組みが開始された。そして、1938（昭和13）年5月における産業報国会と産業報国連盟による提唱によって、協調会の社会政策概念は総力戦体制を準備する方向で捉え直され、それまでの「協調主義」から「労資一体」論へと転化していったとされる。しかし、こうした外部からの圧力に対

して、協調会本体は、産業報国運動の「上から」の展開に抵抗し、産業報国運動中央組織との統合を拒否し、機関誌『社会政策時報』も、新たに創刊された『産業報国』誌に合併することなく、並行して発行を続けることになったとされる[97]。

田澤は、戦時下に再び協調会の理事に就任しているが、理事会の席において、協調会を産業報国会に合併することにも、また解散することにも反対し、同会はあくまで社会政策の調査研究にあたるべきであるとしてその存続を主張している[98]。ここには、協調主義に基づく労働者教育の場を継続して設け続けることによって、社会政策の進展への希望を捨てていない田澤の姿勢があらわれている。労資問題に対して、あくまで社会政策の実施によって解決を目指し、階級闘争を伴う運動に対して否定的態度を示してきた田澤であるが、戦時下においては、「左翼運動は、そのすべてが必ずしも危険であるとはいえない。それが純粋な経済生活に関する運動であるかぎり、また議会政治の否認を意味しない政治運動であるかぎり、そうした運動を危険視することこそ却って危険なのである」と労働運動に通ずる左翼運動に対する態度を軟化させている。

このことは、戦時体制が進む中で、右翼運動が広がりを見せていたが、それらに田澤が危険性を感じていたからに他ならない。田澤によれば、当時の右翼運動の多くの実態が、少数者の秘密結社による活動であり、その目的とするところは立憲政治を否認する暴力革命であり、しかも国体擁護を名として行われているため、民衆は欺かれやすく、その点で左翼運動よりもはるかに危険性が大きいとされた[99]。立憲政治の確立を目指してきた田澤は、軍部の政治支配が強まる中で、立憲政治そのものが否認されていくことを危惧するとともに、国体が名ばかりに政治利用されていくことに対しても強い危機感を抱いていたのである。そしてこのことは田澤が、以下のように、日本の軍国主義化を恐れ、批判をしていたことにも通じている。

田澤にとって、特に思い入れの強かった青年団も軍国主義の波に飲まれようとしていた。1910年代から、田澤は愛国の名にて軍国主義的指導が青年団内に浸潤してくることを警戒し、その是正に努めてきた。1915（大正4）年の内務文部両大臣の訓令「青年団体ニ関スル件」は、第一次世界大戦の緒戦におけるドイツ軍の華々しい戦果が、青少年の軍事訓練の結果であったという見解の下に、軍部の要請によって発せられたものであったが、田澤らの抵抗もあり、1920（大

正9）年に政府は訓令を発して、明確に青年団が自主的団体であることを認めたとされる。1920 年代半ば（大正末期）には、軍部は再び青年団を軍事予備訓練の機関とすることを計画し、そのことを政府と青年団中央部に要請したが、田澤は、徹底的に軍部の主張を論破し、郷土的自治団体としての青年団の本質を守りぬいた。その結果、軍部は、青年団とは別個に青年訓練所を設置することで妥協せざるを得なかったとされる[100]。

　こうして、田澤は、ただひたすらに青年団そのものの本質的指導を強化し、その自治的共同生活の中に、産業的公民的教育を織りこむことに渾身の努力を傾けることを通じて[101]、青年団に軍部の影響が及ぶことに抵抗し続け、青年団の本質を守り抜こうとしたといえる。このことは、田澤の公民教育論の思想構造からいえば、軍部が主導する青年団訓練所において、名ばかりに国体が強調される形で、「オオミタカラとしての公民」の育成が行われていたものと距離をおきながら、青年団における自治的共同生活を通じて、「地域社会の自治振興を支える公民」の育成が追求され続けたことを意味している。

　しかし、青年訓練所の生徒は同時に青年団員であり、そのあいだに指導上の矛盾を抱えることになり、そのことは田澤を大いに悩ませた。軍部の青年訓練所の指導には正面からは批判はしなかったが、1933（昭和 8）年に貴族院議員に勅撰されるなど政治とも直接関わることが多かった田澤は、そうした立場からも日本の進路に対する批判の姿勢を貫き続けた。そのことは、戦争反対の意思から、内閣への入閣、翼賛政治会への入会等を拒否し続けたことや、以下のように、1940（昭和 15）年 2 月 28 日の第 75 回帝国議会において、「事変下の文教方針に関しての質問」として、意を決した演説を行ったことにも端的に示されている。

　　　今申しました一連の性格の短所欠陥は、多く我々の公的生活に現れて居りまして、之が為に立憲政治の正しき運用を歪め、地方自治の健全なる発達を妨げ、国家社会百般の事項の円満なる進歩を妨げて居ること、決して少なくないと存じます。殊に又国際生活の経験の乏しき為だとは思ふのでありますが、他の国家民族に対する態度にも遺憾の点が少なくないと存じます。……（中略）……率直に申しまして、我々は、我が隣邦に対して斯くの如き過失を過去に於て断じて犯さなかったと断言し得るでありませうか、又現に大陸の現地に於て此の種の遺憾が絶対に

202 第Ⅰ部 戦前における公民教育の形成と展開 ― その特徴と構造 ―

ないと保証し得るでありませうか、是等国際的の関連を持つ問題も深く反省する所がなければならぬと存じます[102]。

　田澤は植民地政策そのものには正面から否定をしていないが、他国の国民・民族に対する日本の態度に対して、過去をふり返りながら批判的に捉えていることが、この発言からも明確にうかがえる。そのような思いは大学卒業の直前に、満州、朝鮮を旅行した際に、現地で見た光景に端を発していた。田澤は、戦勝を笠に着た日本人の傲慢さに接し、それまで日本民族の一員として抱いていた自信は完全にくつがえされ、「海外発展？ それが何だ。もし日本民族の情感と道義とが永久にこのままであるとするならば、それは発展どころか、恥辱の拡大であり、民族的怨恨の種をまきちらすに過ぎないのではないか。それでは、地図上の上ではどんなに発展しようとも、遠からず国の基礎がゆらぐであろう。道義なくして何の国家だ」と、日本を道義国家として建て直すことを決意させたのであった[103]。

　また、さらなる戦争の拡大という状況に突入していく中で、田澤なりの形で抵抗を続けていった。第二次近衛内閣において、右翼的世論に引きずられて、戸主選挙権法案が企図されたが、田澤は、普通選挙に逆行するものとして何とか撤回させている。1942（昭和17）年の翼賛選挙で翼賛政治会が創設され、政党政治の終焉を意味する一党体制となった時にも、多数の議員が入党していったのに対して、田澤は拒否している。

　戦争末期には、日本の破局をまのあたりに見ながら、決して絶望せず、せめては巷の人としてささやかな任務を果たしていきたいと願い、東京新宿の淀橋青果会社の青年学校の校長を無給で引き受け、青年教育に関わるとともに、全国を講演行脚した。そして、1944（昭和19）年3月の最後の講演となった香川県の善通寺において、その席上で、日本本土への攻撃がまもなく深刻となり日本の敗戦が避けられないこと、この苦難を通らなければ平和は来ないこと、その後の日本をどのように守り育てていけるかの覚悟を皆がする必要があることを述べて、その場で倒れ11月に59歳の生涯を閉じたのである[104]。

　ここまで、戦時体制に田澤がどのように向き合ったのかについて検討してきたが、戦時体制に参加していく一方で、それに抵抗を示していたという構図は、関

口や蝋山と同様に、田澤の思想内部においても、以下のように葛藤関係が見いだせることを意味している。

時勢に即しながら国体の重要性を説いていったことは、田澤において、「皇民」とも結びつく「国民を統合する論理」が前面に打ち出されることによって、「市民が自治的に治める論理」との重層的な共存関係が保たれなくなってきたことを意味していた。しかし、他方で、国体が名ばかりに政治利用されていくことに強い危機感を覚え、青年団の本質を守りぬくことを通じて、「生活者としての地域社会の振興」を基調とした「市民が自治的に治める論理」を探求することを通じて、何とか「国民を統合する論理」との共存を図ろうとしていた。このように、この時期の田澤において、二つの論理が葛藤関係を孕みつつも、重層的な構造をなしていたことが分かる。

2 戦時下における下村の抵抗 ── 指導者層への批判と教育理想の追求 ──

下村が国体を重視した教育観を戦時下においても貫き、それが戦時体制への協力につながる可能性を有していたことは先に述べたが、下村も、田澤と同様に抵抗の姿勢も強く示していた点に着目する必要がある。

軍国主義が進む中で、下村が指導していた青年たちの間にも動揺がみられるようになった。「下村のやりかたはなまぬるすぎる、いったい何を青年たちに与えようとするのか、いまの時代にはきびしい訓練こそ必要でないか」という声が青年団の内部からもおこるようになり、また、青年団講習所の修了式の来賓として軍人がやって来て、サーベルをがちゃつかせながら軍国主義を説き、下村のやり方を非難するということもおきていた。それに対して、下村は、青年たちに「これまで日本人は、上下の関係を強固にするための修練はかなりの程度に積んで来た。しかし、横の関係を緊密にするための修練は、まだきわめて不十分である。私は、もし日本という国の最大の弱点は何かと問われるならば、この修練が国民の間に不足していることだ、と答えるほかはない」と自身の考えを示し、講習所で行われている教育実践の意味を説いている[105]。

軍人が講習所にも偵察に来るようになる中で、動揺する受講生たちに、講習所での実践の意義を説いていく姿は、ささやかなる軍部への抵抗ともいえる。戦時体制が進行する中で、青年教育においても、命令や強制による上意下達的で生活

204 第Ⅰ部　戦前における公民教育の形成と展開―その特徴と構造―

と遊離した鍛錬がますます広がっていく中で、下村は、「友愛感情の深化と組織化とによる協同社会建設への実践的訓練」を理想とする教育実践を追求し続けることで、「横の関係」の定着を図ろうとしたのである。

　また、満州事変を経て軍国主義の道を歩み始めた 1934（昭和9）年頃に、講習所の受講生から、「国家掲揚をどうして毎日やらないのか？」と質問されると、「運動会の時だけはしている」と返答し、さらに受講生から、「国家の非常時で、どこの講習会でも、毎朝の国旗掲揚が一番重要な行事になっているのに、どうして毎朝やらないのか。それでは非国民では？」と問い詰められると、下村は、「国旗は大切だからこそ、乱用してはいけない。ひとを非国民よばわりすることで、自分だけが愛国者みたいに思っている人が、このごろよくあるが、それはまちがいだ」と返答したとされる[106]。このエピソードは、下村が、1930 年代以降急速にナショナリズムの高まりのもとで強調された国体に対して、形式的で中身の薄いものであると強く認識していたことを端的に示している。そしてこのような認識は、以下のように指導者層への批判へと通じている。

　下村は、日中戦争が始まり、戦時体制が進行していくことに対して、「国民生活のあらゆる部門が国家的に動員さるべきは云うまでもない」と時局に迎合していく姿勢を示していたが、同時に、「国家的に」という言葉が、興奮した感情において、無思慮に受け取られるべきでないとしている。下村は、各地の青壮年の団体において、日常生活と国家的活動とを二元的に考え、日常生活の中に極めて重要な国家的活動の分野があることを忘却し、必要以上に日常生活を犠牲にして、ある種の形式的、集団的行動に出ようとする傾向が強まっていることに危惧を抱いている。そして、この根本的な原因は、中央集権的、大集団的事業を行うために、国民を実生活から遊離せしめることを以て、最も時局的であり、国家的であると考えている中央地方の指導者層にあるとして、指導者層に対して強く批判をしている[107]。

　さらに、『青少年のために』（1943 年 4 月）の冒頭において、先述のように、青年たちを戦争に駆り立てるようなメッセージを残しているように、この本全体の内容が、青年たちに戦時体制の協力の必要性を説くものを連想させるが、読み進めていくと冒頭に書かれていたメッセージとは異なる内容であることが分かる。例えば、次のメッセージは、戦争はもう止められないところまで来ている中

で、下村なりに覚悟を決め、日本人としての道義が必要であることを何とか説こうとしているのがうかがえる。

　　今、日本は、東洋を導き、世界を導く国になろうとしています。日本が東洋を導き、世界を導くためには、国民のひとりひとりが、気高い心の持主になっていなければなりません。ただのひとりでもいやしい人が居りますと、そのために日本の大精神がけがされ、疑われるようになるのです。そして、気高い心のはじまりは偽りのない心です。少しでも偽りがあっては、決して気高い心にはなれません。偽りのない心というのは、自分で自分に恥じる心です。つまり、『独り慎む』心なのです[108]。

　このメッセージの中で、下村が説いていることは、田澤が、他国の国民・民族に対する日本の態度に対して痛烈に批判をしていたことにも通じている。その後も、この本の中では、戦局の話などはほとんど書かれていなくて、これまで下村が接してきた青年の話、歴史上の人物の話などを例に出しながら、青年たちがどう生きていくべきかについて、「共に歩む」「愛に生きる」「任務に生きる」「創造に生きる」「つつしみて学ぶ」「体験を積む」「機会を生かす」「境遇を生かす」「明るく生きる」などといった教条をあげながら書かれており、戦地に赴いていく青年たちへの想いを綴った作品ともいえ、言論統制が布かれる中でも、何とか教育理想を追求しようとしていたことがうかがえる。

　ここまで、戦時体制に下村がどのように向き合ったのかについて検討してきたが、戦時体制に参加していく一方で、それに抵抗を示していたという構図は、関口、蝋山、田澤と同様に、下村の思想内部においても、葛藤関係が見いだせることを意味している。

　煙仲間運動の信条である「われらの誓願」にも国体の重要性が明確に位置づけられたように、下村において、協同生活訓練を基調とした「市民が自治的に治める論理」との関係が十分にふまえられずに、時局に連動する形で、「皇民」とも結びつく「国民を統合する論理」がより前面に打ち出されていった。

　しかし、一方で、国体が軍国主義と結びつけられて政治利用され、日常生活を軽視した集団的な行動が叫ばれていくことに強い危機感を抱いた下村は、「友愛

感情の深化と組織化とによる協同社会建設への実践的訓練」を理想とする教育実践によって、「横の関係」の定着を図ることを通じて、従前からしたためてきた日常生活を深化させながら国家的生活へとつなげていくことを目指し続けた。このことは、「生活者としての地域社会の振興」を基調とした「市民が自治的に治める論理」を探求し続けることによって、何とか「国民を統合する論理」との共存関係を図ろうとしていたことを意味している。したがって、この時期の下村においても、田澤と同様に、二つの論理が葛藤関係を孕みながら重層的な構造をなしていたことが分かる。

C　戦時下における田澤・下村による教育実践の探求

　このように田澤と下村には、国体を擁護する立場から総動員体制に協力しながら、戦時体制に参加していった側面がみられる一方で、軍部や指導者を批判しながら、戦時体制に抵抗していく側面も見られた。田澤と下村に見られる抵抗の特徴は、戦時体制が進行する中で、多くの論者において思想の転向も見られるようになっていく中で、両者は、様々な組織と一定の距離をとりながら、従前から追求してきた教育の方法と精神を探求し続けるというものであった。以下では、この点に関して、両者の戦時下の行動や実践との関わりに着目しながら、さらに掘り下げて考察する。

　青年団の振興に大きな役割を果たしてきた田澤は、当初は、蓮沼門三が創設した修養団の活動にも共感し、田澤も関与していた協調会と連携した教育実践を展開していったが、関東大震災が起きた 1923（大正 12）年前後から、修養団と距離を置き始めている。その背景には、天皇機関説にも反対し、田澤が参加していた昭和研究会にも批判を浴びせ、後に首相に就く国粋主義者の平沼騏一郎が修養団の団長に就任したことが関係している。平沼が団長に就任する頃から、修養団の講習会が、「感激」を煽るイベントに傾斜し、ますます「理智の追求」から離れ、一種独特の「意思の訓練」に邁進していった。1930（昭和 5）年に執筆した『青年団の使命』において、もはや修養団は在郷軍人会と並んで「中央本位」の団体として扱われており、田澤は「修養団式の感激中心の講習会」から「思索と興味」を中心とした教育への途を模索していくこととなり [109]、それが青年団講習所の開設へとつながっている。

さらに、田澤は修養団から離れたのと同じように、国維会とも関わりを持たなかったとされる。国維会は、1932（昭和7）年から1934（昭和9）年に存在した政治団体であり、満州事変後の国家主義思潮の高まりに乗じて、日本精神に根ざした国政革新計画の樹立と、人材の糾合を目的として創設された。同時期に選挙粛正同盟会などで、国維会と関与していた後藤文夫、橋本清之助らと行動を共にしていたが、国維会が内務官僚と軍部との連合体であったことが、田澤が国維会と距離を置いた要因ともされる[110]。

このように、田澤には、様々な活動を通じて多数の同志が存在し、ややもすれば、そのような人間関係の中で、戦時体制に組み込まれていきがちになるところを、自身の教育観と隔たりのある取組みを行う団体や、軍部と通ずる組織と距離をおくことで、何とか戦時体制に抵抗しようとしていたことがうかがえる。翼賛政治会への入党拒否、無給の青年学校長への就任など、戦争末期の身の処し方にもそのことが端的にあらわれているように思われる。

一方で、下村は、中央政府や様々な組織との関係の中で動いていたわけではなかったので、田澤のような対外的な抵抗の姿勢は見いだしにくいが、青年団講習所や煙仲間運動の実践にみられるように、青年教育の現場において、青年たちと真摯に向き合うことを通じて、何とか戦時体制に抵抗しようとしていたといえる。特に、煙仲間運動の実践は、青年団講習所の閉鎖後において、その精神を継承したものとして注目される。

講習所の閉鎖後は、その精神を継承しながら、田澤と下村は、壮年団の指導育成に従事した。壮年団とは、田澤らの呼びかけで、「郷土の愛」「社会の良心」を合言葉に、「縁の下の力持ち」として、地域社会建設の役割をすすんで担おうと決意した青年団OBたちによって結成された自主的な同志団体である。1929（昭和4）年に創設された壮年団期成同盟会は、1935（昭和10）年には壮年団中央協会に発展し、世間の関心の高まりもあって、1937（昭和12）年頃には、全国で2,000以上の団体が結成されたともいわれる[111]。

しかし、壮年団も戦時体制の進行からは免れることはできず、しだいに「縁の下の力持ち」的な役割に対する不満を訴え、国家権力とより直接に結びつこうとする勢力もあらわれ、翼賛壮年団化が進行していった[112]。こうした状況に対して、下村は、壮年団運動の本質が損なわれることを危惧し、あくまで平凡な一市

民として、謙虚に自分をみがき、世界の平和と人間の幸福を願い、地域や職域で人目に立たぬように手をつなぐ仲間をつくっていこうと、全国各地にすでに結成されていた壮年団に対して、「煙仲間」と呼称したのであった[113]。

　下村は、煙仲間の提唱と普及を目的として、執筆活動も精力的に行った。壮年団中央協会発行の雑誌『壮年団』に主に掲載され、それらをまとめたものとして、1943（昭和18）年6月に、偕成社から『煙仲間 ― 郷土社会の人材網 ―』が出版された。また、全国の「煙仲間」から請われて行脚し、各地の実践を行き来していく中で、五項目からなる煙仲間の信条をまとめ、それが「我等の請願」として、青年団講習所出身者向けに発刊されていた雑誌『新風土』の1943（昭和18）年6月号に掲載された。そして、1944（昭和19）年3月に終刊するまで、巻頭ページに「我等の請願」が宣言されるとともにその解説が連載され、それらをまとめたものとして、1944（昭和19）年8月に、小山書店から『われらの誓願』として出版された[114]。

　煙仲間運動の理念は、下村の教育理念をまさしく継承したものであった。まず、国民の理性的教養に、広さと深みをもたせるために、単なる講壇的、知識的教養だけでなく、団体生活をなさしめつつ、その団体を超越せしめるような実践的訓練が重視された[115]。また、青年団との関係については、青年団も煙仲間も地域社会をベースにおいている点で共通し、両者の間には切っても切れない関係があることを認めつつも、青年団は自然発生的、網羅的で、共同生活の修養団体として、団員外に指導者を有するのを建前としているのに対して、煙仲間は完全に意志的、同志的で、しかも修養団体であるとともに実践団体でもある点では相違があり、煙仲間は単に青年団の延長ではないと位置づけている[116]。

　そして、理想郷土の建設のために、煙仲間が実践団体としての役割を果たすことに期待をよせた。下村は、町村の総合統制機関の設置、部落町内の協同体の強化、煙仲間の結成の三つを、地方自治振興の三位一体をなすものと位置づけている。しかし、前二者がいかに整えられても、それらの機関や組織に魂をいれる「人」がいなければ機能しないとし、煙仲間は、町村内のあらゆる機関の内外に「人」を供給し、その「人」を通じて、極めて自然に、町村の一体的、創造的活動の気運を醸成していくことになるとその可能性を説いた[117]。その意味では、仲間生活の内部（団体生活における訓練）を通じて郷土的人材を錬成するという

内部的使命と、それらの人材を通じて、一体的な理想郷土を建設するという外部的社会的使命という、二つの本質的使命が、煙仲間には託されていたといえよう[118]。

　煙仲間運動の信条を示した『われらの誓願』は、先に述べたように、国体の重要性が前面に打ち出されたものであり、一見すると、煙仲間運動が、「国家への忠誠心の育成」を通じて、戦時体制に協力していく青壮年の育成を目指していたようにうつる。しかし、「われらの誓願」の中においても、「特殊な鍛練的行事」によって「皇国民錬成」が行われることは否定され、あくまで、家庭や職場など「小世界」をベースとした「集団意志構成のための訓練」が重要であることが説かれているように、国体をひたすら「上から」名ばかりに強化していくことに対しては否定されている[119]。さらに、煙仲間運動における教育の方法と理念を見れば、青壮年たちが、日常の団体生活を重視しながら地域社会を盛り立てて理想郷土を建設していく上での一翼を担っていくことが期待されており、下村が、従前から探求してきた「日常生活を重視しながら国家を強化していく」という姿勢が、この時期においても貫かれていたことが分かる。

　つまり、国体が名ばかりに叫ばれ、壮年団の翼賛化も進行していく中で、下村は、煙仲間運動を展開することを通じて、従前から探求してきた「地域社会の自治振興を支える公民」が容易に、「末端から自発的に戦時体制に参加していく公民」に転換しないように格闘し続けたとも捉えられる。

　田澤は煙仲間運動には直接関わっていないものの、煙仲間運動が、田澤によって創設された青年団講習所の実践を継承したものであること、また、団体生活における訓練を通じて郷土的人材を錬成し、一体的な理想郷土を建設するという煙仲間運動の理念は、下村だけでなく田澤も従前から探求してきたものであることをふまえれば、田澤の精神も多分に反映された実践であったと捉えられる。

　ただし、田澤や下村が重視した地域社会における共同生活の実践及び団体訓練においては、日常的に生起している生活上の諸問題がどのように政治的に規定されているかということを学ぶよりも、公共意識を高めて、各自の責務を遂行する態度を養うことが優先されることによって、常に「非政治化」の可能性があったとされる[120]。このことは、田澤と下村の取組みが、天皇機関説への排撃、国体のさらなる強化という時勢に正面から抗するものにはなり得なかったことを意味

210 第Ⅰ部　戦前における公民教育の形成と展開 ― その特徴と構造 ―

している。

　しかし、日中戦争が勃発する頃には、戦争に批判的な思想運動や文化運動の中心的担い手たちの多くは、検挙・投獄されていたように、表現の自由が奪われていたことをふまえれば、ぎりぎりのところで彼らが行った取組みの意味について、もっと掘り下げた検討が求められる。実際に、戦時下における田澤や下村のようなスタンスは、いわゆる自由主義者といわれる戦前の知識人や活動家にはある程度みられた点にも注目する必要がある。

　言論統制が進む中で、残された選択は、完全に沈黙を貫くか、それとも体制の内部に入って、「戦争の意味転換」をはかり、体制内抵抗のきわどい道を模索するかのいずれかでしかなかったとされるが[121]、蝋山、関口、前田らと共に昭和研究会にも参加した哲学者の三木清は、後者の道を選び、生活文化論を提唱した。同時代の声高な論者たちが、ドイツ民族の精神文化こそ至上のものだとするナチス・ドイツの国家主義的な文化主義に共鳴して、日本においても国民精神の高揚をはかるための国民文化主義を形成していたが、それらの指導者中心主義と精神論に、三木は生活文化論のかたちで、民衆による内発性と合理性に支えられた生活改造への主体的な努力を対置し、そこに最後の希望をかけようとした。三木は、「生活」とは、客観的な様々な条件とそのもとでの民衆の主体的な営みであるとし、民衆がファシズムへの同調から逃れる道を、時局の課す様々な条件のもとに可能なかぎり自律的な自分自身の生活を、つまり生活文化を築きあげることのなかに見いだそうとしたのであった[122]。

　ここで注目すべきは、三木が提起した生活文化論は、民衆の自律的な生活を尊重する点において、田澤や下村が追及していた教育の理念と方法と通ずる部分があることである。このことは、言論統制が厳しく布かれる中で、目の前の生活者と向き合い、自律的に人々が考えて日常生活を築きあげていくことを目指すということが、ぎりぎりのところでの抵抗だったことを示唆しているようにも思われる。

第3節　戦時体制と公民教育論の構造

　ここまで、講壇的論者と実践的論者とに区分した上で、1930年代半ばから終戦期における公民教育論の特徴について検討してきたが、以下では、第1章第2節で明らかにした「公民教育の展開」における特徴もふまえながら、この時期における公民教育論の構造について考察する。

　第1章の第2節でも明らかにしたように、戦時体制の進行によって、天皇機関説が排撃され、立憲政治の否定と国体の強調が叫ばれていく中で、公民教育の特徴にも変化がもたらされた。それは、学校教育においては、公民科の内容が、国家中心主義と国体観念が色濃く反映された修身科へと傾斜していくという形で、そして、社会教育においては、国体明徴や日本精神など戦時色を帯びた思想的な内容が中心の講座型事業の広がりや、戦時体制への参加を促す末端組織としての地域組織（町内会など）の強化といった形で、具体的な変容を見いだすことができる。こうした変化は、それまで重層的であった公民概念が、「オオミタカラとしての公民」を中心とした「皇民」へと構成され直されていったという構図で捉えられる。

　戦時体制下における公民教育の展開にみられるこのような特徴は、本章でも明らかにしたように、各論者においても見いだせる。国体の精神の徹底を目指した国家による一連の教化運動に対して、正面から批判的姿勢を示さず、むしろ国体の重要性を説き続けることによって、戦時体制に協力していった側面を有していたことに端的に示されている。その背景には、各論者が、日本の戦争参加を、日本が主導しながら東洋諸国の発展を促すためのものとして意義づけ、そのために、西洋諸国とは異なる、地域共同体と国体精神を媒介としながら、国民協同体（蝋山）、道義国家（田澤）として、日本という国民国家が、より強固なものとなっていくことを期待していたことがあげられる。

　しかし、本章でも明らかにしたように、各論者には戦時体制に抵抗していく側面も見られた。そのことを思想構造の観点からいえば、ポリティーク論者である関口と蝋山は、講壇的立場から、立憲政治を死守すべく政治教育を中枢にすえた公民教育の議論を深めることを通じて、「近代立憲国民としての公民」概念が、

212 第Ⅰ部 戦前における公民教育の形成と展開—その特徴と構造—

「オオミタカラとしての公民」概念に収斂していくのを何とか踏みとどめようと
格闘したと捉えられる。一方で、ペダゴギーク論者である田澤と下村は、実践的
立場から、日常生活の深化と結びつく教育実践を探求することを通じて、「地域
社会の自治振興を支える公民」概念が、「皇民」ともつながる「末端から自発的
に戦時体制に参加していく公民」概念へと容易に転化しないように格闘したと捉
えられる。

　このように、各論者は、言論統制が布かれていく中で戦時体制の進行に正面
から批判を加えられずに沈黙を貫く一方で、何とか格闘しながら体制内抵抗のき
わどい道を模索したといえるが、こうしたスタンスは彼らと同様に、戦前から戦
後を生きた他の自由主義的知識人の間にも見られた。戦後改革期に文部大臣を務
め、旧教育基本法の制定にも尽力したとして知られる田中耕太郎もまた、戦時下
に大きな困難に直面した。田中は、戦後の1949（昭和24）年に出版した『教育
と権威』という著書の序において次のように述べている。

　　　非常時局の下に書かれた諸篇において、私は自分の言わんと欲する全部を言い
　　尽すことができなかったことを遺憾とする。その当時の言論の弾圧は相当峻烈な
　　ものがあった。しかしながら我々学究には幸いにして少くとも沈黙の自由は存在
　　しており、……（中略）……多少でも残されていた最小限度の自由の範囲を極度
　　に利用することは我々の義務だと考えた。このような態度から、諸篇の取り扱っ
　　た主題は、いづれも一時的な時局の要望を超えて、教育の本質的永遠的な課題の
　　見地から、ファッシズム的（ママ）、神がかり的教育論を、残されていた自由の範
　　囲内において批判したものである。……（中略）……私の立場は……（中略）……
　　正しいヒューマニズムの人間観に立脚する自然法的世界観が基調となっているの
　　である[123]。

　田中は、「残されていた最小限度の自由の範囲」を利用して、ヒューマニズム
の人間観に立脚する自然法的世界観を基調としながら、ファシズム的、神がかり
的教育論を批判したのであった。このような田中の教育観は、極右の台頭と極左
の台頭に対する批判をなし、全一論に基づく道義国家を提唱した田澤や、生命生
長の原理に即して、郷土社会における協同生活を通じて自律性と創造性をもった
人間を育成するという教育観を有し、上意下達的で生活と遊離した鍛錬を正面か

ら批判していた下村と通じていたといえる。

　勝野尚行は、田中のこのような姿勢を「消極的抵抗」として位置づけている。勝野は、日本の言論人・知識人の時代迎合主義の傾向は、過去においても現在においても、あまりにも甚だしいがために、田中の時局への対応を評価するに際しても、積極的抵抗の姿勢とだけ単純に対比してみるという、一面的な評価に陥ってはならないとする。つまり、積極的抵抗に照らしてみれば、消極的抵抗の限界は明白であり、田中の姿勢は、もっぱら批判の対象とされるだけであり、時局迎合主義が支配的思想傾向であった中で、消極的抵抗がもった意味と可能性も、それ相応に評価されなければならないとしている[124]。

　本書で分析の対象としている論者においても、こうした「消極的抵抗」の姿勢を見いだすことができる。関口は、講壇的な立場で、戦時下において、戦後民主教育に通ずる教育観をもち、思考の自由、批判的精神の重要性を説いた。そして、田澤と下村は、実践的な立場で、ヒューマニズムの人間観に基づく教育論を探求し続け、講壇的に批判的・創造的精神の涵養の必要性を説くだけでなく、それを青年団講習所、煙仲間運動といった実践の場で実現させようと粘り続けた。特に田澤と下村の姿勢は、地域社会における共同生活、及び団体生活そのものが政治教育となり得るという「非政治化」の可能性を孕みつつも、言論上の「消極的抵抗」からさらに一歩進み出ようとしていたとも位置づけられる。

　ところで、第2章で指摘したように、公民教育が本格的に展開していく1920年代においては、実際に展開された政策（例えば、労資協調と労働者教育施策、文部省の公民科設置の論理）と各論者の思想との間には、「国民を統合する論理」と「市民が自治的に治める論理」という二つの論理が、相互に浸透し合いながら重層的に内在していたという、ほぼ同質的な構造が見られた。それに対して、1930年代半ば以降においては、これまで述べてきたように、両者の間に差異が生まれ、それはまた思想レベルにおける葛藤関係という内的な構造をもたらしたといえる。しかし、思想レベルでみられた葛藤関係は、以下のように、この時期の政治レベルにおいても、一定程度見いだせる構造であった点は注目される。

　世界恐慌の影響による不況に伴い、1930年代になると、労働、農村、教育などの諸問題の頻発によって、日本社会は危機的状況に陥っていたが、こうした事態に対して、主流となったのが、この状況を1920年代以降の欧米自由主義・近

214　第Ⅰ部　戦前における公民教育の形成と展開 ― その特徴と構造 ―

代主義の影響によるものと判断し、「日本的なるもの」に回帰することによって「近代の乗り越え」を志向する右翼・国家主義の流れで、これは、国体を重視することによる「公民」から「皇民」へという流れと呼応している。一方で、決して主流ではなかったが、この危機を自由放任主義の失敗ととらえ、社会の計画的な合理化・組織化によってその打開を目指す勢力が存在し、その代表的なものが、近代主義的な民主主義者を中心とした昭和研究会であったとされる[125]。

　昭和研究会が実際の政治に与えた影響はそれなりにあり、教育分野に限ってみても、戦後の六・三・三制の基盤ともなる教育機会均等化の観点からの中等教育の普遍化（青年学校義務制）などが、日本に教育科学の導入・発展に中心的な役割を果たした教育制度研究者の阿部重孝が主導する形で実現している。その背景には、文部省内にも、主流ではなかったものの、当時進行しつつあった国粋主義的な思想統制や治安対策的政策に反対し、人的な資源の合理的育成を目標とする計画的な教育政策の樹立を目指していた「教育調査部」や少壮官僚を中心とする改革グループ「教育改革研究会」が存在したことによって、文部省の政策立案者と昭和研究会の研究者とが緊密に連携を図れたことが関係している[126]。

　このように、当時、政府レベルにおいても、精神主義的な超国家主義勢力と葛藤を起こしながら、社会の合理化・組織化を目指す体制内改革勢力が存在しており、1930年代から40年代の政治・行政が、必ずしも超国家主義に全面的に覆われていたわけではないことが分かる[127]。そして、昭和研究会を介して、消極的抵抗の姿勢をとっていた自由主義的知識人たちと体制内改革勢力が結びついていったように、両者は、精神主義的で神がかり的な教育観を批判しながら、戦時体制と向き合ったという点で、思想構造的にも近い存在であったと捉えられる。

　政治レベルにおいても、この時期においてこうした葛藤関係が部分的には見られたものの、総じて、超国家主義的な立場が支配的であったといえる。そして、戦時体制がさらに進行していく中で、思想レベルにおいても超国家主義的な思潮が浸透し、知識人の思想の転向や戦時体制への積極的参加がもたらされていったといえる。しかし、それでも、思想レベルにおいては、自由主義的知識人を中心として、超国家主義的な流れに抗する動きは確かに存在していたといえる。

　そして、政治レベルと思想レベルで、こうした差異が見られたものの、前者が、国民教化を図る上での末端として、町内会、青年組織、婦人組織などの地縁

組織の体制内化を押し進め、後者が、国民同士が連帯していくような「横の関係」を強化していく場として国民の職業と生活に即した公民教育を探求したように、両者ともに、日常生活も含んだ地域社会にさらに着目していった点においては共通項が見られる。こうして、日本型国民国家の基盤となる地域共同体への国民の帰属が、より強固なものと位置づけられ、その基盤の上に、「国民の自発性と地域の振興を結びつけ、それを国家へと吸い上げていく」といういわゆる日本型の国民教化が、天皇制国家体制を目指す政府によって展開されていくことで、国民国家のさらなる強化がもたらされていったといえる。

第 Ⅱ 部

公民教育としての社会教育の展開
― 戦後教育改革と公民館構想 ―

第Ⅱ部では、戦前から振興されてきた公民教育が戦後教育改革とどのように結びついていったのかを検討する。第Ⅱ部を構成する三つの章は、その特徴から、戦後教育施策の展開過程に焦点をあてる第4章、戦前自由主義的知識人たちの戦後の思想と実践に焦点をあてる第5章、そして、社会教育における公民教育の実現態である公民館構想の思想構造に焦点をあてる第6章からなる。

第4章
戦後教育改革と公民教育の展開

　本章における検討課題として、大きく次の二点があげられる。第一が、戦後教育改革、特にその初期のものは、改革にも関わった戦前自由主義的知識人たちの時代認識に見られるように、戦前、特に1930年代半ば以前において振興されていた公民教育をベースに進められようとしていたが、実際に施策として打ち出された公民教育がいかなる特徴を有していたのかを明らかにすることである。具体的には、それが最も体系的に展開された戦後の新「公民科」設置構想の展開過程、及び、旧教育基本法第八条「政治教育」成立過程を検討することを通じて、そこには、「オオミタカラとしての公民」を基調とする「国民を統合する論理」と、「近代立憲国民としての公民」を基調とする「市民が自治的に治める論理」という二つの論理が、相互に浸透し合いながら内在していたことを浮き彫りにする。

　そして第二が、戦後改革期における社会教育の形成に焦点をあてて、その基底にすえられた公民教育がいかなる特徴を有し、社会教育の枠組みの形成へと結びついていったのかを明らかにすることである。具体的には、戦後初の総選挙（1946年4月）に向けた一連の公民啓発施策においては、国体護持とも結びつく「国民を統合する論理」が色濃く内在していたが、公民館構想が具体化し展開されていく中で、「地域社会の自治振興を支える公民」を基調とする「市民が自治的に治める論理」が深化し、それが社会教育の枠組みを方向づけていったことを浮き彫りにする。

　こうした二つの検討課題を通じて、戦前的な公民教育を受け止めながら、戦時下に浸透していった「皇民」が、重層的な概念としての「公民」として再構成され、そうした公民育成をベースとした教育改革が構想され、さらに、教育勅語の

廃止、新憲法の制定、旧教育基本法の制定といった戦後的秩序の中で、個人が、客観的・合理的認識と能動性を身につけて平和的民主社会の建設に参加していくというように、「市民が自治的に治める論理」を基調とした公民教育を基底にすえて、教育改革、社会教育の形成が進行していったことを指摘する。

第1節　戦後教育改革と公民教育

A　戦後直後における時代認識と教育改革 ― 公民教育の再生 ―

　戦後の教育改革は、必ずしも戦前に行われてきたものすべてを否定した上で、進められようとしていたわけではない。関口泰は、戦後直後の政治状況を、「デモクラシーはポツダム宣言の受諾によって始めて我が国に行はるるものではなくて、今から15、16年前の政治は、大体現在と同じ方向にあったといってよろしい」[1] と、1920年代から30年頃の状況に近いものと認識し、デモクラシーの思想の萌芽はすでに日本においても見られることを指摘している。関口によれば、1920年代には、「国際平和とデモクラシーが唱へられて、公民教育運動が行はれ」、「議会中心政治が育ちつつあ」ったが、1930年代以降に、五・一五事件や二・二六事件などが勃発したことにより政党政治が機能不全の状態になり、軍部による政治支配力が高まっていったために、議会政治が正しく運営されなくなり、「軍国主義的状態」に陥ったとされる[2]。そして、民主主義国家を構築していくために、「国民の心の中に平和国家を建設する事に外ならない。根本から破壊して建て替えないでも、十数年前に引戻して、議会政治を正しく運営し発展してゆけば、日本的民主政治は行われるのである」[3] と1920年代から30年代前半に立ち返って再生させる必要性を強調している。

　このような時代認識は、戦後直後には広くみられた。前田多門は、「何も或人々が考えているように、全て180度の方向転換というわけではなく、10年前まで戻って更にそれから再出発すれば、やがて健全な民主主義完成を将来に期することができる」[4] と述べているように、1930年代半ば以前には健全な民主主義が育ちつつあったと捉え、戦前において、一定程度成熟しつつあった議会政治を

正しく運営することを通して、民主主義が根付くことを示唆している。また、戦前において、下村湖人が塾長を務めていた青年団講習所で社会教育研究生を経験し、戦後改革期に文部省社会教育課長を務めた高橋真照は、「戦時中の条件を払拭して、戦前の、いわば大正デモクラシーの時にかえすことで社会教育局が復活されたのです」[5]と後に回想している。

　彼らが回帰を期待していた 1930 年代半ば以前において、議会政治の発展を促すために、国民に政治的知識、立憲政治の意義を浸透させるために重視されていたのが公民教育であった。これまで述べてきたように、政治社会状況の影響も受け、公民教育も 1930 年代半ばを境に、国民統合の論理が強く貫徹されるようになった。それにともない「公民」をめぐる解釈も、立憲自治の民というよりは、日本古来からの伝統である天皇の「オオミタカラ」としての側面のみを強調した「皇民」として、捉えられる傾向が高まっていった。それが、終戦を迎えて、軍国主義を払拭して、議会政治、立憲政治を再生していこうという機運が高まる中で、戦後直後の教育界において、1930 年代半ば以前において展開されてきた公民教育の復活が提起されたのであった。前田は、1946（昭和 21）年 1 月の文部大臣辞任直後に次のように述べている。

　　　元来公民教育に就ては我国としても過去に於て一定の点まで発達し来った経過
　　を有しているのであるが、戦時中誤った国家至上主義に葬られて、折角の発達が
　　阻害せられ、中等学校や青年学校に於ける公民科までが、いつの間にかその姿を
　　没したのであって、公民とか自治とか言う字句を使用すること自身がすでに不都
　　合だと言われるような時代を経過し来ったのであるが、この際この傾向を根本的
　　に覆し、学校教育と社会教育との両方面に渉って、公民教育の拡充強化を図りた
　　いと言う意図のもとに、10 月に公民教育刷新委員会を設け……（以下略）……[6]

　前田は、公民教育の発展が阻害され、学校の公民科の内容も、1930 年代半ば以降、1935（昭和 10）年の青年学校の成立や、1937（昭和 12）年の公民科教授要目の改訂によって、修身科に近いものとなっていったことを批判的にふり返り、1930 年代半ば以前において発展しつつあった公民教育を再び振興する必要性を説いている。

222 第Ⅱ部　公民教育としての社会教育の展開 ― 戦後教育改革と公民館構想 ―

　このように、戦後直後において、1930 年代半ば以前に立ち返って公民教育を
振興することによって、民主主義社会を構築できるという認識が、広く共有され
ていたが、そのことを裏付けるかのように、関口も前田も、戦前に著した公民教
育に関する著作を、戦後直後に再刊させている。関口は、1930（昭和 5）年に公
民教育の体系を示した著書『公民教育の話』（朝日新聞社）を、戦後直後の 1946
（昭和 21）年 4 月に文寿堂から再刊させ、さらに同年 12 月には、同じく文寿堂
から『公民教育論』として改訂版を出している。一方で前田は、1936（昭和 11）
年に公民教育の体系を示した著書『公民の書』（選挙粛正中央連盟）を、戦後直
後の 1946（昭和 21）年 1 月に社会教育協会から再刊させている。

　このことは、戦前に展開された公民教育を正しい方向に振興していくことに
よって、戦後教育改革を進められるという確信が彼らの中にあったことを意味し
ている。実際に、戦後直後において、一連の公民教育施策が大きく打ち出されて
いくが、勝田守一が、1945（昭和 20）年 11 月に設置され、12 月に二度の答申
を提出した公民教育刷新委員会について、「この委員会は、GHQ とはなんらの関
係なく、自主的に成立し、運営されたものであることは、とくに強調しておきた
い」[7] と指摘しているように、アメリカ教育使節団が来日して報告書を提出する
1946（昭和 21）年 4 月以前から、自主的に議論され展開されていたという意味
でも着目する必要がある。

B　公民教育の展開と公民科構想

1　公民科構想の展開とその特徴

　戦後直後に日本側から自主的に展開された一連の公民教育施策の中で、もっと
も体系的な形で示されたのが、戦時期に廃止されていた公民科を再び設置しよう
とした公民科構想である。

　斉藤利彦は公民科構想の展開過程を次のように五段階に区分している。第一
段階が、1945（昭和 20）年 9 月から 11 月にかけての「政府上層部による公民教
育振興策」で、公民教育刷新委員会の設置（1945 年 11 月）と公民教育刷新委員
会答申（1945 年 12 月）により、戦後公民教育の基本理念と方向が打ち出された
のが第二段階とされている。そして、第二段階で打ち出された基本理念を、教育

第4章　戦後教育改革と公民教育の展開　*223*

内容のレベルで具体化するために、公民教育要目委員会が設置され（1946 年 2 月）、1946（昭和 21）年 3 月に「中等学校公民科教材配当表」が作成されているが、この経緯が第三段階とされている。第三段階を受けて、1946（昭和 21）年 7 月、中等学校公民科教科書編纂作業が開始されたが、教科書は結局完成されずに終わる。その一方で、教科書編纂と並行して進められていた教師のための手引書である「公民教師用書」は、1946（昭和 21）年 9 月の「国民学校公民教師用書」、1946（昭和 21）年 10 月の「中等学校・青年学校公民教師用書」の発行をもって完成に至っている。この教科書編纂、公民教師用書の作成・刊行が、それぞれ第四、第五段階とされている [8]。

　斉藤は、各段階を通じて、公民科構想がどのように深化していったのかについて、それぞれの段階で教育勅語に対する評価がどう変化したのかという点と、それぞれの段階で提起された人間像（＝公民像）とそれに規定された公民教育の目的および内容がどのように構想されていたのかという点の二つの視点を軸としながら明らかにしている [9]。

　第一段階の「政府上層部による公民教育振興策」は、1945（昭和 20）年 9 月下旬に新聞紙上に「公民教育の徹底」が伝えられ、それを受けて、同月中に文部省内担当官による「公民教育ニ関スル調査」が開始されたことに求められるが、それが具体化されたものが、1945（昭和 20）年 10 月 15 日の「新教育方針中央講習会」における文相前田多門の訓示とされる。前田は、「今迄閑却せられたる公民科の強化を図り、殊にその内容に於て面目一新を期したいと存じてをります」[10] と新しい公民科の構想を明らかにしているが、斉藤によれば、訓示では教育勅語の一層の重視がすえられ、前田がイメージしていた公民教育の特徴は、「個性の完成」「道義の高揚」を基調とするものであり、その究極目的が一貫して「国家社会に奉仕する個人」を作るという点に置かれていたとされる。

　公民教育刷新委員会の設置と答申の出された第二段階においては、文言上においては、明確な教育勅語擁護の立場に立って戦後の公民教育が構想されているが [11]、斉藤は、答申の審議過程においては、教育勅語に対する批判が各委員の間で公然と行われていた事実に注目している。答申によって打ち出された公民教育の内容については、斉藤によれば、第一段階における前田文相らの発言と異なり、「社会態勢の民主主義化」の基盤として、「封建遺制の克服」と「基本的人権の尊重」

がすえられ、社会に対する客観的・合理的認識を育て、国家・社会に対し自立した能動的立場をとれる個人を育てることが目的として掲げられ、この答申の中で提起された基本方向こそが、その後の公民科構想の中で継承され発展させられていったとされる。

公民教育刷新委員会は、1945（昭和20）年12月下旬に第1号答申、第2号答申を提出して解散するが、その理念を内容面に反映させるために設置されたのが公民教育要目委員会である。この第三段階においても、依然として政府上層部による教育勅語擁護の姿勢は続いていたため、要目委員会は教育勅語を公民教育の教授内容として位置づけようとする姿勢を、少なくとも文言上は変えていない事実を斎藤は見いだしている。

第四段階として位置づけられている中等学校公民教科書編纂作業は、結局完成せずに終わったが、公民科教育の内容・方法確立の努力は、教科書と並行して進められていた教師用指導書『中等学校・青年学校公民教師用書』（以下『公民教師用書』）として刊行されている。この第五段階で示された公民教育の特徴として斎藤は以下の二点をあげている [12]。

第一が、『公民教師用書』が、戦前教育批判の水準において一つの到達点に立ったという点である。つまり、明治維新以来のわが国の国家と個人の関係のあり方をきびしく批判し、平和的民主的社会の建設のために国家をも個人の力でつくりかえていく、という新たなる国家と個人の関係を措定し、また、教育勅語についても、『公民教師用書』の小単元から、一切取り除かれているように、明確に教育勅語を排除している。斎藤は、文部省が教育勅語を正式に禁止するのが1947（昭和22）年6月で、完全に消滅するのが1948（昭和23）年6月の衆参両議院における「教育勅語排除、失効確認の決議」であることを引き合いに出し、1946（昭和21）年10月の時点で、文部省の公的文書たる『公民教師用書』が教育勅語を明確に排除したという事実を先駆的な事実として位置付けている。

第二が、「公民教育刷新委員会答申」（1945年12月）の示した「社会に対する客観的合理的認識」と「個人の能動性の育成」という理念が、戦後公民教育の目的・内容・方法を一貫する理念として原理的に体系化されたという点である。前者については、『公民教師用書』において、学問的な研究成果と公民教育の内容・方法とを結び付けるという課題が具体的に提示された意味でも、科学性と生

第4章 戦後教育改革と公民教育の展開 *225*

徒の主体性とを統一して重視しようとする原理的な視点が明快に提示されたとしている。そして、後者については、「自発性を重んじ、自発活動を誘導するための教育の内容と方法」を『公民教師用書』が重視していたとしている。

結局、『公民教師用書』で示された公民教育の体系は具体化されることなく、戦後直後の公民科構想は終焉するが、勝田が評価していたように、斉藤も、終戦後すぐに日本側から自主的に進められ、しかも戦前教育に対する批判を含んでいたことを評価している。斉藤によれば、「構想は、教育刷新委員会の打ち出した構想のような、教育制度の改革をも含む教育改革構想としての全体性は有していなかった」が、「戦後教育のあるべき理念と目的という側面で、公民教育という角度から、これだけ明確な方向性を打ち出し」ており、「戦後教育改革とは何であったのか、その全体像をとらえなおす重要な契機を提出している」とされる[13]。

以上、公民科構想の展開過程について検討してきたが、構想が展開していく中で、その基底にある公民教育の特徴は、以下のように変化していったと捉えられる。つまり、構想の初期（第一段階）においては、戦前の教育勅語が一層重視されていたように、戦時下の皇民教育を継承して、「オオミタカラとしての公民」の育成を重点においた「国民を統合する論理」が強く内在したものであった。それが構想の中期（第二段階及び第三段階）になると、文言上は国体擁護の姿勢が継承されているものの、教育勅語に対する批判も行われるようになり、「社会に対する客観的合理的認識」と「個人の能動性の育成」を基調とした「市民が自治的に治める論理」も提示されていったように、皇民ではなく、「近代立憲国民としての公民」の側面も含めた公民の育成が重視されるようになった。

なお、教育勅語批判の高まりの背景には、ちょうど1946（昭和21）年の元旦に発布された天皇の詔書『新年ニ當リ誓ヲ新ニシテ國運ヲ開カント欲ス國民ハ朕ト心ヲ一ニシテ此ノ大業ヲ成就センコトヲ庶幾フ』（通称：人間宣言）によって、天皇が現人神であることを自ら否定したことの影響も大きいと思われる。そして、構想の末期（第四段階及び第五段階）になると、社会に対する客観的科学的認識を重視する公民教育の内容と方法が明確に示されたように、「市民が自治的に治める論理」が前面に打ち出されていったと捉えられる。

2 公民科構想の終焉と社会科の成立

公民科構想は1946（昭和21）年いっぱいで終焉するが、その経緯を斉藤は、「1946年秋ごろからアメリカ側の要請もあって『公民科』は実施の機会をみないまま立ち消えとなり、かわって社会科の設置が正式に決定され、1947年に入ると公民教育に関する動きはとだえてしまうことになる」[14] と述べている。この指摘からも、公民科構想の展開と終焉は、その後の社会科の誕生（1947年4月）とも関わっていることが分かる。実際に、多くの研究において、公民科構想が戦後社会科の成立基盤となったと位置づけられている[15]。以下では、公民科構想の終焉後に、社会科がいかにして成立し、その中で公民教育がどのように位置づいてきたのかを検討する[16]。

1945（昭和20）年12月31日にGHQから、戦前から継承されてきた地理、国史、修身の三教科を停止する指令が出され、その時の附則に基づいて、文部省は、三教科の教科書と教師用書の書き直し計画を、SCAP（連合国軍最高司令官）に提出しなければならなかった。したがって、その後、社会科に位置づいていく三領域（地理、歴史、公民＝政治・経済・社会）は、当初はそれぞれが別個に進められていたのである。そして、修身を担ったのが公民科構想に基づく公民科であった。しかし、公民科構想においては、従来の修身の書き換えではなく、修身そのものを廃止して、近代的で合理的な公民科の設置を提唱していた。したがって、このような日本側による自主的な改革について、当初は、CI&E（民間情報教育局）側も「書き直し計画」の指令違反として拒否していたが、後に『公民教師用書』の作成計画の了解も得るのである。その後、CI&E側の要請もあって、地理、日本史（国史）、公民の三領域が統合された社会科への設置へとつながっていった。

CI&Eが公民科構想をどのように評価していたのかは定かではないが、公民科構想の推進（特に『公民教師用書』の作成には主導的な役割を果した）と社会科の設置の両方に関わった勝田によれば、勝田が英訳した『公民教師用書』の原稿をCI&E担当官に持っていったところ、「Civics（公民）としては広すぎる内容をもっている、その構想は、アメリカの『社会科』と同様な方向性を辿っている、といって、『社会科』に関する資料を教えてくれた」[17] とあるように、CI&Eが、公民科構想による公民科をアメリカの社会科とほぼ同一視していたことがう

かがえる。実際に、『公民教師用書』のまえがきで、「そこで、今後は、道徳教育は公民科をも含む『社会科』といふやうな学科の一部分となるやうに研究されるであらう」[18] ときちんと反映されていて、そこには、公民科に代わる社会科設置への流れが明確に見いだせる。

1947（昭和22）年4月に、地理的分野、歴史的分野、政治・経済・社会的分野の三分野からなる中学校「社会科」が設置され、広領域・総合教科としての一般社会科の中で、「社会科教育における公民教育」として展開されていくこととなる。その後、1969（昭和44）年に「政治・経済・社会的分野」が「公民的分野」と改称されたことにより、「公民」の名称が復活し、さらに1977（昭和52）年の学習指導要領の改訂によって、「公民的資質」の育成のために公民的分野の役割の重要性が増している[19]。なお、「公民」という名称の復活及び、「公民的資質」の内容と登場に対しては、戦前の国家主義的な公民教育につながりうることを危惧し、当時、教育界からも多くの批判が寄せられている[20]。一方で、高等学校では、1989（平成元）年の学習指導要領の改訂に伴い、社会科が、地理歴史科と公民科に解体され、公民科は、「現代社会」「政治・経済」「倫理」の三つの科目からなる正式な教科として位置づき、現在に至っている。

こうして、米国の影響も受けて、公民館構想の終焉後すぐに社会科が成立したが、その中に位置づけられた公民教育は、一般社会科を前提とした受験用教科として矮小化され、また文部省の主導のもと国家のための公民教育が進められ、市民的権利の自覚や自治の原則に立って自ら社会を組織する市民を育てる教育としては十分に展開されてきたとは言い難い[21]。その背景には、戦後教育改革とそれ以降の主流が、「アメリカ流の経験主義教育に強い影響を受けた」ものであったのに対して、公民科構想で提示されたのは、「経験主義とはかなり異質の、社会に対する客観的科学的認識を重視する内容・方法論」であった[22] とされるように、戦前の公民教育を継承しつつも、そこから克服していくという流れの中で生まれた「社会に対する客観的合理的認識」や「個人の能動性の育成」といった視点が十分に深められないうちに、社会科への転換を余儀なくされたことが大きく関係しているように思われる。

C　旧教育基本法の成立と「公民教育」
― 第八条「政治教育」成立過程をめぐって ―

　公民教育は、旧教育基本法の成立、特に第八条「政治教育」の成立にも影響を
及ぼしている。第2章及び第3章において、蝋山、田澤らの戦前の公民教育論を
検討した際に、彼らが「公民教育」と「政治教育」の関係をどのように捉えてい
たのかについても検討したが、戦後においても、両方の関係をどのように捉える
かをめぐって議論が生じている。そのことを象徴的に表しているのが、第八条成
立過程における教育刷新委員会内での議論である。ちなみに第八条は、以下のよ
うに位置づけられた。

　　第八条（政治教育）[23]
　　　良識ある公民たるに必要な政治的教養は、教育上これを尊重しなければならな
　　い。
　　　②法律に定める学校は、特定の政党を支持し、又はこれに反対するための政治
　　教育その他政治的活動をしてはならない。

　教育刷新委員会は、1946（昭和21）年8月に構成され、総会と領域ごとに分
かれて議論する特別委員会からなり、特別委員会の数は最終的に21に及んでい
る。政治教育に関しては、総会、第一特別委員会（教育の基本理念に関する事
項 ― 教育基本法構想の検討）で主に検討がなされた。総会、特別委員会を通じ
て、早い段階から政治教育に関する議論が開始され、政治的識見、政治的教養、
政治的知識などが教育上必要となってくることが説かれている。しかし、議論は
必ずしも一貫性のあるものではなかった。その証拠に、第八条の名称について
は、「政治教育」とするか「公民教育」とするかについて、賛否両論が出されて
いる。「政治教育」という名称だと、特定の政党や労働団体などが施す政治教育
と混同される可能性もあるので、戦前から用いられている「公民教育」や「国民
教育」の方がいいのではないかという意見 [24] が出る一方で、公民教育とすれば、
学校の公民科だけを重視するようになってしまうから、政治教育の方がいいので

はないかという意見[25)]も出ていた。さらに、条文の「良識ある公民たるに必要な政治的教養」の「公民」は、戦前の公民教育の「公民」と同じか違うのかという点でも議論になり、今日の「公民」は社会人を意味するという意見[26)]も出されている。

　最終的には、政治というものは公民として当然な仕事をするというわけなので、内容はどちらも同じであるものの、学校における公民科があって言葉が重複するので、第八条の名称は、もっと広い意味をあらわす政治教育とした方がいいということで決着をみて、第八条「政治教育」となったのである[27)]。

　この経緯をみる限り、教育刷新委員会において、「公民教育」と「政治教育」を同じようなものと捉えつつも、後者の方がより広い内容を表すものとして議論がまとまっていったことが分かる。その意味では、戦前において、蝋山や田澤ら多くの論者が、両者を同義的に捉えつつも、「公民教育」の方が日常生活とも関わる幅広い内容を意味すると位置づけていたのとは対照的である。

　この点に関しては、戦前と戦後改革期において、両方の概念の捉え方の関係が変容または逆転したというよりは、少なくとも戦後改革期において、教育刷新委員会内で、第八条成立をめぐって、「公民」「公民教育」「政治教育」などの用語をめぐる議論がなされていたものの、委員によって意見はまちまちで、それほど深い議論がなされなかったと捉える方が妥当である。

　実際に、旧教育基本法成立以後における教育刷新委員会内での議論においても、そのことは見いだすことができる。例えば、1948（昭和23）年2月28日「労働者に対する社会教育について」の建議に至る過程で生じた「公民」をめぐる議論がそのことを端的に物語っている。原案にある「公民として必要な社会的知識のかん養」の「公民」とは何かが問われたが、「ピープル・社会人」という意見や、「社会教育で公民館というときの公民」という意見や、「教育基本法の『良識ある公民たるに必要な政治的教養』の公民」であるという意見などが生じ、「公民」の捉え方は委員によってまちまちであった[28)]。したがって、藤田秀雄も指摘しているように、戦後の教育施策・文書において、「公民」、あるいは「公民教育」という言葉がしばしば出てくるが、その意味は確立していなかったといえる[29)]。

　このように、「公民」の定義や、「公民教育」と「政治教育」の違いに関しては、委員会内で統一した見解には達していなかったが、その背景には、公民科構

想の展開過程にも見られたように、戦後の短期間の間で、「オオミタカラとしての公民」が重視される「皇民」から、「近代立憲国民としての公民」もふまえた「公民」へと再構成されていったことや、公民科構想の終焉により、戦前の公民教育を総括した上で克服していくことが十分になされなかったことが関係しているように思われる。

しかし、その一方で、「政治的教養」の内実については、ある程度深められていたことが、旧教育基本法制定直前の帝国議会のために、文部省によって作成された『第九十二帝国議会に於ける予想質問答弁書「教育基本法案」関係の部』（以下、「答弁書」）（1947 年 3 月、文部省調査局）からもうかがえる。「答弁書」では、政治教育の目的は、たとえ現実政治が平和的・民主的・文化的な国家・社会の形成をめざすものであったとしても、その域を超えて、よりいっそう平和的・民主的・文化的な国家・社会の形成をめざす政治を要求するような主権者を育成することにあり、そのためには政治的批判力の養成が欠かせないということが明確に示されたとされる[30]。

旧教育基本法制定後に文部省から出された『教育基本法の解説』においては、「政治的教養」について、政治的知識、政治的批判力、政治的信念などの視点からより詳細な解説が加えられるとともに、その重要性が明確に位置づけられている。そして、政治的教養の内実が深められていったことにより、公民の定義も明確化していった。『教育基本法の解説』においては「『良識ある』というのは、単なる常識をもつ以上に『十分な知識をもち、健全な批判力を備えた』ということ」で、「公民」とは、「広い意味においては、『社会団体の一員として、積極的に社会を形成して行く場合の国民』」であると定義されている[31]。

さらに、公民の定義が明確化されたことにより、公民教育の課題も明らかにされていった。勝野尚行によれば、『教育基本法の解説』で示された「公民」は、旧教育基本法第一条のいう「平和的な国家及び社会の形成者」を強く意識しており、公民教育の課題をそうした「形成者」の育成に置いていくという大きな方向性が示されたとされる[32]。

こうして、当初はその意味や定義が定まっていなかった「公民」及び「公民教育」が、旧教育基本法の制定によって、公民は、主権者として平和的・民主的・文化的な国家・社会の形成の担い手として、そして、公民教育は、そうした公民

の育成を図る上で、政治的批判力も含めた政治的教養（＝立憲的知識）を身につける教育として、その意味が定着していったといえる。

　ちなみに、戦後改革期以降において、「公民教育」と「政治教育」との関係はどのように捉えられているのだろうか。社会科教育研究者の阪上順夫は、1920年代、30年代の学校教育の公民科の中心的眼目としては、共産主義、社会主義などの思想の問題や、腐敗政治、政党政治などの問題への対応があり、その意味では政治教育が中心であったとしている[33]。それに対して、今後は、幼児教育、大学教育、社会教育等との相互関係のもとで、公民教育としての体系化が図られるべきであるとし、政治教育も公民教育の中にはっきりと位置づけられる必要があると指摘している[34]。阪上は、公民教育を政治教育より幅広く位置づけ、政治教育を公民教育の一部として捉えているが、こうした把握の仕方は、関口、田澤、池岡らが戦前に示していたものと同様である。

　このように、公民教育と政治教育の関係をめぐっては、戦前から統一的な見解が定着してきたとは言い難いが、近年は、市民性教育、シティズンシップ教育が世界的に隆盛し、日本においてもこれらの用語が定着しつつある状況は注視する必要がある。実際に、東京都品川区で「市民科」という教科が設置されたのをはじめ、教科目としての名称としても使用され始めており、「公民」と「市民」、「公民教育」と「政治教育」と「市民性教育」の関係をどのように捉えたらよいのかについては、日本の歴史的文脈もふまえた本格的な考察が、今後必要となってこよう。

第2節　戦後社会教育の再建と公民教育

A　戦後直後における社会教育施策の展開と公民教育の振興

1　公民教育を核とする社会教育の再出発

　戦後の社会教育の再建においても、戦前において振興されていた公民教育が重視された。先述のように、1945（昭和20）年9月終わり頃から文部省内で「公民教育ニ関する調査」が開始されているが、それが教育施策として具体化される

232　第Ⅱ部　公民教育としての社会教育の展開 ― 戦後教育改革と公民館構想 ―

のが、戦後における教育方策の徹底を期すために、教員養成諸学校の校長を集めて、同年 10 月 15 日に開催された「新教育方針中央講習会」における文相前田多門の訓示においてである。以下のように、前田は、公民教育の必要性、特に学校教育における新しい公民科の設置の構想を提言している。

　　民衆が責任を以ってする正しい民主主義政治は正しい政治教育の基礎なくして到底行はれ得るものではありません。……（中略）……立憲政治が如何なるものであり、国際平和が如何なるものであり、個人と全体との関係が如何なるものであるか等に関し、学校の内外を問はず次の時代に対してこれを教育し、訓練する事に努めねばなりません。そのために文部省は出来るだけ早い機会に教授要目、教科書其他各種機材の改訂を行ふと共に、今迄閑却せられたる公民科の強化を図り、殊にその内容に於て面目一新を期したいと存じてをります[35]。

　ここで注目すべきことは、学校教育の公民科のように具体的ではないものの、「学校の内外を問はず」と、学校外（＝社会教育）における公民教育の振興の必要性にも言及している点である。ちょうど同じ 10 月 15 日に、戦時下において社会教育を担当していた教学局が廃止され、社会教育局が復活し、10 月 26 日には関口泰が初代局長に就任している[36]。復活した社会教育局の担当する事務として、以下のように 9 つの事項が明記されたが、8 番目の項目にあるように、社会教育においても公民教育を振興していくことが明確に位置づけられていることがわかる。

　　第五条　社会教育局ニ於テハ左ノ事務ヲ掌ル[37]
　　一　国民道徳ノ昂揚及国民教養ノ啓培ニ関スル事項
　　二　芸術ニ関スル事項
　　三　図書館及博物館（科学教育局所管ノモノヲ除ク）並ニ各種観覧施設ニ関スル事項
　　四　宗教ニ関スル事項
　　五　出版文化ニ関スル事項
　　六　映画、演劇其ノ他ノ国民娯楽ニ関スル事項
　　七　国宝及重要美術品等並ニ史蹟名勝天然記念物ノ保存ニ関スル事項
　　八　公民教育、勤労者教育、婦人教育等成人教育其ノ他社会教育ニ関スル事項

第4章　戦後教育改革と公民教育の展開　*233*

　　九　国史編修院、帝国芸術院及美術研究所ニ関スル事項

　そして、これらの事務を遂行していくために、社会教育局には社会教育課、文化課、調査課及び宗務課がおかれ、さらに11月1日に公民教育刷新委員会が設置されたのを受けて、11月10日に公民教育課が設置され、寺中作雄が課長に就任している。こうして、戦時下に解体されていた社会教育行政の再編が急速に進められていったのである。

　社会教育局が復活するとすぐに、1945（昭和20）年11月6日に文部次官通牒「社会教育振興ニ関スル件」が、学校長宛と地方長官宛にそれぞれ発せられるが、前者は、当時の社会教育施策の実施が、一つには学校の施設・職員を重要な手段・方法としていたことを、後者は、行政組織を通して行われる地方社会教育施策の基本方針を示していた。それぞれの通牒は以下のような項目からなっていた[38]。

　　社会教育振興ニ関スル件（文部次官ヨリ学校長）
　　一　図書館其ノ他学校施設ヲ能フ限リ社会教育ニ開放利用セシムルト共ニ学校
　　　　教職員ヲシテ積極的ニ其ノ指導ニ動員スルコト
　　二　既設聴講制度ヲ拡充スル等務メテ学校ノ講義ヲ大衆ニ公開シ国民文化ノ向
　　　　上ニ資スルコト
　　三　公民講座ヲ開設シ立憲治下ニ於ケル公民トシテノ識見ノ長養ニ務ムルコト
　　四　文化講座、夏期大学、補導学級等ノ施設ヲ開設又ハ拡充シ国民文化ノ向上
　　　　ト知識ノ啓培トニ資スルコト
　　五　家庭教育ニ関スル講習会、婦人ニ対スル特別講座等ヲ開設シ斯教育ノ振興
　　　　ニ資スルコト
　　六　指導学級、補導学級ヲ設置シ産業人ノ資質ノ向上ヲ図ルコト
　　七　適当ナル時期ヲ選ビ学校ヲ開放シ各種専門知識ノ普及ニ資スルコト

　　社会教育振興ニ関スル件（文部次官ヨリ地方長官）
　　一　都道府県庁ニ於テナルベク社会教育事務専管ノ課等ノ設置ニ付考慮セラレ
　　　　タキコト
　　二　青少年団体及婦人教養団体等ノ速急ナル設置ヲ勧奨スルト共ニ健全ナル育
　　　　成ニ務メラレタキコト

234　第Ⅱ部　公民教育としての社会教育の展開 ― 戦後教育改革と公民館構想 ―

　　三　学校ノ施設ヲ能フ限リ社会教育ニ開放利用セシムルト共ニ学校教職員ヲシ
　　　　テ積極的ニ社会教育ニ活動セシムル如ク考慮セラレタキコト
　　四　各種社会教育団体ノ活動ヲ促進スルト共ニ言論報道機関、宗教家其ノ他ノ
　　　　協力ヲ求ムル方途ニ付考慮セラレタキコト
　　五　図書館及博物館其ノ他一般観覧施設ノ整備、増設ヲ図ルト共ニ之ガ一般ノ
　　　　利用ニ便ナラシムル方途ニ付考慮セラレタキコト
　　六　公民教育講座等ノ各種社会教育講座ヲ開設シ国民ノ識見ノ長養、教養ノ向
　　　　上ト科学心ノ啓培トニ資スル如ク考慮セラレタキコト
　　七　町内会、部落会等ノ常会ヲシテ社会教育ノ場タラシムル様指導セラレタキ
　　　　コト

　学校長宛では三番目で「公民講座の開設」、地方長官宛では六番目で「社会教
育講座としての公民教育講座」と、公民教育の振興に関する項目が設けられてい
るように、先述の社会教育局の担当する事務分掌を受けて、公民教育の振興の必
要性が明確に位置づけられていることが分かる。
　ただし、この時期における公民教育の振興は、公民科構想の展開過程において
も言及したように、政府上層部によって教育勅語の一層の重要性が強調されてい
たように、国体護持を基調としたものであった。1945（昭和20）年9月頃から
11月頃に出された一連の社会教育施策においてもそのことは明確に見いだせる。
戦後直後にいち早く青少年団体向けに出された文部次官通達「青少年団体ノ設
置並ニ育成ニ関スル件」（9月25日）において、団体運営上の留意事項の第一と
して「国体護持ノ精神ノ昂揚」があげられ[39]、一般成人向けに出された社会教
育局長通牒「一般壮年層ニ対スル社会教育実施要領」（11月13日）においても、
社会教育実施上の第一の留意事項として「国民道義ノ昂揚」があげられ[40]、さ
らに婦人向けに出された社会教育局長通牒「昭和二十年度婦人教養施設ニ関スル
件」（11月24日）においても、「我ガ国伝統ノ婦徳ヲ涵養スル」と伝統的婦徳観
にもとづいた指導方針が示されている[41]。まさに、社会教育局の担当する事務
分掌の筆頭である「国民道徳ノ昂揚及国民教養ノ啓培」のために、青少年向け、
一般成人向け、婦人向けの各社会教育施策において、国体護持が基調として打ち
出されたのであった。
　こうしたこの時期の社会教育施策の特徴をふまえれば、同時期に出された二

つの文部次官通牒「社会教育振興ニ関スル件」においては、それらが社会教育の具体的事項に関わるものであるため、教育の理念や目的と関わる記述はみられないものの、国体護持という教育目的、理念がその基底にすえられていたと捉えるのが妥当である。したがって、「公民講座ヲ開設シ立憲治下ニ於ケル公民トシテノ識見ノ長養」「公民教育講座等ノ各種社会教育講座ヲ開設シ国民ノ識見ノ長養」といった場合に、公民教育の内容として国体護持と関わるものを含むことが想定されていたと考えられる。

　ここまで、公民教育の振興を主眼におきながら形成されてきた、戦後改革期初期の社会教育施策について検討してきたが、その特徴は次のようにまとめられる。それは、敗戦直後の混乱する社会状況の中で、国民国家の再建を図っていく上で、立憲政治を担う公民の形成が期待されたが、それは「立憲治下ニ於ケル公民」として、政治教育的な「立憲的な知識の涵養」を基調とするものではなくて、戦前において一貫して重視されてきた国体護持を強く意識したものであったと捉えられる。

2　公民教育刷新委員会答申と社会教育

　戦後直後の公民教育施策は、1945（昭和20）年11月1日に公民教育刷新委員会が設置されたことによって、それまでの「政府上層部による公民教育振興」の段階から、公民教育の体系が示され、具体的な公民教育が展開していく段階へと移行していった。それは、同年12月22日に出された「公民教育刷新委員会答申第一号」、及び、12月29日に出された「公民教育刷新委員会答申第二号」という形で明確に示された。第二号は、第一号を受けて「学校教育に於ける公民教育の具体的方策」に関するものなので、ここでは、「公民教育全体の方策」と、その中で「社会教育における振興について」を明記している第一号について検討する。

　第一号では、「一、公民教育ノ目標」として、以下のように、それまでの官尊民卑で封建的な社会の中で、国民が上からの命令によって動くことに慣れ、公民として自発的に政治的、経済的、社会的な活動をしてこなかったこと、さらには、満州事変以後の公民教育の内容が軍国主義的で、極端な国家主義的なものに変容したことを批判している。その上で、今後の平和的文化国家建設にあたっ

て、公民教育を刷新して、国民の教養を高め、社会意識を深め、健全な協同生活を建設することが重要であると提起されている。

一．公民教育ノ目標 [42]
　　……（前略）……我ガ国ニ於テハ、従来官尊民卑ノ風、或ハ封建的傾向強ク、国民一般モ上カラノ命令ニヨッテ動クコトニ慣レ、『公民』トシテノ自発的積極的活動ハ政治的、経済的、社会的ニ永ク阻止サレテキタ。……（中略）……伝統的ナ傾向即チ上カラノ訓練ニヨッテ、国民ノ錬成ヲ目ザス傾向ガ強マリ、特ニ満州事変以後ハ公民教育ノ内容モ軍国主義的思潮ヤ極端ナル国家主義的傾向ニ歪曲サレタモノトナリ、上層カラノ指導ノミガ重ンゼラレテ各人ノ自発性ヲ重ンズベキ公共生活上必要ナ性格陶冶ハ軽視セラレ、……（中略）……公民科ナル科目ハ廃止セラレ、若干ノ公民科的教材ガ修身科ニ含マレルニ過ギナクナッタ。平和的文化国家建設ヲ目ザス今日ニ在ッテハ、国民ノ教養ヲ高メ、社会意識ヲ深メ、以テ健全ナル共同生活ヲ建設スルニ役立ツ資質ヲ啓培スル為ニ、何ヨリモ先ヅ公民教育ヲ刷新シテ、ソノ本来アルベキ姿ヲ実現セシメネバナラヌ。……（以下略）……

　公民教育の目標を受けて、「二、学校教育ニ於ケル公民教育」、「三、社会教育ニ於ケル公民教育」とそれぞれの体系が示されている。「社会教育ニ於ケル公民教育」に関しては、以下のように、青少年の公民教育、成人の公民教育、公民教育施設、公民教育専任の世話係と四つの視点から提起されている。

三．社会教育ニ於ケル公民教育 [43]
　（一）青少年ノ公民教育ニ於テハ、青少年ノ団体ノ運営ヲ通シテ団体生活ニ必要ナル公徳心、社会的連帯性ノ自覚ノ涵養ト、食衣住生活ニ必須ナル科学的知識技能ヲ習得セシメルコトガ必要デアル。
　（二）成人ヲ対象トスル公民教育ニ於テハ、地域的、職能的、文化的団体ノ運営ヲ通シテ民衆ノ自発的、積極的活動ヲ促シ、各人ノ日常生活ガ政治ト直結スルコトヲ自覚サセルコトニヨリ、具体的ナ公共ノ問題ニツイテ自由ニ討論セシメル習慣ヲ育成スルコトガ必要デアル。
　（三）公民教育施設
　　　社会教育ニ於ケル公民教育ノ施設トシテハ、次ノ如キモノヲ活用スベキデアル。

1　大学、高等専門学校ニ於ケル拡張講座、通信講座、母親学級。
　　2　政治、社会、宗教、産業、スポーツ等ノ団体ニヨッテ行ハレル講演、映画、
　　　　幻灯、紙芝居、小冊子、ポスター。
　　3　図書館（移動文庫、良書推薦）博物館、美術館等。
　（四）公民教育専任ノ世話係ヲ市町村ニ置クコト。

　上記のように、社会教育における公民教育について、その対象が青少年と成人
に区分された上で、それぞれについて求められる公民教育の内容と方法、さらに
はそれらが行われる場が提示されている。それまでの社会教育施策においても公
民教育の振興については説かれていたが、公民教育刷新委員会答申では、より包
括的に「社会教育における公民教育」に関して規定されている。そして注目すべ
きことは、青少年の公民教育の形態として団体活動、成人の公民教育の形態とし
て地域的・職能的・文化的団体、その方法として自由討論、また、施設として、
大学拡張、通信講座、図書館、博物館等があげられているが、これらの「社会教
育における公民教育」の枠組みは、社会教育法制定（1949 年 6 月）過程ではっ
きりと位置づいてくる社会教育そのものの枠組みと基本的に共通する点が多いと
いうことである。

3　公民啓発施策の展開と公民館の発想

　公民教育刷新委員会の設置と答申を受けて、学校教育においては、先述のよう
に公民科構想が具体化していくこととなる。一方で社会教育においては、戦後初
の総選挙に向けた一連の公民啓発施策の展開と公民館の発想の提起という大きく
二つの流れを見いだすことができる。
　戦後初の総選挙は、1946（昭和 21）年 4 月 10 日に行われたが、これは日本の
選挙史上、非常に大きな意味をもっている。1925（大正 14）年に納税要件が撤
廃され、25 歳以上の男子に与えられていた選挙権は、1945（昭和 20）年 12 月
の選挙法改正によって、20 歳以上の男女へと大幅に拡大された。被選挙権も同
様に拡大され、戦後初の総選挙では女性議員も初めて誕生している。
　こうして新たな有権者となった青年層と婦人層を主たる対象とする公民啓発
が必要となり、その担い手となったのが、戦前から、青少年団体、婦人団体に対

する教育を担当してきた社会教育行政であり、公民啓発を主要な業務とする公民教育課が社会教育局におかれ、以下のように、一連の公民啓発施策が打ち出されたのである。

　1945（昭和20）年12月4日に出された社会教育局長通牒「総選挙ニ対処スベキ公民啓発運動実施細目ニ関スル件」によって、公民啓発運動の指針が示された。具体的には、「選挙権年齢低下並婦人参政制ハ画期的意義ヲ有スルモノニ有之従テ新有権者ニ対シ公民教育ヲ徹底スル」とあるように、戦後初の総選挙に備えて、大幅に増えた有権者に対する公民教育を行う必要が提起される。運動の進め方としては、学校教職員も協力した「公民教育講師講習会、公民教育講習会」の実施、「部落（町内会、隣組）常会」における「公民の集ひ」の開催、戦前の選挙粛正運動においても利用されていた手法である「紙芝居、幻燈、各種印刷物」などの活用が奨励されている[44]。

　さらに、総選挙が間近にせまった1946（昭和21）年1月29日には、社会教育局長通牒「公民啓発運動ノ一環タル青年常会ノ開催ニ関スル件」が出されている。そこでは、青年に対する公民啓発の一環として、部落別の「青年公論会（青年常会）」の開催の方法や運営についての説明がされているが、それは教育方法としてのグループワークの説明に近い内容であった[45]。

　こうして短期間の間に、選挙民啓発のための施策が次々と出され、各地で講習会も多数開催されたものの、その内容は、政治的対立点（政府の政策、天皇制問題など）を含むものではなく、総選挙一般についての啓蒙と、敗戦後の青年組織や女性組織の任務と役割の啓蒙が中心であったとされる[46]。このことは、今まで政治の世界と距離のあった女性や若い青年たちに、立憲政治や選挙の意義などを短期間に教授するということは現実的ではなく、一連の施策の主眼は、短期間に新たな有権者への選挙参加を呼びかける点におかれていたことを意味している。

　ところで、公民啓発施策が展開された時期は、先述の斉藤が示した公民科構想の段階区分でいえば中期にあたり、公民科構想と同様に、そこには公民教育の二つの論理が重層的に共存していたことが見いだせる。そのことを端的に示しているのが、公民啓発施策に対して、政府内部においても、以下のように二つの対照的な考えが見られたことである[47]。

第 4 章　戦後教育改革と公民教育の展開　*239*

　一方は、1945（昭和 20）年 12 月 4 日の衆議院議員選挙法中改正法律案外一件委員会（第一回）における内務大臣の堀切善次郎の発言で、堀切は、選挙権を拡大する理由について、青年や婦人は選挙権を行使するにあたって十分な能力をもっているとともに青年や婦人の関わる諸問題の解決に役割を果たすことが期待されているとしている。他方は、1945（昭和 20）年 12 月 7 日の社会教育局長通牒「総選挙ニ対処スベキ公民教育実施要綱」で、そこでは堀切の意見とは対照的に、新たに有権者となる国民は政治的に無関心であるがゆえに総選挙に備えて公民啓発を行わなければならないという意見が表明されていた。

　そして、二つの考え方は必ずしも矛盾していたわけではなく、前者の堀切発言では、「市民が自治的に治める論理」として、青年や婦人がそれぞれの生活上の課題と結びつけて能動的に政治参加していく主体として期待され、後者の通牒では、「国民を統合する論理」として、無関心な青年や婦人をいかに選挙に参加させて戦後初の総選挙を円滑に行うかという点が重視されているように、公民教育に内在する二つの論理として共存しながら、公民啓発施策の基底に位置づいていたと捉えられる。

　このように、公民啓発施策の特徴として、公民教育の重層的な構造は見いだせるものの、全体的には、「立憲的知識の涵養」「社会に対する客観的合理的認識」「個人の能動性の育成」といった視点が弱かったように、立憲政治や選挙の意義を戦後民主主義と結びつけていく志向は弱かったといえる。そのことは、各地で開催された講習会において、多くの講師や指導者が国体護持の立場から関わっていたことに象徴される[48]。その意味では、小川崇が、そこに「『選挙民啓発』という一定の意義を持ちつつ、『国体護持』という観念に大きく制約を受けながら、急速に台頭しつつある共産主義勢力、労働組合運動、農民組合運動などに対する対応であり、その中には確実に、総選挙を『成功』させることにより、間接的には『国体』は護持されうる、という論理が存在した」と指摘しているように[49]、重層的な概念としての公民よりも、戦時下において重視された皇民育成の論理を内在させながら、二つの論理のうち、「国民を統合する論理」が強く打ち出されていたと捉えられる。

　一方で、公民教育としての社会教育のもう一つの流れである公民館の発想の提起に関しては、当時、公民教育課長を務めていた寺中作雄が、1945（昭和 20）

240 第Ⅱ部 公民教育としての社会教育の展開 ― 戦後教育改革と公民館構想 ―

年12月の社会教育局内における「社会教育委員制度復活」を話し合った局議において、初めて打ち出したとされる。寺中は、そこで以下のような提起を行っている。

　　戦後の荒廃した社会を善導するために、社会教育委員の制度を復活することも結構であるが、それだけでは到底充分であるとは思えない。……（中略）……仮に熱心な委員がいて相当に業績をあげたとしても、……（中略）……その人がいなくなればそのあとは火が消えたようになってしまう。私は社会教育委員制度の外に、その委員の働き場所を提供することを考えなければ駄目だと思う。すなわち社会教育のための中心施設を各市町村に持たせ、同時に社会教育の仕事を恒久的に継続して行けるような機構を作って、人と施設と仕事とが結合して併行的に進むようにしなければ、根本的な社会教育の振興は期せられないと思う。そこで私はその社会教育の中心施設として、『公民館』というものを考えてはどうかと思う。『公民館』というのは、公民学校、図書館、博物館、公会堂、町村民集会所、産業指導所を兼ねたようなもので、社会教育、自治振興、社交娯楽、産業振興、青年養成というような広汎な機能を総合的に推進する民主的な機構をもった施設として盛り立てて行く必要がある[50]。

　寺中の回想によれば、局議においては、寺中の案は、他の参加者からはあまり受けがよくなかったようであるが、寺中はこの構想を12月中に原稿化して、それが翌1946（昭和21）年1月号の『大日本教育』に「公民教育の振興と公民館構想」という論文として、掲載されることとなった。その詳細については、第6章で寺中の公民教育論を考察する際に取り上げるため、ここでは深く言及しないが、寺中は、社会教育において公民教育を担うべき機関として公民館の構想を以下のように打ち出している。

　　公民教育の画期的振興を策すべき秋に当って全国各町村に於いて綜合的公民学校たる『公民館』の設置を提唱したい。公民館の構想は未だ私案の域を脱しないが、大体に於いて社会教育の中心機関として義務教育の府たる国民学校に並んで其の教育的二大支柱の一たらしめんとするものであり……（以下略）……[51]

　それでは、なぜ、寺中は公民館構想なるものを突然提起したのであろうか。こ

第 4 章　戦後教育改革と公民教育の展開　*241*

の点については、小林文人が「その名称の由であったことに求めることもあるが、とすればむしろ当時『公民教育』課が設置された状況のなかから、公民館の名称及び構想の背景をとらえておくことの方が重要であろう」[52] と指摘しているように、戦後直後に日本側から自主的に進められようとした一連の公民教育施策との関連で捉える視点が重要である。実際に寺中も、「公民館」という名称をなぜ思いついたのかを、後に以下のように回想している。

　　『公民館』という名前がどこから来たかということですが、『社会教育館』でいいじゃないかという人もいました。……（中略）……地方自治の仕事をしていて、あまりに公民の意識が足りないと。ほんとうに地方自治の精神で地方から盛り上がる政治で国を支えるべきだということを非常に感じて、紙芝居をつくって地方を遊説したこともあります。若気の至りでね。
　　それで、社会教育は非常に範囲が広いけれども、地方自治の公民意識を徹底することが社会教育の中心である。公民意識を育てるのは政治教育ですけれども、政治意識とか、公民意識について従来何もなかった。これを重点にして地方の振興をはかり、社会教育の中心に据えていこうと考えて、『公民館』ということばを思いついたのですがね [53]。

　寺中は、「地方自治の公民意識を徹底することが社会教育の中心である」と述べているように、戦前、地方に勤務していた際に目の当たりにした地方の実態を改善するために、地方自治を担う公民としての教育と訓練の必要を強く感じ、戦後直後に進められようとしていた公民教育施策を社会教育の次元でも具体的に進めようとし、そのための拠点となる場所として「公民館」なるものが必要であったことを強く認識していたのである。

　こうして発想された公民館が、公民教育としての社会教育として、具体的に施策として展開していくのは、公民啓発施策が一段落したあとの 1946（昭和 21）年 4 月以降である。その意味では、戦後改革期における公民教育としての社会教育施策は、戦後初の総選挙が行われた 1946（昭和 21）年 4 月頃を境にして、公民啓発施策と公民館施策とに大きく分けることができる。そのことを象徴するかのように、1945（昭和 20）年 11 月に設置された公民教育課も、総選挙直前の1946（昭和 21）年 3 月に社会教育課への吸収合併という形で廃止され、課長を

242　第Ⅱ部　公民教育としての社会教育の展開 ― 戦後教育改革と公民館構想 ―

務めていた寺中は社会教育課長に就任している[54]。

B　公民教育としての社会教育の展開

　以下では、公民館構想が具体化されていく中で、その基底にあった公民教育の概念が深化され、公民教育としての社会教育が本格的に展開していった過程について検討する。ここでは、公民教育施策としての観点から公民館構想の展開及び社会教育の形成を取り上げ、公民館の発想者である寺中の思想及び公民館論に関する詳細な検討は、第6章で行う。

1　公民館構想の具体化

　1945（昭和20）年12月頃に寺中によって提起された公民館の発想は、翌月に「公民教育の振興と公民館の構想」という論文によって発表される。1946（昭和21）年4月はじめに「第一次教育使節団報告書」が提出されているが、報告書は学校教育に関する事項が中心であり、「成人教育」という章も設けられているものの、この時点では公民館に関する記述は見られない。公民館構想が初めて公式の場において発表されるのは、1946（昭和21）年4月24日から27日に開催された文部省社会教育局主催の第一回公民教育指導者講習会においてである。講習会の講義題目と講師は以下に示すとおりであるが[55]、講習会での挨拶のなかで、関口泰の後任の佐藤得二社会教育局長が、文部省では、新しい社会教育施設として公民館なるものを市町村に設けていく計画がある旨を述べたとされる[56]。

　　　〔第一回〕
　　　　　（講義題目）　　　　　　（講師）
　　　　社会教育ニ就テ　　　　佐藤得二（社会教育局長）
　　　　政治哲学　　　　　　　尾高朝雄（東大教授）
　　　　憲法問題　　　　　　　宮沢俊義（同上）
　　　　社会問題　　　　　　　大河内一男（同上）
　　　　農村問題　　　　　　　東畑精一（同上）
　　　　財政問題　　　　　　　大内兵衛（同上）
　　　　公民教育　　　　　　　関口泰（前社会教育局長）

第4章　戦後教育改革と公民教育の展開　*243*

　講習会においては、「公民教育」という題目の講義が、3月まで社会教育局長を務めた関口によって行われているが、まだ公民館構想そのものが具体化されていないこともあって、その後の第二回（1947年6月）、第三回（1948年7月）の講習会においてみられるような「公民館」と題する講義は開設されていない。いずれにせよ、ここで注目すべきことは、社会教育局が公民教育指導者講習会を開催し、その講習会において公民館構想が発表されていることである。このことは、社会教育の形成において公民教育の振興が重要であり、公民館という新しい施設にその役割が期待されていたことを意味している。

　公式文書としては、第一次米国教育使節団報告書（1946年3月）をふまえて、1946（昭和21）年5月15日に文部省から出された「新教育指針」において、初めて公民館に関する記述がみられる。まず、新教育指針では、戦後日本の新教育の重点の一つとして「公民教育の振興」があげられ、戦時下の改訂によって修身科とも結びつき、軍国主義的で超国家主義的な内容となった公民科の反省にたって、民主的社会に適応して、正しい意味において、公民と修身をまとめて公民教育を実施していく必要性が提起されている[57]。

　ここで注目すべきは、戦後の民主主義国家を担う人間の育成を図っていく上での公民教育のあり方として、戦時下の超国家主義や軍国主義的な内容を排除して、正しい意味での修身と公民の統合を図っていく必要があることが提起されている点である。このことは、戦時体制以前に立ち返って、公民教育を正しい方向に導いていけば、戦後教育改革が進められるという認識が、この時点においても明確に反映されていたことを意味している。この公民館構想が公式に発表されていった1946（昭和21）年の前半期というのは、公民科構想の段階区分の中期にあたり、その意味では、戦時下の皇民を否定して、戦時体制以前の重層的な概念としての公民が再構成されていく中で、公民館構想が世間に提示されていったといえる。

　そして、こうして公民教育の重要性が説かれた上で、新教育指針では、学校教育と同様に、社会教育においても公民教育を盛んに行っていく必要性が強調され、以下のように、社会教育における公民教育の方法として、既存の社会教育の施設や方法を活用するとともに、公民館が重要な施設であることが明記されている。

244 第Ⅱ部 公民教育としての社会教育の展開 — 戦後教育改革と公民館構想 —

大学や専門学校などで一般社会人を相手とする講義や実習を行ふこと、国民学校や中等学校で、母親学級とか父兄会とかを催すこと、各種の団体で講演・映画・紙しばい・パンフレット・ポスターなどによって公民教育を行ふこと、図書館・博物館・美術館などの利用を一そうさかんにすることなどが考へられる。とくに最近各地に設けられつつある『公民館』は公民教育の中心的施設であって、これを十分に活用することは公民教育振興のために、きはめて大切なことである[58]。

この時点では、CI&E との協議前であり、実際には公民館の設置は始まっていなかったが、このように記述されているのをみると、社会教育における公民教育の振興のための中核施設として、公民館を設置していこうとする文部省の強い意志が読み取れる。その背景には、戦後直後において内務省の影響が残存し、それが文部省、特に社会教育行政の動向にも影響を与えていたことも関係していたと考えられる。1948（昭和23）年11月に内務省は解体されるが、戦後直後においては、町内会・部落会などの統治機構が内務省によって維持されていたようにその教化的機能は依然として強く、大日本青少年団など直接影響をもつことができた団体を失った社会教育行政は、学校施設・学校教員の活用に期待を寄せる他に術がなかった[59]。その中で、文部省は、地域社会の拠点としての公民館という新しい施設に希望を見いだしたとも考えられる。

そして、新教育指針が出されたのとほぼ同時期に、GHQ の教育部門を担当していた CI&E に、初めて公民館構想の具体的内容が伝えられ、以後約9週間にわたって、社会教育課長の寺中と CI&E 成人教育担当官 J・M・ネルソンとの間で、構想の検討が行なわれた。ちなみにネルソンは、1946（昭和21）年4月に来日し、1950（昭和25）年8月まで成人教育担当官を務め、公民館の次官通牒化、社会教育法制定等に関わっている[60]。

社会教育局から最初に CI&E に、公民館の設置（Establishment of Civil Halls）に関する提案がされたのは、ネルソンが来日した直後の1946（昭和21）年5月2日で、ネルソンは、提出された公民館の設置に関する提案に対して、早速5月16日の協議において修正案を出している。大田高輝はその内容を、ネルソンの「Weekly Report」（会議・報告メモ）をもとに、公民館を青年学校に付設することに反対であること、公民館の分権化を強調すること、青年学校長も村長も必ず

しも公民館長になるべきではないこと等とまとめている。さらにその報告メモには、「むしろ構想が村長に提出され、選出された（elected）町議会の助言にもとづいて、公民館委員会を選出するための地域選出（community election）が行われるべきであるように思われよう。同委員会が館長を任命し、適切な規模の諮問委員会（advisory committe）を任命すべきである」という公民館委員会（civic hall board）構想案が示されていたことにも着目している[61]。

　公民館構想は日本側から提起されたものの、文部省内においても温度差があったとされる。積極的であった社会教育課長の寺中に対して、社会教育局長の佐藤は、5月18日のネルソンとの協議において、「公民館提案がやや時期尚早のものである」という消極的な意見を出している。その意見を聞いたネルソンは、公民館構想の検討をさらに進めて、受け入れ可能な構想を作り上げるべきことを逆に強調しているように、寺中の提起した公民館構想を意欲的につくりあげようとする姿勢を示していたのである[62]。

　ネルソンがこのように公民館構想に積極的であったのは、文部省によって進められていた一連の戦後初期社会教育施策に、批判的な姿勢を示していたことがあげられる。アメリカ帰国後に、ネルソンは占領期日本の社会教育改革について博士論文にまとめているが、その中で、公民館構想を受け取る（19　年5月）以前の公民教育を核とする日本の初期社会教育施策については、「上意下達政治」（government from the top down）とし、直前の4月下旬に開催された公民教育講習会についても、受講者の選択、講師の選択に問題があったと批判的に捉えている[63]。さらに、文部省の社会教育施策に対しては、　45（昭和20）年11月6日に発表された文部次官通牒「社会教育振興ニ関ス　件」で示された戦前の諸組織を活用しながら進めていくという方針が、公　館構想について話し合う協議の段階（1946年5月）に至っても有効で、社会教育の改革が進んでいなかったとも指摘している[64]。

　したがって、戦後日本の社会教育の行きが不透明な状況の中で、ネルソンは公民館構想にその打破の可能性を期　していたと考えられる。そして、ネルソンが特に重要視したのが、公民館を民主的に運営するための公民館委員会（civic hall boa　の案であった。公民館委員会の案の萌芽は「新教育指針」にも見いだせる。「新教育指針」では、「第二章　公民教育の振興」の中で、社会教育にお

246 第Ⅱ部 公民教育としての社会教育の展開 ― 戦後教育改革と公民館構想 ―

ける公民教育のあり方として次のように書かれている。

　　　代表者を選んで討議させ、討議の仕方を訓練し、とくに多数決の原理をよく理
　　解させることが望ましい。すなはち多数者が少数者の意見を無視することなく、
　　少数者は多数者の意見にしたがふといふ民主的な態度を養ふことが、社会教育に
　　おける公民教育の大切な一面である[65]。

　ここでは、「代表者を選ぶ」という公民館委員会と通ずる提起がなされている
点に着目する必要がある。「新教育指針」は、「第一次アメリカ教育使節団報告
書」にのっとり作成されていることからも[66]、公民館委員会案の登場を考える
上で、あらためて CI&E の影響の大きさを窺い知ることができる。
　そして、1946（昭和 21）年 7 月 1 日に、最終的に CI&E にも「公民館設置運
営要項案」が承認され、7 月 5 日に文部次官通牒「公民館の設置運営について」
が各地方長官宛に発せられた。その中で、公民館の趣旨及び目的として、これ
からの日本の教育において、「大人も子供も、男も女も、産業人も教育者もみん
ながお互いに睦み合ひ導き合ってお互の教養を高めてゆく様な方法」が重要であ
り、「郷土に於ける公民学校、図書館、博物館、公会堂、町村集会所、産業指導
所などの機能を兼ねた文化教養の機関」としての公民館がまさに必要となるとさ
れている。運営に関しても、「上からの命令で設置されるのでなく、眞に町村民
の自主的な要望と協力とによって設置せられ、又町村自身の創意と財力とによっ
て維持せられてゆくことが理想である」と、地域に根ざし地域住民によって運営
されていくことが重要視されている。ネルソンが重視した公民館委員会について
も、公民館運営の主体となり、また委員の構成についても、町村会議員の選挙の
方法に準じて、全町村民の選挙によって選出する委員を中心とすることなどが記
述されている。公民館の編成についても、教養部、図書部、産業部、集会部と
いった組織を設けて、事業を進めていくことが推奨されている[67]。
　以後、各地で公民館の建設、設置が進んでいくこととなるが、公民館の普及を
推進するために、1946（昭和 21）年 8 月 16 日に社会教育局長通牒「公民館設置
運営の促進に関し協力方依頼について」、9 月 18 日に社会教育局長通牒「公民館
設置運営協議会開催に関する件」がそれぞれ各地方長官宛に発せられ、10 月に

は、次官通牒の内容をベースにして、寺中が短期間でまとめ上げた『公民館の建設 ― 新しい町村の文化施設 ―』が公民館協会から刊行された。こうして、1946（昭和21）年末頃には、各地で徐々に公民館の設置が進んでいった。

このように、公民館の発想は、公民教育としての社会教育施策の一環として具体化されていったわけだが、公民館は、上意下達的ではなく、下から住民が主体的にかつ民主的に地域社会を建設していく上で、住民が公民としての教養や産業振興のための知識と技術を身につけていく地域社会の要の場として期待されたのであった。そして、その基底には、公民館委員会案の登場に象徴されるように、「地域社会の自治振興を支える公民」を基調とした「市民が自治的に治める論理」の深化があった。

第Ⅰ部でも議論してきたように、戦前の日本においては、公民教育を振興しつつ、また地域共同体を媒介させることで、国民国家の建設と強化が図られてきたが、戦後における国民国家の再建にあたっても、公民教育が振興されるとともに、公民館を核とする地域社会の振興が重視されたように、同様な構造を見いだすことができる。そして、このことは、社会教育の文脈でいえば、戦前においては、公民教育の振興が社会教育そのものの組織化と結びついていたのに対して、戦後においては、公民教育の振興が、その実現態である公民館構想を核とする社会教育の再組織化と結びついていったという構図で捉えられることを意味している。

2　公民科構想と公民館構想

これまで検討してきたように、戦後直後における公民教育施策は、学校教育においては公民科構想として、社会教育においては、その初期には公民啓発施策として、中期以降は公民館構想を中心に展開していったが、両者は連動しながら、ほぼ同時並行的に進められていった点に着目する必要がある。以下では、公民科構想の展開過程（斉藤による五段階区分）とも照らし合わせながら、公民館構想（初期の公民啓発施策も含む）の展開過程を位置づけていくこととする。

1945（昭和20）年秋頃の第一段階の「政府上層部による公民教育振興策」においては、国体護持の姿勢が強く打ち出されていたとされるが、この時期に出された社会教育施策においてもこうした特徴は見られた。

248 第Ⅱ部　公民教育としての社会教育の展開 ― 戦後教育改革と公民館構想 ―

　同年終わり頃の第二段階の「公民教育刷新委員会の設置と答申」では、学校教育においては、公民教育刷新委員会答申の第一号でその体系が示されたのを受けて、第二号において、公民科の設置構想が提起されている。それに対して、社会教育においては、第一号でその体系が示された以外に、第二号（公民科）に代わるものとして、ほぼ同時期に寺中が、社会教育局内の会議において公民館の発想を初めて打ち出している。

　第二段階の特徴については、第一段階において色濃く見られた国体護持の特徴は残っていたものの、同時に、戦前の教育、特に教育勅語に対する鋭い批判も行われていたとされるが、社会教育の展開においても、以下のように、答申第一号で示された「社会教育における公民教育」の体系に同様な視点が見いだせる。つまり、藤岡貞彦が、その特徴を「『国体護持』の意図をかくした戦時中の天皇制国家体系の末端たる地域教化組織の再編にもとづく『公民教育』の装いによる選挙対策用の教化ではなく、青少年の団体訓練と社会的連帯性の自覚、成人の具体的な政治課題の討議・団体運営、両者にわたる科学的知識技能の習得を『公民教育』の内実として明示し、大学、高専や図書館を社会教育施設としてあげ、公民教育担当者の設置を提言していた」[68] と捉えているように、選挙対策としての教化的な公民啓発にとどまらない、「社会的連帯、政治教育、科学的知識技能の習得」を基調とした、「市民が自治的に治める論理」の強化ともつながる側面を見いだすことができる。

　第三段階とされる 1946（昭和 21）年の前半頃においては、社会教育では、この時期に、寺中による公民館構想に関する論文の発表（1946 年 1 月）、総選挙に向けた一連の公民啓発施策（1946 年 1 月〜 3 月）、公民館構想の公式発表（4 月〜 5 月）という展開が見られた。公民教育刷新委員会答申によって、市民自治の側面が打ち出されたものの、この段階においても、新教育指針で修身の重要性が説かれているように、依然として国体護持の風潮は見いだせる。そして、こうした特徴は、社会教育の展開においても、公民啓発施策が、「社会に対する客観的合理的認識」や「個人の能動性の育成」という視点が弱かったことにあらわれていたといえる。

　こうして、1945（昭和 20）年終わり頃から 1946 年前半頃にかけて、学校教育、社会教育双方を通じて、公民教育が、国体護持とつながる「オオミタカラと

しての公民」の側面が、特に強調された「皇民」教育としてではなく、市民自治とつながる「近代立憲国民としての公民」の側面も含めた重層的な「公民」教育として、再構成されながら展開されていったのである。それはまた、戦後教育改革に関わった戦前自由主義的知識人たちに共通して見られた、1930年代半ば以前に立ち返るという時代認識が反映されたものでもあった。

　第四段階とされる中等学校公民科教科書編集作業が開始される 1946（昭和21）年7月に至る過程において、5月には文部次官通達「公民教育実施に関する件」が出され、公民科教育の実施にあたっての方針や注意事項が示されている。社会教育においては、5月から7月にかけての CI&E との協議を経て、7月5日に文部次官通牒「公民館の設置運営について」が発せられている。そして最後の第五段階では、公民科構想においては、1946（昭和21）年9月に「国民学校公民教師用書」が、10月に「中等学校・青年学校公民教師用書」が発行されているが、社会教育においては、同時期に、寺中による著書『公民館の建設 ― 新しい町村の文化施設 ―』が発刊されている。

　この第四段階及び第五段階の特徴は、平和的民主的社会の建設を図っていく上での新たな国家と個人の関係を構築していくために、科学性と主体性を重視した公民教育のあり方が提起されたとされるが、社会教育の展開においても、公民館を要として、下から住民が主体的に、かつ民主的に地域社会を建設していくことに結びつく公民教育のあり方が提起されたように、同様な特徴が見いだせる。

　なお、この時期になると、それ以前の段階において見られた国体護持の風潮は見られなくなってくるが、その背景には、1946（昭和21）年1月の天皇の人間宣言によって天皇の神格性が否定されたこと、さらに、1946（昭和21）年4月の総選挙以降、新憲法の制定に向けた動きが急速に進行していったことも関係しているものと思われる。この点と関わって、戦前から公民概念を構成してきた一側面である「オオミタカラとしての公民」が、戦後教育改革の進行にともなって、どのように組み換えられていったのかという点についての考察は、戦前自由主義的知識人たちの戦後の思想を検討する第5章において行う。

　このように戦後直後に公民教育を核とした戦後教育の再構築が求められ、公民教育刷新委員会答申によってその体系が示されたことによって、学校教育と社会教育における公民教育は、それぞれ公民科構想、公民館構想を核にすえて、前者

250　第Ⅱ部　公民教育としての社会教育の展開 ― 戦後教育改革と公民館構想 ―

は「近代立憲国民としての公民」の育成を基調として、後者は「地域社会の自治振興を支える公民」の育成を基調として、相互に補完し合いながら、「市民が自治的に治める論理」も十分にふまえた公民教育の展開が図られようとしたのである。それは、日本が、戦後の国民国家を構築していく上で、戦前的なものを受け止めながら、戦後的な秩序の中で展望していった、公民教育構想ともいうべきものであったといえる。両者が連動的に展開していった経緯をまとめると図表3のように整理できる。

　なお、両方の構想のその後の展開であるが、学校教育においては、最終的に公民科の実現を見ずに、1946（昭和21）年いっぱいで公民科構想は終焉し、「公

図表 3　公民科構想と公民館構想

	学校教育：公民科構想	社会教育：公民館構想（公民啓発施策）
第一段階 1945 年 9 ～ 11 月	「政府上層部による公民教育振興策」	
	訓示による公民科設置の提言（10 月）	学校外における公民教育振興施策（10 月～ 11 月）
第二段階 1945 年 11～12 月	「公民教育刷新委員会の設置」（11 月）	
	「答申第一号」（12 月）（二：学校教育ニ於ケル公民教育、三：社会教育ニ於ケル公民教育）	
	答申第二号：「学校教育に於ける公民教育の具体的方策」（12 月）	社会教育局内の会議における寺中による公民館構想の提起（12 月）
第三段階 1946 年 1 ～ 5 月	「公民教育要目委員会の設置」（2 月） 「中等学校公民科教材配当表」（3 月）	寺中論文「公民教育の振興と公民館の構想」（1 月） 総選挙に向けた一連の公民啓発施策（12 月～ 3 月） 社会教育局長：公民館構想の公式発表（4 月）
	「新教育指針」（5 月）	
第四段階 1946 年 5 ～ 7 月	文部次官通達「公民教育実施に関する件」（5 月） 「中等学校公民科教科書編纂作業の開始」（7 月）	CI&E との協議（5 月～ 7 月） 文部次官通牒「公民館の設置運営について」（7 月）
第五段階 1946 年 9 ～ 10 月	「国民学校公民教師用書発行」（9 月） 「中等学校・青年学校公民教師用書発行」（10 月）	寺中作雄『公民館の建設』（10 月）

（筆者作成）

民」という言葉も、1969（昭和44）年の、中学校「社会科」において、「政治・経済・社会的分野」が「公民的分野」と改称されるまで見られなくなるのに対して、社会教育においては、公民館の設置は着実に進み、「公民」館という名称も特に変更されずに根づいていった。

　公民館構想が終焉せずに進展していった背景としては、米国の社会科と同様なものだと位置づけ、公民科の設置を最終的に認めなかったCI&Eも、公民館については、戦前の諸組織を活用した社会教育としてではなく、戦後日本の新しい社会教育の拠点として、地方自治意識を養う拠点となり得ること、住民から選挙で代表を選ぶ公民館委員会案によって民主主義的で自治的な運営を期待できたことなどから、その設置を奨励していったと考えられる。

3　社会教育の枠組みの形成と公民教育

　1946（昭和21）年4月の総選挙までの社会教育施策は、総選挙に対応した公民啓発施策が中心であったが、総選挙後は、公民館構想が具体的展開をみせていったように、様々な社会教育施策が出されていった。その内容は、指導体制に関する施策、教養・講座に関する施策、学校開放に関する施策、民衆の教育要求に対応した施策、青少年に対する施策、団体活動に対する施策等、非常に多岐にわたっている。

　ここで、その詳細までは言及しないが、指導体制に関するものとしては、1946（昭和21）年5月頃に主に出された一連の社会教育委員設置に関する施策、教養・講座に関するものとしては、7月から8月頃に主に出された母親学級、文化講座、産業講座等に関する施策、学校開放に関するものとしては、4月から6月頃に主に出された大学高等専門学校の社会教育への協力、学校施設の開放等に関する施策、民衆の教育要求に対応したものとしては、6月頃に主に出された地方民衆大学に関する施策があげられる。

　そして、これらの施策の大半において、公民教育の振興が重視されていたことに着目する必要がある。例えば、6月27日の社会教育局長通達「地方民衆大学講師派遣協力依頼について」においては、講義内容において、思想問題の一部として公民教育の話があげられているし[69]、8月30日の社会教育局長通達「昭和21年度産業講座開設要綱」においては、その趣旨として、公民としての知識の

252 第Ⅱ部 公民教育としての社会教育の展開 ― 戦後教育改革と公民館構想 ―

涵養があげられ、講義内容にも、時局に適応できる公民的識見の涵養に関するものがあげられている[70]。このことは、社会教育形成の主軸に公民教育が明確にすえられていたことを意味している。

このように、総選挙後の 1946（昭和 21）年 4 月から 8 月にかけて、啓蒙講座の奨励、社会教育委員に関する事項など多数の社会教育施策が出されていったように、戦後社会教育の再構築が急速に進められようとしていたが、それらは、戦前社会教育においてもある程度形づくられてきたものである点に着目する必要がある。実際に、1946（昭和 21）年においては、社会教育施策のうち公民館に関するものの占める割合が多く、このことは、社会教育行政関係者の間では、1946（昭和 21）年という時期は、戦後新たに登場した公民館構想を具体化していくことに主眼がおかれていたといえる。

そのことを裏付けるかのように、戦後教育改革を推進するために 1946（昭和 21）年 8 月に設置された教育刷新委員会においても、社会教育に関する議論は必ずしも順調には進んだわけではなかった。1946（昭和 21）年 12 月 6 日に社会教育に関する特別委員会（第七特別委員会）が設置され、翌 1947（昭和 22）年 2 月 7 日の教育刷新委員会第 22 回総会においては、第七特別委員会による中間報告もなされているが、第七特別委員会主査の関口泰も、「実は特別委員会と致しましても、どういうことをどういう風に進めて行って宜いか分らないというようなこともあった」[71]と述べているように、この時点での社会教育の方向性、領域は明確に定まっていなかったことが分かる。そのため、1946（昭和 21）年においては、総合的な社会教育施策は出されなかったといえよう[72]。

こうして、1946（昭和 21）年に着々と推進されていった公民館構想に関する施策こそが、後の社会教育の枠組み形成の先鞭となったと捉えることができる。そして、公民館構想を中心とする戦後社会教育の形成の基底にあったのがまさに公民教育に他ならないのである。

1947（昭和 22）年の社会教育の形成において、まず重視されたのが、前年の 1946（昭和 21）年 11 月に公布された戦後の新憲法の精神を普及するための公民啓発である。1947（昭和 22）年 1 月 20 日に出された社会教育局長通牒「新憲法精神普及教養講座委嘱開設について」では、大学、高等専門学校、師範学校が中心となって、広く一般市民が新憲法の精神を学べる教養講座を開設していくこと

を促している[73]。特に公民館への期待は大きく、同日に各地方長官宛に出された社会教育局長通牒「新憲法公布記念公民館設置奨励について」では、全国各町村において、「新憲法精神普及教養講座」を公民館（公民館がない町村では国民学校など）において開設し、新憲法の重要事項である「国民主権、戦争放棄、基本的人権、政治機構」について理解し、「新憲法施行下における正しい公民としての責任と任務」を明らかにしていくことが目指された。さらに、「新憲法の精神を日常生活に具現するための恒久的施設」としての「公民館の設置を促進」し、公民館の設置を求める町村に対する助成も行っていくとされた[74]。

　社会教育局が主催して、1947（昭和22）年６月に開催された第二回公民教育指導者講習会でも、新憲法の実施に即応すべく公民教育の徹底強化が主眼におかれた。講習会の受講者は、各都道府県の公民教育主任官、学校教職員、公民館長、青年団、婦人団体、労働組合などから選定され、全受講者の３分の１は女性が占めるように通達されている。講習会の内容は以下に示すとおりであるが、前年の第一回講習会においては設けられていなかった「公民館」に関する講義や討論（パネルディスカッション）が、城戸幡太郎や寺中によって行われるとともに、新憲法に関する講義や、公民や公民教育のあり方に関する講師同士による討論も行われた[75]。

　　〔第二回〕
　　　（講義題目）　　　　　　　　　　　　（講師）
　　　　文化問題　　　　　　　　　　安部能成（国立博物館長）
　　　　政治問題　　　　　　　　　　浅井清（慶応大教授）
　　　　産業再建問題　　　　　　　　中山伊知郎（東京商大教授）
　　　　労働問題　　　　　　　　　　鮎沢巌（中労委事務局長）
　　　　学校拡張について　　　　　　細入藤太郎（立教大教授）
　　　　公民館について　　　　　　　城戸幡太郎（国立教育研究所長）
　　　　地方自治問題　　　　　　　　杉村章三郎（東大教授）
　　　　新憲法と家族制度の関係　　　我妻栄（同上）
　　　　学校拡張および公民館についての討論　細入教授・城戸所長・寺中社教課長
　　（討議）
　　　（1）民主社会に於ける公民の責任

(2) それぞれの社会層に於ける公民教育の振興について
(3) 新学制の社会的意義

このように、新憲法の普及のために新たに公民啓発が求められ、特に公民教育の振興のために生まれた公民館に多くの期待が寄せられたように、1947（昭和22）年においても社会教育の形成の主軸に公民教育がすえられ、公民教育としての社会教育の振興が社会教育の枠組みを方向づけていったと捉えられる。ここで注目すべきことは、戦後直後の総選挙対策としての公民啓発施策においては不十分であった、「立憲的知識の涵養」を基調とした公民教育としての社会教育が、新憲法の精神と知識の普及という形で、地域社会の自治振興を支える公民を育成すべく設置された公民館で行われることによって、「立憲的知識の涵養」と「生活の場としての地域社会の振興」という二つの特徴が結びついた「市民が自治的に治める論理」として深化していく可能性を有していた点である。

1947（昭和22）年は、公民館に関する施策も、5月30日の社会教育局長通達「公民館関係者の粛正について」、11月22日の「第一回優良公民館の表彰」、12月12日の社会教育局長通達「昭和22年度公民館教養講座開設費の交付について」など次々と出されたことに象徴されるように、1946（昭和21）年終わり頃から設置が始まった公民館の設置が着実に進んだ時期であり、1947（昭和22）年8月の時点で、全市町村の19%の設置率にのぼっている[76]。

そして、1947（昭和22）年3月31日に制定された旧教育基本法において、第七条として社会教育の条項が設けられ、学校教育法（1947年3月）、教育委員会法（1948年7月）など、教育法制に関する一連の整備が進むにともない、公民館を中心とする社会教育も法制化する動きが高まり、最終的には1949（昭和24）年6月の社会教育法制定へと至っている。その過程においても公民教育は社会教育の核として重視されていた。

そのことは、1948（昭和23）年頃の社会教育政策を概観してみても明らかである。4月に教育刷新委員会によって出された「社会教育振興方策について」の建議によって、法制化の動きは急速に進んでいったが、その建議の案を話し合う中でも、公民館の仕事・目的として「全住民のための公民教育」という視点が明確に打ち出されていた[77]。また、7月には、社会教育局が主催して第三回公民教

第4章　戦後教育改革と公民教育の展開　*255*

育指導者講習会が開催されているし、さらに、労働省労政局及び文部省社会教育局向けに出された通達「労働者教育に関する労働省（労政局）、文部省（社会教育局）了解事項について」においては、文部省の労働者教育の目標として、「公民教育の一環として社会の一員たる労働者が健全なる社会人ないし公民として必要とする教養の向上、知識のかん養、人格の陶やに資する」[78]と、社会教育の一領域として重要視されてきた労働者教育が、公民教育の一環として位置づけられている。

　こうして、公民教育を基底にすえた公民館構想を核として、戦後日本の社会教育が形作られ、1949（昭和24）年6月の社会教育法の成立へと結実していったわけだが、公民館構想の具体化によって、社会教育の方向性が定まっていったことは、社会教育法が、公民館に関する規定によって多くを占められ、実質的には公民館法とも捉えられてきたことにも端的に示されている。

章　　括

　戦後教育改革は、改革にも関わった関口泰、前田多門らの時代認識にも示されていたように、戦前において振興されていた公民教育をベースに進められようとしていた。そして、戦後直後から一連の公民教育施策が大きく打ち出されていくが、GHQとは関係なく日本側から自主的に進められていった点に大きな特徴がある。

　公民教育施策は、戦後直後の1945（昭和20）年9月に、政府上層部によって打ち出されるが、その特徴は、戦前の教育勅語の一層の重要性が強調されたように、「国体の護持」を基調とした「国家及び社会に奉仕する個人」を育成することに力点がおかれていた。その後、1945（昭和20）年11月に設置された公民教育刷新委員会が12月に提出した答申によって、公民教育の体系が示されたが、その特徴は、国体の護持という性質は残っていたものの、同時に教育勅語をはじめとした戦前教育に対する批判に立って、「国家及び社会に対して自立した能動的立場をとれる個人」を育成するという視点も内包するものであった。こうして、戦後教育改革は、国体護持を維持していく方向と、それを批判して民主主義社会

256 第Ⅱ部 公民教育としての社会教育の展開 ― 戦後教育改革と公民館構想 ―

を構築していく方向とがないまぜになりながら、つまり、公民教育の両義的な性格を内在させながら開始されたのであった。このことは、戦時下において、「オオミタカラとしての公民」を中心として再構成された皇民が、「近代立憲国民としての公民」の側面もあわせもった重層的な概念としての公民として再構成されていったことを意味していた。

公民教育刷新委員会答申を受けて、学校教育においては、戦後の新「公民科」を設置しようとする公民科構想が展開され、1946（昭和21）年10月には公民教師用書の完成へと至っている。最終的には、公民科は成立しなかったが、そこで示された公民教育の特徴は、国家から自立した公民が、「社会に対する客観的科学的認識」を身につけて、社会及び国家への意識を高めていくことで、平和的で民主的な国家が形成されていくというように、「国民を統合する論理」と「市民が自治的に治める論理」が相互に浸透し合うものであった。

一方で、社会教育においては、戦後初の総選挙（1946年4月）に向けた一連の公民啓発施策の展開と、公民教育振興の施設としての公民館構想の展開という大きく二つの流れをなしていくこととなった。青年や婦人向けに行われた総選挙対策としての公民啓発において、立憲政治を担う公民の形成は期待されたものの、全体的には、政治教育的な「立憲的知識の涵養」という視点は弱く、選挙参加を呼びかけながら国体護持を図っていくという特徴が強かったといえる。

それに対して、公民館構想は、時間をかけて展開していく中で、戦後民主化の進展やCI&Eとの協議による公民館委員会案の受容などを通じて、「地域社会の自治振興を支える公民」形成の場として期待されていった。そこで示された公民教育の特徴は、「生活の場としての地域社会の振興」を担う上で必要な教養・知識・技術を身につけた住民が、地域社会の建設を主体的に担っていくことで、戦後の国家の再建が図られていくというように、「国民を統合する論理」と「市民が自治的に治める論理」が相互に浸透し合うものであった。

こうして、戦後の民主国家を建設していく上で、戦時体制以前の社会の回帰を目指し、戦前的な公民教育を受け止めつつ、同時に、戦後的秩序（天皇の神格化の否定、新憲法の制定など）の中で、皇民から重層的な概念としての公民への再構成がもたらされ、そうした公民育成をベースとして、学校教育（公民科構想）と社会教育（公民館構想）において、公民教育が連動しながら展開していった。

前者は、「立憲的知識の涵養」に力点をおき、後者は、「生活の場としての地域社会の振興」に力点をおき、相互に補完し合いながら、「市民が自治的に治める論理」も十分にふまえた公民教育の展開が図られようとしたのである。そして、こうした特徴を継承しながら、その後の社会教育の枠組みが形成されていったといえる。

第 5 章

戦後教育改革と公民教育論の展開
― 戦前自由主義的知識人たちの戦後 ―

　本書で取り上げている戦前自由主義的知識人のうち、終戦を前に亡くなった田澤義鋪以外は、戦後も生き延び、戦後教育改革にもそれぞれの立場から関わっている。終戦直後に文部大臣を務めた前田多門は、公民教育施策を打ち出し、その後は戦前の選挙粛正運動の流れを汲む公明選挙運動に中核的に関わった。戦後直後に文部省で社会教育局長を務めた関口泰は、教育刷新委員会にも関わり、戦後教育改革、とくに社会教育の再建にも大きな役割を果たした。蝋山政道は、政治学者・行政学者の立場から、民主主義、戦後の新憲法の理念を普及する啓蒙家・教育家としての役割を果たすとともに、政治と教育の関係について探究し続けた。そして、下村湖人は、民間の実践家として、戦前から展開してきた煙仲間運動の強化に努めるなど、地域社会における村民教育及び青年教育に関わった。

　本章では、戦前から公民教育について論じてきた彼らが、敗戦とどのように向き合い、その上でいかなる教育論あるいは教育実践を展開しながら、戦後社会の再建を図ろうとしたのかを検討することを通じて、大きく次の二点を明らかにする。

　第一が、彼らが、天皇制と民主主義が共存しうるという日本的民主主義の考え方に立って、戦前に示したそれぞれの公民教育論の体系を基本的には継承しながら、戦後教育改革と向き合ったという点である。彼らは、戦前的な公民教育を受け止めながら、戦時下に浸透していった「皇民」を、戦時体制以前の重層的な概念としての「公民」へと再構成を図り、そうした公民育成の論理をすえながら教育論及び教育実践を展開していったのであり、それは、第4章で明らかにした、戦後直後に展開された公民教育を核とした教育構想にみられた構造とも近いものであった。

第5章　戦後教育改革と公民教育論の展開 ― 戦前自由主義的知識人たちの戦後 ―　*259*

　第二が、天皇の人間宣言等による天皇制という支柱の揺らぎ、新憲法及び旧教育基本法の制定、教育勅語の廃止といった戦後的な秩序が構築されていく中で、彼らは、天皇を中心とする国家を担う「オオミタカラとしての公民」を、平和民主「国家の形成に主体的に参加する公民」というべきものへと組み換えていったという点である。彼らは、地域社会における住民自治を基盤としながら国民国家の再建を図ろうとしたのであり、ポリティーク論者は主に、学校教育のみならず社会教育の振興をも含んだ「立憲的知識の涵養」を中心とした政治教育の重要性を説き、ペダゴギーク論者は主に、農村を中心とした地域社会における「生活の場としての地域社会の振興」を中心とした地域社会教育の重要性を説いたのであった。

　以下では、文部省に入り教育改革を進めていく立場となっていった前田と関口、それに対して、戦後教育改革には直接関わらなかったものの、戦前と同様に、それぞれ講壇的立場、実践的立場から、理論的提起や実践活動を行っていった蝋山と下村に大きく区分しながら考察を行う。

第1節　戦後教育改革と前田多門・関口泰

A　戦後直後の公民教育の振興と前田多門

1　文相への就任と公民教育の振興

　終戦直後の 1945（昭和 20）年 8 月 18 日に前田は、東久邇宮内閣の下で文部大臣を要請され、戦時中に新潟県知事等を務めていたことによる公職追放で、1946（昭和 21）年 1 月 13 日に退任するまで在任している。この間に、前田の下で、「新日本建設ノ教育方針」の発表、公民教育刷新委員会の設置等、公民教育を核とする教育改革案が提起されていった。前田自身が戦前に著した『公民の書』を再刊させたのも、ちょうどこの時期であった。

　第4章で言及した公民科構想の段階区分でいえば、前田が文相を務めた時期は、おおよそ第一段階「政府上層部による公民教育振興策」（1945 年 9 月から 11月）から第二段階「公民教育刷新委員会の設置と答申」（1945 年 11 月から 12 月）

260 第Ⅱ部 公民教育としての社会教育の展開 ― 戦後教育改革と公民館構想 ―

にあたるが、10月15日の「新教育方針中央講習会」において示された前田の訓示が、教育勅語の一層の重視を基調としていたことに象徴されるように、前田は、特に、第一段階において主要な役割を果たした人物として着目されてきた。

前田のこうした姿勢は、文相就任の際から明確に示されていた。前田は、「国体護持は勿論のこととして、ここに更始一新、これまでの誤れる軍国主義を一掃すると共に、新たな目標をかかげ、いま疲弊絶望のどん底にある民心を引き立たせる工夫が肝要であり、積極的に、民意暢達を推奨する政策をたてることをもって、文教の基調といたしたい」[1] と国体護持を図りながら、戦後日本をいかに建て直していくかを重視していたのである。

したがって、一見すれば、この時期における前田の公民教育論は、国体護持と結びついた国家主義的なものが前面に打ち出されていたものとしてうつるが、訓示が出された1945（昭和20）年10月は、首相の交代もあって政治を取り巻く状況が、大きく変化した時期でもあった点を見逃してはならない。終戦直後に成立した東久邇宮内閣では、戦前の治安維持法体制への回帰を目指した面々も閣僚として就任し、そのような状況下で前田も文相に就任しているが、GHQの人権指令によって内閣は総辞職を余儀なくされ、10月9日に幣原喜重郎内閣が成立している。そして、政治犯の釈放や弾圧法規の撤廃が進められ、GHQによる五大改革（婦人解放、労働組合結成の奨励、学校教育の民主化、秘密諮問司法制度の撤廃、経済機構の民主化）も進行していくこととなったのである[2]。東久邇宮内閣の閣僚の多くが追放される中で、前田は継続して文相を務めていくことになり、10月15日の訓示は、幣原内閣になってからのものである点に着目する必要がある。

こうした内閣の交代と前田の文相継続という点をふまえれば、公民科構想の第二段階において見いだせるとされる戦前教育に対する批判の視点が、前田においてどのように内在していたのかを問う視点も重要となってくることが分かる。前田が戦前批判に立って戦後教育の再建を図ろうとしたことは、10月の内閣交代後に斬新な人事を行ったことにもあらわれている。戦後の文部行政を学校教育、社会教育、科学教育の三本の柱を中心にして再建する構想を実現すべく、学校教育に田中耕太郎、社会教育に関口泰、科学教育に山崎匡輔という自由主義的な知識人を迎え入れるともに、関口には、権力によらずに国の文教政策を策定できる

第5章　戦後教育改革と公民教育論の展開 — 戦前自由主義的知識人たちの戦後 —　*261*

独立の機関として構想した国立教育研修所の長をも任せたのである[3]。

　そして、前田が、戦後教育の再建を図る上での鍵概念として、文相就任直後から提起していたのが「シビックス（Civics）」（日本でいえば「公民道」にあたる）であった。前田は、進駐軍の教育担当の軍人から、「日本の教育において一番欠けているものは何か」という質問に対して、下から公民が持ち寄ってお互いの生活を作り上げていくという技術や心構えを意味する「シビックス」であると答え、それが戦前日本において十分に行われなかったがために、たやすく全体主義、軍国主義に引きずりまわされたと批判し、その重要性を説いている[4]。

　このように前田は、文相就任時において、国体護持を掲げるとともに「シビックス」の重要性を提起していたのであり、こうした二つの特徴が、前田の思想において、どのような関係にあったのかを明らかにする必要がある。以下では、前田が重視した「シビックス」について掘り下げて検討するとともに、それが、彼の民主主義観及び教育観とどのようにつながっていたのかを検討することを通じて、この課題にせまっていく。

2　日本的民主主義と公民教育

　前田によれば、「シビックス」とは、「他人のために尽して、しかも報いを求めない犠牲的精神、各自が各自の責任を果たす精神」に基づいて、「下から公民が持ち寄ってお互いの生活を作り上げていく技術や心構え」であり、単に人々を「横の関係」に結びつけるばかりでなく、「縦の関係」にも人の心を繋いでいくことによって、民主主義国家を構築していく上での基礎とされる[5]。

　こうした捉え方は、戦後に新しく提起されたわけではなく、戦前に自身が提起した公民教育論の本質をふまえたものであった。第3章で明らかにしたように、前田は、国民と国家の関係について、公民が自発性をもって「横の関係」を持ち、最終的には「縦の関係」に帰して国家を形成していくために、地方自治、公共団体（農会、商工会議所、水利組合）の国家的行政の性質を帯びる公務を、自治的協力によって盛り上げていくことをめざしていた。つまり、公民自治の観念に基づいた地方公共自治活動によって、「横の関係」の強化を図りつつ、最終的に、強権と服従という形ではない自発的な「縦の関係」につないでいくための技術及び心構えとしての「シビックス」の涵養という考え方は、戦前からすでに提

262　第Ⅱ部　公民教育としての社会教育の展開 ― 戦後教育改革と公民館構想 ―

起されていたのである。そして、この「縦の関係」の頂点に位置づいていたのが天皇を中心とした皇室であり、立憲政治と国体が有機的に結びつけられていたのであった。

　文相就任時に明確に国体護持の姿勢を示していたことからも分かるように、戦後直後に前田が提示した「シビックス」において重視されている「縦の関係」の頂点にも、天皇が位置づけられていたのは明白である。前田は、国体の観念と民主主義とが共存し得るという信念のもとに、戦後教育改革を進めようとしたのであり、それは、1945（昭和20）年10月初め頃に新聞紙上で行われた「アメリカ民主主義」という座談会における発言にも端的に示されている。

　座談会において、前田は、「日本の国体の下にあるデモクラシーは、いわゆる一君万民で、義は君臣にして情は父子なりというところにある。……（中略）……最近戦争になって非常にきゅうくつな、そして排他的な一つの軍国主義的な国家主義というものが出たため曲げられている点がある。……（中略）……教育勅語というものは本当に見直して、謹読して実行に移して行かなければならないのじゃないかと思う。あれはやはり一つのデモクラシーをお示しになっている」[6]と主張しているように、教育勅語を明確に擁護する姿勢を示し、それが民主主義と接合していく可能性を示唆している。

　このように、前田は、日本においては、デモクラシー（民主主義）の理念そのものが、国体の観念と歴史的に共存してきたという理解から、戦後日本の再建を行おうとしたのであり、こうした民主主義の原理と国体の観念とが矛盾しないという姿勢は、「新教育方針中央講習会」においてもはっきりと明示されていた。講習会で、前田は、「所謂民主主義政治とは決して君主統治主義の反対語なるものでなく、貴族政治や立憲政治に対するものであって、ギリシャ語のデモスの政治即ち民衆一般の政治、換言すれば民衆が責任を以てする政治であり、畏くも皇室を上に戴き民衆が政治に関与し、その政府は『権力』と云うよりはむしろ『奉仕』に重きを置く、これ日本的なる民主主義政治の特長であります」[7]と、西欧諸国と比較して、日本の民主主義が歴史的特殊性を有していることを強調している。

　そして、戦後直後において、こうした「日本的民主主義」の考え方を主張するのは、前田に特有のものではなく、後述するように関口や蝋山にもみられる特徴

第5章　戦後教育改革と公民教育論の展開 ― 戦前自由主義的知識人たちの戦後 ―　　*263*

であった。つまり、戦前において、天皇機関説に基づき、天皇制と立憲主義の共存を目指していた彼らにとって、敗戦により、そうした政治を現実的なものにしていける可能性が高まったのであり、それは軍国主義・全体主義を排除すれば実現できるというものであった。

　第1章でも述べたように、天皇制と立憲主義の共存という考え方の原点は、明治中頃の自由民権運動によって、反政府・反権力を媒介としながら、民権理論（近代立憲国民としての公民）と天皇制（オオミタカラとしての公民）とが結びつけられていったところにある。こうした反中央的な志向を媒介するという構造は、戦後直後における日本的民主主義においても同様であったといえる。つまり、戦前自由主義的知識人たちは、国体の強化と結びつけながら軍国主義や全体主義を進めていった軍部と政府に対して批判を行い、超国家主義から国体観念を切り離すことによって、国体と立憲主義との共存を図りながら民衆と天皇とを結びつけ、戦後社会の建設を図ろうとしたのである。

　前田の日本的民主主義観の特徴については、勝野尚行が、戦後改革期の教育思想を分析する中で考察している。勝野によれば、前田は戦前日本の軍国主義や極端狭隘な国家主義を批判し、平和愛好の精神の涵養の必要性を示しながらも、その涵養の方法について、軍国主義と国家主義の思想を内部的に支持し補強していた教育勅語の謹読を重視しているように、その教育観には限界があったとされる。したがって、前田は、民主主義政治を立憲政治とさえ対立させて捉え、君主統治主義と両立させようとし、いわゆる「皇室を上に戴き民衆が政治に関与」する政治形態としての「日本的なる民主主義政治」をめざそうとしたのであった。その後に文相を務め、教育勅語体制の批判から旧教育基本法制の立法まで構想していった田中耕太郎の教育観、民主主義観とは、大きく異なるものであったとされる[8]。

　しかし、前田の民主主義観及び教育観は、国民主権と対立する天皇主権や、個人の内面を統制する国体観念及び教育勅語から離脱する可能性を持っていたことも指摘されている。山田規雄によれば、戦後直後において、国体護持、民意暢達、民主主義と様々な言葉が飛び交う中で、国体護持を唱える人々に対する配慮を示しながら、主権の存在を問わない日本的民主主義の考え方に立ちながらも、1946（昭和21）年1月1日の天皇の人間宣言の起草に関わり、天皇が現世的人間であ

264　第Ⅱ部　公民教育としての社会教育の展開 ― 戦後教育改革と公民館構想 ―

るということを打ち出すことで、天皇と国民との間の支配と服従における神話的血縁関係を明確に否定したとされる[9]。

　このことは、前田がいう「縦の関係」において、戦前には明確に位置づいていた天皇の神格性が否定されることによって、「縦の関係」に収斂されない「横の関係」そのものをより重視した公民教育論が、展開されうる可能性が内包されていたことを意味する。公民教育の論理に即していえば、前田においても、「皇民」が重層的な概念としての「公民」へと再構成され、さらに、公民自治を基盤としながら、「市民が自治的に治める論理」の強化につながっていく可能性があったということである。ただし、山田も指摘しているように、前田が、日本的民主主義を主権在民が実現されていくプロセスとして仮に認識していたとしても、その具体的道筋までは語っておらず、そのことは、日本的民主主義の持つ曖昧さであり限界でもあったとされる[10]。

　したがって、戦後直後における前田の公民教育論は、戦前と同様に、国家主義的な色彩が強く、「縦の関係」を基調とした「国民を統合する論理」がより強固に位置づいていたと言わざるを得ないが、天皇の神格性を否定したこと、首相交代後に行った人事とその彼らが公民教育刷新委員会の中で中核的な役割を果たしていったことをふまえれば、「横の関係」を基調とした「市民が自治的に治める論理」そのものが深化していく可能性も有していたとともに、公民教育刷新委員会が示した戦前批判の論理が、前田においても共有されていたと捉えるのが妥当であるように思われる。

　文相辞任後は、株式会社ソニー社長、大日本育英会会長など様々な分野での仕事をこなしているが、特に晩年における公明選挙運動に対する貢献は大きかった。戦前大正期において立憲政治を国民に普及徹底させるために後藤新平、田澤義鋪、武藤山治ら民間レベルで本格的に展開され始めた選挙粛正運動の流れを継承して、選挙粛正、国民の政治意識の向上を目的に 1952（昭和 27）年 6 月に財団法人公明選挙連盟が結成されたが、前田は 1962（昭和 37）年まで長きにわたって会長を務め、「横の関係」をなす個人主義と社会連帯に根づいた正しい選挙こそが、民主主義を実現していくという信念のもとに、全身全霊をかけて公明選挙運動に取り組んだのである。公明選挙運動への前田の情熱の大きさについて、政治評論家であった嘉治隆一は、「立教中学生として足尾鉱毒事件に寄せられた情

熱そのものであり、また若き日に恩師新渡戸稲造博士と約束し決心せられた社会教育家、公民教育家としての一生の最後を彩るにふさわしい偉大な花束であった」[11]と述べている。

B　戦後教育改革と関口泰の公民教育論

　文相の前田に迎えられ、1945（昭和20）年10月26日に社会教育局長に就任した関口は、社会教育課長に辻田力、調査課長に宮原誠一、公民教育課長に寺中作雄を抜擢し、戦後社会教育の再建に取り組んだ。1946（昭和21）年3月の辞任後も、同年8月に教育刷新委員会委員に就任し、戦後の教育改革に関わり、戦前教育の理念に多大な影響を及ぼしていた教育勅語を明確に批判するとともに、青年期教育の改革、社会教育の形成に大きな役割を果たした。

　戦後教育改革にも関わりながら、関口は執筆活動も精力的に行った。戦前に刊行した『公民教育の話』の再刊をはじめとして、『議会・選挙・教育』（1946年2月）、『日本再建と教育』（1946年12月）、『教育の基本と憲法』（1947年12月）と、戦後直後の短期間にまとまった教育論を複数発表している。その後も朝日新聞社論説顧問、社会教育連合会会長、市政調査会委員、公明選挙連盟理事、横浜市立大学学長等を務めながら、晩年まで、憲法論、教育論を中心とした評論活動を継続した。

　以下では、戦後の関口の論稿を丹念に分析することを通じて、彼が戦前に示した公民教育論の体系が、戦後教育改革とどのように結びついていったのかを、特に思想構造に着目しながら明らかにしていくが、その際に次の三つの観点を重視する。第一に、戦後直後においてどのような時局認識及び民主主義観をもって、戦後教育改革に臨んだのかという点である。第二に、その基底にあった公民教育論が、この時期に実際に展開された公民教育施策の動向や、戦前の彼の公民教育論の体系とどのような関係で捉えられ、さらに教育勅語の廃止の主張へと接続していったのかという点である。そして第三に、旧教育基本法の理念とも結びつきながら公民教育論から政治教育論へといかに展開させていったのかという点である。

1 時局認識と民主主義観

　関口は、1930（昭和5）年に執筆した『公民教育の話』を、1946（昭和21）年4月に文寿堂から再刊させ、さらに、同年12月には『公民教育論』として改訂版を出している。再刊版では、序でこれまでの公民教育の動向を批判的に概観した上で、今後の公民教育のあり方を提起している。中身は原版（1930年）とほとんど変わらないが、時代的動向をふまえ、本文の随所に注を付け加え、また、再刊の刊行当時にはすでに無くなっていた公民科教授要綱や在郷軍人会のことは削除してある。一方で、改訂版では新たに一章分「日本の再建と教育」が付け加えられている。そこでは、戦前への反省と戦後のとるべき方向性だけでなく、国際連合憲章に関する記述、米国教育使節団報告書中における公民教育関係の提案の吟味に始まり、成人教育の問題、青年学校の問題、女子教育の問題等、戦後教育改革全般にわたる提起までなされていて、再刊版よりもさらに包括的なものとなっている。『公民教育の話』の再刊と改訂の変遷をあらわしたのが以下に示す図表4である。

　第4章で述べたように、戦後直後において、1920年代から30年代前半に立ち返れば、戦後教育改革は進められるという認識が広く存在していたが、関口もそうした認識に立って、戦前に著した『公民教育の話』を再刊させたのである。

　そして、戦前日本においても育つ可能性があったものの、時勢の力によって屈折させられた議会中心の民主政治を、連合国によって外部からではなくて、日本

図表4　『公民教育の話』の再刊と改訂による変遷

著書名・刊行年月・出版社	変更点
『公民教育の話』1930（昭和5）年5月　朝日新聞社	
『公民教育の話』（再刊）1946（昭和21）年4月　文寿堂出版部	・第2章第1節「公民科教授要項」……削除 ・第2章第3節「在郷軍人会と軍人訓練」……削除 ・第2章第2節「自治教授と自治訓練」 　　→「自治教育と自治訓練」（名称変更） ・長い序を導入、本文の随所に注を挿入
『公民教育論』（改訂）1946（昭和21）年12月　文寿堂出版部	・第6章「日本の再建と教育」を付け加える ・序と注は全て再刊と同じ

（筆者作成）

第5章　戦後教育改革と公民教育論の展開 ― 戦前自由主義的知識人たちの戦後 ―　*267*

の内側からつくっていく上での国民の力量が不十分だとして [12)]、教育において
も、自発性、責任感をもった公民を育成することの必要性を以下のように提起し
ている。

　　再教育といふことが、上から、或は外から教育されるといふ考へ方であっては
　　ならないのであって、何処までも自主的に、自発的に、自分を教育するのでなけ
　　れば、凡そ民主主義とは遠い。いひかえれば日本の民衆は自らの責任を自覚して、
　　政治的に立ち上り、自らによって教育することによってのみ民主主義は徹底し、
　　日本への再教育は完成するといふことである [13)]。

　ここで問題となるのが、関口がいう民主政治、民主主義とはどのようなもの
であったのかという点である。戦後直後における関口の考え方が端的に示されて
いるのが、『議会・選挙・教育』の中での以下の記述である。

　　我が国の如き天皇制の下に民主政治は行はれ得るのであります。現在の帝国憲
　　法の下に於てもデモクラシーは行ひ得ると信ずるのでありますが、従来の官僚的
　　解釈と運用がこれを阻んで歪めていたのでありますから、その歪められたる解釈
　　運用が出来ないやうに憲法の改正をする必要があるのでありませう。憲法が改正
　　されてこの意味の民主政治が行はれるといふことは、国体が変更されるといふこ
　　とではありません。かういう国体観の上に、平和的国家の建設がなされなければ
　　ならない [14)]。

　このように、戦後直後の時点においては、関口は戦前における帝国憲法の理
念が反映された天皇制の下で、民主政治を行い、平和国家を建設していくことが
実現可能であると考えていたのであり、帝国憲法を改正して新憲法をつくる際に
も国体を護持する必要性を説いていたように、前田と同様に日本的民主主義の考
えに立っていたことが分かる。そして、天皇制と立憲主義の共存が、官僚的解釈
と運用によって歪められてきたと捉えているように、関口も、反政府・反権力的
志向を媒介としながら日本的民主主義を強調したといえる。

2 公民教育の論理と内容

　こうして日本的民主主義の立場に立って、1930年代半ば以前に進展しつつあった公民教育を行っていくことで、戦後の平和国家の構築が可能であると考え、公民教育の振興を強調していったのであるが、その論理と内容はどのようなものであったのだろうか。まず、今後求められる公民と公民教育について以下のように提起している。

　　　公民教育とは何であるかと申しますと、必ずしも市町村公民の教育といふ意味ではありません。法律規則の上で公民といふ言葉が使ってありますのは、市町村制に『帝国臣民タル年齢二十五以上ノ男子ニシテ二年以来市町村住民タル者は市町村公民トス』とあるのであるが、この公民のみを公民教育の対象とするのではありません。自治教育も公民教育の大切な部分ではありますがそれに限られてはいないのであります。……（中略）……善良なる公民たるの素養を得させる教育に止らず健全なる国民たる教養を与へるのも公民教育の目標であります。二十五歳以上の男子でなくても、女子でも、国民学校の児童でも、公民教育の対象にならなければなりません。それも将来公民たる準備教育としてではなくて、そのまま幼き公民若き公民としての教育なのであります[15]。

　ここで提起されている公民は、市町村民、選挙権をもつ有権者だけでなく、女子、児童をも社会の一員として位置づけようとするもので、戦前に関口自身が提起していたものと同様な把握の仕方である。そして、それまでの軍国主義国家における道徳観を批判した上で、公民教育のとるべき論理を、以下のように示している。

　　　軍国主義国家の進行と共に、公民教育運動が影を潜めたことは、軍国主義的教育の否定に出発する教育の再建に当って、公民教育の必要を叫ぶ所以でもある。縦の道徳のみを強調して、横の道徳を無視した所に大きな社会的欠陥が生じている。国家観念を否定するのではないが、社会的国家観念というべきものが必要であり、市民的教養と市民的訓練とに重点を置く公民教育が要求されるのである[16]。

　上記で示されている「縦の道徳」とは、戦前の大日本帝国憲法で位置づけられ

第5章　戦後教育改革と公民教育論の展開 ─ 戦前自由主義的知識人たちの戦後 ─　*269*

ていた天皇主権の理念に基づくものであり、関口は、国体が名ばかりに強調されることによって、「縦の道徳」のみの強化が重視されていた戦時下の教育のあり方を批判し、「横の道徳」を重視した公民教育の論理、つまり、「共同のことを共同でする」という「自治」観念に基づいた公民教育の論理が必要であることを提起したのである[17]。

　しかし、戦後直後に、同じように縦と横という視点から、公民教育について論じていた前田との間には、前田が、「横の関係」が必要としながらも、最終的には「縦の関係」に帰する必要性を強調していたのに対して、関口は、「国家観念を否定するのではないが」と述べているように、「縦の関係」をそこまでは強調していない点で相違がみられることに着目する必要がある。実際に、関口は、前田とは異なり、国体護持の風潮が強かった戦後直後においても、明確に教育勅語を擁護する発言はしておらず、そのことが、その後の教育刷新委員会における教育勅語の否定へとつながっていったと考えられる。

　そして、このことは、戦後直後に同じ日本的民主主義の考えに基づいていたとしても、両者の公民教育論の間には、「縦の関係」を基調とした「国民を統合する論理」と、「横の関係」を基調とした「市民が自治的に治める論理」が、どのような思想構造をとりながら内在していたのかという点で相違があったことを意味している。つまり、両者ともに戦前に示した体系をもとに戦後教育改革と向き合ったが、戦前における両者の思想構造の差異が戦後改革期にも継承されていたということである。具体的にいえば、第3章でも明らかにしたように、戦時下において、関口には、「市民が自治的に治める論理」が「国民が統合する論理」に収斂していくのを踏みとどまらせようとする葛藤関係が見られたが、前田には、そうした特徴が明確には見られなかったという相違である。

　こうして、関口は、「縦の道徳」に収斂しない「横の道徳」そのものを重視した公民教育の論理を提起することによって、戦時下の皇民教育を否定して、公民教育を展開しようとしたわけだが、その内容としては、以下のように、戦前政治への反省をふまえて、選挙に重点を置くことを強調している。

　　政友会の絶対多数に支持されていた犬養内閣が五・一五事件の嵐に無惨に散って以来、政党出身者が内閣少数部分を占めるだけで、議会は国政の上に殆ど発言

270 第Ⅱ部 公民教育としての社会教育の展開 ― 戦後教育改革と公民館構想 ―

　　権をもたず、選挙も禄に行はず、衆議院議員の四年の任期を五年に延ばしたこと
　　さへあり、国民の選挙権などは尊重されずに、選挙粛正運動の名の下に、官権の
　　選挙干渉、政府の選挙支配すら行はれるに至ったのである [18]。

　このように、戦前において政党政治が機能せずに、選挙時における腐敗が絶
えなかった過去の失敗を繰り返さないためにも、「選挙を正しく行ふことが第一
であって、これによって日本的民主政治の基礎が据えられるといふことは、単に
理論的の説明をする意味ではなくて、実際に痛烈に体験させられた事実なので
ある。」[19] と選挙を正しく行うことを強調し、そのために公民教育の重要性を説
いたのである。関口は、戦後初の総選挙に向けて、選挙の基礎としての公民啓発
運動が重視されていた状況の中で、「いわゆる選挙教育ではなく、寧ろもっと広
い意味で、選挙教育の基礎であり、選挙以前の公民教育である」[20] と述べている
が、そこには、選挙を単なる投票するだけのものでなく、女子にまで拡大された
選挙権を国民が行使することを通して民主政治の定着を図っていこうとする意図
が読み取れる。

3　教育勅語の廃止の主張

　前田や関口が、日本的民主主義観に立っていた戦後直後は、新憲法が成立す
る前であり、戦前の帝国憲法の範疇において、戦後の民主化、立憲政治の確立を
論じていくという現実的な側面があったことも忘れてはならない。しかも、前田
が、戦後直後の約半年間しか教育改革に関わらなかったのに対して、関口は、そ
の後も教育刷新委員会委員を務めるなどして関わり続けたのであり、戦後の新憲
法が成立し、旧教育基本法制定に向けての議論が高まっていったことが、関口の
民主主義観及び公民教育論にいかなる影響を与えたのかという視点にも着目する
必要がある。以下では、教育刷新委員会において、いち早く教育勅語批判を行っ
た点に着目しながら、関口の論をさらに掘り下げて検討する。

　教育刷新委員会（1949 年 6 月以降教育刷新審議会と改称）は、第二次世界大
戦終結後の 1946（昭和 21）年 8 月 10 日勅令第三百七十三号「教育刷新委員会
官制」の公布により設置され、1952（昭和 27）年 6 月 6 日政令第百二十七号「教
育刷新審議会令」の廃止に至るまで約 6 年間にわたって存続し、「内閣総理大臣

第5章　戦後教育改革と公民教育論の展開 ― 戦前自由主義的知識人たちの戦後 ―　*271*

の所轄」のもと「教育に関する重要事項の調査審議」を行った合議制機関である。委員会には、全委員の参加する総会のほかに、いくつかの特別委員会が設けられた。関口は、委員会成立時点から委員の一人として関わり、第二特別委員会（下級学校体系に関する事項）、第五特別委員会（上級学校体系に関する事項）、第七特別委員会（社会教育に関する事項）にも積極的に関わり、第七特別委員会では主査も務めている。

　教育勅語は、1890（明治23）年に、天皇の勅語という形式で発布された教育の国家目標を示す文書で、その内容は、日本の国体が天皇の祖先による国家の創業にはじまって、臣民の忠誠によって発展してきたことを前文として述べ、つづいて忠孝をはじめとした諸徳目をあげ、「一旦緩急」の際には「義勇公ニ奉」することを要請したものであった。第Ⅰ部でも述べたように、戦前の帝国憲法には、「立憲的」側面と神話的・宗教的な「国体論」的側面が内包されていたが、教育勅語は、まさに後者の側面を国民に浸透させて、「オオミタカラとしての公民」を形成していく上で重視され、特に、1930年代半ば以降、天皇機関説への批判が高まり、天皇の臣民としての「皇民」育成が政策的に重視される中で、大きくクローズアップされていった。戦前日本の教育に大きな影響を与えた教育勅語が、その効力を失ったのは、旧教育基本法制定（1947年3月31日）後の1948（昭和23）年6月の衆参両院における決議によってである。

　教育刷新委員会内においても、教育勅語の扱いについては、早くから議論の対象となっていたが、関口は、1946（昭和21）年9月20日の教育刷新委員会第三回総会において、以下のように教育勅語に対する批判的見解を示している。

　　　兎に角教育勅語に代るべき教育の根本理念なり何なりを、法律に依って、最高国家機関である所の国会が決めるというような所に頭があるのではないか。……（中略）……それを大正になっても昭和になっても唯あれ（教育勅語 ※引用者注）のみを有難く頂戴して居ったという所に問題があるのではないかと思うのであります[21]。

　第4章で述べたように、教育勅語に対する批判は、1946（昭和21）年元旦の天皇の人間宣言前後（公民科構想でいえば中期段階にあたる）から見られるよう

272　第Ⅱ部　公民教育としての社会教育の展開 ― 戦後教育改革と公民館構想 ―

になっていたが、この時期になると、戦後の新憲法の公布（1946 年 11 月）を控えて、教育勅語に対する批判が公然と行われていたことが分かる。関口も、教育勅語に代わるべき教育の根本理念を定める必要性（旧教育基本法を想定）を明確に提起している。

　教育勅語は、旧教育基本法の制定後も一年あまり存在していたが、その間にも、関口は、『教育の基本と憲法』の中で、以下のように、時代にそぐわないものとなっているとして、教育勅語に批判的見解を示している。

　　　教育勅語が多くの徳目を並べているにもかかわらず、世界平和や国際関係について、一言も触れていないという点は、それは日本が不平等条約、治外法権の下にあり、外国人の内地雑居も許されていない時代であったから、やむをえないとはいえ、これを大正昭和の時代まで教育の金科玉条として、皇国の道に則る教典とする場合には、一つの欠陥ともいえましょう[22]。

　ここでは、世界平和及び国際関係の視点から考えると、教育勅語がすでに時代にそぐわないものとなっていることが指摘されているが、新憲法によって示された戦争放棄、国際平和の理念との整合性を意識した上での指摘だと思われる。

　こうして、関口は、新憲法の制定、旧教育基本法の制定という流れの中で、教育勅語に対する批判的見解を示していったが、以下の指摘にも見られるように、旧教育基本法制定後においても、教育勅語を全面的に否定したわけではない点はおさえておく必要がある。

　　　教育勅語を常に奉読させておきながら、その内の重要なる教訓である常に国権を重んじ国法に遵えという点を教育せずに、一旦緩急あれば義勇公に奉じの非常時道徳ばかりを強調し、憲法の内容においても、憲法の特色である立憲制度と民意政治の方はほっておいて、国体の方面、二千年来の天皇の尊厳と、臣民の絶対服従ばかりに力をいれ、明治天皇欽定憲法の意義を発揮することをしなかったのは、明治以来歴代の政府の罪であるばかりでなく、教育に当ってきたものの重大な責任といわなければならないのであります[23]。

　関口は、教育勅語の奉読を通じて、「一旦緩急あれば義勇公に奉じ」という非

第5章 戦後教育改革と公民教育論の展開 ― 戦前自由主義的知識人たちの戦後 ― 273

常時の道徳に基づいた臣民の絶対服従ばかりが強調されてきたことに対する批判を示す一方で、「国権を重んじ国法に遵え」という教育勅語に内包される教訓が、軽視され浸透してこなかったことを反省するとともに、明治天皇欽定憲法（帝国憲法）の意義を説いている。このことは、関口が、この時期においても日本的民主主義の考えに立ち、国体護持の姿勢を残存させていたことを意味している。

このように国体護持の姿勢を残存させながら、教育勅語に対する批判をなしていったことは矛盾しているようにも捉えられるが、関口の中では、戦時体制以前に示した公民教育論の体系に即して、ある程度、整合的に位置づけられていたと考えられる。

第Ⅰ部で明らかにしたように、戦時期には、時局に即して、関口の公民教育論においても忠君愛国的な「臣民」が内在していたことが確認できるが、関口の論の基本的骨格は、天皇制と立憲主義の共存をめざすものの、滅私奉公的な意味での「国家への忠誠心」を否定し、「平和文化の向上に貢献する」公民を、特に「立憲的知識の涵養」を通じて形成するというものであり、国体の強化が図られていった戦時体制下ですら、教育勅語そのものに対して積極的に賛意を示していたわけではなかった。したがって、関口にとっては、戦後においても、帝国憲法の理念と結びつけて国体の重要性を説く一方で、教育勅語の特に道徳的な側面を正面から否定するのは、矛盾しないものとして位置づいていたと捉えられる。

そして、戦前から一貫して、国民が、「オオミタカラとしての公民」としてではなく、立憲政治、民意政治を確立する上で国民が政治的教養を身につけて、「近代立憲国民としての公民」として形成されていくことを探求してきた関口は、以下のように、戦後の憲法、旧教育基本法体制のもとで、一貫して民主国家建設の上での憲法の意義を説くと同時に、その理念を国民が身につけていく必要性を強調していったのであり、特に旧教育基本法第八条（政治教育）を重視したのであった。

4　戦後改革期以降における政治教育論の展開

戦後直後においては、教育界において「公民教育」という言葉が使用されていたが、公民科構想の終焉や、旧教育基本法第八条（政治教育）の成立等にとも

274 第Ⅱ部 公民教育としての社会教育の展開 ― 戦後教育改革と公民館構想 ―

ない、まもなく公民教育は一連の政策文書などからも姿を消し、関口の論稿にも見られなくなっていった。それにかわって、教育界で積極的に使用されるようになったのが「政治教育」という言葉であり、関口の論稿にも多く見られるようになっていった。

関口は、公民教育と政治教育の相違については言及していないが、戦前における田澤や蝋山の捉え方、さらには旧教育基本法第八条の成立過程における議論をふまえれば、二つの概念をほぼ同義的に捉える見方は関口においても共有されていたと考えるのが妥当な見方である。戦前から一貫して、「立憲的知識の涵養」に重点をおいた公民教育論を展開してきた関口の場合は、研究討議実践に基づいた政治教育的方法も重視されてきたように、旧教育基本法第八条によって示された政治的教養の内容（政治的知識、政治的批判力、政治的信念）とも親和的であり、「公民教育」から「政治教育」への移行は、特に矛盾もなく受容されていったと捉えられる。

そして、対日講和条約の発効により、占領期が終了する 1952（昭和 27）年前後から晩年（1956 年）に至る間において、特に、関口は、憲法、教育に関わる多くの著作、論稿を遺しているが、それらの根幹にあったのがまさしく政治教育論であった。戦後直後から、戦前の帝国憲法の意義を特に立憲的側面から説き続けていたが、そうした姿勢は、以下のように、戦後の新憲法の成立をどのように捉えるかという点にも反映されていた。

　　　　いわゆる国体は変更し、天皇は統治権を総括しないが、帝国憲法はかくの如き重大な改変があったままに継続しているとされていたのであって、連合国軍最高司令官の権力の下に、立法・司法・行政の三権は分立し、帝国議会は国民を代表し、国務大臣は内閣を組織し、緊急勅令の形式をもってポツダム政令が行われていた。そのように、帝国憲法は破棄されているのではないから、新憲法を制定するための憲法会議というようなものは作られずに、帝国憲法改正の手続によって、帝国憲法が全面的に改正されて日本国憲法が産れたのである [24]。

ここには、戦後日本の改革は、戦前の帝国憲法の立憲的側面が反映された形で始まったのであって、新憲法と帝国憲法とを完全に別個に捉えるのではなく、帝

第5章　戦後教育改革と公民教育論の展開―戦前自由主義的知識人たちの戦後―　*275*

国憲法が改正されたものが新憲法であるという解釈が示されている。そして、以下のように、日本の民主主義国家としてのスタートはすでに新憲法の成立以前に始まっていたという認識を明確に示している。

　　君主国が民主国になったのは、憲法改正によってはじめてそうなったのではなくて、敗戦の結果、天皇とその政府が、占領軍の最高司令官の下におかれ、国民の自由に表明した意思に従い、その政府を樹立することを、降服条件として受諾した時に決ったのである。そして憲法はそのことを明かに宣明したのである[25]。

　このように戦後直後に、戦前の立憲政治の理念を反映させて改革が始まったことの意義を強く認めており、戦後の新憲法は、まさしく戦後直後に進められた改革の理念を反映させて作られたものであるという解釈に立っている。それは自身が、公民教育論をベースに進めようとした教育改革のあり方がまさに正しかったという認識が、戦後改革が終わった時点においても強く存在していることを示しているともいえるだろう。

　しかし、終戦から数年経た時点においても、民主主義国家とは程遠く、新しい憲法の理念が国民に全く浸透していないばかりか、特に対日講和条約の発効によって、これから本当の意味で、民主主義国家として独立し、民主政治が始まるはずなのに、現実には、再軍備に向けての動きもある状況に対して、関口は以下のように強い危機感を覚えている。

　　国家の道徳的中心は天皇であるということを、文部大臣が国会でいえば、それが人間天皇の宣言を逆転させる神話的天皇の復活でないといっても、万民平等民主主義の横の道徳から、再び縦の道徳、上から下への下げ渡される教育勅語的道徳、『詔を承れば必ず謹む』聖徳太子の十七条憲法の道徳の復活を意味するのである。……（中略）……民主主義的社会としての日本が、衛るべき対象として国民の心に育っていないから、国家の道徳的中心に天皇をもってきて、ふたたび国体護持的自衛の愛国心を唱えなければならなくなるのである[26]。

　ここでは、戦後民主主義国家を建設していく上で、新憲法の成立によって棄却された、戦前の帝国憲法に示されていた神話的・宗教的な「国体論」的側面が再

276 第Ⅱ部 公民教育としての社会教育の展開 ― 戦後教育改革と公民館構想 ―

びクローズアップされ、再び「縦の道徳」観が復活することへの危惧が示されている。

　第3章でも明らかにしたように、戦時体制の進行によって、立憲政治の否定と国体の強化が図られていった状況に対して、関口は、立憲政治を死守すべく政治教育を中枢にすえた公民教育の重要性を説き続けたが、戦後の再軍備化の状況に対しても、旧教育基本法第八条の重要性を繰り返し説き、憲法学習を中心とした政治教育の必要性を強調したように、同様な姿勢で向き合ったといえる。そして、関口が、立憲政治の基礎としての政治教育（公民教育）の重要性を説き続けたのは、以下のように、戦前から、政治と教育が切り離されていたため、十分な教育が行われてこなかったとの認識が、関口の中に強く存在していたからであった。

　　　　明治憲法の時代には、政治と教育、ことに学校教育は政治から隔離されていた。政治は教育が手を触れるには汚れたものと教えこんでいたのである。そのために、政治はいっそう汚いものになるし、教育は社会から隔離して、気力がとぼしいものになってしまったのではないかと思う。こういうふうに、政治的教養が、教育上尊重されなかったので、良識ある公民ができなかったのである [27]。

　そして、このように政府が、政治と教育を意識的に分離してきたために、以下のように、関口によれば、帝国憲法（欽定憲法）の下で、立憲政治の制度ができ、選挙権が拡張されても、国民の政治的関心は高まることはなかったとされる。

　　　　天皇統治の下においては、天皇の官吏が支配して、臣民は政治的支配の客体であるに過ぎなかったので、承詔必謹、ただ政治的権力に服従していればよいのであるから、政治的関心をもつことを禁じられていなかったにしても、あなたまかせの政治的無関心が臣民の性格上普通であったのである。政治的世界は彼らの日常生活からは手の届かない遥か高い雲の上にあったので、無関心は当然のことなのである。それは欽定憲法が与えられ、立憲政治になって選挙権をもち、選挙権が拡大された後においても同じことであって、限界は予め定められていたのである [28]。

第5章　戦後教育改革と公民教育論の展開 — 戦前自由主義的知識人たちの戦後 —　*277*

　戦前の政治教育をめぐる歴史を批判的に振り返った上で、関口は、今後、政治教育を積極的に振興していく必要性を説いている。第八条「良識ある公民たるに必要な政治的教養は、教育上これを尊重しなければならない」という場合の「公民」については、戦前から見られた解釈と同様に、市町村住民、納税者などの意味でなく、公共生活を営む人民で、国家なり地方自治体に対し政治参加する人民を意味するとしている[29]。また、政治教育の内容については、「主権者あるいは主権者の卵に、何が正しい政治であるかと判断する資料を与えるとともに、何が正しい政治であるかと判断する力を与えるのが政治教育である」として、憲法学習を中心として、論争的な問題についての学習の自由を保障しつつ、批判的思考を養うことが重要視されている。そして、こうした学習が、学校教育だけでなく、青年団や公民館を通じて、成人教育、社会教育によっても行われなければならないと提起した[30]。

　社会教育における政治教育の振興については、関口は、1949（昭和24）年6月成立の社会教育法第二十条で、公民館の目的として「市町村その他一定区域内の住民のために、実際生活に即する教育、学術及び文化に関する各種の事業を行い、もって住民の教養の向上、健康の増進、情操の純化を図り、生活文化の振興、社会福祉の増進に寄与する」と明記されているのを引き合いに出し、政治生活に即する教育、政治的教養の向上を図ることが公民館の使命であると捉えている[31]。

　こうして、関口は、戦後の新憲法の理念に基づいて、学校教育のみならず社会教育をも活用しながら、論争的な問題を学習し、批判的思考を体得していくことによって、公民として、正しい政治のあり方を判断できるような主権者としての力量を身につけていくことを期待した。その特徴は、戦前において、公民教育を振興していく際に、「社会に於ける教育」に大きな期待を寄せるとともに、時事問題を扱ったり、研究討議の方法を奨励したりすることの必要性を説いていたように、戦前に示した公民教育論の体系に基づくものであったと捉えられる。

　ここまで、関口の思想構造に着目しながら、彼が戦後教育改革とどのように向き合ってきたのかを検討してきたが、戦後的秩序の中で、戦前から重視してきた立憲的な公民教育（政治教育）の強化を図ろうとしていったように、基本的には戦前に示した体系を継承していたことが分かる。そのことは、戦前と同様に、ポ

リティークとペダゴギークという二つの発想が明確に内在していたことにも端的にあらわれている。つまり、戦後の関口の公民教育論においても、日本的民主主義観に立って、「縦と横」という視点に着目しながら公民や公民教育の論理を捉えるというポリティーク的発想と、旧教育基本法第八条（政治教育）の理念にそくした政治教育を行うことで立憲政治の確立を図るというペダゴギーク的発想とが、相互に浸透しながら位置づいていたといえる。

C 戦後改革期において関口泰が果たした役割

　関口は、戦前に示した公民教育論の体系に基づき、戦後直後から公民教育論を展開させていったが、社会教育局長、教育刷新委員会委員を務め、具体的な教育改革にも関わっていった。関口が、戦後教育改革と真剣に向き合っていたことを端的に示す出来事として、以下のように、教育刷新委員会のあり方に対する批判を行ったことがあげられる。

　関口は、同じく委員であった森戸辰男とともに、教育刷新委員会の会議の場において、委員会のメンバー構成に対する批判を行っている。それは、委員の多くが、東京帝国大学をはじめとする官立大学を卒業した大正デモクラシーの影響を受けた講壇的知識人たちで占められていたことに対して、ナショナル・エリート主体の教育改革は一面的になるとその委員構成に批判を示し、もっと教育現場の実情を知る初等教育機関などの一般教員らを委員に加える必要性を強調したことである[32]。

　こうした姿勢を持ちながら戦後教育改革に関わった関口だが、具体的な貢献としては、教育勅語の廃止の主張、青年教育の重要性の強調とその改革案の提起、社会教育の立法化に向けての社会教育の枠組みの形成という主に三点があげられる。教育勅語に関してはすでに言及したので、以下では、その他の二点について、関口の公民教育論の特徴とも照らし合わせながら、彼の戦後改革期の論稿、教育刷新委員会での発言に着目して検討する。

1 青年期教育の改革案の提起

　関口は戦前においても青年期の教育改革案を提起していたが、戦後改革期においても、特に青年期の中等教育の改革案を積極的に提起している。まず、これまでの青年期教育の歴史を、特に小学校卒業後に多くの青少年たちが通っていた青年学校に着目しながら以下のように捉え返している。

　　　実際はその設備も完成しない内に、支那事変は拡大し、太平洋戦争は始って、首唱者の軍部も軍事訓練どころでなく、軍需工場へ青少年を動員して、工場の青年学校も、農村の青年学校も義務制どころか、学校の形態を備へている者無き有様であった。……（中略）……実業補習学校時代から小学校に附設され、その校長に僅か月五円位の手当を与へて兼務させ、教師も小学校教員の兼任が多く、専任教員は僅かであり、独立した校舎も無い有様であるから、それが一年を通じて二百時間位の授業によって、青年教育の目的を達成する筈はない。公民教育的効果を与へているのは、時に或る地方にある特殊な公立青年学校の外は、大工場に附設された青年学校が数へられるだけであった[33]。

　このように戦前において大半の青少年が通っていた青年学校の教育環境は、施設面でも教員配置の面でも貧弱で、戦時下においては、学校としてほとんど機能していなかったとしている。そして、戦後直後に教育刷新委員会が設置されるやすぐに、教育改革を進めていく上で、何よりもまず青年学校の問題を考えていかなくてはならないことを以下のように主張している。

　　　青年学校の問題は、最も緊急を要する問題と思います。……（中略）……青年学校は青年訓練所から筋を引きまして、軍事訓練と絡って義務制ということになって居ります。そういう意味の青年学校をその侭にして置いて敗戦後一年を経過したということは、私は文部当局の怠慢ではないかと思うのです。……（中略）……義務制だという看板だけを外さずに置いて、而もあの程度の学校を認めて置いて、どうしていいかも判らないで居る。……（中略）……青年学校が立ち上れないということは、是は八割五分の青年というものが方向に迷うということでありますから、此の点を先以て一番先に取上げて戴きたいと思うのであります[34]。

280 第Ⅱ部 公民教育としての社会教育の展開 ― 戦後教育改革と公民館構想 ―

　ここでは、戦前において軍事訓練の必要性から義務化が図られた青年学校が、戦後になって、義務制という看板はあるものの、現実に通っている生徒はほとんど皆無で放置されている状況が批判されている。そして、多数の青年たちが路頭に迷っている現状に危惧を示し、早急に対応を考える必要性を提起している。戦後の学制改革に基づいて新制中学校と新制高等学校が発足したことによって、青年学校は廃止されるが、この移行を少しでもスムーズに行う必要性を関口は感じていたのであった。

　また、青年期教育の問題に関して、予算の問題や校舎の問題などから、学校教育だけの問題として捉えるのではなくて、以下のように社会教育の問題として捉えることの必要性を提起している。

　　　これから青年学校に入る国民学校を卒業して中等学校に入らぬ青年に対しては、早く今迄の青年学校のやうでない教育を与へなければならない。青年学校が独立校舎もあり、専任教員も多いものは、中等学校にしてしまふ方がよく、独立校舎もなく専任教員も少い学校は、社会教育施設の方面から、工場事業場に教養義務を負はせるとか、公民館を利用するなり、青年団の教育部にするなりして、なまじ青年学校などいって学校取扱ひにされて、中途半端なことにならぬ方がよいと思はれる[35]。

　さらに、以下のように、青年期教育の確立とともに、義務教育終了後の学校に通わない勤労青年への教育への必要性を説き、そのために、青年団との連携、社会教育施設の充実、社会教育指導者の養成を重視している。

　　　青年学校制度を速やかに改善し、学校的設備の比較的完備しているものは、働きつつ学ぶ根本を継続したまま、規則を窮屈にせず、普通の中等学校として取扱ひ、その他のものは社会教育施設として、工場や農村にある青年団と連絡し、或は青年団の教育活動とし、公民館を利用するとか、図書館その他の読書指導施設を充実するとかいふ方向にむけて、この種社会教育従事者の養成指導に力を注げば、これら大衆青年教育は遥に改善されることと信ずる[36]。

　なぜ、関口が特に青年期教育を重要視していたかといえば、それは、以下に示

第 5 章　戦後教育改革と公民教育論の展開 ― 戦前自由主義的知識人たちの戦後 ―　*281*

すように、戦後の憲法に基づいて民主政治を進めていく上で、青年期の教育が重要であるとの認識が強くあったからである。

　　只今の情勢として非常に急を要するのは、憲法との関係であります。憲法に依って国会というものが最高機関になり、総て選挙でやって行く。そうして、男女共二十歳になれば総て選挙権を持つということになると、今迄教育の機会を得にくかった人も同じ所に引き上げなければならぬ。その点に於ては青年教育が最も大きい問題ではないかと思います[37]。

　1920 年代において、普通選挙制度の成立や陪審制度の成立にともない、国民の政治参加への道が開かれてきた状況に対して、関口は、公民教育の必要性を強調していたが、戦後改革期においても、女性参政権の成立、選挙権年齢の 25 歳から 20 歳への引き下げ等によって、青少年期における公民教育の重要性が、再び強く認識されたのであった。そして、戦前から一貫して関口が重視してきたことであるが、戦前において、公民科教師を養成する施設もなく、文理科大学や高等師範学校にも公民科の講座が設けられていなかった歴史を批判的に捉え返し、今後、民主国家を建設していく上で、公民教育を専門的に教授できる教員の養成の必要性を提起したのである[38]。

　ここまで、戦後改革期において、関口が、青年期教育の改革といかに向き合ってきたのかを検討してきたが、その特徴は、青年たちが路頭に迷わないように、早急にすべての青年が学べる環境を作るという教育機会均等の視点に立つものであるとともに、選挙権を有する青年たちが選挙権を行使して、民主国家を建設していく上での「立憲的な知識の涵養」を基調とした政治教育的な公民教育の振興を重視するものであった。こうした視点は、戦時体制以前に『公民教育の話』において示され、戦時下においても青年学校義務制の議論においても基底にすえられており、その意味では、関口においては、戦前から一貫して見いだせる特徴であったと捉えられる。

2 社会教育の枠組みの形成への貢献

　関口は戦後すぐに社会教育局長を務め、辞任後も教育刷新委員会における第7特別委員会（社会教育に関する事項）において主査を務め、社会教育の枠組み形成、立法化に貢献した。関口の社会教育に対する期待の大きさは以下の記述にもあらわされている。

　　　従来の文部省が学校教育のみに力を用ひ、却って学問と教育の自由の発達を阻害していたことをやめて、社会教育的方面に主力を注ぐといふことは、日本の再教育、日本の民主主義化に大きな意味をもつ。社会教育は社会的であり、民主性をもっているから、国体明徴や教学局的思想が勢力のあった時代には、成育し得なかったのである。それだけにこの方面を発達させるといふことは、軍国日本を否定して平和日本とし、民主日本を建設するには有力なる方法を提供するものである[39]。

　このように、関口は、社会教育そのものに民主性を見いだし、日本の再教育、民主主義化に大きな意味を持つと位置づけている。そして、以下に示すように、社会教育を振興していくことを積極的に提起している。

　　　それ故に社会教育を、何省だの、何局だのといふ立場に立たずに、一遍広く見渡して考へて見る必要がある。それも社会教育の定義がどうだとか、概念がどうだとかいって、議論することに興味をもって、事実を二の次にするやり方でなく、我が国に社会教育を振興することを考へてみたい。……（中略）……今の所では、先ず第一に人的にも物的にも、法規の上でも、予算の上でも、社会教育に対する準備がない。文部省では手も足も出ない。……（中略）……それが育つ土壌があるのかといへば、どうもそれも心当りがない。……（中略）……公民館でも文化会館でも、地方の社会教育委員会でも、議論よりも実行で、出来るところからやってゆく、実際が先で規則は後に、社会教育を振興してゆくのがよい[40]。

　上記のように、関口は、社会教育についての議論よりも実行を重視し、戦後社会教育の中核となっていく公民館に関しても、戦後直後における社会教育施設の乏しい状況を鑑み、社会教育振興のための一手段として捉えていたことがうかが

第5章　戦後教育改革と公民教育論の展開―戦前自由主義的知識人たちの戦後―　*283*

える。こうした関口の捉え方には、第2章で明らかにしたように、社会教育を取り巻く環境が不十分であるという実情に即して、社会における様々な教育機能を有機的に活用しようとする現実主義者としての一面を垣間見ることができる。

　そして、教育刷新委員会において社会教育の立法化にも関わっていた関口は、1948（昭和23）年1月16日に初めて体系的に社会教育の立法化に向けた提言をしている。そこでは、宗教教育の問題を社会教育の問題としてどう扱うかという問題、勤労者の教育を社会教育の中でも最も主要なる問題として位置づけていこうとする提起、社会教育者の養成をどうするかという問題、PTAの問題などが提言されたのちに、社会教育の立法化の問題が出されている。また、社会教育施設がまだ熟していない状況の中で、形式的に一つの法を揃えることが不適当であるため、公立図書館や公民館に関する法規を、個別的に段々と揃えて行った方がいいという提案や、社会教育施設のみだけでなく、社会教育団体法なるものも考える必要性が提起されている[41]。

　また、戦後、社会教育の学習方法として、相互教育、共同学習などの言葉に代表されるように、討論、グループワークなどの学習方法が広がりを見せていったが、そのような考え方は、戦後直後の関口にも明確に見いだせる。関口は、「大学専門学校の夜間部の活用や、公開講演等の校外拡張運動も、成人教育に多くのものを与へるだろうが、それも学問の自由、報道と言論の自由を前提として、自由討議に馴れなければならない」[42]と自由討議を奨励している。そして同時に、「自由の果実の分け前を貰う特権は、公共の福祉に貢献すべき義務を負ふものであるといふことを彼等は学ぶ必要がある」[43]として、ただ単に自由に討議するのではなく、公共福祉に対する義務感・使命感をもって議論することの重要性を強調している。このような認識は、戦前、戦時下を通じて追求してきた、自由討議を尊重した公民教育を通じて、国家社会を担う公民を形成するという考え方に基づくものであったと捉えられる。

　その他に、社会教育法が成立する以前に、以下のように、社会教育法の第三条（国及び地方公共団体の任務）、第四条（国の地方公共団体に対する援助）に示されている理念に通じるような地域に根ざした社会教育の重要性も示唆されている。

284　第Ⅱ部　公民教育としての社会教育の展開 ― 戦後教育改革と公民館構想 ―

　　社会教育はすべてこれからである。各府県市町村に社会教育委員ができ、各地
　の社会教育協会もぽつぽつ活動を開始したようだ。青年学校の前進（原文ママ）
　である実業補習学校が、文部省からまま子扱いされながら発育し、公民教育の母
　胎となり、今日の社会科に相当する公民科を産んだのは、微力なる地方の実際の
　要求が、何事をかなしうるよい例である。社会教育の性質上、上からの命令や中
　央からの力によって、全国一律にできるものではない。地方要求が公民館も作り、
　どんどんとその必要に応ずる社会教育施設としてゆくことが望ましい [44]。

　ここでは、社会教育を振興するにあたって、国から地方へ命令するのではなく
て、各地の実情に即して発展させていき、それを地方公共団体や国が支援してい
くべきだという方向性が示されている。そして、こうした社会教育の発展を支え
る人材育成のために、以下のように、社会教育職員を専門的に養成する機関の必
要性も提起している。

　　学校教員の養成にあれだけ大規模な養成機関があるのだから、社会教育に従事
　する者の養成機関もあってよいはず。図書館員養成の専門学校は今度はじめてで
　きた。文部省の教育研修所は、一般的に社会教育に従事する者の再教育をするこ
　とに規則の上ではなっていますが、未だ実際のはたらきはしていない。これを先
　ず動かすとともに、もっと専門的な社会教育者養成機関があってよい [45]。

　ここまで、関口が、戦後社会教育の形成にいかに向き合ってきたのかを検討し
てきたが、関口が提起した多くのことは、戦後社会教育の基本理念として根づい
ていったものとして捉えられる。そして、関口の社会教育観の特徴は、戦後の民
主国家の建設を担う公民の形成を図る上で、学校教育のみならず、これまで十分
に組織されてこなかった社会教育を積極的に振興していくことを提起するもので
あり、その基底には、戦前から示されていた社会の教育力も活用しながら公民教
育の振興を図ろうとする「社会に於ける公民教育」という視点が見いだせる。

第5章 戦後教育改革と公民教育論の展開 — 戦前自由主義的知識人たちの戦後 — 285

第2節 終戦後の蝋山政道と下村湖人

A 戦後民主主義と蝋山政道の教育論

1 戦後の蝋山の軌跡と教育論の展開

　終戦直後の 1945（昭和 20）年 9 月に国会議員を辞任した蝋山は、戦争責任を問われて 1947（昭和 22）年に公職追放を受けたが、翌年には解放された。以後は、日本政治学会理事への就任（1948 年）、日本行政学会の設立と初代理事長への就任（1950 年）など学術界と深く関わり、大学教育の現場にも、1954（昭和 29）年のお茶の水女子大学学長への就任によって復帰を果たし、その後、国際基督教大学教授も歴任している。

　こうして蝋山は、戦後、教育研究の世界で生きていったわけだが、同時に、憲法調査会委員（1957 年）、第一時臨時行政調査会委員（1962 年）、東京都教育委員長（1968 年）、中央教育審議会委員（1969 年）を務めて、現実の政策にも大きな影響を与えた。憲法改正論議が沸き起こる中で設置された憲法調査会では、憲法擁護派がほとんど委員に入っていない中で、委員内の多数決によらずに討論、国民的議論が必要であることを強調したというエピソードも残っている[46]。

　蝋山は、戦後直後から、戦後日本政治の民主化を進めるべく執筆活動を精力的に行ったが、その特徴として、戦前から論じてきた官僚制度、政党政治、地方自治、国際政治といったテーマのみならず、戦後の民主主義、新憲法の理念を普及すべく啓蒙家、教育家の視点から執筆されたものも多く見られる点があげられる。その背景には、民主主義教育の振興の目的のために、1954（昭和 29）年に創設された民主教育協会（IDE）の初代会長を務めたことも関係しているものと思われる。そして、大学への復帰後は、政治と教育の関係を問いながら、大学論、政治教育論、教育自治論、教育行政論などの教育論を本格的に展開していったが、特に政治教育論に関しては、まとまった著作もいくつか出している。

　以下では、戦後の蝋山の論稿を丹念に分析することを通じて、彼が戦前に示した公民教育論の体系が、戦後の彼の教育論、特に政治教育論とどのように結びついていったのかを、その思想構造にも着目しながら明らかにしていくが、その

286 第Ⅱ部　公民教育としての社会教育の展開 ― 戦後教育改革と公民館構想 ―

際に次の三つの観点を重視する。第一に、戦後直後において、蝋山にも日本的民主主義の考え方が見いだせるが、それは蝋山自身の戦前からの考え方や、戦後直後における前田や関口の考え方とどのような関係で捉えられるのかという点である。第二に、戦前から蝋山が探求し続けてきた「政治と教育の関係性」という視点が、戦後の蝋山の教育論の根幹として位置づいていく中で、どのような深化が見られるかという点である。そして第三に、蝋山の戦後の教育論の中核に位置づく政治教育論がどのような特徴をもち、また、社会教育の振興とどのように結びついていたのかという点である。

2　日本的民主主義と国体論

　蝋山は直接、戦後改革には関わっていないが、戦時下において昭和研究会に関わり、実践的な国策研究を行ったように、終戦前後においても、東洋経済新報社の石橋湛山（戦後に大蔵大臣や首相を歴任）の働きかけで作られた戦後問題研究会にも関わり、占領軍が改革方針を具体的に提起する以前から、戦後日本社会の構想について検討していたとされる[47]。戦後日本社会を再建していくにあたって、蝋山はどのような民主主義観をもっていたのだろうか。

　蝋山は、1946（昭和21）年1月刊行の『中央公論』誌上で、「我が国体と民主主義」という論文を発表しているように、国体観念との関係で民主主義を展望している。このことは、新憲法が成立する以前の戦後直後という時期において、前田や関口と同様に、日本的民主主義の考えに立っていたことを意味している。

　蝋山は、国体の本義について、帝国「憲法第一条の『大日本帝国ハ萬世一系ノ天皇之ヲ統治ス』に明定されている」ように、「多くの国体憲法論者が示」しているとおり、「萬世一系の天皇が皇祖の神勅を奉じて永遠に大日本帝国を統治し給」うという点にあり、「天皇制が国体に外ならない」とその重要性を説いている[48]。戦後直後において、国体をふまえた民主主義社会の構築が、政府関係者からも強く叫ばれていたものの、それを実現していく上では、国体の観念を正しく理解する必要があるとする。蝋山によれば、ポツダム宣言の受諾によって、「日本の政府形態は、ポツダム宣言に遵い、日本国民の自由に発表せられたる意思によって決定」されることになったが、天皇統治の大権や国体の観念をめぐっては、決定されるべき問題の意義がいかなるもので、また、いかなる条件の下で決

第 5 章　戦後教育改革と公民教育論の展開 — 戦前自由主義的知識人たちの戦後 —　287

定されていくのか、という点についての認識が政府関係者の間で欠けていたとされる[49]。

　つまり、戦後直後に広くいわれた国体観念は、その思想的基盤が科学的思考の欠如した国家神話的なものであるという意味で、「一種の強制的思想原理であ」り、「民主主義の思想立場に背馳する」とし、ただ国体を叫べばいいのではないと強く批判的姿勢を示したのである。そして、国体の思想上の基礎に位置づく重要なものとして、1930 年代半ば以降に批判を浴び消失していった天皇機関説論をあげている[50]。

　こうして蝋山は、国体の重要性を説きつつも、その思想的基礎についての十分な理解がないまま戦後改革が進められようとしていたことに危惧を示し、天皇機関説の重要性を強調したのであった。特に、下記に示すように、国体、天皇制に対する憲法学上または政治学上の論議が欠如してきたことに批判的姿勢を示している。

　　　日本の一般人民は、我が国体すなわち天皇制が、その憲法上の規定に於いてまた実際の政治に於いて、単にその尊敬または威厳部分に止まらず、実は統治上及び政治上の活動的な有効部分として重大な奇しき役割を有していることについては殆ど何等の深い知識を有していない。換言すれば、国家の元首として、また民族の首長としての精神的統一の象徴としての存在のみでなく、その統治権の総覧者として、また数多くの大権者の所持者として、人民の意思とは関係なき種々なる閥族的寡頭政治を許容している事実については余り多くの知識を有していない[51]。

　上記のように、これまで国体観念は、その神話的・宗教的な観点が大きく取り上げられ、天皇の統治権の観点については広く知らされてこなかったことが問題視されている。そして、それは蝋山によれば、憲法学・政治学に基づいた分析や批判を阻止し、禁圧してきた歴代為政者の取締方針や教育政策に負うところが多いとされる。特に、1930 年代半ば以降、天皇機関説論を批判する形で興隆をみせた国体明徴運動に関して、天皇と臣民との精神的統合を説くところに力点がおかれ、統治権者としての天皇と、その天皇統治の翼賛的地位を幾分なりとも認められた憲法下の臣民との関係をまったく無視したものであったと批判的に捉えて

288 第Ⅱ部　公民教育としての社会教育の展開 — 戦後教育改革と公民館構想 —

いる。また、戦前において、公正で科学的な公民教育が行われなかったがゆえに、日本国民の公民的知識水準が低いままであったことにも批判を示している。蝋山によれば、科学的な公民教育、政治教育が施され、国体観念の本質が根づいていたのならば、民主主義の思想原理と背馳しない天皇または皇室観に落ち着いたに違いないとされる[52]。

　ここで注目されるのは、蝋山もまた、前田や関口と同様に、天皇制と立憲制の共存を図っていく上で、戦時下の政府批判という反中央的な志向を媒介していたことである。蝋山は、天皇と臣民の関係を、帝国憲法上の論理ではなく精神的な側面から強化を図った国体明徴運動、さらには、精神論中心で立憲的側面が軽視されてきた公民教育施策という戦時下の政府による施策を批判し、戦前の天皇機関説に立ち返って、国体を帝国憲法下の天皇と臣民の関係をふまえた立憲的側面から再構築する必要性を提起したのである。

　こうして、蝋山は国体の道徳的側面を批判する一方で、国体に内包される帝国憲法の理念と結びつく立憲的側面の強化を図りながら、戦後の民主社会の建設と向き合おうとしたわけだが、一見すれば、このような姿勢は矛盾しているようにも捉えられる。しかし、関口と同様に、蝋山の中では、戦時体制以前に示した公民教育論の体系に即して、ある程度、整合的に位置づけられていたと考えられる。

　第Ⅰ部でも明らかにしたように、戦時期には、時局に即して、蝋山の公民教育論においても、戦時体制に自発的に参加していく公民概念が内在していたことが確認できるが、蝋山の論の基本的骨格は、天皇機関説に即して天皇制と立憲主義の共存が前提とされていたものの、精神主義的な滅私奉公的な意味での「皇民」ではなくて、立憲的知識を身につけた「公民」によって、議会政治を民主的に運営する公民政治が実現されていくことを期待するものであった。そして、国体の強化が図られていった戦時体制下においても、関口と同様に、立憲政治を担う公民としての「市民が自治的に治める論理」が、戦時体制に自発的に参加していく公民としての「国民を統合する論理」に収斂していくのを踏みとどまらせようとする葛藤関係が見られた。したがって、蝋山が、戦後直後において、国体の道徳的側面を批判する一方で、国体の立憲的側面を擁護したことは、皇民を重層的な概念としての公民へと再構成を図ろうとしていたことを意味しており、蝋山の中

第5章　戦後教育改革と公民教育論の展開―戦前自由主義的知識人たちの戦後―　*289*

では、矛盾しないものとして位置づいていたと捉えられる。

　ここまでの議論をふまえれば、蝋山の日本的民主主義観の思想構造は、関口と極めて近いものであったことが分かるが、関口との明らかな相違点も存在する。それは、関口が、「縦の道徳」と「横の道徳」という道徳的な観点から、民主主義を担う公民、及び、公民教育の論理を提起したのに対して、蝋山は、立憲的側面に重きをおいて、戦後民主主義を担う公民を位置づけようとしたことである。

　そして、「我が国体と民主主義」という論文には、蝋山が、国体擁護の立場から完全に離脱していくことを、示唆するような視点が見いだせることにも着目する必要がある。それは、蝋山が、民主主義の概念について、単なる法律学上の概念解釈に捉われてきたことを批判的に捉え、「単に統治組織の主義・原理たるのみならず、さらに進んで、人間の社会諸関係の根底に亘る生活上の主義・原理として理解しなければならぬ」[53]と哲学的、社会学的な思考もふまえて捉える必要性を提起した上で、民主主義の基本原理として、政治の目的を人民の幸福安寧に置いている点、政治の運用を人民の直接または間接の参加によって行うことを主張する点、統治権の帰属を人民に置く点の三つをあげている点である[54]。

　1946（昭和21）年1月1日に天皇の人間宣言が行われるが、時を前後して、蝋山が、上記のように、明確に「主権在民」というその後の新憲法の基本原理に位置づく視点を提起している点が注目される。このことは、蝋山が提起する日本的民主主義には、主権在民という視点が明確に内包されていたことを意味している。そして、蝋山は主権在民を実現していくために、戦後の新憲法、旧教育基本法体制のもとで、以下のように、1950年代以降、戦前から関心をもってきた「政治と教育の関係性」を原理的に探究することを通じて、政治教育論を中心とした教育論を本格的に展開していったのである。

3　政治と教育の関係性

　蝋山は、政治と教育の相違と関係を以下のように捉えている。政治は、共同社会の維持存続のために特殊の性質を与えられているが、その性質とは権力的性質であり、共同社会の成員たる個人、諸社会団体に対して順応を要求する強制力をもっていて、それが国家と名づけられるものである。一方で、教育は、本質的には人間と人間との交渉による事象を指し、人格的交渉なるがゆえに非権力的非

強制的行為である。そして、こうして両者の概念には権力性を帯びるか否かで大きな相違が見られるが、近代化以降、特に国家が教育の制度化を開始するようになると、政治と教育は深く密接に関わらざるを得ない契機を有してきたのである[55]。

国家が教育を国家制度として行うようになったのは、蠟山によれば、世界的にみて、国家が一定の発達段階に到達して、国民を教育する施設を提供する能力と国民を教育する文化的素材を享有するまでに発達した19世紀頃であるとされている。そして、それ以降、他の社会集団と比較にならない資力から、教育の国家化はますます進行し、国家は、その政治権力の機能を通じて教育に関与し、本来個人的な社会的な事象であった教育も国家的な制度となり、そこに両者の密接な関連が生じたのである[56]。しかし、国家が教育を制度化する場合でも、他の国と日本とでは大きな相違があったとされる。つまり、西欧諸国では、教育の自由の権利というものを教育に認めつつ、国家が教育を普及し、管理していくという政治哲学や政治思想が存在してきたのに対して、日本ではそうした哲学や思想が欠如してきたのである[57]。

このような背景として、蠟山は、西欧諸国においては、教会や国家以外の団体が教育を相当程度行ってきたのに対して、日本においては、宗教団体、藩校が非常に限定された範囲の仕事しかしてこなかったという制度上の遅れも関係していることをあげている[58]。また、戦後日本の教育の民主化についても、教育の地方化というスローガンによって教育制度の変革を企てたが、「立法は一夜にしてできるかも知れませんが、哲学なり思想なりというものは立法手段ではできない」というように、それを支えるような政治哲学、政治思想の重要性を説いている[59]。

そして、蠟山は西洋の政治思想の歴史を振り返り、古代ギリシャのプラトン、アリストテレスにしても、近代のロック、ルソーにしても教育を重視してきたのに対して、日本の政治学者は教育について積極的に関心を持ってこなかったことを批判的に捉えている。また同時に、教育学者の方も、技術的、心理学的な研究に止まることなく、政治哲学と深く交渉していかなければならないことを指摘している[60]。

こうして、蠟山は、戦前から提起してきた「教育を尊重する政治哲学に基づい

第 5 章 戦後教育改革と公民教育論の展開 ― 戦前自由主義的知識人たちの戦後 ―　*291*

た公民政治の実現」を図るために、「教育と政治の関係性」についての議論を本格的に展開していったわけだが、戦前からの深化として次の特徴を見いだすことができる。それは、戦前においては、公民観念の政治哲学的分析が中心であったのに対して、戦後は、教育の歴史やあり方について正面から言及し、いわゆる人間形成の問題としても公民の形成を探求したように、戦前の蝋山には弱かったペダゴギーク的発想の伸長が見られることである。

　ところで、この「教育と政治の関係性」をめぐる議論は、1990 年代以降、教育学研究者の間でも、教育と政治は、権力と訓練という近代社会を特徴づける本質的契機を共有するという点で本来密接に関連するものであり、教育という事象を政治と切り離して論じることに対する反省が提起されている [61] ように、きわめて現代的なテーマともいえる。さらに、これまで、社会的装置の出来具合を論じる制度論に大きな関心が持たれてきた政治学研究においても [62]、蝋山以降、政治学研究において、政治と教育との関係性を問う研究がほとんど存在してこなかった [63] ことを考慮に入れるならば、蝋山の教育と政治をめぐる議論を、現代的に再構成していくことの意味は多分にあるといえよう。

4　政治教育論の展開

　蝋山は政治と教育の関係を問う中で、教育自治、教育行政という制度的な関心だけでなく、政治教育という教育理念、教育内容の問題にも関心を示している。民主主義を確立していくためには、教育法制や制度の民主化だけでなく、教育的努力が必要であり、特に政治教育が尊重されなければならないとされるように [64]、戦後の蝋山の教育論の中核は政治教育論にあったといっても過言ではない。そして、蝋山の政治教育論は、先に示した政治と教育の関係性認識にたって、教育の自由の権利を尊重するような政治哲学に裏づけられた教育論をいかに振興していくかというところに力点が置かれている。

　なお、先述のように、旧教育基本法第八条の成立をきっかけとして、「公民教育」という言葉に代わって「政治教育」という言葉が、教育界において積極的に使用されるようになったが、戦前において、両方の言葉の意味をほぼ同義的に捉え、公民教育という言葉をそれほど多用せずに、公民政治の実現のための政治教育の振興を重視してきた蝋山においては、公民教育から政治教育への移行は、特

292 第Ⅱ部 公民教育としての社会教育の展開 ― 戦後教育改革と公民館構想 ―

に矛盾もなく受容されていったと考えられる。

蝋山が掲げる政治教育のあり方は以下のようなものである。まず、愛国心については、その重要性には同意を示しながらも、国家主義と結びつけてきた歴史を問題視し、平和の問題や責任の問題と関連づけて捉えていくことが重要であるとしている[65]。また、真実を書かなかった戦時下の新聞を批判し、今後は日常生活においても、真実を知り自分で考えることによって、国民の判断能力、思考能力が発達し、それが自分で価値判断をするという責任感へとつながっていくことを期待している[66]。

政治教育を施していく上で、公民が身につけるべき政治的教養について、次の三点を特に重視している。第一が、「権利の主張から責任の自覚へ」という視点で、戦後の新憲法の精神に基づき、権利と責任、自由と公共の調和が大事だとしている。第二が、「内面的制御と自律的人間の形成」という視点で、消費的な情報化社会に押し流される「孤独の大衆」とならずに、政治および行政による公共政策の決定に直接・間接に参加する努力が大事であるとしている。そして第三が、「自由意思に基づく集団組織の行動を重要視する」という視点で、自発的に集団組織での活動に参加することを重視している[67]。なお、ここで示されている政治教育観は、「公民と市民の分離の克服」「国家と個人の中間組織における集団的個人として国家の運用に参加する主体的な公民」といった、戦前に蝋山が公民政治の実現を図っていく上で重視すべき公民像として提起した視点と重なるものであり、それらを継承したものとして位置づけられる。

そして、蝋山は、こうした政治教育観を教育実践と結びつける取り組みも行っている。特に、1955（昭和30）年に、蝋山が中心となって出版された『政治教育の理論と実践』（新日本教育協会）は、教育学者、政治学者の協力による理論的提起のみならず、小学校、中学校、高校の生活指導や学習指導における実践的研究もなされていて、政治教育に関する最初の労作とも位置づけられる。

さらに蝋山は、学校教育だけでなく社会教育をも視野に入れた政治教育構想をもっていた。民主主義を確立する上で、社会教育に対する蝋山の期待は大きく、教育の範囲を学校のみでなく、新聞、雑誌、社会と幅広く捉え、社会生活の実践と公共生活への参加を通じて行われることを重視していた[68]。そのための社会教育のプログラムと方法として、住宅問題、家政問題、衛生問題、医療問題等

の生活教育から始まって組合組織の運営管理問題、農村工業とくに加工工業問題等、農村経済等についての産業教育の計画に至るような生活と職業と公共活動の三者を通じた教育的プログラムが考案されなければならないとしている。また、民衆の精神的貧困の問題にも着目し、教会寺院等の宗教施設、諸学校による教育施設、新聞雑誌通信教育等の問題、図書館、公民館、映画館、劇場等の文化施設等諸般の精神や思想や教育へのプログラムも重要となってくるとしている[69]。

　蠟山は、関口のように、直接、戦後社会教育の形成に関わっていないため、社会教育について言及している場面は決して多くはないが、戦後直後における軽井沢での活動に見られるように、実際に社会教育家としての一面もあった。蠟山は、住民の生活と精神の結びつきを目指して村のコミュニティの財団化を図るとともに、1917（大正6）年に後藤新平、新渡戸稲造らによって創設されたものの、戦時期に中絶していた軽井沢夏期大学を戦後に自ら毎回講師として参加することを通じて再生させ、さらに軽井沢町立図書館の創設にも蔵書の寄贈を積極的に行うことを通して貢献したとされている[70]。

　戦前の蠟山は、『公民政治論』において、公民政治を実現する上での、教育を尊重する政治哲学のあり方を説き、戦時下に、立憲政治の危機に直面する中で、戦後の旧教育基本法によって示される「政治的教養」に近い政治教育観を形成させていった。そして、戦前からの議論を継承し、戦後に、教育と政治の関係性についてさらに原理的に探究することを通じて、社会教育の振興をも含んだ政治教育構想を提起していったのである。

B　戦後民主主義と下村湖人の教育論

　戦時下から執筆活動に励んできた下村は、戦後も、「公民館と郷土の建設」（『公民館シリーズ1』に所収、1946年11月）や『教育の新理念と農村文化』（1947年3月）を刊行して教育論を展開するとともに、『次郎物語』の続編（第四部：1948年、第五部：1954年）を完成させるなどして、1955（昭和30）年に亡くなる直前まで執筆活動を精力的に行った。こうして執筆活動を行うと同時に、戦前から重視してきた地域社会における生活者に根ざした「公民」育成のための教育実践を探求し続けた。新風土社をおこして月刊誌『新風土』を再刊さ

せ、戦時下に行ってきた煙仲間運動の復活強化に努めたことはその一端を示している。

　以下では、戦後の下村の教育論を丹念に分析することを通じて、彼が戦前に示した教育論の体系が、戦後の彼の教育論及び実践とどのように結びついていったのかを、その思想構造にも着目しながら明らかにしていくが、その際に次の三つの観点を重視する。第一に、戦後直後において、下村にも他の論者同様に日本的民主主義の考え方が見いだせるが、それは下村自身の戦前からの考え方や、戦後直後における他の論者の考え方とどのような関係で捉えられるのかという点である。第二に、戦前から探求してきた教育論をもとにして提起された「地域社会における村民教育の構想」が具体的にどのような内実をともなっていたのかという点である。そして第三に、「地域社会における村民教育の構想」が「農村社会教育の構想」として、社会教育の振興とどのように結びついていったのかという点である。

1　日本的民主主義と新教育の理念

　下村もまた蝋山と同じように、戦後教育改革に直接関わることはなかったが、下村なりに戦前からしたためてきた教育論を提起し、地域社会における教育の構想を描き、教育実践を展開していった。

　下村は、戦前の教育、特に満州事変勃発後の 1930 年代以降の教育を批判的に捉え返している。下村によれば、戦前日本の教育の基底となる国体観や道徳観の神秘性や独善性が過度に強調されたことによって、ナチズムやファシズムなどの極端な全体主義への盲目的追随が「日本的」であるという誤認を生み出し、その結果として、国民の世界的視野は極度に縮小されるとともに、国民の思考力と判断力を委縮させ、常軌を逸した感情的愛国主義者や機械化した実行家を生み出してきたとされる[71]。

　下村は、「もし、明治以後の指導者たちが、自由主義的民主主義的生活原理が本来日本のものであることを十分に認識し、同時に、それが人類共通の生活原理でもあるということを理解して、みだりに『日本的なもの』と『非日本的なもの』との間に差別を置きさえしなかったならば、現在のような破局を招くこともなかった」[72]と述べているように、戦前日本においても、自由主義、民主主義は

第5章　戦後教育改革と公民教育論の展開 ― 戦前自由主義的知識人たちの戦後 ―　　*295*

伸長していく可能性があったと捉えており、前田、関口、蝋山と同様な時局認識を有していたことが分かる。

　このように、下村は、明治以後の指導者の責任を問うという、いわゆる反中央的志向を媒介しながら、極端な全体主義から国体観念を切り離した上で、「新教育の理念は、天皇の御意志の関する限りにおいては、日本が自由主義的、民主主義的であるのはむしろ当然であって、必ずしも国体と矛盾するものではない」[73]という日本的民主主義の考え方に立って、民主主義と教育のあり方を考えたのであった。下村は、「日本が持つ最大の独自性は、天皇を中心とする大家族的民族組織であり、それは、郷土社会の家族主義的生活の伝統に通じて」おり、「従って、国民がそれぞれの郷土社会をその伝統に即して長養し、その生活内容を発展せしめつつ高度の郷土文化を育成することに成功するならば、すでにそれだけで日本はその文化国家としての独自な存在を世界に向って主張することが出来る」と述べているように[74]、国体を重視した教育観を、戦時下を経て終戦後も一貫して保持し続けたといえる。

　ただし、下村は自身を国体擁護の立場とは捉えていないことに着目する必要がある。戦後直後の思想的状況に対して、「国体擁護の立場から、憲法の民主主義的改正は国体にもとるものであるかのように考える者と、日本民主主義化の立場から、天皇制の存続は、日本の民主主義化を阻害するものだと考える者との間で思想的対立がみられる」[75]と述べているように、下村なりに自身の立場を客観的に位置づけている。つまり、下村によれば、「天皇は、国民の心を御心としたまうがゆえ『国民の自由に表明した意志』によって、御親ら国民統合の象徴たることに深い御満足を覚えさせられ、国民は天皇の御心を心するがゆえに、進んでその総力をあげて国家運営の責に任じようとするという国体の精髄をふまえれば、そのような対立は無意味」とされるのである[76]。

　戦前において下村は、国体を日本人の国民的性格の長所と位置づけ、国体観念の基礎とされる皇道精神は、教育と同じように生命生長の原理にそって成長発展する絶対的なものであると捉えていたが、このような国体観が、戦後の民主主義と教育について考えていく際に、下村の中で基本原理として重視されたのであった。

　これまで見てきたように、国体と民主主義の共存をめぐっては、戦後直後に

296 第Ⅱ部　公民教育としての社会教育の展開―戦後教育改革と公民館構想―

おける関口や蝋山においては、国体擁護の姿勢と国体批判の姿勢とが内在し、一見矛盾しているかのように見えつつも整合性をもった思想構造がみられたが、それに対して、下村は、道徳的側面も含めて国体そのものに対する批判は一切せずに、国体の本質と民主主義の理念とが共存しうるという姿勢に立っていたことが分かる。関口・蝋山と下村との間にみられるこうした相違は、下村が、国体と民主主義を共存させた日本的民主主義を支える教育論を展開していく上で、天皇機関説と絡めた立憲的な議論を介在させずに、戦前から重視してきた人間形成そのものに力点をおいた教育論を戦後も展開し続けたことが大きく関係しているように思われる。

　第Ⅰ部で明らかにしたように、下村は、戦前において、ポリティーク的発想が弱く、国家論を特に展開しなかったが、こうした姿勢は、以下のように、日本的民主主義を、法理論の面よりも情操的な観点を重視して捉えているように、戦後にも継承されていることが分かる。

　　　私は、憲法の民主主義化が、法理論の上ではどのように解釈されましょうとも、また条文の上でいかように表現されようとも、情操的にはそれを『主権在民』への改正でなくて、『責任在民』への改正であると受取るものでありまして、そう受取りますと、国体と民主主義とは矛盾するどころか却って前者は後者によってその基礎を固くし、後者は前者によって伝統の裏付を得、その美わしさを増して行くのであります[77]。

　こうして、日本的民主主義の観点から戦後民主主義の構築を考えていた下村は、その具体的道筋として、以下のように、形式的にだけでなく実質的なものを、いかに内側から築いていくかが重要であるとして、人間形成そのものを重視した教育を日本側から自発的に構築していく必要を提起した。具体的には、戦後になって、「これからは自由主義、民主主義の時代である」と声高に叫ぶ論者が増えているが、それらが表面的で形式的になりがちであり、敗戦国のやむなき義務として、形式的に実行していくのではなく、自らの人間としての自由を恢復し、その良心の命ずるところに従って、自主独自の教育的進路を開拓することによってこそ、日本の自由主義化、民主主義化の道筋がみえてくることを強調した

第 5 章　戦後教育改革と公民教育論の展開 ― 戦前自由主義的知識人たちの戦後 ―　*297*

のである[78]。

　そのために、自身が戦前に体系を示した教育論の重要性をあらためて強調したのであった。つまり、下村によれば、「教育民主化の要求」は「良心に出発する教育への要求」であり、真に自主的な教育への要求であり、「生命生長の原理」に忠実でなければならないとされる。そして、「生命生長の原理」に忠実なる教育は、必然的に「集団意志構成」の過程を正しく導くことに、その主要な任務を見いだすべきで、この過程のみが、人間をして「個」と「全」を同時に意識せしめ、生命の自律性に正しい生長の機会を与えるとされる[79]。

　この「生命生長の原理」は、第Ⅰ部でも明らかにしたように戦前から下村の教育観の基調をなしており、「生命は歴史的存在であり、過去を肯定しつつ、同時にそれを否定することによってのみ生長する」という原理に即して、下村は、戦前日本におけるすべてを否定するのではなくて、国体も含めて継承すべきものは継承していきながら、戦後日本における民主主義を構築していくという姿勢を示したのであった。

　また、「集団意志構成」の能力を身につけていく上で重視されたのは、特別な教育環境ではなく、一般民衆にとって最も身近な具体社会である地域協同社会であり、地域協同社会の集団意志構成に協力することで、より大きな社会に対する具体的貢献が可能とされた。特に日本の長い歴史の中で、農村協同社会において、全一的情感や郷土感が養われ、それが民族全体の大家族組織（天皇を中心とする大家族）に伴う情感と結ばれてきたことを尊重し[80]、後述するように、農村協同社会における教育の民主化を基本にすえて、地域社会における教育の構想を考えたのである。

　下村は、前田や関口のように戦前の著作を再刊させることはなかったものの、これまでみてきたように、戦前に自ら示した教育論をもって戦後の民主主義を構築していけると強く考えていたのである。そのことは、戦後の下村の教育論の体系が示された『教育の新理念と農村文化』（1947 年 3 月）について、永杉喜輔が以下のように、戦前の『塾風教育と協同生活訓練』から明確に継承がなされていることを指摘した点にも端的に示されている。

　　　終戦によって湖人は自由に発言することができ、この編で、戦前から湖人が抱

298　第Ⅱ部　公民教育としての社会教育の展開 ― 戦後教育改革と公民館構想 ―

いていた日本教育の方向を示したのである。『塾風教育と協同生活訓練』が戦前の
湖人の教育論であり、『教育の新理念と農村文化』が戦後の教育論であるが、この
両者は、いわゆる教育評論家や教育学者のもののように断絶がみじんもない。時
代に即して同じことを説いている。終戦直後、どっちを向いてよいかわからなかっ
た時代に、日本の教育の方向について、これほど堂々と自己の所信をのべた人は
ほかにはない[81]。

2　地域社会における村民教育の構想

　第Ⅰ部でも明らかにしたように、下村は、戦前から、郷土社会における協同生
活を通じて、自律性と創造性をもった人間を育成することを目指していたが、そ
の中で特に重視していたのが、実際の具体的生活に即するということであった。
したがって、下村が日本の地域社会の基盤である農村に着目して、農村における
協同生活を中心とした教育論を戦後も展開していくのは自然な流れでもあった。

　下村は、教育のあり方として、これまでの抽象的、画一的な「国民教育」は無
意味であるとして、具体的、独自的な「村民教育」こそが、真の意味での国民教
育の本旨にかなうものであるとする。そして、郷土社会の子ども、青年を対象と
する学校教育も「村民教育」として行っていくべきだと提言する[82]。

　子どもを対象とする初等教育では、まず学校教師が村民になりきることが重要
だとする。具体的には、教師が村の歴史や伝統にはじまり村生活に必要な一切の
知識を持ち、その将来に対する抱負を胸に描いて子どもに接してこそ、子どもた
ちは知的にも情意的にも真に将来の村民たる資質を与えられ、村生活の具体的任
務の達成を通じて国家に奉仕することの喜びを感じることにつながるとしてい
る[83]。

　初等教育の学習内容に関しても、村の独自性に即したものとするために、公
民、産業などの内容を中心に村独自に編纂した教科書を使用して、子どもたちの
共同作業による郷土調査を卒業までに行い、校長らと共にその調査内容を語り合
う機会を作るなど実務的訓練や各種の労力作業が、村生活に即して、村生活の中
で、村生活への貢献として行われるようにするべきだとしている。さらに、どの
学校にもある独自性のない校訓の代わりに、村の政審を表わす言葉や、村に関す
る地図等を貼り出すなど、各学校の独自性を打ち出す必要性も提起している[84]。

第5章　戦後教育改革と公民教育論の展開—戦前自由主義的知識人たちの戦後—　*299*

　そして、初等教育以上に徹底した村民教育の場として位置づけていたのが、戦前から重視してきた青年教育であった。下村によれば、地域の青年学校に通う若者たちは、そのほとんどが、村の永住者として、終生村生活に参与すべき運命を背負っているのであって、青年学校ほど普通の学校意識から解放され、生活そのものに即した教育を行わなければならない学校はないとされる[85]。

　青年学校の教師のあり方や教育内容に関しては、次のように提起している。青年学校の教師は、初等教育の教師と同様に村民になりきるのはもちろん、生徒を毎日学校という建物の中に集める代わりに、自ら村内のいたるところに足を運んで、生徒をその実生活の中にとらえ、その中で指導してやるという気構えが必要だとしている。ただし、青年学校の場合には、その教育が必ずしも専任教師のみによって行われる必要はなく、村長や助役による村政の話、農業会長による村の産業経済の話、篤農家による経験談や実地指導など、それぞれの立場からも積極的に教育が行われることも必要だとしている。したがって、青年集会所、役場、農業会など、地域に存在するあらゆる施設や組織が教育実践の場であり、農村の青年学校には、研究室と図書室と倉庫のほかに、教師が毎日顔を合わせたり、事務をとったりするための一室があれば十分だとされるのである[86]。

　青年学校において、こうした実生活に即した村民教育が行われることによって、「産業」が十分に科学と結びつけられ、「公民」がこれまでよりも遥かに高い精神文化に裏付けられ、そして両者共に、村の具体社会に密着した内容を、単に与えられたものに忠実であるというだけでなく、たえず自ら問題を発見し、かつそれを解決していくところの創造的、進歩的な性格をもつものとなっていくことを下村は期待したのである[87]。

　下村の村民教育の構想は、地域社会における多様な人材及び場所を活用しながら、子どもから青年までの教育を行う体制を構築し、自発的かつ主体的に地域社会を振興していくような公民の形成をめざすものであった。それは、戦前から、青年団講習所や煙仲間運動を通じて探求してきた「実生活にそくした人間形成の実践」を、地域社会の中で実践していこうとするものであり、戦前の全村教育構想にも近いものであったと捉えられる。

　そして、この村民教育の構想は、公民教育論の思想構造からいえば、戦時体制下において、地域社会そのものが戦時体制を末端から支える国民教化網に組み

込まれ、その中で発現してきた「末端から自発的に戦時体制に参加していく公民（皇民）」なるものを、戦後改革期における軍国主義の否定と民主主義的風潮の高まりの中で、「地域社会の自治振興を支える公民」なるものへと再構成を図ろうとするものであったと位置づけられる。下村に即していえば、戦時下において、日常生活の深化と結びつく教育実践を探求することを通じて、後者の公民が前者の公民（皇民）へ転化しないように格闘してきたことが、敗戦後に、「生活の場としての地域社会の振興」を基調とした「市民が自治的に治める論理」とも結びつく、村民教育の構想という形で、前面に打ち出されてきたことを意味している。

3　農村社会教育の構想

　下村は、地域社会における教育の構想として、子ども・若者を対象とした学校教育のあり方だけでなく、農村の大人を対象とした社会教育のあり方についても考えていた。

　下村によれば、これまで日本の農村で水準が高いとされてきた村、いわゆる優良村として知られるところは、そのほとんどが、何らかの方法で社会教育の徹底に努力してきた村だとされる。そして、一人もしくは少数の有能な首脳者によって、優良村の名を勝ち得た村もあるが、そういうところは長く継続してこなかったとして、農村の振興において社会教育が重要であることを提起している[88]。

　下村が、農村における社会教育の振興の重要性を強調する背景には、農村住民が知的水準や道徳水準を高める機会に十分に恵まれてこなかったことがあげられる。そして、具体的な社会教育の振興方法としては、実生活の運営そのものの中に多分に教育的要素が織込まれ、住民に教育されているという意識を与えないような方法が望ましいとして、古くから農村において功績をあげてきた報徳社の活動を推奨している[89]。また、講演会方式に主に頼ってきたそれまでの社会教育からいかに脱却していくかが重要だとして、部落単位を基礎とした社会教育活動に着目している。部落単位の社会教育が振興されることによって、部落生活が高度に共同化され、その内容に科学が与えられることによって、住民の物的生活水準が高まり、住民の精神生活の欲望が上昇して、郷土文化育成の基礎ができあがっていくとされた[90]。

第5章　戦後教育改革と公民教育論の展開 ― 戦前自由主義的知識人たちの戦後 ―　*301*

　農村における社会教育を振興することで、家庭生活や産業生活の合理化・科学化が図られ、公民生活に近代的性格が与えられ、自然的・伝統的・感情的な共同生活体としての農村を脱し、人々が政治参与の熱意をもち、集団意志の構成に積極的に参加するようになることを、下村は期待したのである[91]。

　こうした農村における社会教育を振興していく拠点として、下村は、新しく構想された公民館に大きな期待を寄せていた。公民館は、住民の単なる文化水準の向上のための施設ではなくて、生活のあらゆる面を総合した郷土文化を育成する源泉地であるとして、公民館において、住民が親和を図り、住民の徳性や知力や技能を向上させ、さらに自然的もしくは計画的に健全な世論を喚起し、住民の集団意志を盛りあげることによって、郷土社会に全一性と創造性が培われていくことを期待した。そして、公民館活動を盛り上げていく上で、公民館の施設経営が型にはまって機動性を失わないように、青年学校を中心に学校教育とも連絡を緊密にして、若い世代が運営に関わっていく必要性を提起した[92]。

　その他に下村が重視した社会教育としては、戦時下において、自ら中心となって展開してきた煙仲間運動の復活と強化があげられる。第3章で述べたように、青年団講習所の閉鎖を余儀なくされた後に、団体生活における訓練を通じて郷土的人材を錬成し、理想郷土を建設するという講習所の教育理念を継承し、地域の青壮年を対象として煙仲間運動が展開されたが、運動を支えていた青年団講習所修了者向けに発行していた雑誌『新風土』も1944（昭和19）年3月に終刊していた。戦後、下村は再び煙仲間運動を進めていくために、1948（昭和23）年1月に新風土社をおこし、月刊誌『新風土』を1950（昭和25）年5月まで発行し続けた。編集委員には、鈴木健次郎、永杉喜輔といった戦前から下村や田澤と縁があった人物が名を連ねた[93]。再刊させた『新風土』は、煙仲間の中核になる青年団講習所修了者にも送付されたが、戦死や行方不明で返送も多かったとされる[94]。戦時下に示された、煙仲間の信条である「われらの誓願」は、誓願五の「道義国家」が「文化国家」に変化しているぐらいで、戦時下のものにほとんど修正を加えず、戦後の『新風土』に再掲されているように、下村の教育理念及び実践の連続性がうかがえる。

　こうして下村は、農村を中心とした社会教育の振興の重要性を提起していたが、その中でも特に対象として力点を置いていたのが、中堅壮年者と一般婦人で

302　第Ⅱ部　公民教育としての社会教育の展開 — 戦後教育改革と公民館構想 —

あった。下村は、学校教育のほかに青年団があって次の時代を準備し、一般婦人が教養を高めて家庭生活と家庭教育の向上をはかり、中堅壮年層が煙仲間的な存在となってその推進力を村の全生活部面に発揮し、同時に常会機構と公民館の施設とが全村民のために活かされていくならば、農村文化の教育的基礎はほぼ完成されるとして、婦人と中堅壮年に対する社会教育の重要性を説いている[95]。

　このように、下村は、「村民教育の構想」を、農村という協同生活を育む場において実践すべく、戦前から実践してきた煙仲間運動、部落単位を基礎とした社会教育活動、戦後新しく構想された公民館なども含めた「農村社会教育構想」として、子ども・青年のみならず、中堅壮年や一般婦人も対象として行っていくという構想を描いたのである。

　章　　括

　本章では、戦後改革期における前田多門、関口泰、蝋山政道、下村湖人の教育論を中心に考察を行ってきた。彼らに共通するのは、1930 年半ば以前においては、健全な民主主義が育つ可能性があったという認識のもとに、戦前の帝国憲法の理念が反映された天皇制の下で、戦後の民主主義国家、平和国家の建設が実現できると考えていた点である。そして、その基底にあったのが、戦前の天皇機関説に即した、国体の理念と民主主義とが矛盾せずに共存しうるという日本的民主主義の考え方であった。

　この日本的民主主義の考え方は、新憲法が制定される前の戦後直後においては、戦前から自由主義的知識人と知られ、戦後改革にも関わった多くの人物に共有されていた。例えば、教育刷新委員会、その後の教育刷新審議会において中核的な役割を果たした東京大学総長の南原繁も、戦後直後においては、国民の自由意志を尊重しつつも、君臣一体の日本民族共同体論を提起し、日本固有の天皇を表象とする日本的民主主義の考えを示していた[96]。また、旧教育基本法制定当時に文相を務めた田中耕太郎も、戦後直後に文相の前田の下で学校教育局長に抜擢され、「教育行政を一般地方行政から分離独立し、教育及び教育者の自主権を確保する」といういわゆる「教権の独立」を構想していたが、その考え方は、戦

第5章　戦後教育改革と公民教育論の展開―戦前自由主義的知識人たちの戦後―　*303*

前の昭和研究会内の教育改革同志会で登場したものであり、天皇の「教育大権」を基礎としていたとされる[97]。このように、教育行政に関わる議論においても、戦後直後においては、日本的民主主義の影響が強くあったことがうかがえる。

　戦前自由主義的知識人たちは、戦時体制下における軍国主義、全体主義の広がりによって、国体を護持することと立憲政治を進めていくこととの共存が困難になったとの認識のもとに、戦時下の政府や軍部への批判を行うことで、軍国主義や全体主義から国体観念を切り離して、それを戦後の民主主義と接合させようとしたのであった。

　それは公民教育論の思想構造から言えば、戦時下において、超国家主義とも結びつきながら、「オオミタカラとしての公民」を中心として構成され直されていった「皇民」を、戦前から彼らが一貫して探求してきた重層的な「公民」として、つまり、超国家主義と切り離された「オオミタカラとしての公民」と、市民自治の論理ともつながる「近代立憲国民としての公民」「地域社会の自治振興を支える公民」との重層的な関係を内包する「公民」として再構成を図り、そうした公民育成の論理を、戦後教育改革に生かしていくことを意味していた。

　したがって、戦前自由主義的知識人たちが、一方で国体護持の姿勢を保持しつつ、他方で教育勅語をはじめとする戦前教育に対する批判を展開していったことは、彼らの中では、必ずしも矛盾するものではなく、それなりに整合的なものとして位置づけられていたといえる。特に、関口と蠟山の思想構造に明確に見出せるように、彼らは、戦前から一貫して、精神主義的で滅私奉公的な意味での「皇民」ではなく、「平和文化の向上に貢献」し、「議会政治を民主的に運営する公民政治」を担う「公民」の形成を探求し続けたのであり、戦後改革期に、教育勅語を中心とした国体の道徳的・神話的側面に批判的見解を示す一方で、国体に内包される立憲的側面を擁護することは、決して矛盾することではなかったのである。

　しかし、天皇の人間宣言に始まり、新憲法の成立、旧教育基本法の成立という戦後的な秩序な構築されていく中で、戦前の帝国憲法に基づく立憲主義と関連づけて国体を擁護するということが、リアリティを欠くものとなり、戦前自由主義的知識人たちの言説から、国体を擁護する姿勢は消失していった。それは、彼らの思想構造からいえば、天皇を中心とする国家を担う「オオミタカラとしての公

民」が、平和民主「国家の形成に主体的に参加する公民」なるものへと組み換えられていったことを意味している。そして、そうした国家を担う公民の形成を図る上で、地域社会における住民自治を基盤とする「市民が自治的に治める論理」とも結びつく公民教育が、以下のように、より一層重視されたといえる。

　関口と蝋山は、旧教育基本法の政治教育条項によって示された「政治的教養」の理念と結びつけながら、主権者としての公民の形成を図っていくために、学校教育のみならず社会教育の振興をも含んだ「立憲的知識の涵養」を中心とした政治教育論を展開していった。一方で下村は、戦前に示した生命生長の原理に即して、郷土社会における協同生活を通じて、自律性と創造性をもった「生活の場としての地域社会の振興」を担う公民の形成を図っていくために、戦時下において展開した煙仲間運動の復活と強化を行うとともに、農村を中心とした地域社会における教育構想（農村社会教育構想）を提起したのであった。

第6章

公民教育論と公民館構想
― 戦後初期社会教育観の形成と公民教育論 ―

　本章での検討課題は大きく二点からなる。第一の検討課題が、公民館の発想とその具体化および展開過程にみられる公民教育の論理の特徴を、その中心的な推進者であった寺中作雄の論の展開過程に即して考察することである。具体的には、次の三つの点を明らかにする。一つ目は、寺中は、当時広く見られた、戦時体制以前に立ち返るという時局認識を共有し、戦前的な公民教育を受けとめながら、戦後の民主国家を地域社会から担う拠点として公民館構想を提起したことである。二つ目は、日本的民主主義の立場とは一線を画しつつも、人民の側から民主主義を理解しながら、個人と国家を、実体としての社会を媒介させながら結びつけていったように、寺中の公民教育論において、「市民が自治的に治める論理」と「国民を統合する論理」の二つの論理が重層的な関係を持って位置づいていたことである。そして三つ目は、公民館が施策として具体化されていく中で、CI&E との協議や公民館論の体系化を通じて、寺中は、住民自治や地域振興の視点を深化させた公民教育論を展開していったことである。

　第二の検討課題が、これまで明らかにしてきた戦前自由主義的知識人たちの論と比較検討することを通じて、寺中の公民教育論者としての位置とその思想構造をより精緻に把握し、それに基づいて従来の社会教育史観を捉え返すことである。具体的には、次の二つの点を明らかにする。一つ目は、寺中は、講壇的立場から主にポリティーク的発想に基づいた公民教育論を展開した関口・前田・蝋山の潮流と、実践的立場から主にペダゴギーク的発想に基づいた公民教育論を展開した田澤・下村の潮流という二つの流れを継承しながら、実践教育、相互教育、綜合教育といった教育方法、教育内容の視点から、教育論としての体系化を図っ

ていったことである。そして二つ目は、公民館構想には、コミュニティ的価値と国家的価値とが相互浸透的な関係をとりながら内在しており、国家が民衆を一方向的に教化する官府的民衆教化という特徴が、公民館構想を中心とする戦後初期社会教育に継承されたとする従来の社会教育史観は、国家と民衆が地域社会（コミュニティ）を媒介としながら、相互に浸透し合う関係で位置づいていたものとして、再解釈される必要があるということである。

これら二つの検討課題を明らかにすることを通じて、公民館構想は、重層的な性格を内在させながら戦前から振興されてきた公民教育と、地域社会の振興としての社会教育とが結びついて体現されたものであり、それは地域共同体の振興と結びつきながら国民国家が形成されてきた日本においては、整合的に捉えられるものであることを指摘する。

第1節　公民教育論から公民館構想へ
── 寺中作雄の公民教育論の展開を中心に ──

A　寺中の軌跡と分析の視点

1　戦前から戦後における寺中の軌跡 [1]

1909（明治42）年に神戸で生まれた寺中作雄は、神戸一中、第六高等学校を経て、東京帝国大学法学部に学び、1934（昭和9）年同大学を卒業後、内務省に入り島根県警部保安課に配属となった。島根県、富山県の配属の間、警部補の仕事、地方課で自治行政の監査、地方の選挙事務などを担当している。この間に、当時の地方の実態、特に選挙をめぐっての国民の政治関心の低さをまざまざと見せつけられたことによって、真に地方自治を担うにたる公民としての教育と訓練の必要を強く感受したとされる。

そして、1938（昭和13）年に文部省に配置換えとなり、専門学務局兼実業学務局に所属するが、翌1939（昭和14）年に応召され中国に渡っている。中国では参謀部報道班員となるが、地方人と交わり、絵を描いたり、短歌を作ったり、演劇活動を行うなど、文化活動にも精を出したとされる。1942（昭和17）年5

月に応召解除となり、中国から復員後は、教学局思想課、総務局動員企画課、学徒動員局動員課等に所属し、動員関係の仕事に携わり終戦をむかえている。

　戦後は、1945（昭和20）年9月に文部省体育局勤労課長に就任し、10月15日に復活した社会教育局内に新設された文化課長に就任している。社会教育局長の関口の意向もあって11月に公民教育課が新設されると、寺中は公民教育課長も兼務することとなった。公民教育課は、1946（昭和21）年3月に社会教育課に合併吸収されるが、同時に寺中は社会教育課長に就任している。その後は、1949（昭和24）年に社会教育課長の任を解かれ、会計課長等を経て、1952（昭和27）年から1955（昭和30）年まで社会教育局長を歴任している。この約10年間の文部行政との関わりの中で、公民館創設と社会教育法の制定等に中心的に関わり、戦後社会教育の形成に多大な影響を及ぼしたといえる。

　文部省退省後は、外務省参事官として3年間駐仏大使館に出向している。その後、国立競技場理事長、国立劇場理事長、実務技能検定協会会長、東京都目黒区社会教育委員等を歴任し、1994（平成6）年に85歳の生涯を閉じた。

　このような経歴をみると、寺中は大学卒業後、官僚として仕事を全うした点に特徴があり、同じく官僚を務めながらも、国会議員を歴任し、青年団活動や選挙粛正運動など民間組織とも連携した活動にも関わった田澤や、新聞社に入社し論説委員を務めた関口、前田とは、相違が見られることが分かる。こうした経歴の相違は、田澤、関口、前田が、官僚という立場を越えて、それぞれの社会観や民主主義観に基づいて、青年教育、公民教育、選挙粛正などについて考えていたのに対して、寺中の場合には、戦後改革期に文部官僚として社会教育の再建に関わる中で、公民館や社会教育について考えていったように、双方の間で若干の立場の相違を生み出しているともいえる。

2　寺中の評論活動の特徴と分析の視点

　寺中は数多くの著書、雑誌論文を執筆している。確認できる範囲で最も古いものは、戦時下の1944（昭和19）年に、文部省で動員関係の仕事に携わっている時に執筆した動員関係の記事である。一方で最も新しいものは、1976（昭和51）年に、戦後改革期に公民館の普及と設置に一緒に奔走した鈴木健次郎の死後に出版された『鈴木健次郎集』に寄せた文章である。寺中の執筆活動は、その内容か

308 第Ⅱ部 公民教育としての社会教育の展開 — 戦後教育改革と公民館構想 —

ら大きく四つに大別できる。

第一が、戦時下に執筆した学徒動員や勤労動員に関するものである。1944（昭和 19）年 8 月から 1945（昭和 20）年 3 月の間に三本執筆しているのを確認できるが、いずれもその当時、寺中が文部官僚として関わっていた業務に関する内容である[2]。

第二が、戦後改革期に社会教育行政に関わった約 10 年の間に執筆した公民館や社会教育に関するものである。公民館構想の体系を示し、現在においても公民館関係者の間で読まれている『公民館の建設 — 新しい町村の文化施設 —』（1946年）や、戦後社会教育の体系が示された社会教育法に関して詳細に解説されている『社会教育法解説』（1949 年）をはじめとした代表作を中心に、この時期には、公民館、社会教育に関して、本質論的なものを多く執筆しており、戦後社会教育の発展に正面から向かい合っていた姿がうかがえる。

第三が、文部省退任前後から執筆し始めた戦後改革期の回想録である。戦後改革期以降、社会教育法制のもとで公民館が普及していく中で、『文部時報』、『社会教育』、『月刊社会教育』等の雑誌において、何度か執筆している。近年も、寺中作雄生誕 100 年を迎えて、『月刊公民館』（2009 年 11 月号、12 月号）において特集が組まれるなど、寺中の足跡は常にふり返られている[3]。

そして第四が、文化教養に関するもので、フランス滞在経験から、『パリ物語』（1967 年〜 70 年）などを執筆している。その他には、西洋の政治思想史について、代表的な思想家を紹介した『政治思想のはなし』（1949 年）も存在する。

本研究と関わるのは、上記の第二と第三である。特に第二の公民館、社会教育に関するものは、寺中がどのような公民教育論のもとに、公民館を発想し、社会教育の形成につなげていったのかを明らかにする上で重要な位置を占める。そして、その分析をより深みのあるものとしていく上で、第三の回想録も有用な資料として位置づけられる。

一方で、第一の戦時下に関するものは、本研究では特に検討対象とはしない。それらは、あくまで文部官僚として関わった動員に関する業務の内容であり、これだけをもって寺中の思想分析を行うことは困難である。したがって、寺中自体の思想の検討は、これまで取り上げてきた他の論者とは異なり、戦後改革期、具体的には彼が社会教育行政に関わった戦後の約 10 年間が中心となる。また第四

第6章　公民教育論と公民館構想 ― 戦後初期社会教育観の形成と公民教育論 ―　*309*

の文化教養に関して、『政治思想のはなし』は特に寺中の政治観などがあらわれ
ているわけではないので、本研究において検討対象には含めていない。

　これまでの社会教育史研究において、寺中の思想を分析する際には、序章で述
べたように、従来の社会教育史観に即して、戦後社会教育の本質とされる自己教
育論の観点から、寺中に内在する戦前の公民教育論の側面を批判するのが大きな
趨勢であった。しかし、以下のように、違った観点から寺中の思想を捉えようと
する研究も存在する。

　中田スウラは、自己教育の観点から公民館構想の基底にある寺中の思想に着目
しているものの、その特徴として、一義的に「天皇制国家の再建を課題とする公
民育成」を目的とするものではなく、そこには戦前批判に基づき、郷土民の「自
己教育・相互教育」を志向する側面もあったことを明らかにしている[4]。また、
植原孝行は、寺中の公民館発想のルーツが戦前自由主義的知識人の下村と関口に
あるという視点に立って、寺中と下村、及び寺中と関口の思想の相関性を見いだ
している[5]。

　これらの研究においては、公民教育論の重層性が意識されているわけではない
が、寺中の思想そのものを内在的に分析しようとする志向が見られる点は注目さ
れる。本研究においては、公民教育論の重層的な構造に着目して、寺中の思想形
成過程に即しながら、寺中の公民館発想と公民館論の基底にある公民教育論その
ものを内在的に分析していく。

　なお、分析にあたって、以下に示すように三段階に区分する。第一段階が、公
民館発想を提起してから公式発表される前後の時期（1945年末〜1946年5月頃）
で、寺中がいかなる民主主義観、公民教育論のもとに、公民館構想を提起したの
かを検討する。（第1節B）第二段階が、公民館構想がCI&Eとの協議を経て、
正式に文部次官通牒「公民館の設置運営について」が出され、寺中が公民館の体
系についてまとめた『公民館の建設』が刊行されるまでの時期（1946年5月頃
〜1946年10月頃）で、CI&Eとの協議が、寺中の公民教育論にどのような影響
を与え、その後の公民館論の体系化につながったのかについて検討する。（第1
節C）そして第三段階が、社会教育法制定への機運が高まる1948（昭和23）年
4月頃から社会教育法制定（1949年6月）までの時期で、寺中がどのような社
会教育観を形成していったのかについて検討する。（第1節D）

310 第Ⅱ部　公民教育としての社会教育の展開 ― 戦後教育改革と公民館構想 ―

B　公民館発想の論理

1　時局認識と民主国家の建設

　戦後直後から教育改革に関わることとなった寺中にとって、戦前に内務官僚として地方に赴任した経験は少なからず影響を与えている。以下のような戦前の政治社会状況に対する回想から、寺中の時局認識がみえてくる。

　　　総選挙に対処して熾烈な選挙粛正運動が展開されたとき、当時私は一地方官に職を奉じて此の運動の実施に若い情熱を傾倒した思ひ出をもっているが、思へばあの時の運動こそ近代日本に於ける憲政擁護の最後の国民運動だったのである。あの運動が選挙の浄化と日本憲政の樹て直しに貢献した点は少なからざるものがあったと思はれるにも拘らず、むしろあの時を最後として日本憲政の正常な運営は脆くも終止符を打たれて崩壊したものと断じてよい。何故ならば日本現代史は皮肉にも総選挙後一週間を経ない 2 月 26 日の暦を戦慄すべき悪魔の毒血を以て彩って了ったからである [6]。

　寺中が若い内務官僚として島根県に赴任していた 1936（昭和 11）年 2 月頃、第 19 回衆議院議員総選挙にむけて第二次選挙粛正運動が展開されていたが、この運動においては、軍部・在郷軍人会の運動への関与も見られ、総選挙後すぐの 2 月 26 日に、陸軍の皇道派青年将校らが首相官邸などを襲撃した二・二六事件が起きたように、この時期は運動の性質が大きく変容していく転換期でもあった。そのことは、寺中が選挙粛正運動を、「近代日本に於ける憲政擁護の最後の国民運動」であるとともに、「あの時を最後として日本憲政の正常な運営は脆くも終止符を打たれて崩壊した」と捉えている点にも端的に示されている。

　そして、こうした認識は、寺中もまた、戦前自由主義的知識人と同様に、軍国主義化が進行し、天皇機関説批判の高まりなどによって議会政治が否定されるようになる 1930 年代半ば以前には、健全な民主主義が育ちつつあり、戦前の大日本帝国憲法に裏づけられた立憲政治の確立を探求することが、戦後民主国家の建設につながるという認識に立っていたことを意味している。

　ただし、寺中の場合には、国体や天皇制に関する言及はほとんど見られない点

第6章　公民教育論と公民館構想―戦後初期社会教育観の形成と公民教育論―　*311*

に着目する必要がある。戦前の政治に対して、「国体神話の信仰は民衆をして日本専制政治に対する何らの矛盾を感ぜしめなかった」[7]と国体の神話的側面が重視されてきた歴史を批判しているものの、それ以外は、特に国体に関して言及していないため、寺中がいわゆる日本的民主主義の立場であったか否かを断定することは困難である。その意味では、寺中の民主主義観は、関口らに見られた日本的民主主義とは一線を画していたともいえる。

　この背景には、明治中頃に生まれた彼らよりも一回り以上若かった寺中は、大正デモクラシーの風潮や1920年代の公民教育の興隆などを十分に体感することなく、戦時体制に突入していた1930年代半ばに大学を卒業して官僚となったのであり、戦後改革期に文部官僚として教育改革に関わる中で、民主主義に関しても正面から考えるようになったことも関係しているものと思われる。このことは、寺中自身が、戦後になって、マッカーサーの指令によって、「神道の国家的庇護」が「廃せられた」状況（＝戦前日本の国体が否定された状況）をふまえて、「個性の尊厳と個性を通じての国家公共への奉仕」こそが、「今日の国民の上に訪れた自覚的使命観」であると決意した[8]ことに端的に示されているといえよう。

　このように、必ずしも日本的民主主義の考え方が寺中においても共有されていたわけではないが、寺中が、敗戦後の日本社会を再建していくにあたって、1930年代半ば以前に定着しつつあった立憲政治に立ち戻ることを認識していたことは確かである。その上で、以下のように、憲政再建のための文化運動や、新しく有権者となった青年・婦人を主たる対象とした公民啓発運動が展開されていることに大きな期待を寄せたのである。

　　　　10年間の悪魔を民主主義的新日本更生の希望に払拭して雄々しく立ち上らんが為の総選挙が正に執行せられるに際して、今度こそ破綻なき憲政再建の為の文化運動が之に即応して展開されつつある事は意義深いことである。公民啓発運動の展開は正に重大な使命を帯びた新日本開明の狼火でなければならぬ[9]。

2　民主主義観と公民教育の振興

　寺中は、こうした認識に立って、民主国家の建設を進めていく展望をもっていたわけだが、どのような民主主義観に支えられていたのだろうか。そのことを考

312 第Ⅱ部　公民教育としての社会教育の展開 — 戦後教育改革と公民館構想 —

察する前提として、寺中が、「社会」という観念を重視していた点に着目する必要がある。

　寺中によれば、「国家」は「最も発達し完成した社会集団」であるが、その観念は、「封建的環境の中に成熟し、固定化し、概念化し、むしろ信仰化した幻想」のみが残っている様相が強く、「国民相互の連帯性を認識するよりも」、その「体面と言った様な皮相的、形式的な概念のみが強調されて」きたとされる。そしてそれは、日本の道徳が、「信仰的服従を強い」て、「随順する美徳のみが賞賛」されてきたことにもつながってきたともされる。その上で、国家とは、「社会的結合の発展充実せる形態であり、それは相互の人格尊重と其の連帯的結集の基礎の上に築かれた自律的、主体的組織である」ように、あるべき国家像を具体的には示すのではなく、実体としての「社会」との関係で理解することの重要性を説いている[10]。

　こうして国家を社会と関係づけた上で、寺中は、社会と個人（自己）との関係に着目している。寺中は、「社会の中に自己を見出すと共に、自己の中に社会を見出すことが近代の特徴であ」るように、「自己とは社会における自覚的個性の存在であり、社会我であ」り、「自己を自己として完成し、大なる社会我として大成することは人の人たる使命であ」ると両者の関係を捉えている。そして、「人の個性を社会我に迄昇華せしめ」て、「個性の中に埋もれた政治的良識と社会的道義」を覚醒していくためには、教育的働きかけが重要であり[11]、特に、国民の間における社会連帯観念の徹底を重視することで、自己を社会我に昇華させ、公共奉仕と社会協同の精神が涵養されていくとした[12]。

　戦前自由主義的知識人は、これまで見てきたように、戦後の国民国家の再建にあたって、国体を擁護しながら日本的民主主義の考え方に立つことで、個人を、天皇を中心とする国家と結びつけていくことをまず重視していた。それに対して、寺中は、個人と国家をつなぐ媒介項としての「社会」に着目して、個人同士が社会において連帯することによって、自己が社会我に昇華していくという発達観に基づいて、個人と国家が結びついていくことを期待したのであった。それゆえに寺中にとって、民主国家（平和的文化国家）の建設は、以下のように、上から政府主導で進められるのではなく、自発性、協同性を有した国民によって、下からつくりあげられていくことによって、はじめて実現するものであった。

第6章　公民教育論と公民館構想 ― 戦後初期社会教育観の形成と公民教育論 ―　*313*

　　此の仕事は従来の様に、上からの命令を俟って唯々として其の指示の儘に動く
　とか、一定の方針に従って其の方針の儘に進むとか言ふものではなく、国民自身
　の仕事として、国民の意思と力を以てやり遂げなければならない仕事である。命
　令を下し、方針を定める仕事も亦国民自身が研究し、国民自身が協同して作り上
　げてゆくのである。それは民主主義の使命であり、民主政治の本領である [13]。

　そして、国民の自発性、協同性をふまえた民主主義の本質の再定義化を図る
べく、寺中は、19世紀の米国のリンカーン元大統領の言葉を援用している。つ
まり、議会制度などの政治的体系は、戦前からある程度構築されてきたのに対し
て、政府を運営する為政者の心構えや、政府によって導かれる一般人民の性格の
方は十分に構築されてきていないことを強調し、リンカーンの有名な「人民の為
の、人民による、人民の政府」という言葉を政府の側からの民主主義定義と位置
づけ、それに対して、「社会の為に、社会と共に、社会を負ふ……（中略）……
人民」という「人民」の側から民主主義を定義することの重要性を説いたのであ
る [14]。ここでいう「社会の為に」は公共心の涵養を意味し、「社会と共に」は、
社会と共に考え行動し生活する性格の涵養を意味し、「社会を負ふ」は自己の行
動に対する社会的責任の自覚を意味している。つまり寺中は、公共、協同、責任
を民主主義の三要素として重視していたといえる [15]。
　このような寺中による人民の側からの民主主義理解は、蝋山が戦前に提起した
「公民政治」の考え方に近いものと捉えられる。もっとも、寺中は、政治学的な
議論を十分にふまえているわけではないが、蝋山のいう「参政権を拡大し、大衆
に批判力、判断力を養成することを通じて、議会政治を民主的に運営していく」
という「公民政治」と通ずる部分がある。蝋山は、公民政治が実現する前提とし
て、不断の公民教育の必要性を説いたが、寺中も、人民の側から民主主義を構築
していくために、公民教育の必要性を提起した。
　つまり、寺中は、制度も機構も法律もすべて民主主義的に改革されなければな
らないが、最も重要であり難しい仕事は、日本人の性格や考え方を真正の民主主
義的性格に改造することであり、そのために公民教育が必要となってくることを
提起し [16]、以下のように、民主主義の実現のために公民教育の振興を強調した
のであった。

314 第Ⅱ部 公民教育としての社会教育の展開 ― 戦後教育改革と公民館構想 ―

　　民主主義政治は与論の尊重と民意の暢達を第一義としている。与論政治は国民
　の明智と良識に信頼し其の政治道義を確認するところから出発している。国民の
　明識と道義を信頼することは唯公民教育の適正なる裏づけによってのみ可能であ
　る[17]。

　その際に、「かかる意味の公民教育には従来の学校教育に於ける如き教育方式
と余程違った形態が要求せられるのであって、むしろ公民教育の要点は其の教育
内容にあるのではなく、其の教育環境にあると思われるのである」[18]と述べてい
るように、学校教育以外における公民教育に大きな期待を寄せており、これが、
まさしく、公民教育の振興としての社会教育構想、具体的には公民館構想の提起
へとつながっていくのである。
　このように、寺中は、戦後の民主国家建設にあたって、人民の側から民主主義
を定義づけ、国民に公共心、協同性、責任感を涵養すべく公民教育の振興の必要
性を提起したが、その際に、国民が個人（自己）として社会と関わる中で、これ
らの要素を身につけて、自己が社会我へと昇華していくような形を理想とした。
このことは、公民教育論の思想構造からいえば、個人が社会と関わりながら「市
民が自治的に治める論理」が強化されるとともに、自己が社会我へと昇華し、個
人が国家と結びついていくことによって、「国民を統合する論理」が強化されて
いくというような形で、二つの論理が重層的な関係をもって、寺中の中で位置づ
いていたことを意味している。

3　公民教育の三つの特徴

　こうして、寺中は、民主主義の確立のために公民教育の振興の必要性を強調し
たわけだが、寺中が求めた「公民教育」とはいかなるものであったのだろうか。
寺中が、公民館構想を初めて示したとされる論文「公民教育の振興と公民館の構
想」（1946年1月）において、公民教育の特徴として次の三点があげられている。
　第一が「公民教育は実践教育」であるという点で、「自己と社会の関係を知ら
しめ、社会我に目覚めて相互扶助に生き、公共奉仕の観念を養成し自治協同に依
る責任の精神」を養成するために、単なる「講読、述話」ではなくて、「自ら団
体を構成し、其の運営に触れること」が重要だとしている。具体的には、狭い地

域を単位とする隣組、部落会などの地域団体や、修養や親睦を目的としたクラブ組織の職能団体から入って共同に奉仕することが、その後の市町村、府県の自治体、さらには国家を身近に感じ、責任を果たしていくための第一段階となるとしている[19]。寺中によれば、団体は「上からの強制的編成でなく」て、「下からの発意」によって結成されることが重要で、規模としては「数十名から数百名程度」が望ましく、こうした団体の運営を通じて、公民としての権利と義務の意義を体得していくとされた[20]。

第二が、「公民教育は相互教育」であるという点で、「上からの強制的な押しつけや、独断的な指導」ではなくて、「団員相互に体得した所を相互に研究し、批判し、討論し、質疑し合うことによって始めて相互に身についた見識となる」としている。こうした「自由な討議」が、「相互の公民精神の啓発とな」り、やがて、「団員の列伍の中から真理と明智に富んだ指導者」が生まれていくとしている[21]。

そして第三が、「公民教育は綜合教育」であるという点で、「公民教育の主眼」である「立憲人としての自覚に立ち確固たる政治的見識を身につけて社会的活動をなす人を養成する」という政治的見識にとどまらない幅広い「情操の陶冶、科学的智能の啓発等を含めた綜合教育としての公民教育が実施されること」を期待している。日本人の性格における三大弱点とされる「感情に走り易い、公徳心の欠如、科学的教養の低さ」を補正していくためにも綜合教育の視点が重要であるとされる[22]。

なお、「公民教育の振興と公民館の構想」と同時期に刊行された論文「終戦後の公民教育と選挙」においては、公民教育の特徴として、「実践教育」、「相互教育」、「環境教育」の三点があげられているが、「綜合教育」という特徴に代わって、「環境教育」という特徴があげられている点に着目する必要がある。「環境教育」という特徴について、寺中は以下のように述べている。

　　公民教育は右に述べた如く、相互の協力と実地の訓練を必要とするが、かかる教育を可能ならしめるには我々の生活自体をして公民教育を受くるに適当なる環境たらしめる事を根底としている。……（中略）……公民教育に適当なる環境とは何か、それは国民生活に於ける精神的且物質的余裕である。……（中略）……

316 第Ⅱ部 公民教育としての社会教育の展開 ― 戦後教育改革と公民館構想 ―

　　われわれは私生活の余暇を単なる享楽や遊興の為に行使する代りに、自ら文化を
　語り教養を高める為に行使するだけの心構えが必要であり、かかる心構えを抱か
　せる様な施設と環境を持たねばならぬ。……（中略）……かかる文化的社会施設
　を通じて自然の公民教育が行はれなければならぬ。其の具体的計画案については
　別に稿を改めて考へて見たいと思ふ[23]。

　ここでは、「公民教育に適当なる環境とは何か」というところから、「かかる文
化的社会施設」とのちの公民館構想への示唆がなされている。したがって、「終
戦後の公民教育と選挙」の中で、公民教育の特徴の一つとしてあげられている
「環境教育」とは、まさに公民教育の場としての「公民館」のことであり、その
具体的構想が書かれている「公民教育の振興と公民館の構想」においては、「綜
合教育」という教育内容を示す特徴が打ち出されているとその関係を理解するこ
とができる。
　公民教育の特徴をこのようにおさえた上で、公民教育の実践として寺中が特に
期待していたのが選挙である。以下のように、選挙は最も直接的な公民教育の機
会であり、繰り返し経験することを通して、公民的自覚も強化されていくと捉え
ている。

　　公民教育は平時に於ける相互の実践教育であるが、其の教育は選挙に於て其の
　効果を発現するものであると共に、選挙によって公民教育に貢献すること最も重
　大であり且直接的なのである。我々は選挙に対処して平時に於ける公民的教養を
　練磨啓培するのであるが、かかる公民的自覚は選挙の経験を重ねるに従って強化
　哺育され、選挙毎に正しき立憲国民としての資格を完成せしめてゆくのである。
　選挙に際会して、先づ候補者の政見人格を批判検討する努力が為され、選挙を終っ
　て自ら投票した候補者の政治的行動を監視批判することは最も大きな公民教育の
　実践である[24]。

　そして、寺中は、具体的に選挙に対処する公民教育を次のように段階的に捉
えている。第一段階が、「政治的関心を養ふこと」で、続いて第二段階が、「『親
しき選挙』より『正しき選挙』への向上即ち政治的良心を養ふこと」で、この段
階では、「物質的誘惑や心理的強制」によらない「公正自由なる意思によるもの

でなければならない」としている。最後の第三段階では、「『正しき選挙』より更に『良き選挙』への前進」を目標としており、この段階では、「選挙民自ら確固たる政治的立場を取り、国政に関する自己の意見を候補者を介して議会に反映せんとする積極的自覚に立った選挙態度」が要求されるとしている[25]。このように選挙に対処する公民教育を重視した背景には、第4章で述べたように、1946（昭和21）年4月に戦後初の衆議院総選挙を控え、「総選挙のための公民教育の振興」をうたった社会教育施策も多数出されていたことがあげられる。

　ここまで、寺中が提起した公民教育の特徴について考察してきたが、その特徴は、自己が社会我に昇華していくという発達観に基づき、個人（自己）が実体としての社会生活の中で、地域社会における団体活動などに、上からの強制ではなくて、下から自発的、主体的に関わっていくことで、公民精神（権利義務感、社会連帯感、政治的見識）の定着が図られていくというものであった。

　ここで注目したいのは、寺中が具体的に提示した三つの特徴は、戦前自由主義的知識人たちが提起してきた公民教育論に見られる特徴と重なる部分が多いという点である。まず、「実践教育」という視点に関しては、特に田澤や下村が地域の青年を対象として、戦前から実践してきたものを連想させるものである。田澤は、共同生活実践、宿泊交流実践を通じた団体意思の構成をめざし、下村は、郷土社会、日常生活に根ざした協同生活訓練を展開した。また、団体の結成と運営による「実践教育」によって、市町村、府県の自治体、国家を身近に感じていくという展望は、前田が戦前から描いていた、地方自治、公共団体など国家的行政の性質を帯びる公務を国民が自発的協力によって下から盛り上げていくという展望とも重なる。

　つづいて、「相互教育」という視点に関しては、田澤や下村が探求してきた、地域社会における共同生活を通じて、相互に学び合いながら人間形成を図っていこうとする実践的なアプローチと重なるとともに、関口や蝋山が探求してきた、研究や討議を基調とした公民教育を通じて、知識のみならず批判的思考や判断力を涵養していくという政治教育的な方法とも通じている。

　そして、「綜合教育」という視点に関しては、「公民教育」が「政治教育」よりも、政治的見識にとどまらない日常生活に関するものを含んだより幅広い内容を意味するものと捉えていた田澤や蝋山の考え方を踏襲するものであるとともに、

318 第Ⅱ部　公民教育としての社会教育の展開 ─ 戦後教育改革と公民館構想 ─

公正で科学的な公民教育の必要性を説いてきた蝋山や、非科学的で精神鍛練的な
塾風教育のあり方を批判してきた下村の考え方をふまえたものであったと捉えら
れる。

　こうした中で、寺中の独自性として、「実践教育」「相互教育」「綜合教育」と
いう公民教育の三つの特徴を包括的に行っていける場が必要であるとして、「公
民教育に適当なる環境」としての「文化的社会施設」構想をしたためた点があげ
られる。

4　公民教育の振興と公民館の発想

　寺中は公民教育を行う場として、家庭と社会をその柱にあげ、学校をむしろ補
足的部分として捉えている。特に社会教育に寄せる期待は大きく、社会教育施設
が十分整備されていない状況の中で、社会教育において公民教育を担うべき機関
として公民館を以下のように提唱したのである。

　　今日公民教育の画期的振興を策すべき秋に当って全国各町村に於いて綜合的公
　　民学校たる『公民館』の設置を提唱したい。公民館の構想は未だ私案の域を脱し
　　ないが、大体に於いて社会教育の中心機関として義務教育の府たる国民学校に並
　　んで其の教育的二大支柱の一たらしめんとするものであり教育的権威ある専任館
　　長と数名の其の幕僚を当置せしめ不断に社会教育の施設を開設し、又常に町村民
　　の親睦社交の場として開放し、日常茶談の中に其の文化的啓発と政治的向上を期
　　せんとするものである。要するに公民館は現在の図書館施設と青年学校とを綜合
　　したものを基軸とし、公会堂、各種団体本部にも活用してあらゆる成人町村民の
　　精神的教育的中心として運営せられる。従って公民館は図書館であり、博物館で
　　あり、社交場であり、公会場であり、又教会堂であり、青年団、婦人団、壮年団
　　等の溜りであり、青年学校でもあらしめたい [26]。

　公民館構想をこのように突如打ち出した背景には、文部省が戦後直後に示した
社会教育の方向性に対して、寺中が強い不満を持っていたことがあげられる。こ
の点に関して、寺中は、以下のように回想している。

　　私は従来の文部省の社会教育行政のあり方にも漠然たる不信を感じていた。さ

第6章　公民教育論と公民館構想 — 戦後初期社会教育観の形成と公民教育論 —　*319*

きにあげた社会教育局復活の訓令にもあるように、文部省では、学校教員が学校教育の余暇に、学校内にうずくまっていないで、進んで協力すべき仕事が社会教育であるという程度の考え方である。社会教育の方法としては、進んで『学校の施設を一般に開放利用させること』という程度、せいぜい名目だけの社会教育委員を委嘱し、天下り的な青年団婦人会等の組織を作って、青年の心構えを説いてまわるくらいのことが、そのすべてであった。── 果してそれでどれほどの社会教育の効果があがっているのであろうか。社会教育をその地域に根の生えたものにするためには、……（中略）……人とともにその人の働き場所としての施設を、施設とともに働き甲斐のある仕事を、── 単に忠君愛国の訓話や道徳講義から超脱して、政治教育、自治教育、産業教育、生活指導、趣味芸術の指導にわたる広汎な分野と大きな視野に立った総合的な仕事を与えなければならないということを私は従来から感じていた[27]。

　このように、戦後直後の文部省の社会教育行政が、学校教員に余暇的に社会教育を担わせたり、名目だけの社会教員委員を配置したりするといったように、社会教育を学校教育のつけ足し程度にしか捉えずに、本気で社会教育の振興に取り組もうとする姿勢を示していなかったことを批判し、社会教育を地域に根ざしたものにしていくために、政治教育、自治教育、産業教育等を基調とした公民教育を実施する社会教育の専門家の配置とともに、その働き場所の必要性を強調したのであった。そして、その働き場所こそが、戦前から存在していた図書館、青年学校、博物館、公会堂などの施設や、青年団、婦人団、壮年団などの団体の様々な機能を複合的にもつ公民館の構想であった。

　なお、第4章で述べたように、寺中の公民館構想が初めて示される直前の1945（昭和20）年12月に提出された公民教育刷新委員会答申第一号において、「社会教育ニ於ケル公民教育」として、「三：公民教育施設」と「四：公民教育専任ノ世話係ヲ市町村ニ置クコト」が提起されているが、この段階では、複合的な機能をもつ公民館の構想も示されていないし、また、施設と専任の世話係（専門家）も有機的に結びつけられていない。こうした中で、寺中は、公民教育という総合的な教育を基底にすえた社会教育を実施していく上では、それを担う専門家が、それまでの施設・団体の機能を併せ持つ新たな総合的な施設に配置される必要性を説くことによって、施設と専門家という二つの視点を有機的に結びつけた

点が注目される。

　そして、こうした複合的な機能をもつ公民館内の設備として、寺中は、講堂図書室、陳列室、談話室などのスペースを設け、また、映写機、幻灯機などの視聴覚資料や、町村政、教育、郷土産業などに関する資料を豊富に揃えるとともに、読書会、講演会、映写会、親睦会、展覧会などの事業も積極的に展開していくことを提起している[28]。さらに、公民館の設置に即応して、以下のように中央における「公民教育指導者団」の組織の必要性も説いている。

　　　　要するに政界、言論界、思想界、文壇、教育界、評論界等の権威ある文化人を大同団結して公民教育者連盟の様な組織で、中央から地方へ地方から中央へ文化指導の為の文化人の往来を盛にし、いつも地方の人々の抱懐する文化的欲求に応じ適当な指導と啓発が行はれ、中央の文化人を囲んで活発な意見交換や討議討論が行はれる機会に恵まれることが絶対の要請であらうと思ふ[29]。

　公式な構想として1946（昭和21）年7月に出された文部次官通牒では、公民館運営上の方針の一つとして、「公民館は又中央の文化と地方の文化とが接触交流する場所であるから、進んで各方面の中央講師を招いて意見を聞くと共に地方の事情を中央に通じて貰い、日本中の人が仲良く理解し合って日本の再建に協力する原動力となる様に運営されねばならない」[30]と書かれているが、上記のものに比べると具体性に乏しい。「公民教育指導者団」の発想は、都道府県公民教育主任官、都道府県社会教育主管課の代表、公民館長、青年団、婦人団体、労働組合関係者の代表などを対象に、文部省によって主催された「公民教育指導者講習会」に通ずるものとも捉えられる。

　また、その後に詳細に制度設計されていった公民館の財政や公民館職員についても、この段階である程度具体的に提起されている点も注目される。財政については、「其の負担、経費、管理、経営等すべて町村に於て之に任ずるのが本旨」としながらも、町村財政の実情から、国費を以て補助・負担することを奨励している。ただし、「町村として飽くまで自町村民の向上を実力涵養の為の施設であるから国費の世話にならぬ事を本旨として考ふべき」として、いずれは、各町村が国費に頼らずに担っていくべきことを強調している[31]。

第 6 章　公民教育論と公民館構想 — 戦後初期社会教育観の形成と公民教育論 —　*321*

　職員については、職員、訓導教諭等の制度と別に、新しい公民館職員制度の創
設を訴え、中央や主要な地方に専門的な養成機関を設けたり、師範学校に公民館
職員の専門部を設けたりすることを通じて養成していくことを期待している。そ
して、公民館職員の求められる資質としては、「広く法制、経済、文学、政治学
等の大要に通じて居なければならぬことは勿論、時事一般について不断の研究研
修を行ひ、常に時勢の流を察し、新しい幾多の問題に遅れる事なく興味と熱意を
以て之に対処して行く真面目な態度が必要である」³²⁾ と、人文社会科学の幅広い
教養と、生活に根ざした教養を身につけていくことを重視している。その後の次
官通牒の中には、少なくともこのような職員の養成制度案は見られない点で注目
される。

　公民館は、地方の農村を中心に普及していくこととなるが、「公民館の設置は
特に一般町村を対象に考へ、大都市で既に図書館を有し公会堂博物館美術館を持
ち、娯楽機関や啓蒙宣伝機関を持った所は、特に之らの機関の綜合されたものと
しての公民館を置く必要はない。勿論特に市民の公民啓発機関としての独立の公
民館を持たしめる事については市の自治に任せて置いてよい」³³⁾ と述べているよ
うに、寺中は初期の段階から、農村中心に設置を考えていたことが分かる。

　ここまで、寺中の公民館発想の論理について、彼の時局認識、民主主義観、公
民教育論の内容に着目しながら検討してきたが、その特徴は次のようにまとめら
れる。寺中は、戦後の民主国家の建設にあたって、1930 年代半ば以前に立ち返
るという認識に立ちつつも、日本的民主主義とは一線を画して、自己が社会我に
昇華していくという発達観を基底にすえて、地域社会における生活を通じて、公
共心、協同性、責任感を身につけた公民によって、下から民主国家が建設されて
いくことを期待した。そして、そうした公民育成のための公民教育の必要性を説
き、地域自治、職業教育、政治教育という歴史的に公民教育の振興において重視
されてきた特徴を柱とする社会教育を、地域に根ざして実施していく拠点として
公民館の構想を打ち出したといえる。

　ただし、構想が打ち出された初期の段階においては、寺中の公民教育論におい
ては、「公民」の定義など公民観念に関する議論は見られなかった。この点に関
しては、以下のように、その後の次官通牒などを経て、公民館論が体系化されて
いく中で展開され、公民教育論の深化が図られていくのである。

322 第Ⅱ部　公民教育としての社会教育の展開 ― 戦後教育改革と公民館構想 ―

C　公民館構想の具体化と公民教育論の展開

1　CI＆Eとの協議から次官通牒へ ― 公民教育論の深化 ―

　寺中によって提起された公民館構想は、1946（昭和21）年4月下旬の第1回公民教育指導者講習会において、初めて公式の場において発表される。その後、CI＆Eとの協議を経て、7月5日に文部次官通牒「公民館の設置運営について」が発布され、以後、各地で公民館の建設、設置が進んでいくこととなる。

　ここで、次官通牒に示されている公民館構想と、「公民教育の振興と公民館の構想」における公民館構想を照らし合わせてみると、いくつか相違点が浮かび上がってくる。「公民教育の振興と公民館の構想」においてみられた公民教育指導者団や、公民館職員養成制度の構想に関する記述は、次官通牒においては見られない。一方で、次官通牒では、「公民館は町村に各一ヶ所設ける外、出来得れば各部落に適当な建物を見付けて分館を設けること」[34]と公民館分館案がはじめて掲げられている。そして、「公民教育の振興」という点から注目されるのが、次官通牒では以下のように公民館委員会案が掲げられている点である。

　　　公民館事業の運営は公民館委員会が主体となって行ふこと。公民館委員会の委員は町村会議員の選挙の方法に準じ全町村民の選挙によって選出するのを原則とすること。……（中略）……公民館委員会の任務は公民館運営に関する計画や具体的方法を決定し、町村当局や公民館維持会と折衝して公民館運営に関する必要な経費を調達経理し、又町村内の産業団体文化団体との間の連絡調整に当るものであること[35]。

　ただし、地域住民が参加しながら公民館が民主的に運営されていくべきという公民館委員会案は、第4章で述べたように、寺中が発案したわけではなく、CI&Eの成人教育担当官J・M・ネルソンから出されたものである点に着目する必要がある。公民館委員会の案を提起したネルソンは、そもそもどのような公民館像をもっていたのだろうか。

　大田高輝は、ネルソンが米国に帰国後に執筆した博士論文「John・M・

第6章　公民教育論と公民館構想 — 戦後初期社会教育観の形成と公民教育論 —　*323*

Nelson "The Adult-education program in occupied Japan, 1946-1950" 1954」
をもとに、その特徴を大きく次の三点からまとめている。第一が、「民主的な方
法で人々を訓練する場としての公民館」という特徴で、大田によれば、この点
に関わって、ネルソンは公民館の目的として、「国民の全般的な文化・教育水準
の向上」「民主主義の手続きを実践する機会を用意する」の二点を重視していた
とされる。第二が、「成人教育の地域的拠点（地域活動の拠点）としての公民館」
という特徴で、本来なら、ネルソンは、アメリカ成人教育の形態に基づき、学校
を地域的拠点として掲げるはずであったが、学校関係者が成人教育の地域的拠点
として学校を開放することに積極的でなかったという日本の実状が大きく関係し
ているとされる。そして、第三が、「成人教育の地方分権化の手段としての公民
館」という特徴で、ネルソンは、中央集権化された体制の一環として公民館の役
割が位置づけられることを危惧して、公民館運営における住民自治の発想を基底
にすえて、公民館委員会について積極的な提案を行ったとされる[36]。

　それでは、ネルソンが捉えた公民館の三つの観点は、ネルソンとの協議以前
の寺中においては、どのように位置づいていたのだろうか。第一の「民主的な方
法で人々を訓練する場としての公民館」という特徴に関しては、公民教育の特徴
の一つとしてあげている実践教育に関して、自ら団体を構成し、運営に関わるこ
との重要性が示されているし、また、公民教育の方法として「団体の結成によっ
て、身近な小社会の運営を継続させる事」が積極的に奨励されていることから
も、寺中においてもある程度深められてきた特徴と捉えられる。そして、第二の
「成人教育の地域的拠点（地域活動の拠点）としての公民館」という特徴も、寺
中が、公民館を社会教育の中心機関と位置づけ、各町村に設置されることを提唱
していることからも、ある程度深められてきたものといえる。

　それに対して、第三の「成人教育の地方分権化の手段としての公民館」という
特徴は、「町村としては飽くまで自町村民の向上と実力涵養の為の施設であるか
ら国費の世話にならぬ事を本旨として考ふべき」[37]と主張しているものの、運営
の仕方については、「公民館の運営に付ては館長並びに其の職員は常に企画性と
熱情を以て常時活発な活動をなす必要があろう。職員は常に一ヶ月間位の予定計
画に依る集会を次々に予定し、各種団体や社会教育委員を活用して各種会合の司
会に遺憾なき様配意してゆかねばならぬ」[38]と述べているように、寺中は、住民

自治的な運営までは想定していなかったことがわかる。

このように、ネルソンとの協議以前から、寺中においても自治的な発想はみられるものの、公民館委員会を核とする第三の「成人教育の地方分権化の手段としての公民館」という特徴は十分には深められておらず、CI&E との協議の中でネルソンの影響も受けて、寺中の公民教育論にも位置づいていったと捉えられる。

2 公民館論の体系化 ―『公民館の建設』の検討を中心に ―

次官通牒を経て、1946（昭和 21）年 10 月には、寺中が公民館について初めて体系的に著した『公民館の建設』が刊行されるが、その中で寺中は、初めて「公民」に関する議論も展開している。

寺中は、「公民館は公民の家である。公民たる者が公民の資格に於いて集まり、其処で公民として適わしい修養や社交をする施設と言う意味である」[39]と公民館の本質を捉え、公民館に集う公民について以下のように定義している。

> 公民と言う言葉は市制町村制に於て市町村の公務に参与する為の資格即ち選挙資格を持つものとして定められた条件に該当する市町村の住民の意味ではない。即ち法律上の公民資格ある人の意味でなく、実質上の公民資格ある人又は公民資格を得んと務める人の意味である。言い換えれば、自己と社会との関係についての正しい自覚を持ち、自己の人間としての価値を重んずると共に、一身の利害を超越して、相互の助け合いによって公共社会の完成の為に尽す様な人格を持った人又は其の様な人格たらんことを求めて務める人の意味である[40]。

寺中は、公民を、選挙権をもつ有権者や市町村住民と限定して捉えるのでなく、男女の別なく子どもから高齢者までのすべての人々を対象とする社会の一員として位置づけているが、公民を広く捉える見方は、第 2 章で述べたように、関口をはじめとして、1920 年代の隆盛期に公民教育論を展開していった論者の間で、ある程度共通してみられる特徴であった。そして、寺中は、「国民」「臣民」「人民」という観念を引き合いに出した上で、以下のように公民的人格を重要視している。

第 6 章　公民教育論と公民館構想 — 戦後初期社会教育観の形成と公民教育論 —　*325*

　公民の外に国民と言う言葉もある。国民と言う場合には、国家 — 即ち社会のうちで最も重んずべき団結で、地域を画し、主権を持った政治的な集団 — の一員としての身分を謂う。臣民と言う言葉もある。之は封建的な関係で君主と結ばれた身分としての観念が強い。人民と言う場合、この場合は、国家とも君主とも繋がりがなく政府と対抗する意味の各個人の集りを指す様に思われる。公民と言う場合には、社会公共を重んじ、市町村、府県などの公共団体、職域に於ける職域団体、権力団体としての国家、或は国際団体としての国際社会等、いずれも社会集団の一員としても進んで其の集団に奉仕し立派に其の義務を尽す人としての観念が強い。今日要求される人はこの公民と言う観念に当る、社会的な人格、公共を重んずる性格を持った人である。……（中略）……自己は同時に社会であり、社会の事をわが事として常に『われわれのもの』として社会公共を充実発展させる事に努力する様な人格、即ち公民的人格こそ、今日最も必要とされる性格である[41]。

　寺中は、戦後直後から、個人（自己）が社会とつながりながら、自発性、協同性をもって下から民主国家が作られていくことを期待していたが、そこで重視されたのが、個人と国家をつないでいく公民的人格であった。その特徴は、寺中が、国民、臣民、人民をどのように捉えていたのかを理解することによって鮮明になる。

　寺中にとって、国民は、「主権を持った政治的集団の一員としての身分」を示すように、「近代立憲国民としての公民」にあたるものであったと捉えられる。臣民については、「封建的な関係で君主と結ばれた身分としての観念」を示すように、「オオミタカラとしての公民」を意味していた。また、寺中は人民の側から民主主義を定義づけたものの、国家の形成を担う観点からは、「政府と対抗する」意味合いが強い人民は、国家との繋がりが不十分であった。

　こうして、寺中は、これら三つの観念とは異なる公民を重視したわけだが、その特徴は、個人が社会、特に地域社会における公共団体、職域団体において責任を果たし、社会公共の充実発展に努力するような人格であり、いわゆる「地域社会の自治振興を支える公民」を基調にすえたものであったと捉えられる。そして、こうした公民的人格を育む上で重要とされたのが次の三点である。

　第一に、民主主義を我がものとして、平和主義を身につけた習性とする迄にわれわれ自身を訓練するということ、第二に、豊かな教養を身につけ、文化の香高

い人格を作ること、第三に、身についた教養と民主主義的な方法とによって、郷土に産業を興し、郷土の政治を立て直し、郷土の生活を豊かにすることであり、この三つの課題を担う中核として期待されたのが公民館であった[42]。

寺中は、公民の集う公民館が具体的にもつべき機能として、社会教育、社交娯楽、自治振興、産業振興、青年養成の五点をあげている。社会教育では、教える者と教えられる者とが融合一体化して互いに導きあう相互教育の形が取られ、社交娯楽では、平時の町村民の社交の場所となって、娯楽を通して公民精神の礎が築かれ、町村自治振興では、自己と社会公共との連帯の観念が理解され、産業振興では、科学の普及と民主主義の確立に貢献し、そして、青年養成では、新日本建設のために青年の養成を図ることが期待されている[43]。ちなみに、『公民館の建設』の直前の論稿「町村公民館の性格」(『教育と社会』、1946年8月号)においては、公民館の機能として、社会教育、社交娯楽、自治振興、産業振興の四点があげられており[44]、青年養成という視点は、『公民館の建設』において、新たに付け加えられたものである。

また、公民館の運営としては、公民館経費負担者、公民館維持会(公民館に積極的な熱意を持った篤志者)、公民館管理者(町村長)の他に、全町村民の選挙によって選ばれた公民館委員会が奨励されている[45]。この公民館委員会案は、社会教育法制定過程で、公民館運営審議会となり、委員も教育委員会の委嘱となったことを考えると、当時としては極めて斬新なものであったといえる。もっとも、公民教育の方法の一つとして、選挙を重視していた寺中にあっては、公民館委員会の委員を選出する際の選挙そのものが、公民教育の実践になると位置づけられていたとも考えられる。

こうして、寺中は、公民的人格を育成する、いわゆる公民教育を行う拠点として、新しく構想した公民館に期待を寄せたが、そこで示された公民館論の体系は、公民同士の相互教育や、公民館委員会による民主主義的な方法によって、公民館を中心に郷土の自治振興や産業振興を進めていくというように、民主国家の建設の礎を地域社会から築いていくというものであった。

ここまで、公民館構想が具体化されていく中で、寺中の公民教育論がどのように展開されていったのかを検討してきたが、公民館発想時(1945年12月頃から1946年1月頃)と比較した時に、以下のような特徴が見いだせる。それは、発

想時は、選挙を公民教育の実践として重視していたように、戦後初の総選挙に向けて展開されていた公民啓発運動とも結びつくような、選挙に参加していく上での心構えや基本的知識を中心とした「立憲的知識の涵養」を基調とした公民教育論の側面も強かったが、公民啓発運動が終わり、公民館が施策として具体化されていく中で、公民館論の体系化と一体となる形で、「住民自治」や「地域振興」と結びつくような、「生活の場としての地域社会の振興」を基調とした公民教育論として、深化していったというものである。

D　社会教育観の形成と公民教育論

1　公民教育から社会教育へ

　『公民館の建設』の刊行後、寺中は、『公民館シリーズ第3集　公民館の経営』（1947年6月）、『公民館シリーズ第6集　優良公民館の実例にみる』（1948年5月、鈴木健次郎と共著）等を刊行させているが、それらは公民館の具体的な運営、経営、事例に焦点があてられた内容となっており、ここでは特には言及しない。

　1948（昭和23）年頃になると、寺中は、「社会教育の方向」（山田清人他編『学校と社会』1948年11月）において、はじめて社会教育全般に関する考察を行い、また、「教育委員会と社会教育」（『文部時報』第855号、1948年12月）において、教育委員会制度の発足（1948年7月）との関連で、社会教育がどうあるべきかについて教育行政論の見地から考察している。

　このように寺中が社会教育全般に関する論稿を執筆するようになった背景には、社会教育法制定への気運の高まりと関連がある。次官通牒の発布後、旧教育基本法において、第七条「社会教育」の規定が設けられ、以後、学校教育法、教育委員会法など、教育法制に関する一連の整備が進行していく中で、公民館を中心とする社会教育も法制化する動きが高まってくる。1947（昭和22）年4月に社会教育法草案第一案ができ、その後幾度かの変遷を経て、1948（昭和23）年4月12日の教育刷新委員会による「社会教育振興方策について」の建議で、法制化の動きは急速に進んでいった[46]。

　こうして寺中は、1948（昭和23）年の終わり頃になると、社会教育全般に関して論じていくようになっていったのであるが、それまでの寺中の論稿が、公民

328　第Ⅱ部　公民教育としての社会教育の展開 ― 戦後教育改革と公民館構想 ―

教育、公民館に関するものが中心であったことを考えると、それらが彼の社会教育観の形成にどのような影響を与えたのかは重要な論点となる。

　まず、社会教育の本質について、寺中は、社会教育の主体、対象、手段がすべて社会にあるとする「社会教育とは社会が社会によって社会を教育する教育である」[47]という戦前文部官僚の小尾範治の定義に共感し、社会教育に関して、「個々の人が行う教育でなく社会が行」うもので、「人の社会生活そのもの」であり、「社会そのものが偉大なる教育者」と捉えているように、社会のもつ教育力を重視している。その上で、社会教育の目的を「よき社会の形成、よき社会人の育成」と位置づけている。なおここでいう「よき社会人」とは、寺中によれば、「独断的な英雄的人格でなく、追随的な奴隷的人格でなく、自主的でかつ協力的平和的な社会性ある人格」を指している[48]。

　つまり、寺中の社会教育観というのは、社会が主体でも客体でもあるのであり、社会教育の目的としては、よき社会の形成とともに、よき社会人の育成を掲げており、そこには、個人が社会に包摂される、言いかえるなら、社会に位置づくものであるとする考え方を見いだすことができる。したがって、寺中がいう「社会人」とは、公民館を発想する中で提起してきた、自己が社会を通じて社会我に昇華していくような「公民」に近いものとして捉えられる。また、社会に視座をおく社会教育観にあっては、学校教育もそれに包摂されることになる。この点に関して、寺中は以下のように述べている。

　　　学校教育は社会教育を背景として社会教育の基礎の上に成り立っているものであって、社会教育の厚い保護と激励の温床の中に学校教育が育つのである。何故なら社会の理解と支持によって初めて学校の事業に活を入れることができ、社会との連携融合があってはじめて、学校教育による知識が生きるのだからである。そのような社会の理解や支持や、社会との連携は社会教育の振興によってのみ実現されることができるものと思う[49]。

　こうした社会教育観に基づいて、寺中は、社会教育の特徴として、「相互教育」「環境教育」「実践教育」「綜合教育」「実用教育」の五点をあげている。第一の「相互教育」については、「社会教育の主体は社会であり、その対象もまた社会で

第6章　公民教育論と公民館構想 ― 戦後初期社会教育観の形成と公民教育論 ―　*329*

あるということは社会教育が社会における社会人相互の教育である」ことをその根拠としている。第二の「環境教育」については、「社会教育は教育活動として人によってなされるというよりは、社会環境が自ら人に働きかけて無意識の中に之を薫化する面が多い」ことに基づいて、「社会の教育力を利用することによって、教育的社会環境を作ることをその要点」として掲げている。具体例としては、「一堂に人を集めて講演を聞かせるよりも、人の集まる環境を教育的に施設すること、又教育的施設に魅力をもたしめて自ら人の集まるような環境を作る」ことをあげている。第三の「実践教育」については、「社会教育は観念上の教育、単なる精神教育でなく、身を以て民主主義を実践し、自治訓練を体験する教育でなければならな」く、「自ら団体の一員となり、団体役員の任務について、団体の生活を体験することは、自己と、社会との関連を知り、相互扶助、公共奉仕、自治協同、権利観と責任観を自覚する、第一の近道である」としている。第四の「綜合教育」については、「社会教育の内容は人間性の全面にわたるべき」という観念に基づいて、「単に科学的知能だけの教育や、意思だけの訓練ではなく、広い分野に亘る智識の涵養」が必要だとしている。そして、第五の「実用教育」については、「実際生活に即した日常諸問題の解決に答え、人間の生活文化の向上と進歩に貢献するようなものとしなければならない」としている[50]。

　ここで注目すべきことは、上記の五つの特徴のうち、「実用教育」を除いた四点は、寺中が公民教育の特徴としてあげていたものであり、その内容もほぼ同様なものであるという点である。このことは、寺中の中で、公民教育の特徴として捉えていたことが、そのまま社会教育の特徴として受け継がれている、言いかえれば、寺中の社会教育観の基底に公民教育論がすえられていたことを意味している。

　また、社会教育の形態としては、学校拡張の形態、公民館的形態、団体活動形態の三点をあげている。中でも公民館的形態については、「公民館という名称は必ずしも固守される必要はない。……（中略）……その運営が公民館的であるならば公民館といえよう。……（中略）……要は名称や建物でなく、その実体である」として、公民館の施設的な側面よりも実質的な側面を重視している。さらに、「公民館とは即ち学校拡張から一歩進んで、社会人が自らの為に自らの教育文化を高めるにふさわしい自らの施設をもって、これを自らの力によって運営するということである。社会教育は将来一層そのような方向に向かって、進歩して

330 第Ⅱ部　公民教育としての社会教育の展開 — 戦後教育改革と公民館構想 —

ゆかなければならない」として、社会教育の発展を特に公民館に期待していたことがうかがえる[51]。

2　公民教育から自己教育へ

　寺中は、こうして、公民教育論を基底にすえた社会教育観を形成していったが、社会教育法の制定前後から、社会教育の本質として「自己教育」を強調するようになってきた点に着目する必要がある。

　戦後に初めて、自己教育という言葉を公に用いたのは、教育刷新委員会委員も務めた川本宇之介であったとされる[52]。川本は、1947（昭和22）年11月21日の教育刷新委員会第45回総会において、「社会教育の方はその本質におきまして、我々が自己教育ということをするという意欲が盛でなければ起らないものの性質を有するように考えるのであります」[53]と述べているように、自己教育を社会教育の本質として明確に位置づけている。

　ただし、川本が自己教育という言葉を用いて、それを社会教育の本質として位置づけようとしたからといって、そうした考え方がすぐに普及定着していったわけではない。第4章で述べたように、社会教育法制定へ至る過程においても、社会教育施策上、公民教育の重要性が打ち出されており、自己教育という言葉が、初めて、政府の文書にあらわれるのは、確認できる限りでは、1949（昭和24）年6月10日の文部大臣の高瀬荘太郎による「社会教育法提案理由」という説明文においてである。そこでは、「元来社会教育は、国民相互の間において行われる自主的な自己教育ではありますが、教育基本法第七条にもありますように、一面国及び地方公共団体によって積極的に奨励されなければなりません」[54]と自己教育が明確に社会教育の本質として位置づけられている。

　一方で、寺中が、自己教育という言葉を初めて使用したのは、確認できる限りでは、1948（昭和23）年12月の「教育委員会と社会教育」（『文部時報』第855号）という論稿においてである。そこで、寺中は以下のように、自己教育を社会教育の本質として位置づけている。

　　　社会教育はだれからも強制されない国民の自己教育であり、自ら人間として生き、社会人として職業人として生活するための必要から生れた自主的教育である

第6章　公民教育論と公民館構想 ― 戦後初期社会教育観の形成と公民教育論 ―　*331*

意味が強い[55]。

　また、社会教育法を解説する主旨で、法制定直後の 1949（昭和 24）年 7 月に寺中によって刊行された『社会教育法解説』においても、「社会教育は本来国民の自己教育であり、相互教育であって、国家が指揮し統制して、国家の力で推進せらるべき性質のものではな」く、国家の新しい任務は、「国民の自由な社会教育活動に対する側面からの援助であり、奨励であり、且奉仕であるべき」で、そのための方法として、「自由な批判と討論によって自ら反省と理解に到達する討論会、座談会の形式」や、「簡易に且自由に感覚を通じて理解するいわゆる視覚聴覚教育の方法」が奨励されているように、社会教育の本質として自己教育が積極的に位置づけられている[56]。

　このように、自己教育という観念は、社会教育法制定間近になり、社会教育界において注目され積極的に位置づけられていったことが分かる。この背景を理解するにあたっては、次の二つの状況と結びつけて考える必要がある。

　第一が、公民教育の振興が重視されてきたものの、「公民」や「公民教育」の捉え方に共通理解がなかったという点である。第 4 章で述べたように、教育刷新委員会内においても、委員によって、公民、公民教育に対する捉え方がまちまちであったように、社会教育施策・文書においてたびたび登場していた公民、公民教育も、その意味は確立しておらず、こうした状況が、新しい「自己教育」という言葉を積極的に、社会教育の本質として位置づけようとする機運を高める一因ともなったと考えられる。もっとも、このことは、第 4 章で述べた公民科構想が十分に深められないうちに社会科への転換を余儀なくされたという点にも象徴されるように、戦前的な公民教育を受け止めながら構想された戦後教育改革が、戦後的秩序の中で、戦前的なるものを十分に総括した上で、克服することができなかったことを意味しているのかもしれない。

　第二が、社会教育法の制定など社会教育の枠組みが形成されていく中で、日本の社会教育が歴史的に内包してきた、地域づくり（コミュニティ振興）と教育・学習支援という二つの側面のうち、後者に関する議論も求められる中で、教育方法や学習論の議論とも接続しやすい「自己教育」に関心が集まっていったという点である。もちろん、「公民教育」においても、戦前自由主義的知識人たちの戦

332 第Ⅱ部　公民教育としての社会教育の展開 — 戦後教育改革と公民館構想 —

前からの議論や、寺中の公民館発想の論理にみられるように、教育実践や教育方法とも関わる議論は展開されてきたが、公民教育の場合は、国民国家の形成と展開との関係の中で捉える必要があるように、人間形成そのものを深く探求するペダゴギーク的発想だけでなく、国家と教育の関係など、政治社会的な構造もふまえたポリティーク的発想も重視される。こうした状況が、ペダゴギーク的発想に力点をおいて、社会教育を人間教育の問題そのものとして深く探求していくことにつながりやすい自己教育を、積極的に奨励していくことへとつながったのではないかと考えられる。

　こうした点をふまえれば、寺中が社会教育の本質として、自己教育を位置づけたといっても、寺中の中で自己教育という観念は、公民教育に比べれば、あまり熟したものとはなっていなかったと考えられる。したがって、公民館発想と構想の具体化の基底にある寺中の教育論は、あくまでその体系が明確に示されている公民教育論として捉えるのが妥当であるといえよう。

第2節　公民館構想の思想構造と戦後初期社会教育観の再解釈

A　公民館構想の思想構造 — 寺中の公民教育論の思想構造を中心に —

1　寺中の公民教育論の本質と公民館構想

　第1節で明らかにしたように、寺中は、戦後の民主国家の建設に向けて、戦前において振興されていた公民教育を重視し、特にそれを社会教育の振興と結びつけて公民館構想を提起したのであった。それまでの公民教育論が、立憲政治下における国家と公民の関係を問う政治論、ないしは、公民が政治的教養を獲得していくための政治教育論としての色彩が強かったのに対して、寺中の公民教育論は、戦前自由主義的知識人の議論も継承しつつ、実践教育、相互教育、総合教育といった教育方法及び教育内容の視点から教育論として体系化を図ろうとした点に大きな特徴を見いだせる。

　以下では、これまでの議論をふまえて、寺中の公民教育論の内的構造について、ポリティークとペダゴギーク、重層性、社会教育への接続という三つの視点

第6章　公民教育論と公民館構想 — 戦後初期社会教育観の形成と公民教育論 —　*333*

から考察する。

　第一のポリティークとペダゴギークという点に関しては、公民館論と一体的な形で、人間形成の観点を重視しながら、教育方法、教育実践、教育内容と結びついた体系的な公民教育論が展開されていったように、寺中の公民教育論は基本的にはペダゴギーク的発想に基づいていたと捉えられる。公民教育を実践的に位置づけようとする意識の高さは、寺中の公民教育論が、公民館という地域における教育実践の場という構想と結びつきながら展開していったことと無縁ではなく、それは、田澤や下村が、戦前から地域の青年を対象として実践しながら探求してきたものにも通じている。

　一方で、関口、蝋山、前田のように、必ずしも、政治社会的文脈を重視し、立憲政治の運用や選挙制度改革を基調にすえて、公民教育を論じていたわけではないが、蝋山の公民政治の考え方にも通ずる、人民の側から捉えた民主主義観を提起し、その実現のために公民教育の振興の必要性を説いたように、寺中にも、ポリティーク的発想が内在していたことが分かる。

　第二の重層性という点に関しては、寺中においては、日本的民主主義の考え方とは一線を画した形で、公民教育の二つの論理が重層的な関係をなして位置づいていたと捉えられる。このことは、同じように重層的な関係を取りつつも、その内実において、戦前自由主義的知識人と寺中との間で相違が見られることを意味している。

　第5章でも明らかにしたように、戦前自由主義的知識人たちは、戦後の民主国家の建設にあたって、日本的民主主義の考え方に基づいて、まず、個人を、天皇を中心とする国家と結びつけていくことを重視し、皇民を戦時体制以前の重層的な公民へと再構成を図ろうとした。その上で、彼らは、戦後的秩序の中で、国体を擁護する姿勢を消失させながら、天皇を中心とする国家を担う「オオミタカラとしての公民」を、平和民主「国家の形成に主体的に参加する公民」なるものへと組み換えていった。それに対して、戦後的秩序の中で公民教育論が形成されていった寺中においては、「オオミタカラとしての公民」は臣民として切り離され、平和民主「国家の形成に主体的に参加する公民」が「国民を統合する論理」に連なるものとして、その当初より位置づいていたと捉えられる。

　そして、寺中は、個人と国家を結びつけていく際に、その媒介項として、実体

334　第Ⅱ部　公民教育としての社会教育の展開 ― 戦後教育改革と公民館構想 ―

としての社会に着目し、個人（自己）が、社会生活を通じて、公共心、協同性、責任感を身につけて、「生活の場としての地域社会の振興」を基調とした「市民が自治的に治める論理」の強化が図られるとともに、さらに、社会我へと昇華した個人（自己）が国家と結ばれ、「国民を統合する論理」の強化へとつながっていくことを期待した。なお、寺中が着目する社会は、特に農村を中心とした地域社会を想定したものであり、そのことは公民館構想の提起ともつながっていたといえる。

　したがって、国家や社会のあり方と人間形成のあり方との関係の中から国民統合を図ろうとしたわけではない寺中においては、公民教育論の二つの論理は、相互に浸透し合う重層的な関係ではなく、「市民が自治的に治める論理」が昇華して、「国民を統合する論理」へと結びついていくというような形での重層的な関係をとっていたと捉えられ、こうした構造は、第2章で明らかにしたように、戦時体制以前の下村に見られた構造と近いものであったといえる。

　こうして、公民館論と一体化した寺中の公民教育論においては、公民館構想が具体化していく中で、公民が民主国家建設の基礎となる地域社会の復興のために、「自発的な意思と学びによって、生活の場としての地域社会の自治振興に貢献する」（＝「市民が自治的に治める論理」）とともに、「社会公共に対する奉仕と義務を尽すことによって、国民として統合されていく」（＝「国民を統合する論理」）ことが期待されたのである。

　従来の、社会教育史の理解においては、寺中が「国民が社会公共に対して参加と責任の役割を果たす」必要性を説いていたというところから、寺中の志向していた公民育成の論理を天皇制国家の再建と結びつけていくような解釈が広く浸透してきた。しかし、これまで見てきたように、寺中の公民教育論において志向されていた「国民を統合する論理」には、個人と天皇を中心とする国家を結びつける「オオミタカラとしての公民」が位置づいていたとはいえず、むしろ、国体の神話的側面が重視されてきた歴史を批判して、そうした公民像を臣民として切り離そうとしたことをふまえれば、こうした歴史的解釈は、もう少し慎重になされる必要があるといえよう。

　第三の社会教育への接続という点に関しては、寺中は、文部省社会教育局の官僚として、地域自治、職業教育、政治教育という歴史的に公民教育の振興におい

て重視されてきた特徴を柱とする社会教育を、地域に根ざして実施していく拠点として公民館の構想を打ち出したように、公民教育の振興と社会教育の振興とを結びつけた点に大きな特徴がある。寺中の社会教育観の基底に公民教育論が大きくすえられていたことは、教育方法、教育実践、教育内容という教育学的な視点から寺中が示した公民教育の特徴が、社会教育そのものの特徴として位置づけられている点にも端的に示されている。

　そして、寺中は、公民教育と社会教育の結節点である公民館という場において、地域住民が民主主義的な運営と相互教育的な学びを実践していくことによって、公民として、自治意識や協同意識の向上、郷土愛の醸成が図られ、地域社会の振興が図られていくことを期待したのであった。

2　寺中の公民教育論者としての位置と公民館構想 ― 寺中と関口・前田の関係 ―

　第2章で明らかにしたように、講壇的立場（関口、前田、蝋山）から主にポリティーク的発想に基づいて提起された公民教育論の潮流と、実践的立場（田澤、下村）から主にペダゴギーク的発想に基づいて提起された公民教育論の潮流は、相互に浸透し合う関係を有していたが、そうした構造が、特に顕著に見いだせるのが関口と田澤であった。本章で明らかにしてきたように、寺中においても二つの発想は明確に内在しており、寺中の公民教育論は二つの潮流の上に形作られていたと捉えられる。

　ここで問題となるのは、二つの潮流が、寺中の公民教育論において、どのようなバランスをもって位置づいていたのかという点である。このことは、関口をはじめとする講壇的立場、及び、田澤・下村の実践的立場との関係の中で、寺中がどのように位置づけられるのかという点について、さらに掘り下げて考察していくことの必要性を意味している。こうした考察まで行ってはじめて、公民館構想の思想構造をより精緻に捉えることが可能になる。

　寺中が、公民教育を公民館という地域の施設を中心に展開しようとしたことは、地域社会における公民の形成を、教育実践を通じて、よりリアルなものとして創出していこうとした田澤・下村の系譜に結びつくことを意味しているが、寺中は文部官僚として、社会教育の振興という重要な仕事を全うする立場にあり、寺中を引き入れた関口から特に強く影響を受けていたことは重要な視点である。

336 第Ⅱ部 公民教育としての社会教育の展開 ― 戦後教育改革と公民館構想 ―

　以下では、まず、講壇的立場との関係について、戦後直後の同時期に文部省に在任していた関口と前田との関係を中心に考察を行う。

　寺中によれば、戦後直後の教育界において、公民教育が重要視された背景には、公民教育の識見が深かった関口の影響が強くあり、関口によって、社会教育の中心に公民教育がすえられ、一時的な選挙啓発にとどまらない恒久的な公民教育を振興すべく公民教育課が設置されたとされる。その点について、以下のように回想している。

　　　公民教育課の設置というのは、近く、いずれ新憲法を誕生すべき国家の総選挙が予定されるのに先立って、その公民啓発運動を担当させるという意図の下に出来たものではあるが、同時にそこには関口局長の高い識見から来る含みのある考え方が秘められていたに違いないと私は思っている。というのは公民教育、政治教育の日本の最高権威者といえば、まさに関口泰氏その人であるということができ、公民教育の充実徹底を念願されている関口氏としては、文部省に就任に際し、社会教育の中心は公民教育に置かるべきもの、公民教育課は単に一時的な選挙公明運動を担当するだけでその使命を終わるべきでなく、恒久的な体制として公民教育を強化してゆくべきであるとの信念の下に、この嘗て文部省の局課組織に一度も名前を現したことのない課を作ることを考えられたと思うのである[57]。

　そして、関口の姿勢に共感して、寺中自身も公民教育を中心にすえた社会教育を振興しながら、戦後日本社会を建て直していくことが重要であると強く認識したことを、次のように回想している。

　　　従来文部省の考えでは、社会教育といえば、前述の訓令にも現れていたように、『国民道義の昂揚』とか、せいぜい『文化的教養』や『国民体位』等が取り上げられるだけで、『公民教育』とか『政治教育』とかは全く無視せられていたような傾向があり、文部省の行政には素人である関口氏のような方が外部から乗り込んで、公民教育の重要性を強調されることは、私として大いに共鳴を感ずる……（中略）……敗戦で、日本のすべての政治機構、社会組織がペシャンコになり、新憲法もまだ出来上らない時期に、まず日本人の正しい公民意識の建て直しから再出発すべきであり、公民教育こそ社会教育の第一の命題であるべきだと私は考えていた[58]。

第 6 章　公民教育論と公民館構想 ― 戦後初期社会教育観の形成と公民教育論 ―　*337*

　このように、寺中が、直接の上司であった関口の影響を強く受けていたこと
は、以下のように、寺中の「社会教育の振興と結びついた教育論としての公民教
育論の体系化」という特徴が、戦前に関口が示した公民教育論においても、萌芽
的な形で見いだせる点にもあらわれている。

　第 2 章でも明らかにしたように、関口は、講壇的な立場から、立憲政治の運用
や選挙制度改革と結びつけた公民教育のあり方を探求していく中で、公民教育の
内容や方法という教育論としての体系化につながる議論も展開していた。関口が
その内容として重視したのは、帝国憲法の精神、自由平等とデモクラシーの理念
の理解、愛国心や国際心の涵養といった立憲政治を確立していく上で国民が身に
つけるべき素養ともいえるものであった。

　そして、こうした内容を基調とした公民教育が、学校における公民教授と公
民訓練、青少年団と青年訓練所、社会に於ける公民教育といった方法によって実
践されていくことを期待した。ただし、関口がいう「公民教育の方法」は、寺中
が、「実践教育」「相互教育」という形で示したものに比べると、方法というより
は「公民教育の手段」と呼んだ方がいいものであった。それでも、選挙を公民教
育の主要な実践と位置づけ、公民同士の集会や研究討議実践を奨励したことをふ
まえれば、「実践教育」「相互教育」に通ずる視点が、関口にも内包されていたと
捉えられる。

　こうして関口は、教育論としての公民教育論の体系化をめざしたわけだが、こ
こで注目されるのは、関口は公民教育を学校のみならず、学校外においても実践
していく重要性を説いていた点である。それは、社会的教育学の考え方に即し
て、社会の教育力に着目した「社会に於ける公民教育」という視点を打ち出し、
民衆の選挙参加や地方公共団体活動への参加、青少年団における団員の自律的訓
練など、社会生活を通じて公民が形成されていくことを期待するというもので
あった。

　社会の教育力と公民教育の振興を結びつけながら公民教育論を展開した関口
は、戦後改革期においてもその姿勢を継承しながら、文部官僚として、寺中とと
もに、戦後社会教育の枠組みの形成に大きく貢献したといえる。

　このように、関口においても、「社会教育の振興と結びついた教育論としての
公民教育論の体系化」という特徴が見られ、そこに、関口から寺中への連続性を

338 第Ⅱ部　公民教育としての社会教育の展開 ― 戦後教育改革と公民館構想 ―

見いだすことができる。その中で両者の差異は、社会における教育力を活用していくという関口の視点を踏襲しつつも、寺中は、社会における学校とでもいうべき公民館という具体的な場所を構想することで、「社会に於ける公民教育」といううややもすれば抽象的なものを、よりリアルなものとして展開しようとした点にあるといえよう。

　一方で、関口を社会教育局長に抜擢した前田の論と、寺中の論はどのような関係で捉えられるのだろうか。当時若手文部官僚であった寺中と文相であった前田は、社会教育局長の関口を介して、縦のラインではつながっていたものの、寺中の回想録においても前田の名前は見られないように、日常的な接点は少なかったと考えられる。したがって、一見すると、国家と国民の関係を中心とした政治論としての特徴が強い前田の公民教育論と、教育論として体系化を図ろうとした寺中の公民教育論との間に、接点を見いだすことは困難なようにみえる。

　しかしながら、戦前に示された前田の公民教育論にも、関口の場合と同様に、寺中の論と結びつく側面があったことが確認できる。それは、以下のように、前田の公民教育論の前提となった地方自治の考え方は、公民館構想における一つの大きな柱である「公民教育と地域自治を結びつける」という視点とも重なっている様相が強いという点である。

　地方自治の重要性を説いていた前田の論においては、人々が、産業組合・農会の施設経営や青年団活動など、地域社会における公共的な活動に参加して責任を果たすという「公民自治」の考え方が基底にあった。この公民自治という考え方は、寺中が公民館の発想時に示した「団体の結成とその運営への参加」という視点や、公民館論として体系化されていく過程で深化していった「公民館委員会を核とする地方分権化の手段としての公民館」という視点とも重なっている点が注目される。

　両者の間にはこうした接点が見られるものの、戦後直後に示された前田の日本的民主主義観には、第5章で述べたように、民主主義が、立憲政治とさえ対立的に捉えられ、君主統治主義との結びつきが重視されていた点において、他の自由主義的知識人よりも国家主義的な色彩が色濃く残存していた。したがって、人民の側から民主主義を定義づけた寺中との間には、同じように地方自治を担う公民の形成を期待していたとしても、その内実には両者の間で一定の乖離があったと

もいえる。そのことは、戦後直後においても、前田が、公民の形成を縦の関係と横の関係という道徳的な視点から捉え、かつ、横の関係が縦の関係に収斂していくことを重視していた点にも端的に示されているといえるだろう。

　ここまで、寺中と関口、前田の関係について、その公民教育論の接点に着目しながら考察してきたが、その関係構図は次のように整理することができる。それは、「社会の教育力と公民教育の振興を結びつけた」関口の視点と、「公民自治を基底にすえた地方自治と公民教育の振興を結びつけた」前田の視点が、寺中にも継承されつつ、さらに寺中の中で、それらの深化が図られるとともに、両方の視点が融合されていくことによって、「地域社会を基盤とした社会教育の振興を、公民教育を柱として行っていく場としての公民館の構想」という形で具体化されていったというものである。

　ただし、前田、関口、寺中の三人が、戦後教育改革に携わった時期には、若干の違いがあった点はおさえておく必要がある。第４章で言及した公民科構想の段階区分に即していえば、主に関わった時期は、前田が第一段階「政府上層部による公民教育振興策」から第二段階「公民教育刷新委員会の設置と答申」、関口が第二段階から第三段階「公民教育の学校教育及び社会教育における具体化」、寺中が第三段階以降であった。

　第三段階に入る頃に文部省を去った前田においては、第５章で述べたように、「天皇主権や国体観念及び教育勅語から離脱していく可能性」についての具体的道筋が示されず、そのことは前田の限界を意味するとともに、上記のように寺中との一定の乖離を生み出していた。しかし、前田による斬新な人事によって文部省にやってきた関口によって、公民教育の振興と結びついた社会教育の形成を図ることが企図され、その関口が抜擢した寺中に主導される形で、第三段階以降に展開していった「公民教育の実現態である公民館を主体とする社会教育の構想」には、前田と寺中の間の乖離を縮小させ、前田の限界を超克していく道筋と結びついていく可能性が内包されていたと捉えられる。

3　田澤・下村と寺中の一定の乖離 ― 寺中と鈴木健次郎 ―

　このように、寺中が、公民教育の振興を地域社会における社会教育の構想と結びつけた点においては、関口や前田らの講壇的立場の潮流を見いだすことができ

るが、それを支えた寺中による教育論としての公民教育論の体系化という点に着目した場合、実戦的立場である田澤・下村の潮流を確認することができる。

田澤と下村は、「地域社会も含めた社会の教育力」という関口の視点や、「地域社会における公民自治」という前田の視点を共有しつつも、それを団体訓練や協同生活などの教育実践と結びつけて、生活者に根ざした「公民」の形成を図ろうとしたところに大きな特徴がある。こうした両者の実践的志向の基底には、田澤の場合には、全体との関連を持って個々は存在するという全一論と結びつく道義国家の考え方が、そして、下村の場合には、生命生長の原理という教育哲学に基づく人間形成観が存在していた。

寺中は、必ずしも、田澤に見られる国家と人間の関係のあり方や、下村に見られる教育哲学的な考え方に基づいて、教育論としての公民教育論を提起したわけではないが、公民教育を「実践教育」や「相互教育」の視点から特徴づけることによって、教育方法論や実践論を基調とした公民教育論を形成させていったと捉えられる。そして、そこで示された骨子が、「住民が地域社会において、団体の結成や運営に関わり、また住民同士が相互に学び合うことで、公民として形成されていく」というものであり、それはまさしく田澤と下村が重視してきたものに他ならない。

こうして、田澤と下村の潮流の上に、寺中は公民教育論を形成させていったわけだが、田澤・下村と比べた時に、寺中の独自性として注目されるのが、公民館論及び社会教育論と融合を図りながら、指導者論（職員論）を提起した点である。田澤・下村においては、団体訓練や共同生活において、学習者（受講者）がいかに感化されていくのかというところに力点がおかれ、指導者のあり方に関しては、受講者との相互作用の必要性を提起するにとどまり、それほど深く考察されていなかったのに対して、寺中は、公民館という総合的かつ複合的な機能をもつ施設に公民教育を中核とした社会教育を担う専門家を配置していくという職員論を、その養成のあり方も含めて提起したのである。

ここまでの議論をふまえれば、講壇的、実践的という二つの潮流が、寺中に継承されつつ、両方の潮流の融合が図られていくことで、公民館構想の提起と公民館論の展開へと至ったと構造的に把握することができる。ここで着目する必要があるのは、寺中が関口・前田らの潮流も継承していたということは、同時に、寺

第6章　公民教育論と公民館構想 ― 戦後初期社会教育観の形成と公民教育論 ―　*341*

中と田澤・下村との間には、一定の乖離が存在していた可能性が高いということである。

寺中が、田澤・下村から影響を受けていたことは、「下村湖人氏の『煙仲間』の説や『次郎物語』にも感動し、また青年の父といわれた田澤義鋪氏にもひそかに私淑するところがあった」[59] という回想からも読み取れるが、田澤・下村との間には、関口・前田との間にみられたような直接的な接点は、寺中の経歴や回想録を見る限り、少なくとも戦前から公民館発想の時点（戦後直後）までにおいてなかったと考えられる。むしろ、田澤・下村の影響をより強く受けていたのは、寺中とともに公民館構想の実現に奔走した鈴木健次郎であった[60]。以下では、寺中と鈴木を比較することを通じて、この点に関する掘り下げた考察を行い、寺中と田澤・下村の距離感なるものを明らかにする。

1907（明治40）年に秋田で生まれた鈴木健次郎は、1930（昭和5）年に東京帝国大学法学部を卒業後、田中耕太郎の紹介で、牧師養成を行っていた朝鮮元山神学院に赴き、法律を教えるが、わずか1年余りで日本に戻り、1932（昭和7）年に、彼のその後の人生を決定づけることになる大日本連合青年団に事務嘱託として職を求めた。鈴木が勤労青年の教育に身を投じようと決意する契機となったのが、田澤の講演であったとされる。終戦直前の大日本青少年団の解散に伴って、文部省総務局に入り、終戦後は、社会教育局勤務となって寺中の公民館構想に共鳴し、その具体化と普及に協力した。その後、福岡県社会教育課長を務め、地方の社会教育の振興に関わり、晩年は、母校の県立秋田高等学校長を務めている[61]。

田澤の講演に深く感銘し、青年団教育に身を投じることを決意した鈴木は、大日本連合青年団に入ってからは、下村の影響も強く受け、戦後直後には、下村がおこした新風土社の活動にも関わっている。軍国主義的風潮からの外圧に抗して田澤、下村が相次いで日本青年館を去ってからは、両者の志も引き継ぎ、青年をただ国家目的のためだけでなく、人間として育てることを忘れずに奮闘を続けたとされる[62]。ここで注目されるのは、大日本連合青年団という場において、田澤・下村と直接的な接点をもった鈴木は、その奉職時期をみても、田澤・下村によって主導された青年団講習所や煙仲間運動の実践から直接学ぶ機会を得ていた可能性が高かったということである。

342 第Ⅱ部 公民教育としての社会教育の展開 ― 戦後教育改革と公民館構想 ―

　寺中の影に隠れて、それまであまり注目されてこなかった鈴木を研究対象とし
て位置づけることの重要性を提起したのが佐藤三三である。佐藤は、地域と生活
を基本理念とする戦後社会教育の理論的・実践的起点は、鈴木の中に見いだせる
として、寺中と鈴木の相違を次のように考察している。それは、両者がともに郷
土振興（地域づくり）と結びついた社会教育のあり方を展望していたものの、寺
中の郷土振興認識は、戦前に内務官僚として為政者の立場から郷土を見つめ、官
製的地域づくり運動にたずさわってきたように、「国家・政府の側から見た」も
のであったのに対して、鈴木のそれは、青年団論に軸足をおいた「郷土住民の側
からみた」ものであったという差異である[63]。

　したがって、佐藤によれば、寺中が、戦後直後に提起した、「国家再建、その
手段としての郷土振興、その拠点としての公民館あるいは社会教育」という図式
は、寺中が戦後に新しく描いたものではなく、明治末期の地方改良運動（内務
省）、大正中期の民力涵養運動（内務省）、昭和初頭の農山漁村経済更生運動（農
林省）等にみられた官製的地域づくり運動などにおいて、戦前からみられた図式
と同質のものであったとされる[64]。

　鈴木の郷土振興認識は、田澤に依拠したものであったが、佐藤によれば、田
澤の郷土振興論は、青年・住民が、日々の生活を営んでいる場（＝郷土）におい
て、自らの生活をよりよきものにするために、郷土をあらゆる方面から「善化し
美化する」という郷土愛（＝郷土振興）に生きるとき、忠君愛国という理想も世
界平和という理想も共に実現するというもので、この視点は、田澤の青年団論を
貫く基調でもあったとされる[65]。

　そして、鈴木は、郷土は青年たちにとって「生きること（生活）」のひとかた
まりであり、「生きること（生活）の指導」こそが、郷土を善くするという考え
を、青年団論の本質にすえて、田澤の青年団論と郷土論を教育学的視点から捉え
返していったとされる[66]。具体的には、郷土振興に対する社会教育固有の視点
として、「知識と生活（経験）の統一としての社会教育」「自己生活設計能力形成
としての社会教育」「社会教育の環境形成としての社会教育」の三点あげて体系
化を図ろうとしたのであった[67]。

　寺中と鈴木の差異は、戦後教育改革が一段落した後のそれぞれの進路にも見
られた。確かに、両者は、戦後改革期において、平和で民主的な文化国家を作っ

第6章　公民教育論と公民館構想 ― 戦後初期社会教育観の形成と公民教育論 ―　*343*

ていくために、地域で生活しながら働く一人一人が、平和や民主主義について学び、文化を向上させるだけの資質を身につけることが課題であり、そのために公民館において自己教育、相互教育としての社会教育を実践することが重要であるという認識のもとに、公民館の普及と社会教育法の制定に努めた。しかし、社会教育法制定後は、寺中は、社会教育局長へと昇任して文部官僚を全うしたのに対して、鈴木は文部省を自ら辞めて福岡県教育委員会に社会教育課長として赴任したように、二人の間には差異が生じている。

　鈴木が文部省を辞めた理由について、山田正行は、鈴木が宮原誠一と行った対談「社会教育法十周年と社会教育の現実」における鈴木の発言に着目しながら、次のように考察している。山田によれば、鈴木は、公民館委員会が位置づけられなかったことに端的に示されるように、社会教育法制定により、住民の地域自治や民主主義が後退したことを、社会教育行政当事者や指導層の意識の問題と関連づけて強く批判し、社会教育法の精神や、公民館の自主的な運営や地域自治を基調とした自らの公民館論を地域で実践するために、文部省を辞めて福岡県に赴任したとされる[68]。

　こうした差異がありつつも、公民館の普及において、両者が手を組んでいった背景には、国家・政府の側からみた寺中の郷土論と、郷土住民の側から鈴木の郷土論は、本質的には類似性をもっていたことに他ならない。鈴木が依拠した田澤の郷土論も、田澤が戦前の農山漁村経済更生運動を理論的実践的に支えた人物であったという点において、その源が官製的地域づくり運動に通じていたのであり、だからこそ、鈴木は、一方で寺中と二人三脚を組むことができたと同時に、他方では寺中とは異なる独自の社会教育論を展開することができたとされるのである[69]。

　公民教育そのものに内在する重層的な構造をふまえれば、寺中と鈴木は、それぞれ、「国家・政府の側から見た」立場と「郷土住民の側からみた」立場として、必ずしも二項対立的に位置づけられるわけではないが、鈴木がまさに田澤・下村の潮流を戦後改革期に継承していった体現者であった様相が強いことをふまえると、寺中と鈴木の間に一定の差異が生じるのは必然でもあったといえる。そして、この差異は、文部官僚の立場を全うしながら、公民教育を論じて公民館を普及させていった寺中と、内務官僚でありながら、官僚の仕事の枠を明らかにこ

えて地域の青年たちと向き合ってきた田澤との間の差異をも意味していたといえる。

B　戦後初期社会教育観の再解釈

1　戦後初期社会教育観の捉え返し

　本書においては、戦前から振興されてきた公民教育の重層性に着目しながら、それが公民館構想を中心とした戦後の社会教育構想にどのようにつながっているのかという課題に対して、戦後社会教育の形成にも影響を与えたとされる戦前自由主義的知識人、及び、公民館構想の発想者である寺中作雄の思想分析を中心に検討を行ってきた。

　その結果、寺中が、「国民を統合する論理」と「市民が自治的に治める論理」とが重層的な関係をなした公民教育論に基づいて、地域社会に根ざした社会教育の振興と結びついた公民館構想を提起していったという構造が浮き彫りになった。こうして明らかにされた構造をふまえれば、長らく定着してきた「官府的民衆教化」という、戦前社会教育の特徴が戦後にも継承されたという戦後初期社会教育に対する捉え方も再考される必要がある。

　これまでの社会教育史の理解において、官府的民衆教化を特徴づけるそのものであると自明視されてきた公民教育には、本論文における考察を通じて明らかになったように、天皇制国家観と結びつく「上からの教化」としての公民育成の論理のみならず、地域社会における生活者に根ざして、主体的に郷土の振興を担うという公民育成の論理も内在しており、そうした構造は公民館構想にも明確に反映されていた。しかも、生活者に根ざした公民育成の論理は、戦時体制に抵抗の姿勢を示しながら探求し続けた戦前自由主義的知識人たちの思想の影響がみてとれるように、上からの教化の論理に容易に収斂していくようなものではなかったと捉えられる。このことは、「自己教育」と対立させて、上からの教化として括られてきた「公民教育」としての社会教育においても、いわゆる自発的で主体的な教育・学習活動につながる自己教育的な側面が内在していた可能性を示唆している。

　したがって、公民館構想を中心とした戦後初期社会教育は、戦前との関係で、

官府的民衆教化と一義的に捉えられるものではなく、戦前から継承された公民教育の重層的性格に基づき、国体護持と結びつく側面と戦後民主主義と結びつく側面の両面を有した重層的な性格によって特徴づけられ、それはまた、地域共同体の振興と結びつき国民国家が形成されてきた日本においては、整合的なものであったと捉えられる。

　戦後改革期における社会教育の形成を理解するにあたって、これまでの多くの研究は、戦前からの影響を官府的民衆教化という視点に結びつけた上で、さらにヨーロッパの社会教育との比較発達史の観点から、その負の側面を大きく取り上げるという傾向が強かったといえる。確かに、実際に、国体護持の視点を内在させながら戦後初期社会教育の構築が進められようとしたことをふまえれば、そうしたアプローチに一定の妥当性は認められるが、本書で明らかにしてきたように、重層的な性格を帯びた戦前的なるものが戦後にどのように継承されたのかという視点をふまえた上で、戦後初期社会教育の特徴を捉えていくことが重要となってくるのである。

　地域共同体を媒介するという日本の国民国家の特性によってもたらされた社会教育の歴史的特徴が、戦後に急速に転換することは容易ではないし、また現実的でもない。実際に、寺中の公民教育論においても、講壇的立場と実践的立場という二つの潮流が明確に位置づいていたように、戦前と戦後の社会教育は、人的つながりにおいても連続性があり、そうした中で進行していった戦後の社会教育の構想に対して、日本の歴史的文脈に即しながら、より精緻にその特徴を把握していく必要がある。

　その意味で重要だと考えられるのが、公民教育の観点から戦後改革期の社会教育の形成の特徴を本格的に分析した藤岡貞彦の解釈をどう捉えるかということである。藤岡は、戦後改革期の社会教育には公民教育の色彩が強くあらわれていたとして、その特徴を、総選挙対策の公民啓発を基調とした「国体護持」の方向と、公民教育刷新委員会答申にみられる「民主主義」を振興する方向とがないまざったものであったと重層的に捉えている。その上で、答申によって、「青少年の団体訓練と社会的連帯性の自覚、成人の具体的な政治課題の討議・団体運営、両者にわたる科学的知識技能の習得」を内実とする公民教育としての社会教育が、「大学・高専等の学校開放の線上に定位し」ながら展開していく可能性が示

346 第Ⅱ部 公民教育としての社会教育の展開 ― 戦後教育改革と公民館構想 ―

されたものの、現実には、そうした旧教育基本法の政治教育条項の理念とも結び
つく科学的・系統的な公民教育（政治教育）は根づくことなく、「総選挙用〈公
民啓発運動〉の延長戦上に」位置づく「『国体護持』の意図をかくした戦時中の
天皇制国家体系の末端たる地域教化組織の再編」としての「公民館組織網の中で
『公民教育』は脱政治教育化」されていったと総括している[70]。

　ここで注目されるのは、藤岡は、戦後直後の社会教育の基底にある公民教育の
特徴を国体護持と民主主義の両面から捉えつつも、公民館構想に関しては、国体
護持の方向からのみ捉えている点である。しかし、本章における検討を通じて、
寺中の公民教育論にも「市民が自治的に治める論理」が内在していたことが明ら
かにされたように、公民館構想の基底にも、団体訓練と運営、政治課題の討議、
科学的知識の習得といった民主主義的啓蒙と結びつく側面が内包されており、公
民館構想も双方向から捉える必要がある。

　また、藤岡は、民主主義の振興とつながる科学的・系統的な公民教育の振興
を、大学開放による社会教育に期待していたが、それが戦後直後において実際
に展開され得る可能性がどれほどあったのかという点についても考える必要があ
る。英国にその典型をみる大学開放に倣って、戦前日本においても大学開放事業
は試みられたものの、思想としても実践としても深く根付かなかった。その代わ
りに日本では、中等以下の学校の地域社会への拡張という形で、明治末期の地方
改良運動期以降、町村民全体に対する地域の教育体制（＝社会教育の組織化）が
図られてきたのである[71]。

　その意味では、戦後改革期に藤岡が求めた科学的知識の普及と連動した大学開
放が、急速に広がっていくことは現実的ではなく、残存する地域の組織・団体を
活用した社会教育や地域の小中学校・学校教員を活用した社会教育が重視された
のは、ある意味必然的であったといえる。

　そして、地域社会における団体訓練や共同生活が重視されてきた日本の教育・
学習活動の特徴は、藤岡以外の論者によっても言及されているように、日常生活
上の諸問題がどのように政治的・社会的に規定されているかという視点よりも、
公共意識を高めて各自の責務を遂行する態度を養うところに力点がおかれ[72]、
それは、欧米の成人教育の近代的知識中心主義に対する反知識主義＝道徳主義、
それと裏腹をなす生活主義、実践主義として、教育というよりも社会教化であっ

たと捉えられ[73]、こうした科学的視点の弱さが、非政治化、ないしは、脱政治教育化へとつながったとされてきた。

　しかし、これまでの議論をふまえれば、日本の社会教育における教育・学習活動をこうした構図に重きをおいて捉えていくことには慎重になる必要がある。つまり、大学開放の展開とも結びついてきたヨーロッパの社会教育の特質とは異なる、地域社会の振興と結びついてきた日本の社会教育の歴史的特徴の中から産み落とされた公民館構想という一つの結実の中で、そこにいかに戦後の民主国家の建設とつながる契機が内包されていたのかを問う視点も重要となってくるのである。

2　公民館構想批判の構造と戦後初期社会教育観

　こうした視点を重視しながら、社会教育史観を再構築していくためには、日本の社会教育が歴史的に基盤としてきた地域社会が、公民館構想において、国家との関係でどのように規定されてきたのかという点についての掘り下げた考察が必要となる。これまで述べてきたように公民館構想は、その戦前的影響に関して否定的に捉えられてきたが、その批判の構造は、国家と地域社会の関係からどのように把握できるのだろうか。そこで注目されるのが、松田武雄による公民館構想批判の構造把握である。

　松田は、公民館構想には、「愛郷の念と協同心」を媒介にしたナショナリズムに通じる「郷土」としての地域社会を振興していく場としての期待と、社会連帯と自治の精神に基づき、団体、アソシエーションへの参加を通じた「民主主義の訓練」の場としての期待という両面があったと捉えた上で、多くの研究においては、前者の側面が大きく取り上げられてきたことを指摘している。つまり、封建的なる地域社会の共通性の重視は、個人の自由や権利を基調とする社会教育の自由を阻害するものとして、公民館構想批判が展開され、それは特に、昭和30年代の日本農村社会の構造的変化の中で、一層の高まりを見せていったとされる[74]。

　そして、松田は、こうした公民館構想批判の構造を捉えるにあたって、社会教育における国家的価値とコミュニティ（＝地域社会）的価値に着目している。松田によれば、統制のための権力を保持する政治システムである国家と、共通善の

348 第Ⅱ部 公民教育としての社会教育の展開 ― 戦後教育改革と公民館構想 ―

共有を実現していく自治的な実践を重要な要素とするコミュニティとは異なるものであり、二つの価値が絡み合いながら内包された公民館構想に対して、そこに介在する国家的価値への批判が繰り返されてきたとされる[75]。

　こうした国家的価値への批判は、戦前の天皇制国家観や地方改良運動をはじめとする官製的な教化運動と結びつけられ、戦前の官府的民衆教化という特徴が、戦後にも継承されたという社会教育史観の形成及び定着とも結びついてきたといえる。

　しかし、本書で述べてきたように、公民館構想が、地域社会を媒介する日本型国民国家の歴史的系譜の中で産み出されたことをふまえれば、公民館構想が示唆するコミュニティに国家的価値が介在することは必然的であり、その構図を正面から批判するだけでは本質的な構造をふまえた分析とはいえない。このことは、松田が指摘するように、国家的価値とコミュニティ的価値は、「公共性」という価値によって結びつけられ、コミュニティにおける「共同性」は国家的価値としても定置されうるように、相互に浸透し合う関係を有し、コミュニティへの国家的価値の浸出が必然的なものであったことを意味している[76]。

　こうした二つの価値の相互浸透という構図は、国家と民衆が、近代日本においてどのように相互に浸透し合ったのかという本書における大きな課題と連なる。この点について、これまで明らかにしてきたように、明治期以降の民衆による反中央的・反権力的志向によって、警察、政府、軍部などの権力機構と切り離された天皇が民衆と結びつき、そうした基盤の上に、戦前自由主義的知識人たちは、天皇を頂点とする国家と民衆とを結びつけていく道徳観（縦と横）、ないしは発達観（道義国家、生命生長の原理）を基底にすえた公民教育論を展開し、それは戦後直後においても継承されていたと捉えられる。天皇（オオミタカラとしての公民）については明確に言及していないものの、戦時下の軍部と政府を批判することによって反中央的志向を示しながら、「自己から社会我へ」という発達観に基づいて、民衆と国家を結びつけていったように、寺中にもこうした志向は共有されており、そのことは、公民館構想における公民育成の論理においても、国家と民衆は相互に浸透し合うものとして位置づけられていたことを意味する。

　したがって、国家的価値とコミュニティ（地域社会）的価値とを二項対立的に捉え、コミュニティ的価値の国家的価値からの解放という視点を重視するのでは

なくて、二つの価値の相互浸透的な関係という本質をふまえることが重要となるのである。本書で明らかにしてきたように、公民館構想は、戦前から振興されてきた公民教育と、地域社会の振興としての社会教育とが結びついたものであり、それは日本型国民国家の形成と展開においては矛盾しない整合的なものであったという構造（松田の言葉で言えば「コミュニティへの国家的価値の浸出の必然性」）をふまえれば、公民館構想に対する批判、さらにはそれに規定される戦後初期社会教育観に対する見方（その両方を貫くものとして「官府的民衆教化」）は、より精緻に捉え返される必要がある。

　そのためには、「コミュニティへの国家的価値の浸出」という本質的特徴を有する公民館構想の基底にある公民教育の思想構造について、コミュニティ（地域社会）における生活者としての「民衆」に着目しながら、さらに掘り下げた考察を行う必要がある。それは、「国家」が、地域社会を担う人間形成を基盤として、天皇制を基調とした国民国家を建設していく意図を内包していたとしても、民衆は、国家の成員として体制内の存在へと容易に転化したわけではなく、暮らしの向上や地域の振興を基調とした公共心を身につけることによって、地域社会の担い手としての「公民」として形成されていったという可能性への探求でもある。そして、その手がかりとなるのが、「民衆教育としての公民教育」という視点である。

3　民衆教育としての公民教育と社会教育

　近代日本においては、西欧列強とならぶ国民国家の形成にあたって、国民統合の軸として構築された近代天皇制を支柱として、西欧を範とした近代公教育が整備されるが、三羽光彦によれば、公教育の成立は、民衆の人間形成的な社会機能に大きな変容をもたらしたとされる。それは、学校教育の形で急速に「増殖」した公教育によって、民衆の習俗・慣習として近代以前から継承されてきた人間形成の営みが、脆弱なものにさせられていったというものである[77]。

　近代公教育の観点からすれば、こうした民衆教育は前近代的・封建的な因習として捉えられがちであったが、近代公教育の成立以降も、戦前日本において、農山村や漁村、そして都市民の間で、民衆教育は、学校教育を中心とする公教育の外で、あるいは公教育を補完する形で、途絶えることなく一つの潮流として存在

350 第Ⅱ部 公民教育としての社会教育の展開 — 戦後教育改革と公民館構想 —

してきた。そして、中等教育などに進まずに農山漁村の地域社会の中で暮らす人々にとって、重要な教育の場であった民衆教育は、近代日本人の形成という広い視野から見れば、近代公教育と相互に補完しあい、また浸潤しあいながら人間形成を支えてきたとされる[78]。本書でも言及したが、昭和戦前期に近代公教育批判に立って、特色ある農村教育を実施すべく各地で広がりをみせた塾風教育運動もこうした民衆教育の潮流に位置づくものである。

民衆教育の実践の中には、20世紀初頭以降、国家が地方自治体を基盤とした教化を重視していく中で、青年団を初めとして官製的な教化組織網に組み込まれていったものも少なくないが、1920年代から30年代にかけて、長野県を中心に全国各地で展開された自由大学運動のように、そうした教化政策からは自立的なものも存在した。いずれにせよ、地域社会における民衆教育の潮流は、社会教育の歴史の一側面をあらわしているといえよう。

日本の国民国家が地域社会の振興とも結びつきつつ、公民教育を重視しながら形成されてきたことをふまえれば、地域社会において展開されてきた民衆教育が、いわゆる「民衆教育としての公民教育」として、戦後改革期における公民教育を基底にすえた社会教育の中にいかに内包されていたのか、その可能性について探求していく必要がある。

戦後改革期の文部省の人事や教育刷新委員会の委員構成にも端的にあらわれているように、戦後教育改革は、官立大学を卒業した講壇的知識人が中心となって進められたことは広く知られている。一般教員など初等教育関係者が皆無であった教育刷新委員会においても、官学アカデミズムに属し、「近代主義」的な思想傾向を持つ知識人たちによって、近代公教育とは異なる戦前日本における民衆教育の遺産は、ほとんど省みられず、正当な評価もなされることもなく、そのことが、戦後教育改革構想の民衆的基盤からの遊離を招いたとされる[79]。

戦後改革期の公民教育の振興を基底にすえた社会教育の構想の展開においても、前田、関口といった講壇的知識人が中心に関わったという点では、民衆的基盤からの遊離という特徴は共有されていたといえる。しかし、社会教育の場合は、その中核であった公民館構想に、地域の民衆教育の系譜にも括られる青年団や壮年団（それらは教化政策によって官製化されてきたという歴史は有するものの）の影響が反映されてきたことをふまえれば、学校教育に比べて、民衆教育の

第 6 章　公民教育論と公民館構想 — 戦後初期社会教育観の形成と公民教育論 —　*351*

視点が内包されていた可能性がある。以下では、この点について、公民館構想の農村青年における受容過程、戦後改革期における地域教育実践と戦前の農本主義という二つの観点から検討する。

　まず、第一の公民館構想の農村青年における受容過程については、中田スウラの分析が注目される。中田は、公民館構想には、郷土民の自発性・主体性に価値を置きながらも、郷土民が一身の利害を超越して公共社会の完成のために相互に助け合うような倫理・道徳を持って文化国家の建設に貢献していくという、「全一的」な郷土社会に予定的に調和させてしまうような国家観が内包されていたと捉えている[80]。その上で、こうした全一的な郷土社会と結びつく公民育成の論理と、郷土民・農村青年が生活現実の場面でいかに対峙したのかを、長野県木曽妻籠公民館、愛媛県余土村公民館の運動を手がかりに検討している。

　そして、初期公民館構想が、下村湖人の塾風教育の系譜に位置づく鈴木健次郎の青年団運動の影響を受けた農村青年によって、そこに生きる生活者の視角に基づいた共同的な自己教育・学習活動によって批判的・対話的に吟味されながら、郷土・地域の戦後復興を展開していく上での一つの拠点として生かされていた実態を浮き彫りにし、初期公民館運動に関わる社会教育実践の中に、「全一的」社会から期待される「調和」を超えようとする可能性が存在していたことを明らかにしている[81]。

　公民館構想には、関口を中心とする講壇的な公民教育論と、田澤・下村を中心とする実践的な公民教育論の二つの潮流が内包されていたことはすでに明らかにしたが、中田の指摘もふまえれば、公民館構想がその設置場所として描いていた農村には、実践的な公民教育論の潮流とも結びつく戦前からの民衆教育の系譜があり、特に、農村青年を中心とした青年団運動と結びつくことで、予定調和的な全一的な社会に陥る「危うさ」を乗り越えていく可能性を示したと捉えられる。

　次に、第二の戦後改革期における地域教育実践と戦前の農本主義という点については、三羽光彦の分析が注目される。戦後改革期以降に、地域教育計画や地域に根ざす教育実践が各地で展開されていったが、それらは一般的には、戦後の民主主義と結びつけられて評価されることが多かった。しかし、三羽は、それらの多くが戦時ファシズム思想の温床ともされる農本主義に通じており、人的にも思想的にも戦前からの系譜の中で開花している場合が多く、戦後民主化の中での再

352 第Ⅱ部 公民教育としての社会教育の展開 ― 戦後教育改革と公民館構想 ―

転向と評価すべきだとして、ファシズムか民主主義かといった従来の枠組みとは異なる、日本の近代を通して流れる地域の農と生活を軸とした教育実践の太い水脈の中で、こうした民衆教育を捉えていく必要性を提起している[82]。

さらに、農本主義とファシズムを直接的に結びつけるこれまでの見方に対しても、三羽は見直す必要性を提起している。青年将校達に影響を与え、軍部ファシズム運動の急進派の形成をもたらしたとされる橘孝三郎の農本思想、精神主義的な特徴を内在させながら農村中堅人物養成のための塾風教育機関として、政府の満蒙開拓政策に積極的に協力した加藤完治の日本国民高等学校に代表されるように、農本主義はファシズムへと連なる内在的な必然性を有していたと、ややもすれば一義的に捉えられてきた。それに対して、三羽は、近年の農本主義をめぐる研究動向もふまえた上で、農本主義が日本ファシズム・イデオロギーに組み込まれていくのは、ある種の「転向の結果」でもあり、農本思想ないし農本主義に本質的に内在した特質によるものではないと捉える視点の重要性を指摘している[83]。

塾風教育の考え方に基づき地域の青年教育の実践に関わってきた下村もまた、戦後改革期に、地域に根ざす教育実践の展望を描いている。第5章で明らかにしたように、その特徴は、戦前から探求してきた、郷土社会における協同生活を通じて自律性と創造性をもった人間を育成するという教育観に基づいて、戦前の青年団講習所や煙仲間運動の実践を継承しつつも、戦前の青年中心のものから、戦後は「農村社会教育構想」として、子ども・青年のみならず、中堅壮年や一般婦人をも含めた地域教育計画を構想するというものであった。転向と再転向という問題に関しては、本書で明らかにしてきたように、下村の場合は、戦時ファシズム体制の下における転向、戦後民主主義体制の下における再転向という特徴はほとんど見られずに、戦前・戦時期・戦後改革期と、一貫した教育論に基づいて「生活の場としての地域社会の振興」を担う公民の形成を、教育実践を通じて図ろうとしていたと捉えることができる。

ここまで二つの観点から、戦後改革期における社会教育と民衆教育の視点との結びつきについて考察してきたが、公民館構想を中心とする戦後の社会教育構想においては、一貫した教育論の下で戦後も地域に根ざす教育実践を展開した下村を中心とする、戦前の青年団運動の影響が継承されていたといえる。それは、大

正デモクラシーの思想と近代的天皇観を内包した日本的民主主義観を基底にすえて、自由主義的知識人たちが、講壇的な立場から、ややもすれば民衆的基盤から遊離した学校教育改革を進めようとしていた中で、社会教育においては、地域社会における生活者に根ざした教育実践が重視されることで、民衆的基盤からの遊離を少しでも食い止めようとする志向が内包されていたことを意味するとともに、コミュニティにおける生活者としての民衆が、地域社会の発展を主体的に担う公民として形成されていく可能性を意味していた。そして、民衆的基盤から遊離していなかったことによって、コミュニティ的価値と国家的価値の相互浸透的な関係がもたらされ、そうした基盤の上に、公民館を中心とする戦後社会教育が構想されていったといえる。

　したがって、公民教育の実現態として構想された公民館を中心とする戦後の社会教育構想においては、コミュニティ的価値に国家的価値が浸出しつつも、コミュニティ的価値が国家的価値に収斂していかないような相互浸透の関係をもって、二つの価値が内在していたのであり、戦後初期社会教育観の特徴は、国家が民衆を一方向的に教化するような官府的民衆教化の継承ではなく、民衆と国家が、地域社会（コミュニティ）を媒介としながら、相互に浸透し合う関係で位置づいていたものとして、捉え直される必要がある。

終　章
本書のまとめと今後の課題

A　本書で明らかにされたこと

　本書では、日本における国民国家の形成と公民教育をめぐる歴史的特徴について、公民教育の重層的な思想構造に着目しながら、1920 年代から戦後改革期における社会教育の形成と展開に即して検討してきた。

　世界史的にみても、20 世紀に入って、それまでの貧民・労働者対策を主眼とする成人教育としての社会教育は、近代国家における国民的人間を作ることを主眼とする公民教育としての社会教育へと転換していった[1]。日本の場合、まさにこの転換期において急速に社会教育そのものの組織化がもたらされていったわけであるが、そこで重視された公民教育は、地域共同体（集落）における住民（小作）と地主の対立関係をぼやかし、住民が「公共の精神」「勤労の精神」「協同の精神」といった公民としての道徳を体得して、地域共同体への帰属意識を高めていくことを基調としたものであったように[2]、貧民・労働者といった対自階級としての社会的存在を、地域共同体を媒介させながら、国家の成員として体制内の存在に転化させる機能を有していた[3]。

　このような公民教育の特徴と機能は、政策としての公民教育のみならず、教育実践にも見いだせる。例えば、田澤義鋪は、階級闘争を伴う社会運動に対して否定的立場に立って、階級をこえた宿泊交流の教育実践を、労務者教育、青年教育の場面で展開していったが、そこでは、感化する講師と感化される受講者（労働者、青年）といった一方向的な関係が支配的であった。そして、こうした対立関係をぼやかした公民教育は、社会構造をふまえた批判的精神の涵養という視点が

終　章　本書のまとめと今後の課題　*355*

弱く、その代わりに道徳面が強調されるという反知識主義（道徳主義）という性格を帯びながら、地域に帰属する公民から国家に統合される公民への移行を促していく上で大きな役割を果たしたといえる。

　これまで、日本の公民教育の歴史的特徴は、特にその政治的役割に着目して、個人が国家に忠誠を尽す公民として、いかに統合されていったのかという観点から捉える見方が支配的であり、それはまた、国家と個人の関係を、教化する側の国家と教化される側の個人という二項対立的に捉える構図とも結びついていた。こうした構図は、公民教育の振興と結びつきながら形成されてきた日本の社会教育の歴史的特徴を捉える際にも反映されてきたといえる。それは、絶対主義的官僚が主導しながら組織化が図られた社会教育は、教化の対象としての個人ないしは民衆の行動と生活は、体制目的に占有されたとする「官府的民衆教化」によって特徴づけられ、それが戦後改革期にも継承されたとする社会教育史観である。

　しかし、公民教育には、上からの教化を基調とした「国民を統合する論理」という側面だけではなくて、近代的立憲主義に基づいて、市民としての基本権利の自覚と自治の原則の上に主体的に公共的生活を組織するという「市民が自治的に治める論理」という側面も内在していたことが指摘されるように、その両義的な性格に着目する必要性がある。

　こうした両義的な性格から、先行研究によって導き出されるのは、「国家への忠誠心の育成」を基調とする公民教育と、「立憲的知識の涵養」を基調とする二つの両義的な特徴であるが、日本の国民国家が地域共同体を媒介としながら形成されてきたという特徴をもち、実際に、明治末期の地方改良運動期において重視された自治民育の論理にも影響を受けながら、公民教育の概念化がもたらされていったことをふまえれば、「生活の場としての地域社会の振興」という特徴も含めて、公民教育を重層的な観点から捉える必要がある。

　公民教育の重層性に着目しながら、公民教育の歴史的特徴を捉え返していくことによって、個人には、体制内の存在としての公民という側面だけではなく、体制内におさまらない地域社会における主体としての公民という側面が内在しており、個人と国家の関係を二項対立的なものから、地域共同体を媒介としながら相互に浸透する関係を含んだものとして捉え直していくことが可能となり、それは、近年高まりを見せている市民性教育をめぐる議論を、日本の歴史的文脈にそ

くして展開していく上での下地ともなり得る。

本書では、この課題を受けて、個人と国家の相互浸透的な関係を内包した公民教育の歴史的特徴をより精緻に捉える上で、社会教育の組織化が公民教育の本格的登場とも結びつきながら促されてきた点、及び、学校教育に比べて社会教育においては、「地域社会における生活者としての公民」という観点もより明確に内在していた点に着目して、「公民教育としての社会教育」という視点から、次のような課題を設定した。それは、近代日本の社会教育の形成と展開において、その基底にあった公民教育の重層的な特徴を捉えつつ、それが公民教育の実現態である公民館を中心とする戦後の社会教育構想にどのようにつながっているのかを、戦前から社会教育も視野に入れながら公民教育論を展開し、戦後の社会教育にも影響を与えたと考えられる複数の自由主義的知識人の思想分析を中心に行うことを通じて明らかにし、従来の社会教育史観を捉え直すことである。

具体的には、関口泰、蝋山政道、前田多門、田澤義鋪、下村湖人、寺中作雄の六人に着目し、主に次の三つの論点を中心に思想分析を行った。第一が、彼らがどのような国家観をもって公民育成を図ろうとしたのか（ポリティーク的発想）、あるいは、公民育成を人間形成としての教育のあり方としてどのように探究していったのか（ペダゴギーク的発想）という点である。第二が、彼らが、個人と国家をどのように結びつけようとしたのか（重層性）という点である。そして第三が、公民教育の振興と社会教育の振興をどのように結びつけようとしたのかという点である。それぞれの章で明らかになったことを概括すると、以下の通りである。

第1章では、公民教育の重層的な構造がどのように形成され展開していったのかを、三つの公民概念に着目しながら考察した。その結果、大きく三点が明らかになったといえる。第一に、明治中頃に相互に結びつきながら登場した、天皇の臣民としての「オオミタカラとしての公民」概念と、「近代立憲国民としての公民」概念が、明治末期に自治民育の流れから登場してくる「地域社会の自治振興を支える公民」概念とも相互に結びつくことで、三つの公民概念の相互関係を基調とする公民教育の重層的な構造が生み出されていったことである。第二に、こうしたベースの上に、学校教育においては公民科の設置と普及、社会教育においては、町内会組織の活動、選挙粛正活動、社会教育行政による講座型事業を中心

に、公民教育が本格的に実施されていったことである。そして第三に、戦時下の1930年代半ば以降、立憲政治の否定と国体の強化による国家中心主義が支配的になっていく中で、公民科の修身科への傾斜、戦時色を帯びた社会教育事業の拡大、町内会等の地域組織のさらなる官製化がもたらされ、重層的な三つの公民概念は、「オオミタカラとしての公民」概念へと収斂し、「皇民」へと構成され直されていったことである。

　第2章では、公民教育の本格的振興にともなって、1920年代から30年代半ばに形成された公民教育論について、対象とする戦前自由主義的知識人を、講壇的論者と実践的論者とに大きく区分した上でその特徴を考察した。その結果、大きく三点が明らかになったといえる。第一に、講壇的論者（関口、蝋山、前田）がポリティーク的発想に基づいて、実践的論者（田澤、下村）がペダゴギーク的発想に基づいて、それぞれ公民教育について論じたという大きな構図がみられたが、各論者が、どちらかの発想に重きを置きつつも、社会・国家のあり方と人間形成のあり方とを有機的に結びつけようとしていたように、二つの発想は相互に浸透し合う関係も有していたという点である。第二に、各論者において、天皇制と立憲主義とが共存し得るという天皇機関説の考え方を基盤としながら、「国民を統合する論理」と「市民が自治的に治める論理」が重層的な関係を有して内在しており、それはこの時期に実際に展開された公民教育に見られる構造的特徴とも重なるものであったという点である。国家論を特に展開しなかった下村においては、下から自発的に国家の形成を担う公民の育成が目指されたように、後者の論理が昇華して前者の論理へと結びつくというような意味での重層的な関係が見られ、あるべき国家論を展開した関口、蝋山、田澤においては、国家を形成する担い手と、地域自治の担い手という双方向から公民の育成が探求されたように、二つの論理が相互に浸透し合う重層的な関係が見られた。そして第三に、公民を地域社会における幅広い生活者と結びつけようとする志向によって、各論者において、公民教育論を基底にすえた社会教育観が形成されていった点である。その特徴は、特に関口と田澤に見られたが、関口は、社会的教育学に着目して、「公民教育としての社会教育」を理論的に探究し、田澤は、青年や農民が、団体生活、政治的知識、産業上の知識や技術を学ぶ場の組織化をめざして、「公民教育としての社会教育」を実践的に探究していったといえる。

第3章では、政治社会情勢が変容し戦時体制となる1930年代半ばから終戦期における公民教育論の特徴について、各論者が戦時体制とどのように向き合ったのかという点にも着目しながら考察した。その結果、大きく二点が明らかになったといえる。第一に、各論者が、国体の精神の徹底を目指した国家による教化運動に対して理解を示し、国体の重要性を説きながら戦時体制に参加していったように、各論者においても、それまで重層的であった公民概念が、「オオミタカラとしての公民」を中心とした「皇民」へと構成され直されていったという、この時期の実際の公民教育の展開にみられた特徴が見いだせるという点である。第二に、その一方で、各論者には、戦時体制に抵抗を示していく側面も見られたように、各論者は、国体の重要性を説きつつも、立憲政治を否定する風潮や日常生活と遊離した鍛練の強化に対して危惧を示し、公民が皇民へと構成され直されていくのを何とか食い止めようとしていた点である。関口と蝋山は、講壇的立場から、「近代立憲国民としての公民」概念が、「オオミタカラとしての公民」概念に収斂していくのを何とか踏みとどめようと格闘し、田澤と下村は、実践的立場から、日常生活の深化と結びつく教育実践を探求することを通じて、「地域社会の自治振興を支える公民」概念が、「皇民」ともつながる「末端から自発的に戦時体制に参加していく公民」概念へと容易に転化しないように格闘し続けたといえる。

　第4章では、戦前の公民教育を基底にすえて進められていった戦後の教育改革が、戦前的な公民教育をどのように受け止めた上で、戦後的秩序（天皇の神格化の否定、新憲法の制定など）の中で、戦後の教育改革、さらには社会教育の形成へとつながっていったのかを、公民科の設置構想の展開過程、旧教育基本法第八条「政治教育」成立過程、公民啓発施策と公民館施策を中心とする社会教育施策の展開過程に着目しながら考察した。その結果、大きく二点が明らかになったといえる。第一に、戦時体制以前の社会を意識しながら、戦後の民主国家を建設していく上で重視された公民教育は、国体護持を図っていく側面と、それを批判して民主主義社会を構築していく側面の両面を内在させていたように、戦時下の「皇民」を、戦時体制以前における、「近代立憲国民としての公民」の側面もあわせもった重層的な概念としての「公民」として再構成を図ろうとするものであったという点である。第二に、こうしたベースの上に、戦後的秩序の中で、学校

教育（公民科構想）においては、「立憲的知識の涵養」に力点をおいて、そして、社会教育（公民館構想）においては、「生活の場としての地域社会の振興」に力点をおいて、相互に補完し合いながら「市民が自治的に治める論理」も十分にふまえた公民教育の展開が図られ、それがその後の社会教育の枠組みの形成へとつながっていったという点である。

　第5章では、戦前から公民教育について論じてきた戦前自由主義的知識人たちが、敗戦とどのように向き合い、その上でいかなる教育論あるいは教育実践を展開しながら、戦後社会の再建を図ろうとしたのかを考察した。その結果、大きく三点が明らかになったといえる。第一に、彼らは、1930年代半ば以前には、健全な民主主義が育つ可能性があったという認識のもとに、天皇制と民主主義が共存しうるという日本的民主主義の考え方に立って、戦前に示したそれぞれの公民教育論の体系を継承しながら、戦後教育改革と向き合ったという点である。彼らは、戦時下の政府や軍部への批判を行うことで、軍国主義や全体主義から国体観念を切り離して、それを戦後の民主主義と接合させようとしたのであった。第二に、彼らのこうした姿勢は、公民教育論の思想構造からいえば、戦時下の「皇民」が、超国家主義から切り離された「オオミタカラとしての公民」と、市民自治の論理ともつながる「近代立憲国民としての公民」、「地域社会の自治振興を支える公民」との重層的な関係を内包する「公民」として再構成されていったことを意味していた点である。そして第三に、戦後的な秩序が構築されていく中で、戦前の帝国憲法に基づく立憲主義と関連づけて国体を擁護するということが、リアリティを欠くものとなり、彼らの言説から国体擁護の姿勢が消失していったが、それは思想構造からいえば、天皇を中心とする国家を担う「オオミタカラとしての公民」が、平和民主「国家の形成に主体的に参加する公民」なるものへと組み換えられていったことを意味していた点である。そして、こうしたベースの上に、関口と蝋山は、「立憲的知識の涵養」を中心とした政治教育論を展開し、下村は、自律性と創造性をもった「生活の場としての地域社会の振興」を担う公民の形成を図るべく、農村社会教育構想を提起したのである。

　第6章では、戦後初期社会教育における公民教育の具現化でもある公民館構想の基底にある公民教育の論理の特徴を、その中心的な推進者であった寺中作雄の論の展開過程に即して考察するとともに、戦前自由主義的知識人たちとの比

較考察を行った。その結果、大きく四点が明らかになったといえる。第一に、寺中は、日本的民主主義の立場とは一線を画しつつも、戦前的な公民教育を受け止めながら、個人と国家を、実体としての社会を媒介させながら結びつけていったように、「国民を統合する論理」と「市民が自治的に治める論理」とが重層的な関係をなした公民教育論に基づいて、戦後の民主国家建設を地域社会から担う拠点として公民館構想を提起した点である。第二に、公民館が施策として具体化されていく中で、公民館論の体系化とも一体となりながら、寺中の論は、住民自治や地域振興と結びつくような「生活の場としての地域社会の振興」を基調とした公民教育論として深化し、こうした特徴を基底にすえた社会教育観を形成させていった点である。第三に、寺中が、講壇的立場から主にポリティーク的発想に基づいて公民教育論を展開した関口・前田の潮流の上に、公民教育の振興を地域社会における社会教育の構想（公民館構想）と結びつけ、そして、実践的立場から主にペダゴギーク的発想に基づいて公民教育論を展開した田澤・下村の潮流の上に、実践教育、相互教育、綜合教育といった教育方法、教育内容の視点から公民教育論の体系化を図っていったように、二つの潮流の上に寺中による公民館発想とその論理は位置づいていたという点である。そして第四に、戦前的な公民教育をその重層的な構造を内在させながら受け止めつつ、戦後に生み出された公民館構想には、コミュニティ的価値と国家的価値とが相互浸透的な関係をとりながら内在していたように、個人が生活者としての民衆として、国家と、地域社会（コミュニティ）を媒介としながら相互に浸透し合う関係で位置づいており、公民館構想を中心とする戦後初期社会教育は、これまで長く定説とされてきた、国家が民衆を一方的に教化する戦前の官府的民衆教化の継承という特徴で、捉えられないという点である。

　こうして、第1章から第6章の検討を通じて、国民国家が農村共同体を基盤とした地域社会の振興と結びつきながら形成されていった日本においては、そこで重視された公民教育の論理は、国家と民衆の関係が二項対立的に位置づけられるものではなく、地域共同体を媒介としながら相互に浸透し合う関係を含んだものとして捉え直され、こうした構造が、公民教育の振興とも結びつきながら組織化が図られていった地域社会の振興を基調とする社会教育、特にその具現化でもある戦後の公民館構想に反映されていたことが明らかになったといえる。

終　章　本書のまとめと今後の課題　*361*

　近代日本の社会教育史を捉える構図として、長らく定着してきた、支配的階級による上からの国民教化と、それに抵抗する民衆の自己教育運動という二項対立的な枠組みによって、戦前社会教育史において、民衆は国家によって教化される存在であるとともに、国家に抵抗する存在として捉えられてきたが、こうした枠組みは、戦後の社会教育史を捉える際にも反映されてきたといえる。

　近年、教化される側の農民の主体的な学習活動の解明、上からの教化と下からの自己教育運動を合流・混在させて捉える視点の提起によって、この枠組みは見直されつつあるが、本書において、社会教育を規定してきた公民教育の重層的な構造に着目することを通じて、国家と民衆が相互に浸透し合う関係を有していたことが明らかにされた。このことは、社会教育は、戦前 ─ 戦後、または軍国主義・国家主義・ファシズム ─ 民主主義・住民自治という二項対立的な構図で捉えられるものではなくて、こうした特徴が重層的・相互浸透的に絡み合いながら構想されたものであったことを示唆している。したがって、従来の二項対立的な枠組みに基づく社会教育史観は、次のように再解釈される必要がある。

　それは、公民館構想を中心とした戦後初期社会教育観の特徴は、二項対立的な把握に基づいた、国家が民衆を一方的に教化するような戦前の官府的民衆教化の継承ではなく、戦前の公民教育を継承しながら、個人が生活者としての民衆として、地域社会を媒介としながら、国家と相互に浸透し合う関係で位置づいていたものとして、捉え直されるというものである。

　また、本書で明らかにされた知見は、近年の国民国家の揺らぎの中で注目されている市民性教育をめぐる議論を、個人と国家の二項対立的な把握を前提に行うのではなくて、日本の歴史的文脈もふまえつつ、個人と国家が相互に浸透する関係を含んだものとして捉え直して行っていく上での示唆ともなり得る。国民国家の形成と公民教育をめぐる歴史的展開の中で、町内会や青年組織等の地域の組織は、公民教育としての社会教育として位置づき、地域社会における人々が、生産活動や生活の再建を行っていく上での基礎としての機能を有してきた。そうした特徴は、戦後の公民館構想にも継承され、さらには、地縁的な仕組みや組織はかつてに比べれば弱体化しつつも、NPO 等の新しい地域の組織とも共存しながら、現在においても一定の機能を果たしている。したがって、市民性教育をめぐる議論は、学校教育における社会科・公民科を中心とした立憲的知識の涵養や、

権利・義務観念の涵養などの議論だけにとどめずに、個人と国家の相互浸透的な関係が形成されていく上での媒介項となる、地域社会における生活者として暮らす人々の教育・学習活動にも着目して、つまり社会教育の観点も十分にふまえて行っていく必要があるといえる。

B　今後の課題

　しかし、本書においては残された課題も少なくない。「公民教育としての社会教育」研究を深めて、社会教育史観を再構築していく上では、以下の三点についてさらに探求していく必要がある。

　第一が、戦後改革期に、日本的民主主義の考え方を示していた戦前自由主義的知識人たちが、いかにして、国体概念を消失させていったのかということである。本書においては、日本的民主主義という視点によって、戦前と戦後の彼らを結びつけつつも、彼らが、天皇の人間宣言、戦後の新憲法などの「戦後的秩序」をいかに受容して、国体観念を消失させていったのかという点についての掘り下げた検討は、十分になされたとはいえない。この点に関しては、彼らの戦前から戦後の言説をさらに丹念に分析していく必要があるとともに、米国の市民性教育と日本の公民教育がどのように交錯していったのかという観点もふくめて考えていく必要がある。

　第二が、地域社会に生きる民衆としての公民に着目して、民衆と国家の相互浸透関係という課題にさらにせまっていくことである。日本の場合、広く知られているように、伝統的な地域の民衆教育と学校に代表される近代公教育とが相互に浸透しながら、社会教育が歴史的に形成されてきたという特徴がある。前者は、青年団や選挙粛正団体に代表されるように、地域社会における生活・生産・教育と関わる自主的で実践的な組織が、社会教育団体として半官半民化（官製化）していった過程に、後者は、実業補習学校や青年学校に代表されるように、中等教育段階における学校教育の代位としての青年大衆教育として整備されていった過程に、その組織化をみることができる。この二つの潮流のうち、政府によって国民国家の強化が図られていく上で、教化団体として国民教化網に組み込まれていった前者の地域の民衆教育は、「上からの社会教化」と「下からの民衆の実態

的な社会教育活動」の結節点としての側面をもっており、この課題にせまっていく上でも重要な位置をしめる。

　その意味では、本書において取り上げた各論者たちが関わった民衆教育としての実践に着目する必要がある。それらは、青年教育として田澤と下村によって主導された青年団講習所の実践、労働者教育として田澤が企図した労務者講習会や社会政策学院の実践、政治教育として田澤や前田によって展開された選挙粛正運動と関わる実践と豊富に存在している。これまで本格的に分析されてこなかったこれらの実践にせまっていくことで、彼らが提起しようとした「民衆としての公民」の実像にせまっていけるものと思われる。

　そして、こうした「民衆としての公民」の探求は、民俗学者の大塚英志が提起する、柳田國男民俗学において昭和初期に束の間に出現した「公民の民俗学」とは何かという課題とも連なる。大塚によれば、昭和初期に柳田が、民主主義システムの中で、他者と交渉しながら共通の価値観である「公共」を立ち上げていく存在として「公民」という言葉を用いているが、それは、自分のことばと思考を持った「個人」としての有権者の意味であり、近代の中で作られた「伝統」に身を委ねず、それぞれが違う「私」たちと、しかし共に生きうるためにどうにかこうにか共存できる価値を創るための唯一の手段という意味で、単純な全体主義へとつながらないものであったとされる[4]。

　第三が、戦前社会教育史に対する教育観・学習観を捉え直すことである。日本の場合、地域共同体を媒介とした公民育成としての社会教育という側面が強いので、道徳主義、生活主義を基調とした社会教化的なものであったのは事実として認識する必要があるが、その特徴は、反知識主義的、非科学的で、非政治化につながるものであったという観点でのみ捉えられるのであろうか。

　この点に関しては、少なくとも本書で取り上げてきた論者たちは、必ずしもそうした特徴によって捉えきれないことは浮き彫りになったといえる。それは、関口が、研究や討議を通じて批判的思考や判断力を涵養していくという政治教育的な方法による公民教育を重視し、蝋山が公正で科学的な公民教育の必要性を説き、田澤が、一人一研究の奨励に見られるように、生活と科学を結びつけた公民教育を重視したことなどにも端的に示されている。このことを実証し、上記のような教育・学習観を捉え返していくためには、彼らが関わった実践の詳細な分析

が重要となる。

　その意味で、この課題と関わって注目されるのが、鈴木健次郎が田澤の青年団論と郷土論を、「生活（経験）の裏づけをもった知識の形成」という観点から教育学的に捉え返している点である。今後、鈴木の教育論及び教育実践について詳細な検討を行うとともに、鈴木が、田澤や下村、さらに寺中との関係において、どのように捉えられるのかについてさらなる考察を行っていく必要がある。

365

注

序章

1)　学校以外の教育、社会における教育の呼称は、成人教育、継続教育、コミュニティ教育など各国によって様々であるが、本書においては、日本で定着してきた「社会教育」という用語で統一している。

2)　"citizenship education" の訳語として、そのまま「シティズンシップ教育」が使用されることも多いが、本論文においては、市民性教育という用語を使用している。

3)　小玉重夫『シティズンシップの教育思想』白澤社、2003、p.109。

4)　「公民教育」『日本第百科全書9』小学館、1986、p.39。

5)　鬼頭清明「国民国家を遡る」歴史学研究会編『国民国家を問う』青木書店、1994、pp.239-240。

6)　小玉、前掲、p.109。

7)　『広辞苑 第六版』岩波書店、2008、p.991。

8)　同上、p.965。

9)　同上、p.991。

10)　同上、p.965。

11)　斉藤利彦「地方改良運動と公民教育の成立」『東京大学教育学部紀要』第22巻、1982、p.171。松野修『近代日本の公民教育 ― 教科書の中の自由・法・競争 ―』名古屋大学出版会、1997、p.1。

12)　『教育学用語辞典 第三版』学文社、1995、p.101。

13)　ただし、「公民」、「公民教育」という用語が全く使用されなくなったわけではない。学校教育における教科として、中学校社会科における公民的分野、高校における公民科、社会教育施設としての公民館など、現在でも一定程度は使用されている。

14)　川本宇之介『デモクラシーと新公民教育』中文館書店、1921、pp.437-439。(小川利夫監修『社会教育基本文献資料集成VI 社会教育理論の形成と展開 (公民教育論) ⑧』第19巻、大空社、1992に所収)

15)　篠原一『市民の復権』中央法規、1983、pp.10-11。佐伯啓思『「市民」とは誰か ― 戦後民主主義を問いなおす』PHP研究所、1997、p.155。

16)　岡野八代『シティズンシップの政治学 ― 国民・国家主義批判』白澤社、2003、p.14。

17)　平田利文「公民教育とシティズンシップ」日本公民教育学会編『公民教育事典』第一学習社、2009、p.42。

18)　斉藤、前掲、p.176。

19)　春山作樹「成人に対する公民教育」『岩波講座 教育科学』第1冊、1931、p.4。(『社会教育基本文献資料集成』第18巻、1992、大空社に所収)

20)　小川利夫・橋口菊・大蔵隆雄・磯野昌蔵「わが国社会教育の成立とその本質に関する一考

察（一）─地方自治と社会教育─」『教育学研究』第 24 巻 4 号、1957。

21）　田子一民『小学校を中心とする地方改良』白水社、1916、p.30。

22）　中田実『地域共同管理の社会学』東信堂、1993、p.62。岩崎信彦ほか編『増補版 町内会の研究』御茶の水書房、2013、p.6。

23）　こうした日本の立憲主義について、立憲君主制とみなすかどうかは、大日本帝国憲法の解釈をめぐっても多様な見解があるため、本研究においても、立憲君主制という用語は使用せずに、「天皇制と立憲主義を共存させていた」という表現を使用している。なお、この点に関わって、大日本帝国憲法では、人権や自由の保障よりも、旧体制の温存が重視されており、権利は恩恵的な性質のものと位置づけられていることから、外見的立憲主義による憲法と呼ばれることもある。樋口陽一『比較憲法』（現在法律学全集 36）青林書院、1992、全訂第 3 版、p.83。

24）　国立教育研究所編『日本近代教育百年史 第八巻 社会教育（2）』文唱堂、1974、pp.1101-1102。

25）　森口兼二は、英国の 1919 年レポート、米国のアメリカナイゼーション、革命後の中国の成人政治教育など諸外国の動向を例にあげて、この時期の社会教育において、市民としての責任と自覚を涵養する公民教育が重視されていたという共通項を見出している。森口兼二「社会教育の本質」森口兼二編『社会教育の本質と課題』松籟社、1989、p.16。

26）　日本において、社会教育の施設・機関が本格的に普及するのは戦後以降であり、それが、戦前日本における社会教育の特徴の一つとして、非施設・教化団体中心性があげられる所以である。しかし、明治末期から大正期中頃に、社会教育の組織化が進行していく中で、図書館に関しては一定程度普及し、図書館がもつ教育的役割も重視されるようになっていったように、戦前日本においても、施設・機関としての社会教育の組織化の系譜は不安定ながらも存在していたことは確認できる。山梨あや『近代日本における読書と社会教育─図書館を中心とした教育活動の成立と展開─』法政大学出版局、2011。また、図書館のような制度的基盤をもたないものの、施設を通じて社会教育を行うという発想が、生活問題や社会問題と関わって、都市や農村の中で立ち現われ、学校施設借用、都市公営セツルメント、労働者教育施設、農村公会堂など様々な形態での地域社会教育施設が模索され、それが戦後の公民館へと継承されていったことも確認できる。出所祐史『地域社会教育施設の歴史的研究─公民館への継承と断絶─』明治大学大学院文学研究科博士論文、2014。

27）　勝田守一「戦後における社会科の出発」『岩波講座 現代教育学 12 社会科学と教育 I』岩波書店、1961、p.41。

28）　小川利夫「現代社会教育思想の生成─日本社会教育思想史研究序説─」小川利夫編『現代社会教育の理論』（講座現代社会教育 I）亜紀書房、1977。松田武雄『近代日本社会教育の成立』九州大学出版会、2004。

29）　碓井正久「社会教育の概念」長田新監修『社会教育』（教育学テキスト講座第 14 巻）御茶の水書房、1961、pp.37-39。

30)　小川利夫「歴史的イメージとしての公民館 ― いわゆる寺中構想について ― 」『現代公民館論』（日本の社会教育第 9 集）東洋館、1965。

31)　碓井正久「戦後社会教育観の形成」碓井正久編『戦後日本の教育改革 10 社会教育』東京大学出版会、1971、pp.8-10。

32)　務台理作「教育の目的」宗像誠也編『教育基本法 ― その意義と本質』新評論、1966。牧野篤「方法としての国民について ― 教育基本法の解釈のために／試論 ― 」『教育学研究』第 68 巻第 4 号、2001 年 12 月。

33)　鬼頭、前掲、pp.239-240。

34)　宮坂広作『近代日本社会教育政策史』国土社、1966。

35)　藤田秀雄「『民主化』過程の社会教育」碓井編、前掲、『戦後日本の教育改革 10 社会教育』。

36)　堀尾輝久は、「独占＝帝国主義段階において必然化する労働者階級を中心とする自主的教育運動（労働者の自己教育運動）を、権力〔資本〕の側から対抗的に捕捉するための組織、として社会教育の本質をとらえることができよう。……（中略）……労働者大衆の自己教育がこのデモクラシーを実質的に支えているとすれば、社会教育は、デモクラシーの形式化・空洞化の役割を果たしているといえよう」と述べている。堀尾輝久『現代教育の思想と構造』岩波書店、1971、pp.116-117。

37)　小堀勉編『講座 現代社会教育 III 欧米社会教育発達史』亜紀書房、1978、p.10。

38)　笹川孝一「戦後初期社会教育行政と『自己教育・相互教育』」碓井正久編『日本社会教育発達史』亜紀書房、1980、p.262。

39)　大平滋「戦後自己教育論の展開」大槻宏樹編『自己教育論の系譜と構造』早稲田大学出版部、1981、p.115。

40)　手打明敏『近代日本農村における農民の教育と学習 ― 農事改良と農事講習会を通して ― 』日本図書センター、2002。

41)　松田、前掲。

42)　同上、p.357。

43)　倉内史郎『社会教育の理論』（教育学大全集 7）第一法規、1983。

44)　同上、pp.16-17。

45)　同上、pp.26-27。

46)　同上、p.180。

47)　新海英行編『現代社会教育史論』日本図書センター、2002、pp.2-3。

48)　松田武雄「社会教育史研究の課題と展望 ― 社会教育の概念と研究方法論に焦点づけて ― 」日本教育史研究会編『日本教育史研究』24 巻、2005、p.55。

49)　同上、p.39。

50)　渡邊洋子「公民教育における『中間指導者』の意義と役割 ― 天野藤男を一事例として ― 」『日本社会教育学会紀要』第 24 巻、1988、pp.56-65。

51)　亀口まか「河田嗣郎の公民教育論におけるジェンダー平等思想」『日本社会教育学会紀要』

第 49 巻 1 号、2013 年 2 月、pp.21-30。

52)　例えば、宮坂広作「中等学校における公民科の成立過程」国民教育研究所編『全書国民教育 3 教科の歴史』明治図書、1968。

53)　例えば、中野重人「わが国における公民科教育の史的研究 — 実業補習学校における公民科の成立 — 」『宮崎大学教育学部紀要 社会科学』第 30 号、1971。

54)　堀尾輝久「《公民》および公民教育について」『教育学誌』第 1 号、牧書店、1957。

55)　勝田守一「公民教育」『勝田守一著作集 第 1 巻 戦後教育と社会科』国土社、1972、pp.117-123。初出は「公民教育」『教育学辞典 第二巻』平凡社、1955。

56)　斉藤利彦「日本公民教育の歴史と構造（その一）— 序論・第一章 — 」『学習院大学文学部研究年報』第 32 巻、1985、p.273。

57)　斉藤利彦「公民科教育史研究序説 — 歴史 – 教授学的方法の諸課題をめぐって — 」『東京大学教育学部教育史・教育哲学研究室紀要』第 8 号、1982、pp.18-19。

58)　同上、pp.18-19。

59)　同上、p.30。

60)　同上、p.29-31。

61)　斉藤、前掲、「日本公民教育の歴史と構造（その一）— 序論・第一章 — 」、p.273。

62)　松野、前掲。

63)　森口繁治（1890-1940）は、森口兼二京都大学名誉教授の父にあたり、京都帝国大学で法律学を教授していたが、1933（昭和 8）年 5 月の滝川事件（京大法学部滝川幸辰教授の自由主義思想を理由とする免官処分と、それに抗議して学問の自由と大学の自治擁護を主張した同学部教授団と学生らによる抗議運動）のさいに、京大を辞職している。

64)　森口、前掲、pp.16-18。

65)　同上、p.21。

66)　松野、前掲、p.8。

67)　成瀬治『近代市民社会の成立 — 社会思想史的考察 — 』東京大学出版会、1984、p.2。

68)　笠間賢二『地方改良運動期における小学校と地域社会 — 「教化ノ中心」としての小学校 — 』日本図書センター、2003、p.20。

69)　斉藤、前掲、「公民科教育史研究序説 — 歴史 – 教授学的方法の諸課題をめぐって — 」、p.31。

70)　松田、前掲、「社会教育史研究の課題と展望 — 社会教育の概念と研究方法論に焦点づけて — 」、p.44。

71)　植原孝行「寺中構想と関口泰の公民教育 — 寺中は関口から影響を受けたか — 」『社会教育学研究』第 2 号、秋田大学大学院教育学研究科社会教育学研究室、1993、pp.10-11。

72)　寺中作雄「公民館構想のころ」『社会教育』1966 年 7 月号、全日本社会教育連合会、p.43。

73)　斉藤、前掲、「公民科教育史研究序説 — 歴史 – 教授学的方法の諸課題をめぐって — 」、p.31。

74) 碓井、前掲、「戦後社会教育観の形成」、pp.10-11。

75) 松田武雄によれば、青年団史に関する研究は、社会教育史において最初に着手され、青年
団自主化運動の中心となった下伊那地域の研究や、山本瀧之助、田澤、下村といった青年団
指導者の人物研究などが行われたが、その後、歴史学、政治史や民俗学などの学問分野にお
いても本格的に研究がなされるようになったとされる。松田、前掲、「社会教育史研究の課題
と展望 ― 社会教育の概念と研究方法論に焦点づけて ― 」、p.51。

76) 小川、前掲、「歴史的イメージとしての公民館 ― いわゆる寺中構想について ― 」、p.21。
その後、末本誠と上野景三は、田澤の公民教育論を軸とした青年集会所の構想や、田澤の青
年指導論を受けついた下村による協同生活訓練など、青年団指導者たちの教育実践を施設構
想の観点から位置づけている。末本誠・上野景三「戦前における公民館構想の系譜」横山宏・
小林文人編『公民館史資料集成』エイデル研究所、1986、pp.755-766。

77) 実際に多くの先行研究において、川本の社会教育論が、公民教育論とも関係づけながら考
察されてきた。平田勝政「昭和戦前期における川本宇之介の公民教育論と特殊教育」『長崎大
学教育学部教育科学研究報告』第 39 号、1990。松田武雄「川本宇之介における社会教育概念
の形成過程 ― 『教育の社会化と社会の教育化』論から成人教育・自己教育としての社会教育
論へ ― 」『埼玉大学紀要 教育学部 (教育科学Ⅱ)』第 45 巻第 1 号、1996。石原剛志「川本宇
之介の公民教育論の形成と展開 ― 1920 年代における展開を中心に ― 」名古屋大学大学院教
育発達科学研究科社会・生涯教育学研究室『社会教育学研究年報』第 15 号、2001。

78) 笹川、前掲論文。大平、前掲論文。

79) 実際に、戦前においても、政治改革、国民の政治参加や立憲政治と結びついた公民教育の
あり方も、政治学者、評論家らによって多く提起されていた。それらを堀尾輝久は「昭和初
期における、学者による公民教育への要求ないし発言は、……（中略）……現実の政治の腐
敗、選挙の腐敗への攻撃と並行していた。しかし政治当局者にとってこれはあくまで付け足
しの、表面的な理由に過ぎない。……（中略）……比較的リベラルな学者達による公民教育
の主張も究極においてこれに利用され或は奉仕したといえる」と捉えている。堀尾、前掲、
「《公民》および公民教育について」、p.145。しかし、堀尾がいうリベラルな学者達は単純に政
府に利用され奉仕していったわけではなく、そこには様々な葛藤過程があったはずである。

80) 小川利夫・松田武雄「社会教育における公民教育論」小川利夫・新海英行編『近代日本社
会教育論の探求 ― 基本文献資料と視点 ― 』大空社、1992、pp.213-214。

81) 『岩波講座 教育科学 第 9 冊』（1932 年）所収の「政治教育の問題シンポジウム」中の大島
正徳「政治教育」、pp.4-5。

82) 眞田幸憲「公民教育学」『岩波講座 教育科学 第 18 冊』1933、p.17。

83) 上原専禄「国民形成の教育 ― 『国民教育』の理念によせて ― 」『岩波講座 現代教育学 4』
岩波書店、1961、pp.316-320。

84) 小川・松田、前掲、pp.213-217。

85) 同上、p.220。

370

86)　春山作樹「社会教育概論」『岩波講座 教育科学 第 15 冊』1932、p.7。

87)　『小川利夫社会教育論集第二巻 社会教育の歴史と思想 ― 社会教育とは何か ― 』亜紀書房、1998、pp.271-272。（初出は、小川利夫「現代社会教育思想の生成 ― 日本社会教育思想史序説 ― 」小川利夫編『現代社会教育の理論』亜紀書房、1977）

88)　小川・松田、前掲、p.217。

89)　松田、前掲、「社会教育史研究の課題と展望 ― 社会教育の概念と研究方法論に焦点づけて ― 」、pp.50-51。

90)　松野、前掲、pp.13-17。

91)　なお、勝田守一も、戦前日本の公民教育において、近代的市民としての性格を完全にぬきとってしまった契機として、1937（昭和 12）年の「公民科教授要目」の改訂をあげている。勝田によれば、改正では、「我ガ国体及国権ノ本義特ニ肇国ノ精神及憲法発布ノ由来ヲ知ラシメテ以テ我ガ国統治ノ根本観念ノ他国ト異ル所以ヲ明ニシ之ニ基キテ……」とあるように反動的な後退を示し、「公民」は「皇民」と解すべきであるという意見もあがったとされている。勝田、前掲、「公民教育」、p.416。

92)　国立教育研究所編『日本近代教育百年史 第七巻 社会教育（1）』文唱堂、1974、総説 pp.20-26。なお、総説は吉田昇が執筆している。

93)　前掲、『小川利夫社会教育論集第二巻 社会教育の歴史と思想 ― 社会教育とは何か ― 』、p.103。

94)　栗原彬・佐藤学「教育の脱構築：国民国家と教育」『現代思想』24 巻 7 号、1996 年 6 月、青土社、pp.62-63。

95)　この点に関わって注目されるのが大内裕和の研究である。大内は、戦時期において広がりを見せていた近代的教育思想が、戦時総動員体制と結びつく形で当時の教育政策・教育制度の改革を推進し、戦後の合理的・平準的な教育制度を準備していたことを明らかにしている。大内裕和「教育における戦前・戦時・戦後 ― 阿部重孝の思想と行動 ― 」山之内靖／ヴィクター・コシュマン／成田龍一編『総力戦と現代化』柏書房、1995。

96)　宮原誠一『教育と社会』金子書房、1949。

97)　小川利夫『社会教育と国民の学習権』勁草書房、1973。

98)　なお、戦後直後に公民科を設置しようとした構想については、公民教育構想と呼ばれることもあるが、公民教育構想が「教科のレベルをこえた社会教育をも視野にいれた教育構想としての全体性を有していた」こともふまえ、本書においては、公民科構想と表記している。外山英昭「『公民教育構想』と社会科」『山口大学教育学研究論叢』第 27 巻第 3 部、1977。

第 1 章

1)　斉藤利彦によれば、確かに、公民教育は大正期以降に一大教育思潮を形作っていったが、それは、政策側が公民教育を体制化し、その制度化・組織化を開始した時期というべきものであり、実際には、明治 20 年代頃から、公民教育の必要が唱えられ、その概念化は進められ

ていたとされる。斉藤、前掲、「日本公民教育の歴史と構造（その一）―序論・第一章―」、p.270。

2) 牧原憲夫『客分と国民のあいだ―近代民衆の政治意識―』吉川弘文館、1998、pp.232-233。

3) 斉藤、前掲、「日本公民教育の歴史と構造（その一）―序論・第一章―」、p.278。

4) 青木一ほか編『現代教育学事典』労働旬報社、1988、p.396。

5) 若生剛「明治期の公民教育」、前掲、『公民教育事典』、p.188。

6) 斉藤、前掲、「日本公民教育の歴史と構造（その一）―序論・第一章―」、pp.295-297。

7) 同上、pp.313-316。

8) 松野、前掲、p.174。

9) 土屋直人「法制及経済」、前掲、『公民教育事典』、p.191。

10) 牧原、前掲、pp.7-9。

11) 牧原憲夫『民権と憲法 シリーズ日本近現代史②』岩波書店、2006、pp.24-29。

12) 同上、pp.189-190。

13) 大森照夫・森秀夫「わが国における公民科成立の過程と成立後の展開」『東京学芸大学紀要』〈第3部門〉第20集、1968、p.120。若生、前掲、p.189。

14) 大森・森、同上、pp.121-122。

15) 『大日本青少年団史』〈近代社会教育史料集成4〉復刻版、不二出版、1996、pp.7-10。（原版は1970年に日本青年館より）

16) 若生、前掲、p.189。

17) 永田忠道「大正期の公民教育」、前掲、『公民教育事典』、p.192。

18) 山崎高哉によれば、乙竹岩造が、雑誌『教育学術界』を通じて、ケルシェンシュタイナーの教育思想を本格的に紹介したとされる。山崎高哉『ケルシェンシュタイナー教育学の特質と意義』玉川大学出版部、1993、p.536。

19) 藤沢法暎『現代ドイツ政治教育史』新評論、1978、pp.24-40。

20) 日本現代史研究会編『1920年代の日本の政治』大月書店、1984年所収の「シンポジウム・日本の1920年代」、p.73。

21) 木村正義「公民教育概論」文部省実業学務局編『公民教育講演集』1925、p.18。

22) 同上、p.20。

23) 山崎裕美「1920年代における文部省の公民教育論」『法学会雑誌』首都大学東京・東京都立大学法学会、第49巻第2号、2008年7月、pp.369-370。

24) 笹尾省二「1920年代実業補習学校と公民教育―木村正義の公民教育論を中心に―」『日本社会教育学会紀要』第25巻、1989、p.23。

25) 前掲、『大日本青少年団史』、pp.7-8。

26) 山崎高哉、前掲、p.555。

27) 永田、前掲、p.192。

28）　山崎裕美、前掲、pp.397-398。

29）　文部省実業学務局編纂『公民教育講演集』1924。

30）　文部省普通学務局・実業学務局編纂『公民教育体系 ― 昭和 7 年度夏期講習会講演集 ―』文部省構内社団法人帝国公民教育協会、1932。

31）　松野、前掲、p.236。

32）　斉藤利彦「『大正デモクラシー』と公民科の成立 ― 文部省少壮官僚の公民科論 ―」日本教育史研究会編『日本教育史研究』第 2 号、1983、pp.91-92。

33）　前掲、『岩波講座 教育科学 第 9 冊』、p.6。

34）　春山作樹「公民科を活かす方法」『教育』1935 年 10 月、p.29。

35）　板橋孝幸「昭和前期（第二次世界大戦前）の公民教育」、前掲、『公民教育事典』、pp.194-195。

36）　小川、前掲、『現代社会教育の理論』、pp.148-159。

37）　橋口菊「社会教育の概念」小川利夫・倉内史郎編『社会教育講義』明治図書、1964、pp.36-37。

38）　玉野和志『近代日本の都市化と町内会の成立』行人社、1993、p.2。

39）　前掲、『日本近代教育百年史 第七巻 社会教育（1）』、pp.1102-1109。

40）　前掲、『日本近代教育百年史 第八巻 社会教育（2）』、pp.445-446。

41）　石田雄『明治政治思想史研究』未来社、1954、p.181。

42）　木全清尚「選挙粛正運動、その足跡（上）」『選挙時報』1993 年、第 42 巻 7 月号、p.3。

43）　普通選挙による有権者数の激増から投票買収は困難となり、選挙腐敗は一掃されると予想されていたが、実態は、それまでの府県会議員や町会議員といった名誉職によって行われていた買収が、初の普通選挙である第 16 回総選挙（1928 年 2 月 20 日施行）以降は、後援会に代表される、候補者を中心とした政治団体が投票買収の主体となり、選挙ブローカーの活動も活発化し、投票買収はより組織的で大規模に行われるようになったとされる。黒澤良「政党政治転換過程における内務省 ― 非政党化の進行と選挙粛正運動 ―」『法学会雑誌』首都大学東京・東京都立大学法学会、第 35 巻第 1 号、1994、pp.373-374。

44）　黒澤、同上、p.379。

45）　柚正夫『日本選挙制度史 ― 普通選挙法から公職選挙法まで ―』九州大学出版会、1986、pp.117-129。

46）　同上、pp.184-189。

47）　木全、前掲、pp.3-5。

48）　青年学校は、小学校卒業後 20 歳までの勤労青年を対象とした教育機関で、普通科（修業年限 2 年）、本科（男子 5 年、女子 3 年）、研究科（1 年）、専修科を置き、修身及公民科、普通学科、職業科、家事及裁縫科（女子のみ）、体育科、教練科（男子のみ）の教授・訓練を行い、1938（昭和 13）年には義務化された。義務化は初等教育の延長としての中等教育義務化の実現ではあったが、青年学校はそもそも社会教育局所管で、高等教育機関との接続もなかっ

注　*373*

たので、複線型学校体系を固定化する機能も果たしたといえる。なお、青年学校は、終戦とともに事実上消滅状態になり、1947（昭和22）年、新制中学校の発足とともに廃止された。前掲、『現代教育学事典』、p.483。

49)　日本公民教育学会編『公民教育の理論と実践』第一学習社、1992、p.39。

50)　山崎裕美、前掲、p.398。

51)　木村勝彦「修身と公民」、前掲、『公民教育事典』、p.199。

52)　板橋、前掲、pp.194-195。

53)　中田實・山崎文夫・小木曽洋司『地域再生と町内会・自治会』自治体研究社、2009、p.21。

54)　文部省『成人教育関係講座実施概要』（昭和15年度）、p.11。

55)　前掲、『日本近代教育百年史 第八巻 社会教育（2）』、pp.437-439。

56)　同上、p.446。

57)　須崎慎一「選挙粛正運動の展開とその役割」歴史科学協議会編集『歴史評論』No.310、1976年2月、校倉書房、p.51。

58)　山崎裕美「女性の政治参加と選挙粛正運動 ― 国民教化の側面から ―」『法学会雑誌』首都大学東京・東京都立大学法学会、第48巻第2号、2007年12月、p.376。

59)　枏正夫『日本選挙啓発史』（財）明るく正しい選挙推進全国協議会、1972、pp.229-233。

60)　須崎、前掲、p.47。

61)　同上、p.46。

62)　山崎裕美、前掲、「女性の政治参加と選挙粛正運動 ― 国民教化の側面から ―」、p.371。

63)　文部省社会教育局内成人教育研究会編『新しい政治教育』（成人教育シリーズ）文部省社会教育局長寺中作雄監修、1955、p.36。大森照夫『社会科基本用語辞典』明治図書、1973、pp.30-31。前掲、『日本近代教育百年史 第八巻 社会教育（2）』、pp.297-298。

64)　龍山義亮「現下公民教育上の諸問題」『公民教育』公民教育協会、1939年3月号、p.19。

65)　黒澤英典「雑誌『公民教育』の検討 ― 戦前・戦中の公民教育の軌跡 ―」「公民教育」刊行委員会編『「公民教育」総索引・目次・解説』雄松堂出版、1995。

66)　牧原、前掲、『民権と憲法 シリーズ日本近現代史②』、はじめにix。

67)　阿部斉ほか編『現代政治学小辞典（新版）』有斐閣、1999、p.319。猪口孝ほか編『政治学事典』弘文堂、2000、p.779。宮沢俊義『天皇機関説事件（上）』有斐閣、1970、pp.6-7、pp.60-61。

68)　小山常実『天皇機関説と国民教育』アカデミア出版会、1989、p.7。

69)　牧原、前掲、『客分と国民のあいだ ― 近代民衆の政治意識 ―』、p.230。

70)　栗原・佐藤、前掲、p.70。ちなみに国民学校のモデルは、すでに植民地教育としての「皇国臣民の教育」を政策として実施していた朝鮮総督府から逆輸入されたものであったとされる。栗原彬「教育とは何か ― または育つ権利の擁護 ―」井上俊ほか編『岩波講座 現代社会学12 こどもと教育の社会学』岩波書店、1996、p.185。

71)　林宥一『「無産階級」の時代 ― 近代日本の社会運動 ―』青木書店、2000、pp.180-190。

374

72) 同上、pp.201-202。

73) 黒澤良、前掲、p.390。

74) 杣、前掲、『日本選挙制度史 ― 普通選挙法から公職選挙法まで ―』、p.198。

第2章

1) 以下、関口の経歴は、主に次の文献を参照している。駒田錦一「関口泰」全日本社会教育連合会編『社会教育論者の群像』1983、pp.201-211。

2) 関口の政治論に関する数少ない研究として、今井清一によるものがある。今井は、関口が『社会及国家』に執筆した論稿を中心に、1923（大正 12）年頃までの関口の政治論の変遷過程を分析している。今井清一「関口泰の政治評論（上）」『横浜市立大学論叢』第 23 巻、社会科学系列第 3・4 号、1972。

3) 戦後、関口が晩年に学長を務めた横浜市立大学において、歴史学者の遠山茂樹が、関口の教育論をテーマに最終講義（1979 年 1 月 23 日）を行っているが、その際に、1930（昭和 5）年の『公民教育の話』のなかで、関口の教育論の全貌が体系的に述べられていて、その後の関口の教育に対する考え方の骨格が示されていることを指摘している。遠山茂樹教授横浜市立大学最終講義『関口泰の大学論』1979 年 1 月 23 日。

4) 関口の教育論に関する研究は数少ないが、それらにおいても、『公民教育の話』の分析に圧倒的に重きが置かれている。遠山茂樹「関口泰の教育論〈その素描〉」『経済と貿易』横浜市立大学経済研究所、No.127、1979 年。植原、前掲、「寺中構想と関口泰の公民教育 ― 寺中は関口から影響を受けたか ―」。

5) 関口泰『公民教育の話』朝日新聞社、1930、pp.46-49。

6) 同上、pp.39-41。

7) 同上、pp.42-43。

8) 同上、p.21。

9) 同上、p.7。こうした認識は同時代の他の論者にもみられる。春山作樹も、明治以降、地方自治が敷かれ議会政治が行われるようになったものの、制度を正しく運用するための訓練が十分に行われてこなかったことを批判的に捉えている。春山作樹「公民教育」『岩波講座 教育科学 第 1 冊』1931、pp.4-5。（小川利夫監修『社会教育基本文献資料集成Ⅵ 社会教育理論の形成と展開（公民教育論）⑦』第 18 巻、1992、大空社に所収）

10) 関口、同上、p.10。

11) 同上、pp.13-15。

12) 同上、pp.18-20。

13) 木村正義『公民教育』冨山房、1925、p.75。

14) 関口、前掲、pp.56-57。

15) 同上、p.11。

16) 同上、pp.74-76。

17) 同上、p.94。

18) 同上、p.99。

19) 同上、pp.99-100。

20) 同上、pp.100-101。

21) 同上、p.102。

22) 同上、p.102。

23) 同上、p.108。

24) 同上、p.110。

25) 同上、p.112。

26) 同上、pp.122-125。

27) 同上、p.143。

28) 同上、pp.145-146。

29) 同上、p.149。

30) 同上、pp.156-157。

31) 同上、p.163。

32) 同上、p.182。

33) 同上、p.205。

34) 同上、p.230。

35) 同上、p.234。

36) 同上、p.244。

37) 同上、pp.235-236。

38) 同上、pp.259-270。

39) 同上、pp.271-285。

40) 松田武雄『コミュニティ・ガバナンスと社会教育の再定義 ― 社会福祉教育の可能性 ―』福村出版、2014、pp.49-51。

41) 以下、蝋山の経歴は、次の文献を参照している。蝋山政道追想集刊行会（代表辻清明）『追想の蝋山政道』中央公論、1982。

42) 酒井三郎『昭和研究会 ― ある知識人集団の軌跡 ―』TBS ブリタニカ、1979、pp.162-165。

43) 馬場修一「1930 年代における日本知識人の動向 ― 第一部 昭和研究会の思想と行動 ―」『社会科学紀要』東京大学教養学部社会科学科編、19 巻、1970、p.101。

44) 近年、今村都南雄によって、蝋山の行政学の再評価がなされている。今村都南雄『ガバナンスの探求 ― 蝋山政道を読む ―』勁草書房、2009。

45) 蝋山政道『公民政治論』雄風堂書房、1931、pp.51-55。

46) 同上、pp.55-63。

47) 同上、pp.66-67。

48) 同上、pp.67-69。

49) 同上、p.75。

50) P・フルキエ著、久重忠夫訳『公民の倫理』筑摩書房、1977、pp.16-17、pp.256-257。小川・松田、前掲、p.209。

51) 城塚登「市民社会のイメージと現実」『思想』504号、1966年6月、岩波書店、p.2。

52) 蠟山、前掲、pp.11-13。

53) 同上、pp.15-20。

54) 同上、pp.20-32。

55) 同上、pp.127-128。

56) 同上、p.130。

57) 同上、p.75。

58) 同上、pp.75-76。

59) 同上、pp.2-5。

60) 同上、p.9。

61) 蠟山は、戦後改革期から1950年代における日本の教育制度の形成過程においても、国家が教育の自由の権利を認めつつ、教育を普及していくという、政治哲学や政治思想が欠如してきたと捉えている。蠟山政道『政治と教育』中央公論社、1962、pp.11-14。

62) 蠟山、前掲、『公民政治論』、p.11。

63) 辻清明『政治を考える指標』岩波新書、1960、p.10。

64) 以下、前田の経歴は、主に次の文献を参照している。『前田多門 その文・その人』東京市政調査会、1963。

65) 前田多門『山荘静思』羽田書店、1947、p.155。

66) 同上、p.197。

67) 黒澤英典『戦後教育の源流を求めて ― 前田多門の教育理念 ―』内外出版、1982。片上宗二編『敗戦直後の公民教育構想』教育史料出版会、1984。貝塚茂樹「占領期における『公民教育構想』に関する一考察 ― 前田多門の『公民教育論』を中心として ―」『道徳と教育』第273号、1991。

68) 山田規雄「前田多門の公民教育思想 ― 敗戦直後の公民教育構想に関する一考察 ―」『慶應義塾大学大学院社会学研究科紀要』67巻、2009。

69) 前田多門『国際労働』岩波書店、1927、pp.3-4。

70) 同上、pp.93-98。

71) 前田、前掲、『山荘静思』、pp.188-190。

72) 前田、前掲、『国際労働』、pp.67-68。

73) 山田、前掲、p.3。

74) 前田多門「社会政策及び社会事業」、前掲、『公民教育体系 ― 昭和7年度夏期講習会講演集 ―』。

75）　前田多門『地方自治の話』（第二朝日常識講座第六巻）朝日新聞社、1930、pp.3-4。

76）　同上、pp.4-5。

77）　同上、pp.11-13。

78）　同上、p.15。

79）　同上、pp.87-88。

80）　同上、pp.88-90。

81）　同上、pp.95-97。

82）　前田多門「都市生活と公民教育」『公民教育』帝国公民教育協会、2（10）、1932年10月、p.14。

83）　同上、pp.14-15。

84）　同上、p.15。

85）　同上、pp.15-16。

86）　以下、田澤の経歴は、主に次の文献を参照している。永杉喜輔「田澤義鋪」、前掲、『社会教育論者の群像』、pp.142-151。

87）　青年（団）教育論に関しては、以下の研究がある。永杉喜輔「日本教育のアウトサイダー — 田澤義鋪研究 — 」『群馬大学教育学部紀要 人文・社会科学編』23巻、1973。田代武博「田澤義鋪の中堅青年指導論」『九州大学教育学部紀要 教育学部門』第43集、1997。三瓶千香子「青年団運動に見る田沢義鋪の思想と実践」『生涯学習フォーラム』第2巻第1号、1998、紀尾井生涯学習研究所。萩原建次郎「近代日本思想における主体形成の論理 — 田澤義鋪を手がかりに — 」『駒沢大学教育学研究論集』第19号、2003。一方で、政治教育論に関しては、以下の研究がある。豊田伸彦「田澤義鋪の政治教育論 — 戦前政治教育研究序説 — 」『社会教育史の再検討』中央大学社会教育・生涯学習研究会論集、第1号、2001。木村勝彦「戦前における公民教育についての予備的考察 — 田澤義鋪の政治教育論と公民教育 — 」『茨城大学教育学部紀要 教育科学』52号、2003。

88）　田澤義鋪「政治教育運動の輪郭（其二）」『新政』1925年12月、p.57。

89）　田澤義鋪『政治教育講話』新政社、1926、pp.12-14。（『田澤義鋪選集』1967に所収）

90）　池岡直孝『公民教育の基本問題』文政社、1925、p.4。

91）　田澤義鋪『実業補習学校と公民教育』中央報徳会、1919、pp.257-258。（『田澤義鋪選集』1967に所収）

92）　田澤、前掲、『政治教育講話』、pp.6-11。

93）　同上、pp.2-3。

94）　文部省編『学制100年史』帝国地方行政学会、1973。

95）　番匠健一「1910年代の内務官僚と国民統合の構想 — 田澤義鋪の青年論を中心に — 」『Core Ethics』Vol.6、立命館大学大学院先端総合学術研究科、2010、p.363。

96）　松野、前掲、p.229。

97）　田澤、前掲、『実業補習学校と公民教育』、p.255。

98) 同上、pp.259-260。

99) 田澤義鋪「学校に於ける政治教育」『新政』1927 年 5 月、pp.41-42。

100) 田澤、前掲、『実業補習学校と公民教育』、pp.276-278。

101) 田澤、前掲、『政治教育講話』、pp.15-16。

102) 田澤義鋪「新政の発刊に際して」『新政』1924 年 1 月、p.2。

103) 田澤義鋪『政治教育小論』新政社、1932、pp.113-114。(『田澤義鋪選集』1967 に所収)。田澤義鋪「選挙粛正の機関を作れ」『新政』1924 年 4 月、p.1。

104) 田澤、前掲、『政治教育小論』、pp.116-117。

105) 同上、pp.119-121。

106) 田澤、前掲、『政治教育講話』、pp.53-54。

107) 田澤義鋪『青年修養論人生篇』日本評論社、1933、pp.491-492。(『田澤義鋪選集』1967 に所収)

108) 同上、pp.489-492。

109) 田澤義鋪『道の国日本の完成』日本青年館、1928、pp.86-88。(『田澤義鋪選集』1967 に所収)

110) 同上、p.89。

111) 同上、pp.96-100。

112) 田澤義鋪「二つの国民的要求の対立と其の調和」『新政』1925 年 2 月、p.3。

113) 田澤義鋪「日本文化の建設と国民性の改造」『新政』1927 年 11 月、pp.3-11。

114) 田澤義鋪「青年団教育の回顧」『教育』1936 年 7 月、p.529。(『田澤義鋪選集』1967 に所収)

115) 田澤義鋪「青年団運動の動向」『大成』1935 年 5 月、pp.53-54。

116) 田澤、前掲、「青年団教育の回顧」、p.529。

117) 田澤、前掲、「青年団運動の動向」、pp.56-57。

118) 田澤、前掲、「青年団教育の回顧」、pp.531-535。

119) 田澤義鋪記念会『田澤義鋪』1954、p.174。

120) 田澤、前掲、「青年団運動の動向」、pp.59-60。

121) 田澤義鋪『私を感激せしめた人々』新政社、1931。(『田澤義鋪選集』1967 に所収)

122) 田澤義鋪「共同研究の気運起る」『新政』1933 年 3 月、p.6。

123) 田澤義鋪「壮年団の恒久的意義と当面の任務」『壮年団』1935 年 1 月、pp.4-8。

124) 田澤義鋪『自治三則』選挙粛正中央連盟、1937、pp.183-184。(『田澤義鋪選集』1967 に所収)

125) 田澤義鋪「壮年団と政治運動」『壮年団』1936 年 7 月、p.6。

126) 木下順「日本社会政策史の探求（上）― 地方改良、修養団、協調会 ―」『国学院経済学』国学院大学経済学会、44（1）、1995 年 11 月、p.29。

127) 大原社会問題研究所編『協調会の研究』柏書房、2004、p.150、pp.168-169。花香実「協

調会の教育活動（その一）─ 日本社会教育史研究ノート ─」『国学院大学栃木短期大學紀要』3 巻、1969、p.23。

128）　田澤義鋪「協調主義の道徳的基礎」『社会政策時報』1921 年 5 月 1 日、pp.2-6。

129）　下村湖人『田澤義鋪』田澤義鋪記念会、1954、p.112。

130）　木下、前掲、pp.29-33。

131）　花香、前掲、p.23。

132）　修養団は 1906（明治 39）年に、蓮沼門三によって創立された教化団体で、勤倹努力、社会協調などをスローガンとし、青年団運動などとも結びつき展開した。田澤は、蓮沼とも交流があり、修養団の機関誌『向上』にも執筆している。木下、前掲論文、p.19。

133）　藤野豊「協調政策の推進 ─ 協調会による労働者の統合 ─」鹿野政直・由井正臣編『近代日本の統合と抵抗 3』日本評論社、1982、pp.280-281。

134）　同上、p.281。

135）　前掲、『協調会の研究』、p.150、pp.272-273。

136）　藤野、前掲、p.291。

137）　田澤、前掲、『政治教育小論』、pp.151-152。

138）　田澤義鋪「婦人と市町村の政治」『新政』1927 年 12 月、pp.1-4。

139）　したがって、田澤が婦人参政権の必要性を提起したといっても、同時期に、諸外国の状況や法律学の議論も踏まえて、婦人参政権の必要性を提起した森口繁治の観点とは異なる。森口繁治『婦人参政権論』政治教育協会、1927。

140）　田澤義鋪「農村教育と協同生活の訓練」『大成』1933 年 9 月、pp.2-5。

141）　田澤義鋪「農村の青年教育と経営の合理化」『大成』1933 年 8 月、p.5。

142）　田澤、前掲、「農村教育と協同生活の訓練」、p.6。

143）　田澤義鋪「都市に編入されたる農村の行くべき道」『大成』1934 年 10 月、p.11。

144）　末本・上野、前掲、p.763。

145）　木下、前掲、pp.35-36。

146）　以下、下村の経歴は、主に次の文献を参照している。安積得也・永杉喜輔『下村湖人の人間像 ─ その人と作品 ─』新風土会、1961。村山輝吉「下村湖人」、前掲、『社会教育論者の群像』、pp.127-139。

147）　例えば、次のような研究がある。深川明子「下村湖人の思想形成 ─ 内田夕闇時代の作品から ─」『金沢大学語学・文学研究』1 号、1970。野口周一「下村虎人とあらたま社 ─ 下村湖人の台湾における教育・文化活動 ─」『比較文化史研究』11 号、比較文化史研究会、2010。

148）　例えば、次のような研究がある。上岡安彦「『教育の構造』分析 ─ 下村湖人『次郎物語』第一部について ─」『駒澤大学教育学研究論集』2 号、1978。秋山達子「魂の教育者、下村湖人と『次郎物語』」『駒沢大学教育学研究論集』3 号、1984。

149）　例えば、次のような研究がある。永杉喜輔「下村湖人の教育論」『群馬大学教育学部紀要人文・社会科学編』第 20 巻、1970。小山一乗「下村湖人『塾風教育と協同生活訓練』研究

ノート（1）」『駒沢大学教育学研究論集』2号、1978。

150）『農村に於ける塾風教育』協調会、1934、pp.1-2。

151）『農村に於ける特色ある教育機関』協調会、1933。

152）下村湖人『塾風教育と協同生活訓練』三友社、1940、pp.15-18。（『下村湖人全集6』国土社、1975に所収）

153）同上、pp.14-15。

154）同上、pp.30-32。

155）同上、p.14。

156）同上、pp.14-15。

157）同上、pp.33-34。

158）同上、pp.34-36。

159）同上、pp.39-41。

160）同上、p.43。

161）同上、p.43。

162）同上、pp.44-45。

163）同上、pp.45-49。

164）同上、p.50。

165）同上、pp.50-53。

166）同上、p.54。

167）同上、pp.55-57。

168）同上、pp.57-58。

169）同上、pp.75-77。村山、前掲、p.132。

170）野口周一『生きる力をはぐくむ — 永杉喜輔の教育哲学 — 』開文社出版、2003、p.30。

171）永杉喜輔『社会教育夜話』（永杉喜輔著作集8）国土社、1974、pp.42-45。野口、同上、pp.179-184。

172）下村、前掲、『塾風教育と協同生活訓練』、pp.77-82。

173）同上、pp.82-85。

174）同上、pp.85-86。

175）同上、pp.125-126。

176）同上、p.152。

177）『下村湖人全集3』国土社、1975、pp.271-290。初出は『次郎物語第五部』小山書店、1954。

178）下村、前掲、『塾風教育と協同生活訓練』、p.168。

179）川本、前掲、pp.437-439。

180）松野、前掲、pp.218-219。

注　*381*

第3章

1) 関口泰「憲政振作と公民教育」『公民教育』1935 年 7 月号、p.6。

2) 同上、p.7。

3) 同上、p.9。

4) 同上、pp.11-12。

5) 同上、pp.10-11。

6) 同上、p.6。

7) 関口泰『時局と青年教育』巌松堂、1939、p.192。

8) 関口泰「時局と公民教育の反省」『教育』1937 年 12 月号、p.5。

9) 関口泰『興亜教育論』三省堂、1940、p.236。

10) 関口泰「公民教育を中心として」『公民教育』1939 年 6 月、p.8。

11) 関口、前掲、『興亜教育論』、p.324。

12) 関口、前掲、「公民教育を中心として」、p.10。

13) 関口泰「興亜教育と教育審議会」『教育』1940 年 1 月、p.58。

14) 関口、前掲、「公民教育を中心として」、p.9。

15) 関口、前掲、「時局と公民教育の反省」、p.3。

16) 同上、p.7。

17) 関口、前掲、『興亜教育論』、p.328。

18) 同上、p.342。

19) 関口、前掲、「公民教育を中心として」、p.7。

20) 関口泰「青年学校義務制に伴ふ公民科教員養成の必要」『公民教育』1938 年 6 月号、p.3。

21) 『朝日新聞』1945 年 10 月 4 日朝刊。「アメリカ民主主義」と称する座談会が開かれ、前田
も参加していた。その内容は、1945 年 10 月 2 日から 5 日の朝日新聞紙上に連載。

22) 関口、前掲、『公民教育の話』、pp.271-283。

23) 関口泰「時局と事上鍛錬の教育」『公民教育』1938 年 10 月号、p.51。

24) 関口、前掲、「青年学校義務制に伴ふ公民科教員養成の必要」、pp.3-4。

25) 同上、p.5。

26) 関口泰「青年と政治」（1936 年 1 月ラジオ講演）。（『関口泰文集』関口泰文集刊行会、1958
に所収）

27) 大内、前掲、p.231。

28) 関口、前掲、『興亜教育論』、p.340。

29) 同上、p.340-341。

30) 戦時下の蝋山の動向は、以下の文献を参照している。前掲、『追想の蝋山政道』。永井憲一
「蝋山政道の人と生涯（覚書）」『法学志林』94 巻 3 号、法政大学法学志林協会、1997。

31) 酒井、前掲、pp.290-291。

32) 蝋山の翼賛選挙の立候補の背景には、当時、軍部は議会を支配する上で、軍部に好意をも

つ議員を集めようと各県知事にも圧力をかけていたが、群馬県知事はあえて、1930 年代には軍部批判もしていた地元出身の蠟山を推薦し、蠟山も断り続けていたが、周囲からの執拗なる要請で引き受けたという経緯があったようである。村田五郎「翼賛選挙のこと」、前掲、『追想の蠟山政道』、pp.84-90。

33) 蠟山政道「東亜協同体の理論」『改造』20（1）1938 年 11 月、清水書店、p.7。

34) 同上、pp.14-17。

35) 小林啓治「戦間期の国際秩序認識と東亜協同体論の形成 ― 蠟山政道の国際政治論を中心として ―」日本史研究会編『日本史研究』424 号、1997 年 12 月、p.46。

36) 蠟山、前掲、「東亜協同体の理論」、pp.21-22。

37) 蠟山政道「国民協同体の形成」『改造』21（5）1939 年 5 月、清水書店、pp.11-14。

38) 同上、pp.22-23。

39) 冨田宏治「1930 年代の国内政治体制『革新』構想（3）完 ― 蠟山政道の場合 ―」『名古屋大学法政論集』107 号、1986 年 3 月、p.202。

40) 小林啓治、前掲、p.50。

41) 酒井哲哉「『東亜協同体論』から『近代化論』へ ― 蠟山政道における地域・開発・ナショナリズム論の位相 ―」『年報政治学 日本外交におけるアジア主義』日本政治学会、1998、p.114。

42) 冨田、前掲、pp.206-207。

43) 同上、pp.194-195。

44) 冨田宏治「1930 年代の国内政治体制『革新』構想（2）― 蠟山政道の場合 ―」『名古屋大学法政論集』106 号、1985 年 11 月、pp.570-571。

45) 蠟山政道「政治教育」城戸幡太郎編『教育学辞典』第三巻、岩波書店、1938、p.1383。

46) 同上、p.1383。

47) 同上、p.1383。

48) 文部省教育法令研究会著『教育基本法の解説』国立書院、1947、p.15。

49) 前掲、『岩波講座 教育科学 第 9 冊』、pp.73-75。

50) 冨田宏治「1930 年代の国内政治体制『革新』構想（1）― 蠟山政道の場合 ―」『名古屋大学法政論集』105 号、1985 年 8 月、pp.190-191。

51) 冨田、前掲、「1930 年代の国内政治体制『革新』構想（3）完 ― 蠟山政道の場合 ―」、p.195。

52) 前掲、『前田多門 その文・その人』。

53) 前田多門「青年と公民教育」『公民教育叢書 第壹輯』文部省社会教育局、1937、pp.48-49。

54) 前田多門「公民教育と政治道徳」『教育』3（10）1935 年 10 月、岩波書店、p.3。

55) 同上、pp.5-7。

56) 前田、前掲、「青年と公民教育」、p.49。

57) 前田、前掲、「公民教育と政治道徳」、pp.7-8。

注 *383*

58）　同上、pp.1-2。

59）　前田、前掲、「青年と公民教育」、pp.14-15。

60）　同上、pp.30-31。

61）　同上、pp.36-37。

62）　同上、pp.8-10。

63）　同上、pp.16-19。

64）　同上、p.21。

65）　前田多門『公民の書』選挙粛正中央連盟、1936、p.10。前田、前掲、「青年と公民教育」、pp.21-22。

66）　前田、前掲、『公民の書』、pp.10-11。

67）　前田、前掲、「青年と公民教育」、p.23。

68）　木村正義「公民教育は社会教育の核心」『斯民』19 巻 2 号、1924 年 2 月、pp.30-31。

69）　笹尾、前掲、p.24。

70）　前田、前掲、「青年と公民教育」、p.24。

71）　同上、pp.24-25。

72）　前田、前掲、『公民の書』、p.14。

73）　同上、pp.52-53。

74）　同上、pp.36-37。

75）　同上、p.28。

76）　同上、pp.45-46。

77）　同上、pp.21-24。

78）　同上、p.25。

79）　同上、pp.25-26。

80）　山田、前掲、p.7。

81）　1929 年 2 月から 1935 年 1 月までは壮年団期成同盟会。雑誌『壮年団』は 1935 年 1 月から発刊されている。

82）　田澤義鋪「昭和維新の国民的試練」『斯民』第 30 編第 8 号、1935 年 8 月、pp.40-44。山崎裕美、前掲、「女性の政治参加と選挙粛正運動 ― 国民教化の側面から ―」、p.373。

83）　田澤、同上、p.45。

84）　木下、前掲、p.68。

85）　田澤義鋪「講演」『壮年団』1938 年 1 月、pp.21-26。

86）　木下、前掲、p.70。

87）　田澤義鋪「時局下壮年団の任務」『壮年団』壮年団中央協会、6 巻 2 号、1940 年 2 月、p.10。

88）　その代表的なものとして、長（武田）清子「田澤義鋪の人間形成論 ― 青年団教育に追求した国民主義の課題」『国際基督教大学学報 I -A 教育研究』第 10 号、1963 年 10 月があげられる。同論文は、後に「田澤義鋪における国民主義とリベラリズム ― 青年団運動の形成をめ

ぐって ―」として武田清子『日本リベラリズムの稜線』岩波書店、1987 に再掲されている。

89）　下村、前掲、『塾風教育と協同生活訓練』、p.40。

90）　同上、p.71。

91）　同上、p.71。

92）　下村湖人『われらの誓願』小山書店、1944 年 8 月、p.380。（前掲、『下村湖人全集 6』に所収）

93）　同上、pp.414-440。

94）　下村、前掲、『塾風教育と協同生活訓練』、p.214。

95）　下村湖人『青少年のために』小山書店、1943、pp.307-308。（『下村湖人全集 4』国土社、1975 に所収）

96）　同上、p.311。

97）　高橋彦博『戦間期日本の社会研究センター：大原社研と協調会』柏書房、2001、pp.161-163。

98）　前掲、『田澤義鋪選集』、年譜 p.1107。

99）　前掲、『田澤義鋪』、p.218。

100）　同上、pp.167-168。

101）　同上、pp.168-169。

102）「国務大臣ノ演説ニ関スル件」『貴族院議事速記録第 14 号』昭和 15 年 2 月 28 日、p.143。（国立国会図書館データベース）

103）　前掲、『田澤義鋪』、pp.28-29。

104）　同上、pp.232-242。

105）　前掲、『下村湖人の人間像 ― その人と作品 ―』、pp.65-66。

106）　永杉喜輔『下村湖人伝 ― 次郎物語のモデル ―』柏樹社、1970、pp.189-191。（『永杉喜輔著作集 4』国土社、1974 に所収）

107）　下村、前掲、『塾風教育と協同生活訓練』、pp.214-215。

108）　下村、前掲、『青少年のために』、pp.316-317。　.

109）　木下、前掲、pp.45-56。

110）　同上、pp.67-70。

111）　村山輝吉「下村湖人研究 ― 『煙仲間について』（1）　―」『駒澤大学教育学研究論集』第 1 号、1977、p.105。

112）　蜂谷俊隆「糸賀一雄と下村湖人 ― 『煙仲間』運動を通して ―」『社会福祉学』50（4）、2010、p.43。

113）　下村湖人『煙仲間 ― 郷土社会の人材網 ―』偕成社、1943、p.233（前掲、『下村湖人全集 6』に所収）。前掲、『下村湖人の人間像 ― その人と作品 ―』、p.68。

114）　村山、前掲、「下村湖人研究 ― 『煙仲間について』（1）　―」、pp.107-108。蜂谷、前掲、p.44。

注　*385*

115)　下村、前掲、『煙仲間 ― 郷土社会の人材網 ―』、p.268。

116)　同上、p.244。

117)　同上、p.285。

118)　村山輝吉「下村湖人研究 ― 煙仲間について（2）―」『駒澤大学教育学研究論集』第 2 号、1978、p.66。

119)　下村、前掲、『われらの誓願』、pp.414-440。

120)　上杉孝實「社会教育における成人教育の形成」上杉孝實・大庭宣尊編著『社会教育の近代』松籟社、1996、pp.27-29。

121)　天野正子『『生活者』とはだれか ― 自律的市民像の系譜 ―』中央公論社、1996、pp.32-33。

122)　同上、pp.34-36。

123)　田中耕太郎『教育と権威』勁草書房、1949、序 pp.1-2。

124)　勝野尚行『教育基本法の立法思想 ― 田中耕太郎の教育改革思想研究 ―』法律文化社、1989、pp.179-181。

125)　大内、前掲、p.221。

126)　同上、p.222-223。

127)　同上、p.224。

第 4 章

1)　関口泰『公民教育の話』（再刊）文寿堂、1946 年 4 月、序 p.1。

2)　関口泰『議会・選挙・教育』吉田書房、1946 年 2 月、p.79。

3)　関口、前掲、『公民教育の話』（再刊）、序 p.8。

4)　前田多門『公民の書』（再刊）社会教育協会、1946 年 1 月、序言。

5)　雑誌『社会教育』に掲載された「座談会 戦後 20 年の回顧と展望」における高橋の発言。『社会教育』20 巻 7 号、全日本社会教育連合会、1965 年 7 月、p.14。

6)　前田多門「終戦直後五箇月在任の記録」『文部時報』第 824 号、1946 年 1 月、pp.6-7。

7)　勝田、前掲、「戦後における社会科の出発」、p.4。

8)　斉藤利彦「戦後教育改革と『公民教育構想』― 戦後における道徳・社会認識教育の出発 ―」『日本の教育史学』第 26 集、1983、pp.27-32。

9)　同上、pp.28-47 に基づいている。

10)　近代日本教育制度史料編纂委員会編『近代日本教育制度史料』第 18 巻、講談社、1964、p.495。

11)　1945（昭和 20）年 12 月 29 日の「公民教育刷新ニ関スル答申第二号」には「わが国民教育が『教育に関する勅語』の趣旨に基く限り公民教育もまたその立場に立って行はるべきであるのはいふまでもない」という文面があり、教育勅語擁護の立場が明確に現れている。片上編、前掲、p.244。

12) 以下の整理は、斉藤、前掲、「戦後教育改革と『公民教育構想』— 戦後における道徳・社会認識教育の出発 —」、pp.43-47 に基づいている。

13) 同上、p.47。

14) 同上、p.32。

15) 海後宗臣「社会科成立の基盤」肥田野直・稲垣忠彦編『戦後日本の教育改革7 教育課程』東京大学出版会、1969。吉田太郎「社会科教育学の胎動と発展」日本社会科教育学会編『社会科教育学の構想』明治図書、1970。臼井嘉一「『日本の社会科』の出発」日本民間教育研究団体連絡会編『日本の社会科30年』民衆社、1977 など。

16) 以下の整理は、久保義三『対日占領政策と戦後教育改革』三省堂、1984、pp.241-242 に依拠している。

17) 勝田、前掲、「戦後における社会科の出発」、pp.52-53。

18) 片上編、前掲、『敗戦直後の公民教育構想』、p.115。

19) 今谷順重「中学校『公民的分野』」、前掲、『公民教育事典』、pp.216-217。

20) 特に学校教育関係方面から多数の議論がおこったが、社会教育の方面からも藤岡貞彦が批判を寄せている。藤岡貞彦「政治教育」碓井正久編『教育学叢書第16巻 社会教育』第一法規、1970、p.168。

21) 魚住忠久「公民教育と社会科教育」、前掲、『公民教育事典』、pp.14-15。

22) 斉藤、前掲、「戦後教育改革と『公民教育構想』— 戦後における道徳・社会認識教育の出発 —」、pp.47-48。

23) 2006（平成18）年の教育基本法改正によって、政治教育条項は第十四条として位置づけられ、前半部分において、「良識ある公民たるに → 良識ある公民として」、「教育上これを → 教育上」と文面に若干の修正が施されている。

24) 日本近代教育史料研究会編『教育刷新委員会・教育刷新審議会会議録』（第1巻）岩波書店、1995、pp.270-271。教育刷新委員会第12回総会（1946年11月22日）での川本宇之介の発言。

25) 同上、p.288。教育刷新委員会第13回総会（1946年11月29日）での羽渓了諦の発言。

26) 日本近代教育史料研究会編『教育刷新委員会・教育刷新審議会会議録』（第3巻）岩波書店、1996、p.356。

27) 日本近代教育史料研究会編『教育刷新委員会・教育刷新審議会会議録』（第6巻）岩波書店、1997、p.177。

28) 前掲、『教育刷新委員会・教育刷新審議会会議録』（第3巻）、p.356。

29) 藤田、前掲、p.76。

30) 勝野、前掲、p.565。

31) 前掲、『教育基本法の解説』、pp.114-115。

32) 勝野、前掲、p.566。

33) 阪上順夫編著『社会科における政治教育』明治図書、1973、p.23。

34) 同上、p.27。

35) 前掲、『近代日本教育制度史料』第 18 巻、p.495。

36) 社会教育局発足当初の 10 日間、大村清一文部次官が局長事務取扱いとなっているが、実質的には関口泰が初代局長とされる。成田久四郎編著『社会教育者事典・増補版』日本図書センター、1989、p.393。

37) 前掲、『日本近代教育百年史 第八巻 社会教育 (2)』、pp.653-654。

38) 同上、pp.654-656。

39) 宮原誠一・丸木政臣・伊ヶ崎暁生・藤岡貞彦『資料 日本現代教育史 1』三省堂、1974、pp.534-536。

40) 同上、pp.536-537。

41) 前掲、『日本近代教育百年史 第八巻 社会教育 (2)』、p.652。

42) 宮原誠一・丸木政臣・伊ヶ崎暁生・藤岡貞彦、前掲、p.220。

43) 同上、pp.221-222。

44) 同上、pp.540--541。

45) 同上、pp.541-542。

46) 藤田、前掲、p.39。

47) 山田規雄「日本における政治的無関心と公民教育論が果たしてきた歴史的役割 ― 大正デモクラシー期から敗戦直後の公民教育構想まで ― 」日本公民教育学会『公民教育研究』Vol.18、2010、pp.71-72。

48) 田辺信一・三井為友「戦後婦人教育史」三井為友編『婦人の学習』東洋館出版、1967、p.60。

49) 小川崇「占領期『公民啓発運動』に関する考察」上杉孝實・前平泰志編著『生涯学習と計画』松籟社、1999、p.163。

50) 寺中、前掲、「公民館構想のころ」、p.45。

51) 寺中作雄「公民教育の振興と公民館の構想」『大日本教育』1946 年 1 月号、p.83。(前掲、『公民館史資料集成』に所収)

52) 小林文人「公民館の制度と活動」、前掲、『日本近代教育百年史 第八巻 社会教育 (2)』、p.889。

53) 座談会「三十歳を迎えた公民館 ― 公民館構想の原点をたしかめる ― 」『月刊社会教育』1976 年 7 月号、p.31。

54) 公民教育課廃止の背景には、戦後初の総選挙に向けての役割を終えたということ以外に、公民教育課の設置を推奨し、公民教育の振興を重視していた社会教育局長の関口泰が、1946 (昭和 21) 年 3 月付で、退任したことなども関係しているものと思われる。

55) 藤岡貞彦「社会教育の方法」、前掲、『戦後日本の教育改革 10 社会教育』、p.341。

56) 岡本正平「公民館十年の歩み (一)」『社会教育』第 12 巻 5 号、全日本社会教育連合会、1957 年 5 月、p.35。

57) 藤田、前掲、p.53。

388

58) 近代日本教育制度史料編纂委員会編『近代日本教育制度史料』第 19 巻、講談社、1957、pp.80-81。

59) 碓井、前掲、「戦後社会教育観の形成」、p.17。

60) 片岡弘勝「J・M・ネルソンの成人教育思想 ―『相対主義的教育哲学』の特質 ―」小川利夫・新海英行編『GHQ の社会教育政策 ― 成立と展開 ―』大空社、1990、p.26。

61) 大田高輝「公民館指導の経過と特質」『社会教育研究年報』第 6 号、名古屋大学教育学部社会教育研究室、1987、p.39。

62) 新海英行・大田高輝「占領下社会教育政策と初期公民館構想」日本社会教育学会編『現代公民館の創造 ― 公民館 50 年の歩みと展望 ―』東洋館出版社、1999、pp.139-140。

63) John・M・Nelson, "The Adult ‒ Education Program in Occupied Japan, 1946-1950", ph.D.University of Kansas, 1954, pp.130-146。（邦訳版、J・M・ネルソン著、新海英行監訳『占領期日本の社会教育改革』大空社、1990、pp.94-103）

64) 同上、p.152。（邦訳版、p.119）

65) 前掲、『近代日本教育制度史料』第 19 巻、p.81。

66) 藤田、前掲、p.52。

67) 近代日本教育制度史料編纂委員会編『近代日本教育制度史料』第 27 巻、講談社、1958、pp.201-211。

68) 藤岡、前掲、「社会教育の方法」、pp.326-327。

69) 前掲、『近代日本教育制度史料』第 27 巻、p.259。

70) 宮原誠一・丸木政臣・伊ヶ崎暁生・藤岡貞彦、前掲、pp.545-546。

71) 日本近代教育史料研究会編『教育刷新委員会・教育刷新審議会会議録』（第 2 巻）岩波書店、1995、pp.81-82。

72) この点について、藤田秀雄は、この時期に社会教育あるいは社会教育行政の総括的方針を示さなかったがために、社会教育は、戦前と戦後の断絶があいまいな部分を残したまま経過していったと捉えている。藤田、前掲、p.55。

73) 前掲、『近代日本教育制度史料』第 27 巻、pp.274-276。

74) 同上、pp.215-218。

75) 同上、pp.356-358。

76) 上田幸夫「公民館発達史の時期区分とその課題」、前掲、『現代公民館の創造 ― 公民館 50 年の歩みと展望 ―』、p.87。

77) 日本近代教育史料研究会編『教育刷新委員会・教育刷新審議会会議録』（第 4 巻）岩波書店、1996、p.5。

78) 前掲、『近代日本教育制度史料』第 27 巻、p.306。

第 5 章

1) 前田、前掲、『山荘静思』、pp.8-9。

2) 雨宮昭一『占領改革 シリーズ日本近現代史⑦』岩波書店、2008、p.26。

3) 駒田、前掲、pp.204-205。

4) 前田多門「新公民道の提唱」『ニューエイジ』第3巻、1951年1月号、p.3。

5) 同上、pp.3-4。

6) 前掲、『朝日新聞』1945年10月4日朝刊。

7) 前掲、『近代日本教育制度史料』第18巻、p.495。

8) 勝野尚行「戦後教育改革思想の研究 — Ⅰの3 — 」『岐阜経済大学論集』25（1）、1991年5月。pp.75-80。

9) 山田規雄、前掲、「前田多門の公民教育思想 — 敗戦直後の公民教育構想に関する一考察 — 」、pp.9-11。

10) 同上、p.12。

11) 嘉治隆一「一貫した公民教育への情熱」、前掲、『前田多門その文・その人』、pp.199-200。

12) 関口、前掲、『公民教育の話』（再刊）、序 p.6。

13) 関口泰『日本再建と教育』興風館、1946年12月、p.14。

14) 関口、前掲、『議会・選挙・教育』、p.83。

15) 同上、p.80。

16) 関口、前掲、『公民教育の話』（再刊）、序 p.8。

17) 同上、序 p.9。

18) 同上、序 p.2。

19) 同上、序 p.4。

20) 同上、序 p.9。

21) 前掲、『教育刷新委員会・教育刷新審議会会議録』第1巻、p.55。

22) 関口泰『教育の基本と憲法』社会教育連合会、1947年12月、p.151。（『関口泰文集』関口泰文集刊行会、1958に所収）

23) 同上、p.153。

24) 関口泰『国民の憲法』岩波書店、1952、はしがき p.ii。

25) 同上、はしがき pp.i-ii。

26) 同上、pp.118-121。

27) 関口泰「憲法を護り憲法に衛られる」『教育』1953年5月号、p.14。

28) 関口泰「社会教育による政治教育」『社会教育』1954年10月号、p.6。

29) 同上、p.4。

30) 関口泰「社会科と政治教育」宗像誠也編『日本の社会科』国土社、1953、pp.182-192。（永井憲一編『教育基本法文献選集7 政治教育・宗教教育』学陽書房、1978に所収）

31) 関口、前掲、「社会教育による政治教育」、pp.12-13。

32) 三羽光彦「近代日本思想史における教育刷新委員会 — いわゆる自由主義的知識人の国家観・社会観に関連して — 」『岐阜経済大学論集』42巻3号、2009、pp.75-76。

33) 関口、前掲、『日本再建と教育』、pp.83-84。

34) 前掲、『教育刷新委員会・教育刷新審議会会議録』第 1 巻、p.32。教育刷新委員会第二回総会（1946 年 9 月 13 日）での発言。

35) 関口泰『公民教育論』（改訂）文寿堂、1946 年 12 月、p.222。

36) 関口、前掲、『日本再建と教育』、p.87。

37) 前掲、『教育刷新委員会・教育刷新審議会会議録』第 1 巻、p.88。教育刷新委員会第四回総会（1946 年 9 月 27 日）での発言。

38) 関口、前掲、『議会・選挙・教育』、p.85。

39) 関口、前掲、『日本再建と教育』、p.98。

40) 関口泰「社会教育のありかた」『教育と社会』1946 年 7 月創刊号、pp.2-3。

41) 前掲、『教育刷新委員会・教育刷新審議会会議録』第 3 巻、pp.276-278。

42) 関口、前掲、『日本再建と教育』、p.98。

43) 同上、p.99。

44) 関口、前掲、『教育の基本と憲法』、p.198。

45) 同上、p.198。

46) 大友一郎「憲法調査会における蝋山先生」、前掲、『追想の蝋山政道』、pp.141-145。

47) 雨宮、前掲、pp.99-102。

48) 蝋山政道「我が国体と民主主義」『中央公論』再建第 1 号、1946 年 1 月号、p.12。

49) 同上、p.11。

50) 同上、p.13。

51) 同上、pp.14-15。

52) 同上、p.15。

53) 同上、p.11。

54) 同上、pp.17-18。

55) 蝋山政道「教育制度と教育行政」『教育行政』1953 年 10・11 月号、pp.34-36。

56) 同上、pp.37-38。

57) 蝋山政道「政治と教育との関係」『教師のための教養講座「政治」』1955 年、p.14。

58) 同上、p.11。

59) 同上、p.15。

60) 同上、p.4。

61) 森田尚人・藤田英典・黒崎勲・片桐芳雄・佐藤学編著『教育学年報 3 教育のなかの政治』世織書房、1994。小玉、前掲。

62) 特に日本の政治学はその傾向が強かったと蓮見二郎は指摘し、政治学の観点からの政治教育研究の必要性を提起している。蓮見二郎「有権者教育とその必要性」『法学政治学論究』慶應義塾大学、第 45 号、2000 年夏号、p.285。その他に蓮見二郎「日本の政治学における政治教育研究の必要性」『法学政治学論究』慶應義塾大学、第 47 号、2000 年冬号も参照されたい。

63)　蓮見二郎以外では、山田格の研究が存在する。山田格「政治教育に関する政治学的研究 ─ B・クリックの政治教育論を中心に ─」関西学院大学『法と政治』第 31 巻第 3・4 号、1980 年 11 月。

64)　蝋山政道『政治と教育』（蝋山政道評論著作集Ⅳ）中央公論社、1962、p.148。初出は、蝋山政道「民主主義と政治教育」古川哲史ほか編『道徳における人間形成：道徳教育』（現代道徳講座 6）河出書房、1955。

65)　蝋山政道『政治と教育』財団法人日本青年館、1952、pp.8-9。本書は、日本青年館が青年思想問題研究会を開催し、蝋山が「政治と教育」と題目で講演した際の記録で、参会者との質疑応答の記録が掲載されている。

66)　同上、pp.14-16。

67)　蝋山政道「政治的教養とは何か」永井編、前掲、『教育基本法文献選集 7 政治教育・宗教教育』、pp.174-181。初出は『文部時報』1111 号、1970 年 2 月。

68)　蝋山、前掲、『政治と教育』、財団法人日本青年館、p.14。

69)　蝋山政道『日本における政治意識の諸様相』勁草書房、1949、pp.171-172。

70)　前掲、『追想の蝋山政道』、pp.303-304。なお、軽井沢夏期大学の発足経緯については、社会教育法施行 30 周年記念誌編集委員会『長野県社会教育史』1982、pp.136-138 を参照されたい。

71)　下村湖人『教育の新理念と農村文化』日光書院、1947 年 3 月、pp.448-449。（前掲、『下村湖人全集 6』に所収）

72)　同上、p.451。

73)　同上、p.460。

74)　下村湖人「公民館と郷土の建設」『公民館シリーズ 1』社会教育連合会、1946 年 11 月、p.222。（『下村湖人全集 10』国土社、1976 に所収）

75)　下村、前掲、『教育の新理念と農村文化』、p.461。

76)　同上、p.461。

77)　同上、p.461。

78)　同上、pp.534-535。

79)　同上、pp.443-444。

80)　同上、pp.444-445。

81)　永杉喜輔「解題」、前掲、『下村湖人全集 6』、pp.541-542。

82)　下村、前掲、『教育の新理念と農村文化』、pp.499-500。

83)　同上、p.500。

84)　同上、pp.500-501。

85)　同上、pp.501-502。

86)　同上、pp.502-504。

87)　同上、pp.504-505。

392

88）　同上、p.513。

89）　同上、pp.513-514。

90）　同上、pp.514-516。

91）　同上、pp.515-516。

92）　下村、前掲、「公民館と郷土の建設」、pp.223-225。

93）　野口、前掲、『生きる力をはぐくむ ― 永杉喜輔の教育哲学 ― 』、pp.85-86。

94）　永杉喜輔「解題」『下村湖人全集9』国土社、1976、p.590。

95）　下村、前掲、『教育の新理念と農村文化』、pp.527-528。

96）　三羽、前掲、pp.77-79。

97）　小国喜弘『戦後教育のなかの〈国民〉― 乱反射するナショナリズム ― 』吉川弘文館、2007、pp.20-22。

第6章

1）　以下、寺中の経歴は、主に次の文献を参照している。横山宏「寺中作雄」、前掲、『社会教育論者の群像』、pp.337-348。朱膳寺春三『公民館の原点 ― その発想から創設まで ― 』全国公民館連合会、1985。

2）　寺中作雄「学徒動員の成果とその諸問題」『大日本教育』790号、1944年8月。寺中作雄「学徒動員の回顧と展望」『大日本教育』794号、1944年12月。寺中作雄「決戦生産と教職員の地位」『興亜教育』4巻3号、1945年3月。

3）　『月刊公民館』2009年11月号、12月号、全国公民館連合会においては、朱膳寺宏一によって、寺中の足跡のふり返りが行われている。

4）　中田スウラ「戦後初期公民館設立過程研究 ―『文化国家』と『自己教育・相互教育』―」社会教育基礎理論研究会編『叢書 生涯学習Ⅴ 社会教育の組織と制度』雄松堂出版、1991、p.15。

5）　植原孝行「寺中構想と下村湖人の社会教育」『公民館史研究』第1号、公民館史研究会、1992。植原、前掲、「寺中構想と関口泰の公民教育 ― 寺中は関口から影響を受けたか ― 」。

6）　寺中、前掲、「公民教育の振興と公民館の構想」、p.81。

7）　同上、p.81。

8）　同上、p.82。

9）　同上、p.81。

10）　寺中作雄「公民教育の課題」『日本教育』国民教育図書6巻2号、1946年5月6月合併号、p.15。

11）　寺中、前掲、「公民教育の振興と公民館の構想」、p.82。

12）　寺中作雄「終戦後の公民教育と選挙」『文部時報』帝国地方行政学会、第824号、1946年1月号、p.15。

13）　同上、p.14。

14）　寺中、前掲、「公民教育の課題」、p.14。

15) 同上、pp.15-16。

16) 同上、p.14。

17) 寺中、前掲、「公民教育の振興と公民館の構想」、p.81。

18) 寺中、前掲、「終戦後の公民教育と選挙」、p.15。

19) 寺中、前掲、「公民教育の振興と公民館の構想」、pp.82-83。

20) 寺中、前掲、「公民教育の課題」、p.17。

21) 寺中、前掲、「公民教育の振興と公民館の構想」、p.83。

22) 同上、p.83。

23) 寺中、前掲、「終戦後の公民教育と選挙」、pp.15-16。

24) 同上、p.16。

25) 同上、pp.17-18。

26) 寺中、前掲、pp.83-84。

27) 寺中、前掲、「公民館構想のころ」、p.44。

28) 寺中、前掲、「公民教育の振興と公民館の構想」、p.84。

29) 同上、p.84。

30) 前掲、『近代日本教育制度史料』第27巻、p.202。

31) 寺中、前掲、「公民教育の振興と公民館の構想」、p.84。

32) 同上、pp.84-85。

33) 同上、p.85。

34) 前掲、『近代日本教育制度史料』第27巻、p.203。

35) 同上、p.203。

36) 大田高輝「J・M・ネルソンの公民館像の特質」小川・新海編、前掲、『GHQの社会教育政策 ―成立と展開―』、pp.190-201。

37) 寺中、前掲、「公民教育の振興と公民館の構想」、p.84。

38) 同上、p.85。

39) 寺中作雄『公民館の建設 ―新しい町村の文化施設―』国土社、1995年復刻版、p.188。（初出は1946年10月に公民館協会より）

40) 同上、p.188。

41) 同上、pp.188-189。

42) 同上、pp.185-187。

43) 同上、pp.191-202。

44) 寺中作雄「町村公民館の性格」『教育と社会』1946年8月号、pp.11-12。

45) 寺中、前掲、『公民館の建設 ―新しい町村の文化施設―』、pp.215-219。

46) 小林文人は、公民館の法制化への気運として、旧教育基本法第七条二項に、はじめて公民館に関する規定がなされたことを重要視している。小林文人「社会教育法制定と公民館」横山・小林編、前掲、『公民館史料集成』、pp.17-18。また、小川利夫は、公民館構想の法制化

を歴史社会的にとらえ、1947（昭和22）年6月頃の片山内閣による「新日本建設国民運動」の一貫ととらえるとともに、1947（昭和22）年の二・一スト前後から大きく「反共民主化」の方向を露骨に示しはじめたアメリカの対日政策の動向にも着目している。小川、前掲、「歴史的イメージとしての公民館」、pp.32-35。なお、社会教育法の成立過程の詳細については、横山宏・小林文人編著『社会教育法成立過程資料集成』昭和出版、1981を参照されたい。

47) 小尾範治『社会教育概論』大日本図書、1936、p.4。

48) 寺中作雄「社会教育の方向」山田清人他編『学校と社会』文明協会、1948年11月、pp.119-121。

49) 同上、pp.118-119。

50) 同上、pp.121-126。

51) 同上、pp.129-130。

52) 大平、前掲、p.116。

53) 1947年11月21日、教育刷新委員会第45回総会での発言。前掲、『教育刷新委員会・教育刷新審議会会議録』第3巻、p.159。

54) 横山・小林編、前掲、『社会教育法成立過程資料集成』、p.155。

55) 寺中作雄「教育委員会と社会教育」『文部時報』第855号、1948年12月、p.11。

56) 寺中作雄『社会教育法解説』国土社、1995年復刻版、pp.25-26。（初出は1949年7月、社会教育図書より）

57) 寺中、前掲、「公民館構想のころ」、p.43。

58) 同上、p.44。

59) 寺中作雄「回想 公民館構想のころ」横山・小林編、前掲、『公民館史資料集成』、p.276。

60) 全日本社会教育連合会の岡本正平による「当時日本青年団から来た鈴木健次郎事務官を相手に氏の永い青年団指導の体験を公民館の内容に生かすなど、着々内容をととのえると共に、戸田貞三、下村湖人、小野武夫氏などの民間の社会教育の権威者ともしばしば懇談し、地固めを行なった」という回想をふまえれば、公民館の理論を構築していく過程において、寺中は鈴木を介して、下村とは一定程度、直接的な接点を持った可能性は高いと考えられる。岡本、前掲、p.33。

61) 成田久四郎編、前掲、pp.261-264。

62) 中島俊教「鈴木健次郎」、前掲、『社会教育論者の群像』、p.265。

63) 佐藤三三「鈴木健次郎における『郷土振興の社会教育』」『弘前大学教育学部紀要』第61号、1989、p.59。

64) 同上、p.58。

65) 同上、p.60。

66) 同上、p.61。

67) 同上、p.64。

68) 山田正行『平和教育の思想と実践』同時代社、2007、pp.145-147。

注　*395*

69)　佐藤三三、前掲、p.58。

70)　藤岡、前掲、「社会教育の方法」、pp.325-329。

71)　橋口、前掲、p.36。

72)　上杉、前掲、「社会教育における成人教育の形成」、pp.27-29。

73)　橋口、前掲、p.46。

74)　松田武雄「社会教育におけるコミュニティ価値の再検討 ― 社会教育概念の再解釈を通して ―」『教育学研究』第 74 巻第 4 号、2007 年 12 月、pp.96-97。

75)　同上、p.97。

76)　同上、p.97。

77)　三羽、前掲、p.85。

78)　三羽光彦「1930 年代における農本的全村教育の思想と実践（1）― 民衆教育の視座からの理論的検討 ―」『芦屋大学論叢』第 48 号、2008 年 6 月、p.34。

79)　三羽、前掲、「近代日本思想史における教育刷新委員会 ― いわゆる自由主義的知識人の国家観・社会観に関連して ―」、p.86。

80)　中田スウラ、前掲、p.17。

81)　同上、pp.16-26。

82)　三羽、前掲、「1930 年代における農本的全村教育の思想と実践（1）― 民衆教育の視座からの理論的検討 ―」、p.32。

83)　同上、p.32。

終章

1)　橋口、前掲、p.44。

2)　小川利夫・橋口菊・大蔵隆雄・磯野昌蔵「わが国社会教育の成立とその本質に関する一考察（二）― 地方自治と社会教育 ―」『教育学研究』第 24 巻 6 号、1957 年、pp.31-32。

3)　橋口、前掲、pp.44-45。

4)　大塚英志『公民の民俗学』作品社、2007、pp.9-10、pp.118-119。

396

主要参考・引用文献

あ行

・安積得也・永杉喜輔『下村湖人の人間像 — その人と作品 —』新風土会、1961
・天野正子『「生活者」とはだれか — 自律的市民像の系譜 —』中央公論社、1996
・雨宮昭一『占領改革 シリーズ日本近現代史⑦』岩波書店、2008
・池岡直孝『公民教育の基本問題』文政社、1925
・池岡直孝『政治教育』東京實文館、1926
・石田雄『明治政治思想史研究』未来社、1954
・今井清一「関口泰の政治評論（上.)」（『横浜市立大学論叢』第 23 巻、社会科学系列第 3・4 号、1972）
・岩崎信彦ほか編『増補版 町内会の研究』御茶の水書房、2013
・上杉孝實「社会教育における成人教育の形成」（上杉孝實・大庭宣尊編『社会教育の近代』松籟社、1996）
・上田幸夫「公民館発達史の時期区分とその課題」（日本社会教育学会編『現代公民館の創造 — 公民館 50 年の歩みと展望 —』東洋館、1999）
・上原専禄「国民形成の教育 —『国民教育』の理念によせて —」（『岩波講座 現代教育学 4』岩波書店、1961）
・植原孝行「寺中構想と下村湖人の社会教育」（『公民館史研究』第 1 号、公民館史研究会、1992）
・植原孝行「寺中構想と関口泰の公民教育 — 寺中は関口から影響を受けたか —」（『社会教育学研究』第 2 号、秋田大学大学院教育学研究科社会教育学研究室、1993）
・碓井正久「社会教育の概念」（長田新監修『教育学テキスト講座第 14 巻 社会教育』御茶の水書房、1961）
・碓井正久「戦後社会教育観の形成」（碓井正久編『戦後日本の教育改革 10 社会教育』東京大学出版会、1971）
・大内裕和「教育における戦前・戦時・戦後 — 阿部重孝の思想と行動 —」（山之内靖・ヴィクター・コシュマン・成田龍一編『総力戦と現代化』柏書房、1995）
・大島正徳・後藤文夫ほか「政治教育の問題シンポジウム」（『岩波講座 教育科学 第 9 冊』岩波書店、1932）
・大田高輝「公民館指導の経過と特質」（『社会教育学研究年報』第 6 号、名古屋大学教育学部社会教育学研究室、1987）
・大田高輝「J・M・ネルソンの公民館像の特質」（小川利夫・新海英行編『GHQ の社会教育政策 — 成立と展開 —』大空社、1992）
・大塚英志『公民の民俗学』作品社、2007
・大原社会問題研究所編『協調会の研究』柏書房、2004

主要参考・引用文献　*397*

・大平滋「戦後自己教育論の展開」（大槻宏樹編『自己教育論の系譜と構造』早稲田大学出版部、1981）
・大森照夫・森秀夫「わが国における公民科成立の過程と成立後の展開」（『東京学芸大学紀要』（第3部門）第20集、1968）
・岡野八代『シティズンシップの政治学 ― 国民・国家主義批判』白澤社、2003
・岡本正平「公民館十年の歩み（一）」（『社会教育』第12巻5号、全日本社会教育連合会、1957年5月）
・小川崇「占領期『公民啓発運動』に関する考察」（上杉孝實・前平泰志編著『生涯学習と計画』松籟社、1999）
・小川利夫・橋口菊・大蔵隆雄・磯野昌蔵「わが国社会教育の成立とその本質に関する一考察（一） ― 地方自治と社会教育 ―」（『教育学研究』第24巻4号、1957）
・小川利夫・橋口菊・大蔵隆雄・磯野昌蔵「わが国社会教育の成立とその本質に関する一考察（二） ― 地方自治と社会教育 ―」（『教育学研究』第24巻6号、1957）
・小川利夫「歴史的イメージとしての公民館 ― いわゆる寺中構想について ―」（『現代公民館論』日本の社会教育第9集、東洋館、1965）
・小川利夫『社会教育と国民の学習権』勁草書房、1973
・小川利夫「現代社会教育思想の生成 ― 日本社会教育思想史研究序説 ―」（小川利夫編『現代社会教育の理論 講座現代社会教育Ⅰ』亜紀書房、1977）
・小川利夫・新海英行編『GHQの社会教育政策 ― 成立と展開 ―（日本占領と社会教育Ⅱ）』大空社、1990
・小川利夫監修『社会教育基本文献資料集成Ⅵ 社会教育理論の形成と展開（公民教育論）⑦』第18巻、大空社、1992
・小川利夫監修『社会教育基本文献資料集成Ⅵ 社会教育理論の形成と展開（公民教育論）⑧』第19巻、大空社、1992
・小川利夫・松田武雄「社会教育における公民教育論」（小川利夫・新海英行編『近代日本社会教育論の探求 ― 基本文献資料と視点 ―』大空社、1992）
・小川利夫『小川利夫社会教育論集第二巻 社会教育の歴史と思想 ― 社会教育とは何か ―』亜紀書房、1998
・小尾範治『社会教育概論』大日本図書、1936

か行

・海後宗臣「社会科成立の基盤」（肥田野直・稲垣忠彦編『戦後日本の教育改革7 教育課程』東京大学出版会、1969）
・貝塚茂樹「占領期における『公民教育構想』に関する一考察 ― 前田多門の『公民教育論』を中心として ―」（『道徳と教育』第273号、1991）
・笠間賢二『地方改良運動期における小学校と地域社会 ―「教化ノ中心」としての小学校 ―』

日本図書センター、2003

・片岡弘勝「J・M・ネルソンの成人教育思想 ―『相対主義的教育哲学』の特質 ―」（小川利夫・新海英行編『GHQ の社会教育政策 ― 成立と展開 ―』大空社、1990）

・片上宗二編『敗戦直後の公民教育構想』教育史料出版社、1984

・勝田守一「戦後における社会科の出発」（『岩波講座 現代教育学 12 社会科学と教育 I』岩波書店、1961）

・勝田守一「公民教育」（『教育学辞典 第二巻』平凡社、1955）

・勝野尚行『教育基本法の立法思想 ― 田中耕太郎の教育改革思想研究 ―』法律文化社、1989

・勝野尚行「戦後教育改革思想の研究 ― I の 3 ―」（『岐阜経済大学論集』25（1）、1991 年 5 月）

・亀口まか「河田嗣郎の公民教育論におけるジェンダー平等思想」（『日本社会教育学会紀要』第 49 巻 1 号、2013 年 2 月）

・川本宇之介『デモクラシーと新公民教育』中文館書店、1921

・鬼頭清明「国民国家を遡る」（歴史学研究会編『国民国家を問う』青木書店、1994）

・木下順「日本社会政策史の探求（上）― 地方改良、修養団、協調会 ―」（『国学院経済学』国学院大学経済学会、44 巻 1 号、1995 年 11 月）

・木全清尚「選挙粛正運動、その足跡（上）」（『選挙時報』1993 年、第 42 巻 7 月号）

・木村正義「公民教育は社会教育の核心」（『斯民』19 巻 2 号、1924 年 2 月）

・木村正義「公民教育概論」（文部省実業学務局編『公民教育講演集』1925）

・木村正義『公民教育』冨山房、1925

・協調会『農村に於ける特色ある教育機関』1933

・協調会『農村に於ける塾風教育』1934

・近代日本教育制度史料編纂委員会編『近代日本教育制度史料』第 19 巻、講談社、1957

・近代日本教育制度史料編纂委員会編『近代日本教育制度史料』第 27 巻、講談社、1958

・近代日本教育制度史料編纂委員会編『近代日本教育制度史料』第 18 巻、講談社、1964

・久保義三『対日占領政策と戦後教育改革』三省堂、1984

・倉内史郎『社会教育の理論』（教育学大全集 7）第一法規、1983

・栗原彬・佐藤学「教育の脱構築：国民国家と教育」（『現代思想』24 巻 7 号、青土社、1996 年 6 月）

・栗原彬「教育とは何か ― または育つ権利の擁護 ―」（井上俊ほか編『岩波講座 現代社会学 12 こどもと教育の社会学』岩波書店、1996）

・黒澤英典『戦後教育の源流を求めて ― 前田多門の教育理念 ―』内外出版、1982

・黒澤英典「雑誌『公民教育』の検討 ― 戦前・戦中の公民教育の軌跡 ―」（「公民教育」刊行委員会編『「公民教育」総索引・目次・解説』雄松堂出版、1995）

・黒澤良「政党政治転換過程における内務省 ― 非政党化の進行と選挙粛正運動 ―」（『法学会雑誌』首都大学東京・東京都立大学法学会、第 35 巻第 1 号、1994）

・小国喜弘『戦後教育のなかの〈国民〉― 乱反射するナショナリズム ―』吉川弘文館、2007

主要参考・引用文献　　*399*

・国立教育研究所編『日本近代教育百年史 第七巻 社会教育（1）』文唱堂、1974
・国立教育研究所編『日本近代教育百年史 第八巻 社会教育（2）』文唱堂、1974
・小玉重夫『シティズンシップの教育思想』白澤社、2003
・小林啓治「戦間期の国際秩序認識と東亜協同体論の形成 ― 蝋山政道の国際政治論を中心として ―」（日本史研究会編『日本史研究』424 号、1997 年 12 月）
・小林文人「公民館の制度と活動」（国立教育研究所編『日本近代教育百年史 第八巻 社会教育（2）』文唱堂、1974）
・小堀勉編『講座 現代社会教育Ⅲ 欧米社会教育発達史』亜紀書房、1978
・小山常実『天皇機関説と国民教育』アカデミア出版会、1989

さ行

・斉藤利彦「公民科教育史研究序説 ― 歴史‐教授学的方法の諸課題をめぐって ―」（『東京大学教育学部教育史・教育哲学研究室紀要』第 8 号、1982）
・斉藤利彦「地方改良運動と公民教育の成立」（『東京大学教育学部紀要』第 22 巻、1982）
・斉藤利彦「戦後教育改革と『公民教育構想』― 戦後における道徳・社会認識教育の出発 ―」『日本の教育史学』第 26 集、1983
・斉藤利彦「『大正デモクラシー』と公民科の成立 ― 文部省少壮官僚の公民科論 ―」（日本教育史研究会編『日本教育史研究』第 2 号、1983）
・斉藤利彦「日本公民教育の歴史と構造（その一）― 序論・第一章 ―」（『学習院大学文学部研究年報』第 32 巻、1985）
・佐伯啓思『『市民』とは誰か ― 戦後民主主義を問いなおす』PHP 研究所、1997
・酒井三郎『昭和研究会 ― ある知識人集団の軌跡 ―』TBS ブリタニカ、1979
・酒井哲哉『『東亜協同体論』から『近代化論』へ ― 蝋山政道における地域・開発・ナショナリズム論の位相 ―』（『年報政治学 日本外交におけるアジア主義』日本政治学会、1998）
・阪上順夫編著『社会科における政治教育』明治図書、1973
・笹尾省二「1920 年代実業補習学校と公民教育 ― 木村正義の公民教育論を中心に ―」（『日本社会教育学会紀要』第 25 巻、1989）
・笹川孝一「戦後初期社会教育行政と『自己教育・相互教育』」（碓井正久編『日本社会教育発達史』亜紀書房、1980）
・佐藤三三「鈴木健次郎における『郷土振興の社会教育』」（『弘前大学教育学部紀要』第 61 号、1989）
・三羽光彦「1930 年代における農本的全村教育の思想と実践（1）― 民衆教育の視座からの理論的検討 ―」（『芦屋大学論叢』第 48 号、2008 年 6 月）
・三羽光彦「近代日本思想史における教育刷新委員会 ― いわゆる自由主義的知識人の国家観・社会観に関連して ―」（『岐阜経済大学論集』42 巻 3 号、2009）
・三瓶千香子「青年団運動に見る田沢義鋪の思想と実践」（『生涯学習フォーラム』第 2 巻第 1 号、

1998、紀尾井生涯学習研究所）

・篠原一『市民の復権』中央法規、1983

・下村湖人『塾風教育と協同生活訓練』三友社、1940

・下村湖人『煙仲間 ─ 郷土社会の人材網 ─』偕成社、1943

・下村湖人『青少年のために』小山書店、1943

・下村湖人『われらの誓願』小山書店、1944

・下村湖人「公民館と郷土の建設」（『公民館シリーズ1』社会教育連合会、1946）

・下村湖人『教育の新理念と農村文化』日光書院、1947

・下村湖人『次郎物語第五部』小山書店、1954

・下村湖人『田澤義鋪』田澤義鋪記念会、1954

・下村湖人『下村湖人全集3』国土社、1975

・下村湖人『下村湖人全集4』国土社、1975

・下村湖人『下村湖人全集6』国土社、1975

・下村湖人『下村湖人全集9』国土社、1976

・下村湖人『下村湖人全集10』国土社、1976

・朱膳寺春三『公民館の原点 ─ その発想から創設まで ─』全国公民館連合会、1985

・城塚登「市民社会のイメージと現実」（『思想』504号、1966年6月）

・新海英行・大田高輝「占領下社会教育政策と初期公民館構想」（日本社会教育学会編『現代公民館の創造 ─ 公民館50年の歩みと展望 ─』東洋館出版社、1999）

・新海英行編『現代社会教育史論』日本図書センター、2002

・新藤浩伸『公会堂と民衆の近代 ─ 歴史が演出された舞台空間 ─』東京大学出版会、2014

・末本誠・上野景三「戦前における公民館構想の系譜」（横山宏・小林文人編『公民館史資料集成』エイデル研究所、1986）

・須崎慎一「選挙粛正運動の展開とその役割」（歴史科学協議会編集『歴史評論』No.310、1976年2月、校倉書房）

・関口泰『公民教育の話』朝日新聞社、1930

・関口泰「憲政振作と公民教育」（『公民教育』1935年7月号）

・関口泰「青年と政治」（1936年1月ラジオ講演）

・関口泰「時局と公民教育の反省」（『教育』1937年12月号）

・関口泰「青年学校義務制に伴ふ公民科教員養成の必要」（『公民教育』1938年6月号）

・関口泰「時局と事上鍛錬の教育」（『公民教育』1938年10月号）

・関口泰『時局と青年教育』巌松堂、1939

・関口泰「公民教育を中心として」（『公民教育』1939年6月）

・関口泰『興亜教育論』三省堂、1940

・関口泰「興亜教育と教育審議会」（『教育』1940年1月）

・関口泰『議会・選挙・教育』吉田書房、1946

主要参考・引用文献　*401*

・関口泰『公民教育の話』（再刊）文寿堂、1946 年 4 月
・関口泰「社会教育のありかた」（『教育と社会』1946 年 7 月創刊号）
・関口泰『日本再建と教育』興風館、1946
・関口泰『公民教育論』（改訂）文寿堂、1946 年 12 月
・関口泰『教育の基本と憲法』社会教育連合会、1947
・関口泰『国民の憲法』岩波書店、1952
・関口泰「社会科と政治教育」（宗像誠也編『日本の社会科』国土社、1953）
・関口泰「憲法を護り憲法に衛られる」（『教育』1953 年 5 月号）
・関口泰「社会教育による政治教育」（『社会教育』1954 年 10 月号）
・関口泰『関口泰文集』関口泰文集刊行会、1958
・全日本社会教育連合会編『社会教育論者の群像』1983
・杣正夫『日本選挙啓発史』（財）明るく正しい選挙推進全国協議会、1972
・杣正夫『日本選挙制度史 ― 普通選挙法から公職選挙法まで ―』九州大学出版会、1986

た行

・『大日本青少年団史』〈近代社会教育史料集成 4〉復刻版、不二出版、1996。
・高橋彦博『戦間期日本の社会研究センター：大原社研と協調会』柏書房、2001
・田子一民『小学校を中心とする地方改良』白水社、1916
・田澤義鋪『実業補習学校と公民教育』中央報徳会、1919
・田澤義鋪「協調主義の道徳的基礎」（『社会政策時報』1921 年 5 月 1 日）
・田澤義鋪「選挙粛正の機関を作れ」（『新政』1924 年 4 月）
・田澤義鋪「二つの国民的要求の対立と其の調和」（『新政』1925 年 2 月）
・田澤義鋪「政治教育運動の輪郭（其二）」（『新政』1925 年 12 月）
・田澤義鋪『政治教育講話』新政社、1926
・田澤義鋪「学校に於ける政治教育」（『新政』1927 年 5 月）
・田澤義鋪「日本文化の建設と国民性の改造」（『新政』1927 年 11 月）
・田澤義鋪「婦人と市町村の政治」（『新政』1927 年 12 月）
・田澤義鋪『道の国日本の完成』日本青年館、1928
・田澤義鋪『私を感激せしめた人々』新政社、1931
・田澤義鋪『政治教育小論』新政社、1932
・田澤義鋪『青年修養論人生篇』日本評論社、1933
・田澤義鋪「農村の青年教育と経営の合理化」（『大成』1933 年 8 月）
・田澤義鋪「農村教育と協同生活の訓練」（『大成』1933 年 9 月）
・田澤義鋪「都市に編入されたる農村の行くべき道」（『大成』1934 年 10 月）
・田澤義鋪「壮年団の恒久的意義と当面の任務」（『壮年団』1935 年 1 月）
・田澤義鋪「青年団運動の動向」（『大成』1935 年 5 月）

402

・田澤義鋪「昭和維新の国民的試練」(『斯民』第 30 編第 8 号、1935 年 8 月)

・田澤義鋪「青年団教育の回顧」(『教育』1936 年 7 月)

・田澤義鋪「壮年団と政治運動」(『壮年団』1936 年 7 月)

・田澤義鋪『自治三則』選挙粛正中央連盟、1937

・田澤義鋪「時局下壮年団の任務」(『壮年団』壮年団中央協会、6 巻 2 号、1940 年 2 月)

・田澤義鋪『田澤義鋪選集』田澤義鋪記念会、1967

・田澤義鋪記念会『田澤義鋪』1954

・龍山義亮「現下公民教育上の諸問題」(『公民教育』公民教育協会、1939 年 3 月号)

・田所祐史『地域社会教育施設の歴史的研究 ― 公民館への継承と断絶 ―』明治大学大学院文学研究科博士論文、2014

・田中耕太郎『教育と権威』勁草書房、1949

・田辺信一・三井為友「戦後婦人教育史」(三井為友編『婦人の学習』東洋館出版、1967)

・玉野和志『近代日本の都市化と町内会の成立』行人社、1993

・長(武田)清子「田澤義鋪の人間形成論 ― 青年団教育に追求した国民主義の課題」(『国際基督教大学学報 I ‐ A 教育研究』第 10 号、1963 年 10 月)

・手打明敏『近代日本農村における農民の教育と学習 ― 農事改良と農事講習会を通して ―』日本図書センター、2002

・寺中作雄「公民教育の振興と公民館の構想」(『大日本教育』1946 年 1 月号)

・寺中作雄「終戦後の公民教育と選挙」(『文部時報』第 824 号、1946 年 1 月)

・寺中作雄「公民教育の課題」(『日本教育』第 6 巻 2 号、1946 年 5 月 6 月合併号)

・寺中作雄「町村公民館の性格」(『教育と社会』1946 年 8 月号)

・寺中作雄『公民館の建設 ― 新しい町村の文化施設 ―』公民館協会、1946 年 10 月

・寺中作雄「社会教育の方向」(山田清人他編『学校と社会』文明協会、1948)

・寺中作雄「教育委員会と社会教育」(『文部時報』第 855 号、1948 年 12 月)

・寺中作雄『社会教育法解説』社会教育図書、1949

・寺中作雄「公民館構想のころ」(『社会教育』1966 年 7 月号、全日本社会教育連合会)

・遠山茂樹教授横浜市立大学最終講義『関口泰の大学論』1979 年 1 月 23 日

・遠山茂樹「関口泰の教育論〈その素描〉」(『経済と貿易』No.127、横浜市立大学経済研究所、1979)

・冨田宏治「1930 年代の国内政治体制『革新』構想 ― 蝋山政道の場合 ―」(1)〜(3)完(『名古屋大学法政論集』105 号〜 107 号、1985 年 8 月、11 月、1986 年 3 月)

・外山英昭「『公民教育構想』と社会科」(『山口大学教育学研究論叢』第 27 巻第 3 部、1977)

な行

・永井憲一編『教育基本法文献選集 7 政治教育・宗教教育』学陽書房、1978

・永井憲一「蝋山政道の人と生涯(覚書)」(『法学志林』94 巻 3 号、法政大学法学志林協会、

主要参考・引用文献　*403*

1997）
・永杉喜輔『下村湖人伝 ― 次郎物語のモデル ―』柏樹社、1970
・永杉喜輔「日本教育のアウトサイダー ― 田澤義鋪研究 ―」（『群馬大学教育学部紀要 人文・社会科学編』23 巻、1973）
・永杉喜輔『社会教育夜話』（永杉喜輔著作集 8）国土社、1974
・中田スウラ「戦後初期公民館設立過程研究 ―『文化国家』と『自己教育・相互教育』 ―」（社会教育基礎理論研究会編『叢書 生涯学習Ⅴ 社会教育の組織と制度』雄松堂出版、1991）
・中田實『地域共同管理の社会学』東信堂、1993
・中田實・山崎丈夫・小木曽洋司『地域再生と町内会・自治会』自治体研究社、2009
・中野重人「わが国における公民科教育の史的研究 ― 実業補習学校における公民科の成立 ―」（『宮崎大学教育学部紀要 社会科学』第 30 号、1971）
・成田久四郎編著『社会教育者事典・増補版』日本図書センター、1989
・成瀬治『近代市民社会の成立 ― 社会思想史的考察 ―』東京大学出版会、1984
・日本近代教育史料研究会編『教育刷新委員会・教育刷新審議会会議録』第 1 巻～第 4 巻、第 6 巻、岩波書店、1995 年～ 1997 年
・日本現代史研究会編『1920 年代の日本の政治』大月書店、1984
・日本公民教育学会編『公民教育の理論と実践』第一学習社、1992
・日本公民教育学会編『公民教育事典』第一学習社、2009
・J・M・ネルソン著（新海英行監訳）『占領期日本の社会教育改革』大空社、1990
・野口周一『生きる力をはぐくむ ― 永杉喜輔の教育哲学 ―』開文社出版、2003
・野口周一「下村虎人とあらたま社 ― 下村湖人の台湾における教育・文化活動 ―」（『比較文化史研究』11 号、比較文化史研究会、2010）

は行
・萩原建次郎「近代日本思想における主体形成の論理 ― 田澤義鋪を手がかりに ―」（『駒沢大学教育学研究論集』第 19 号、2003）
・橋口菊「社会教育の概念」（小川利夫・倉内史郎編『社会教育講義』明治図書、1964）
・蓮見二郎「有権者教育とその必要性」（『法学政治学論究』慶應義塾大学、第 45 号、2000 年夏号）
・蜂谷俊隆「糸賀一雄と下村湖人 ―『煙仲間』運動を通して ―」（『社会福祉学』50 巻 4 号、2010）
・花香実「協調会の教育活動（その一）― 日本社会教育史研究ノート ―」（『国学院大学栃木短期大學紀要』3 巻、1969）
・馬場修一「1930 年代における日本知識人の動向 ― 第一部 昭和研究会の思想と行動 ―」（『社会科学紀要』東京大学教養学部社会科学科編、19 巻、1970）
・林宥一『「無産階級」の時代 ― 近代日本の社会運動 ―』青木書店、2000

- 春山作樹「公民教育」(『岩波講座 教育科学 第1冊』岩波書店、1931)
- 春山作樹「成人に対する公民教育」(『岩波講座 教育科学 第1冊』岩波書店、1931)
- 春山作樹「社会教育概論」(『岩波講座 教育科学 第15冊』岩波書店、1932)
- 春山作樹「公民科を活かす方法」(『教育』1935年10月)
- 番匠健一「1910年代の内務官僚と国民統合の構想 — 田澤義鋪の青年論を中心に — 」(『Core Ethics』Vol.6、立命館大学大学院先端総合学術研究科、2010)
- 平田勝政「昭和戦前期における川本宇之介の公民教育論と特殊教育」(『長崎大学教育学部教育科学研究報告』第39号、1990)
- 藤岡貞彦「政治教育」(碓井正久編『教育学叢書第16巻 社会教育』第一法規、1970)
- 藤岡貞彦「社会教育の方法」(碓井正久編『戦後日本の教育改革10 社会教育』東京大学出版会、1971)
- 藤沢法瑛『現代ドイツ政治教育史』新評論、1978
- 藤田秀雄「『民主化』過程の社会教育」(碓井正久編『戦後日本の教育改革10 社会教育』東京大学出版会、1971)
- 藤野豊「協調政策の推進 — 協調会による労働者の統合 — 」(鹿野政直・由井正臣編『近代日本の統合と抵抗3』日本評論社、1982)
- P・フルキエ(久重忠夫訳)『公民の倫理』筑摩書房、1977
- 堀尾輝久「《公民》および公民教育について」(『教育学誌』第1号、牧書店、1957)
- 堀尾輝久『現代教育の思想と構造』岩波書店、1971

ま行

- 前田多門『国際労働』岩波書店、1927
- 前田多門『地方自治の話』(第二朝日常識講座第六巻)朝日新聞社、1930
- 前田多門「都市生活と公民教育」(『公民教育』帝国公民教育協会、2巻10号、1932年10月)
- 前田多門「公民教育と政治道徳」(『教育』3巻10号、1935年10月)
- 前田多門『公民の書』選挙粛正中央連盟、1936
- 前田多門「青年と公民教育」(『公民教育叢書 第壹輯』文部省社会教育局、1937)
- 前田多門『公民の書』(再刊)社会教育協会、1946年1月
- 前田多門「終戦直後五箇月在任の記録」(『文部時報』第824号、1946年1月)
- 前田多門『山荘静思』羽田書店、1947
- 前田多門「新公民道の提唱」(『ニューエイジ』第3巻、1951年1月号)
- 『前田多門 その文・その人』東京市政調査会、1963
- 牧野篤「方法としての国民について — 教育基本法の解釈のために/試論 — 」(『教育学研究』第68巻第4号、2001年12月)
- 牧原憲夫『客分と国民のあいだ — 近代民衆の政治意識 — 』吉川弘文館、1998
- 牧原憲夫『民権と憲法 シリーズ日本近現代史②』岩波書店、2006

主要参考・引用文献　*405*

・松田武雄「川本宇之介における社会教育概念の形成過程 ―『教育の社会化と社会の教育化』論から成人教育・自己教育としての社会教育論へ―」（『埼玉大学紀要 教育学部（教育科学Ⅱ）』第 45 巻第 1 号、1996）
・松田武雄『近代日本社会教育の成立』九州大学出版会、2004
・松田武雄「社会教育史研究の課題と展望 ― 社会教育の概念と研究方法論に焦点づけて ―」（日本教育史研究会編『日本教育史研究』24 巻、2005）
・松田武雄「社会教育におけるコミュニティ価値の再検討 ― 社会教育概念の再解釈を通して ―」（『教育学研究』第 74 巻第 4 号、2007 年 12 月）
・松野修『近代日本の公民教育 ― 教科書の中の自由・法・競争 ―』名古屋大学出版会、1997
・宮坂広作『近代日本社会教育政策史』国土社、1966
・宮坂広作「中等学校における公民科の成立過程」（国民教育研究所編『全書国民教育 3 教科の歴史』明治図書、1968）
・宮沢俊義『天皇機関説事件（上）』有斐閣、1970
・宮原誠一『教育と社会』金子書房、1949
・宮原誠一・丸木政臣・伊ヶ崎暁生・藤岡貞彦『資料 日本現代教育史 1』三省堂、1974
・務台理作「教育の目的」（宗像誠也編『教育基本法 ― その意義と本質』新評論、1966）
・村山輝吉「下村湖人研究 ―『煙仲間について』」（1）～（2）（『駒澤大学教育学研究論集』第 1 号～第 2 号、1977 年、1978 年）
・森口兼二編『社会教育の本質と課題』松籟社、1989
・森田尚人・藤田英典・黒崎勲・片桐芳雄・佐藤学編著『教育学年報 3 教育のなかの政治』世織書房、1994
・文部省教育法令研究会著『教育基本法の解説』国立書院、1947
・文部省実業学務局編纂『公民教育講演集』1924
・文部省社会教育局内成人教育研究会編『新しい政治教育』（成人教育シリーズ）文部省社会教育局長寺中作雄監修、1955
・文部省普通学務局・実業学務局編纂『公民教育体系 ― 昭和 7 年度夏期講習会講演集 ―』帝国公民教育協会、1932

や行

・山崎高哉『ケルシェンシュタイナー教育学の特質と意義』玉川大学出版部、1993
・山崎裕美「女性の政治参加と選挙粛正運動 ― 国民教化の側面から ―」（『法学会雑誌』首都大学東京・東京都立大学法学会、第 48 巻第 2 号、2007 年 12 月）
・山崎裕美「1920 年代における文部省の公民教育論」（『法学会雑誌』首都大学東京・東京都立大学法学会、第 49 巻第 2 号、2008 年 7 月）
・山田格「政治教育に関する政治学的研究 ― B・クリックの政治教育論を中心に ―」（関西学院大学『法と政治』第 31 巻第 3・4 号、1980 年 11 月）

- 山田規雄「前田多門の公民教育思想 ― 敗戦直後の公民教育構想に関する一考察 ― 」(『慶應義塾大学大学院社会学研究科紀要』67 巻、2009)
- 山田規雄「日本における政治的無関心と公民教育論が果たしてきた歴史的役割 ― 大正デモクラシー期から敗戦直後の公民教育構想まで ― 」(『公民教育研究』Vol.18、日本公民教育学会、2010)
- 山田正行『平和教育の思想と実践』同時代社、2007
- 山梨あや『近代日本における読書と社会教育 ― 図書館を中心とした教育活動の成立と展開 ― 』法政大学出版局、2011
- 横山宏・小林文人編『社会教育法成立過程資料集成』昭和出版、1981
- 横山宏・小林文人編『公民館史資料集成』エイデル研究所、1986

ら行
- 蝋山政道『公民政治論』雄風堂書房、1931
- 蝋山政道「政治教育」(城戸幡太郎編『教育学辞典』第三巻、岩波書店、1938)
- 蝋山政道「東亜協同体の理論」(『改造』20 (1) 1938 年 11 月、清水書店)
- 蝋山政道「国民協同体の形成」(『改造』21 (5) 1939 年 5 月、清水書店)
- 蝋山政道「我が国体と民主主義」(『中央公論』再建第 1 号、1946 年 1 月)
- 蝋山政道『日本における政治意識の諸様相』勁草書房、1949
- 蝋山政道『政治と教育』財団法人日本青年館、1952
- 蝋山政道「教育制度と教育行政」(『教育行政』1953 年 10・11 月号)
- 蝋山政道「民主主義と政治教育」(古川哲史ほか編『道徳における人間形成：道徳教育』河出書房、1955)
- 蝋山政道『政治と教育』中央公論社、1962
- 蝋山政道「政治的教養とは何か」(『文部時報』第 1111 号、1970 年 2 月)
- 蝋山政道追想集刊行会 (代表辻清明)『追想の蝋山政道』中央公論、1982

わ行
- 渡邊洋子「公民教育における『中間指導者』の意義と役割 ― 天野藤男を一事例として ― 」(『日本社会教育学会紀要』第 24 巻、1988)

あ と が き

　本書は、2017 年 2 月に東京大学より博士（教育学）の学位を授与された論文
「公民教育としての社会教育の形成と展開 ― 1920 年代から戦後改革期における
思想分析を中心に ― 」に、若干の修正を施したものである。

　約 20 年前にさかのぼるが、大学院に入学してから本格的に社会教育について
勉強していく中で、戦後日本において社会教育の中核として位置づいていった公
民館がいかにして生まれたのかということに関心を持つようになった。修士論文
では、戦後改革期に、文部官僚の寺中作雄（1909-1994）によって、公民教育を
振興する目的で提起された公民館構想について、戦前からの公民教育論の文脈に
位置づけて検討した。

　具体的には、寺中の公民館発想の基底にある公民教育論を、寺中の上司として
戦後改革期の社会教育形成にも関与するとともに、戦前から体系的な公民教育論
を提起していた関口泰（1889-1956）の論と比較検討することを通じて、戦前か
ら戦後に展開された関口の公民教育論には、戦後的秩序（新憲法、教育基本法の
論理）と通ずる側面も内包されており、それが、寺中の論へと継承されていたこ
とを明らかにした。

　修士論文に取り組む中で、戦前日本の公民教育について、天皇制イデオロギー
教化という側面からのみでなく、戦後民主化に通ずる側面も含めて、その歴史的
特徴を再検討する必要性を強く感じた。そのことが社会教育史における戦前と戦
後をつなぐ位置にある公民館構想の登場をより精緻に捉え返すことにつながるか
らである。

　したがって、博士後期課程進学後の研究関心は、近代日本の社会教育の形成に
おいて特に重要な時期である 1920 年代（行政社会教育の成立）から戦後改革期
（公民館構想及び戦後社会教育法制）について、その基底にあった公民教育の歴
史的特徴を両側面から捉えつつ、社会教育史における戦前と戦後の断絶と継承に
ついて検討するという、より大きなものへと広がっていった。

　2003 年 3 月に博士後期課程を単位取得退学してから、14 という長い年月を

要してしまったが、この間に幸運にも現在の大学に就職し、また研究助成も得ることで、研究課題を深めることが可能となり、ようやく博士論文としてまとめることができた。なお、本書は、以下の研究助成による成果の一部であることも記しておく。科学研究費補助金若手研究（B）「選挙啓発と社会教育に関する総合的研究」（2008-2010年度、課題番号20730496）、同「社会教育における公民教育論の研究」（2011-2013年度、課題番号23730742）、上廣倫理財団研究助成「青年団講習所における人間形成の思想と実践 ― 戦時下における田澤義鋪と下村湖人による挑戦 ― 」（2014年度）。

　この間、多くの方々に大変お世話になった。大学院時代の指導教員の佐藤一子先生（東京大学名誉教授）には、なかなか進まない執筆に対して、常に気にかけていただいた。ようやく先生によい報告ができたと思っている。博士論文の審査にあたって、主査の牧野篤先生（東京大学）には、ご多忙にもかかわらず、論文全体の構造、思想分析の視点を中心に、的確かつ丁寧にご指導をいただいた。また、審査を担ってくださった、小玉重夫先生（東京大学）、小国喜弘先生（東京大学）、李正連先生（東京大学）、新藤浩伸先生（東京大学）からは、それぞれのご専門もふまえた貴重なご意見をいただいた。その他にも、所属する学会や研究会において、諸先生方、実践現場の方々、同世代の研究者仲間からは、研究を進めていく上での重要なアドバイスをいただくとともに、貴重な資料を紹介していただいた。

　最後に、本書の刊行を引受けていただいた大学教育出版の佐藤守氏と、大学院生活を支えてくれただけでなく、その後も研究者としての成長を見守り続けてくれている両親、そして、博士論文執筆の一番苦しい時期にすぐそばで応援してくれた妻と二人の娘には心から感謝したい。

2017年7月

上原直人

■著者紹介

上原　直人　（うえはら　なおと）

名古屋工業大学准教授　博士（教育学）
1975 年　埼玉県に生まれる
1998 年　早稲田大学教育学部英語英文学科卒業
2003 年　東京大学大学院教育学研究科総合教育科学専攻博士後期課程
　　　　単位取得退学
2005 年より現職

主要著書
『生涯学習がつくる公共空間』（共著、柏書房、2003 年）
『教育法体系の改編と社会教育・生涯学習』（共著、東洋館出版社、
　2010 年）

近代日本公民教育思想と社会教育
― 戦後公民館構想の思想構造 ―

2017 年 9 月 20 日　初版第 1 刷発行

■著　　　者――上原直人
■発　行　者――佐藤　守
■発　行　所――株式会社 大学教育出版
　　　　　　　　〒 700-0953　岡山市南区西市 855-4
　　　　　　　　電話（086）244-1268　FAX（086）246-0294
■印刷製本――モリモト印刷㈱

© Naoto Uehara 2017, Printed in Japan
検印省略　　落丁・乱丁本はお取り替えいたします。
本書のコピー・スキャン・デジタル化等の無断複製は著作権法上での例外を除き禁じられ
ています。本書を代行業者等の第三者に依頼してスキャンやデジタル化することは、た
とえ個人や家庭内での利用でも著作権法違反です。
ISBN978-4-86429-466-9